Informatik-Fachberichte 184

Herausgegeben von W. Brauer
im Auftrag der Gesellschaft für Informatik (GI)

B. Gollan W. J. Paul A. Schmitt (Hrsg.)

Innovative Informations-Infrastrukturen

Ergebnisse einer Kooperation der Universität
des Saarlandes und der Siemens AG

I. I. I. - Forum, Saarbrücken,
12.-13. Oktober 1988

Proceedings

Springer-Verlag
Berlin Heidelberg New York
London Paris Tokyo

Herausgeber

Bernhard Gollan
Siemens AG, Unternehmensbereich Kommunikations-
und Datentechnik
Otto-Hahn-Ring 6, 8000 München 83

Wolfgang J. Paul
Fachbereich Informatik der Universität des Saarlandes
Im Stadtwald, 6600 Saarbrücken

Alwine Schmitt
Rechenzentrum der Universität des Saarlandes
Im Stadtwald, 6600 Saarbrücken

CR Subject Classifications (1987): C.2, D.3, G.4, I.2, J.0

ISBN-13:978-3-540-50334-7   e-ISBN-13:978-3-642-74116-6
DOI: 10.1007/978-3-642-74116-6

2145/3140 – 543210 – Gedruckt auf säurefreiem Papier

Vorwort

Angeregt durch Projekte ähnlicher Art an amerikanischen Hochschulen, wie z.B. dem Massachusetts Institute of Technology, der Carnegie-Mellon und der Brown University, vereinbarten die Universität des Saarlandes und Siemens im November 1984 die Kooperation **Innovative Informations-Infrastrukturen** (I.I.I.).

All diese Universitäten haben bereits früh die Notwendigkeit erkannt, ihren Mitgliedern zahlreiche vernetzte Rechner zur Verfügung zu stellen. Das Computer-Investitionsprogramm (CIP) zeigt, daß auch die Deutsche Forschungsgemeinschaft die Ausstattung der Hochschulen mit lokal vernetzten Mikrorechnern für unverzichtbar hält, um die Leistungsfähigkeit der Wissenschaft in Deutschland auch in Zukunft zu gewährleisten. Diese Rechner sind für so verschiedene Zwecke wie z.B. Experimentsteuerung und -auswertung, Datensammlung und -analyse, Kommunikation und Dokumentation hervorragend geeignet. Mit ihrem Angebot an lokaler Leistung und an netzweit verfügbaren Diensten können sie sowohl die Effizienz der Forschungsarbeiten entscheidend verbessern als auch Ausbildung und Lehre intensivieren.

Von solchen Überlegungen geleitet, wurden die Schwerpunkte der I.I.I.-Kooperation wie folgt gesetzt: SINIX-Rechner in großer Zahl wurden zur Verfügung gestellt und in das vom Rechenzentrum der Universität entwickelte Netz CANTUS (CAmpusüberdeckendes NeTz der Universität des Saarlandes) eingebunden und können so untereinander und mit den vorhandenen Zentralrechnern (Siemens BS2000, DEC VAX) kommunizieren. Hierzu wurden spezielle Netzservices entwickelt und implementiert. Schwerpunkt der Projekte im Bereich der Informatik war die Bereitstellung von Tools, die für das wissenschaftliche Arbeiten von besonderem Interesse sind. Dies wurde ergänzt durch eine Vielzahl von Software-Entwicklungsprojekten mit Arbeitsgruppen aus allen Fachbereichen der Universität, die Themen aus den jeweiligen Forschungsgebieten oder aus dem Bereich Lehre bearbeiteten.

Die Resultate wurden auf nationalen und internationalen wissenschaftlichen Tagungen, aber auch auf Messen wie z. B. der CeBIT und der Industriemesse Hannover der Öffentlichkeit präsentiert.

Dieser Band erscheint anläßlich der Abschlußpräsentation der Kooperation am 12. und 13. Oktober 1988 an der Universität in Saarbrücken. Dort werden die Ergebnisse der Kooperation durch Vorträge sowie Demonstrationen auf den Rechnern vorgestellt.

Die vorliegende Zusammenstellung enthält detaillierte Beiträge über einige der durchgeführten Forschungs- und Entwicklungsprojekte sowie einen einleitenden Überblicksbeitrag über die Gesamtkooperation mit Kurzinformationen über weitere Projekte, die im vorliegenden Band nicht im Detail beschrieben sind.

Wir danken allen, die am Erstellen dieses Buches beteiligt waren, für ihre kooperative Mitarbeit.

München, Saarbrücken, im Juli 1988

B. Gollan, W.Paul, A. Schmitt

Inhaltsverzeichnis

Einleitung

III. <u>Bereich Anwendungen</u>

Innovative Informations-Infrastrukturen - ein Gesamtüberblick

Alwine Schmitt, Rechenzentrum, Universität des Saarlandes
Bernhard Gollan, Hans-Wolfgang Neumann, Siemens AG, München

Eine für Deutschland noch ungewöhnliche Form der Zusammenarbeit zwischen Hochschule und Industrie wurde im November 1984 zwischen der Universität des Saarlandes und der Siemens AG vereinbart. Das Großprojekt, mit der Bezeichnung **Innovative Informations-Infrastrukturen** (I.I.I.), wurde aus der beiderseitigen Erkenntnis initiiert, daß Hochschule und Industrie sich in einem hochinnovativen Bereich - wie dem der Informationstechnologie - gegenseitig ergänzen können und müssen.

Ziele des erfolgreich verlaufenen 4-Jahres-Projektes, das Ende 1988 abgeschlossen wird, waren und sind insbesondere
- das Heranführen von Mitgliedern (möglichst aller Fachbereiche) der Universität an das Arbeiten mit dem Computer,
- das Vermitteln von Verständnis für die Möglichkeiten und Grenzen der modernen Computertechnologie,
- die Erschließung neuer Forschungsschwerpunkte mit Hilfe der Rechner,
- die Integration der Rechner in die fachspezifische Ausbildung und
- die Schaffung einer leistungsfähigen Infrastruktur für die Kommunikation der Wissenschaftler untereinander.

Die Umsetzung dieser Zielsetzungen erforderte einerseits eine hohe dezentrale Rechnerleistung an vielen Arbeitsplätzen und andererseits den Einsatz zahlreicher Wissenschaftler, die neben Forschungsarbeiten auch umfangreiche Entwicklungsarbeiten geleistet haben.

Insgesamt wurden Aufwendungen im Wert von mehr als 30 Millionen DM erbracht. Davon stellte Siemens die erforderlichen Geräte und Sachleistungen sowie Personalleistungen von 100 Mannjahren zur Verfügung bzw. finanzierte sie. Die Universität brachte vor allem Personalleistungen ein, und zwar in einer Größenordnung von ebenfalls 100 Mannjahren.

Den am Projekt beteiligten Instituten wurden mehr als 200 Arbeitsplatzrechner mit dem Betriebssystem SINIX® (dem UNIX* von Siemens) zur Verfügung gestellt. Von Anfang an hatten die Universität und Siemens sich darauf verständigt, daß im Projekt nur dieses eine Betriebssystem zum Einsatz kommen sollte. Bei den SINIX-Rechnern handelt es sich um die Einplatzsysteme PC-X, PC-X10, die Mehrplatzsysteme PC-MX, MX2, den Abteilungsrechner MX500 und die grafische Workstation WS 9733. Am stärksten vertreten ist der MX2.

---

* UNIX ist ein Warenzeichen der Bell Laboratories.

Im Rahmen der Kooperation wurden zahlreiche Aktivitäten in unterschiedlicher Weise unterstützt. Es gab **Pilotprojekte** als konkret umrissene Vorhaben meist größeren Umfangs und **Freie-Vergabe-Projekte** mit weniger festgeschriebenen Inhalten. Insgesamt wurden 123 Einzelprojekte durchgeführt, die sich wie folgt aufschlüsseln:

Freie Vergabe   64,
Pilotprojekte   59, davon 18   am Rechenzentrum,
                             9   im Fachbereich Informatik,
                            32   in allen anderen Fachbereichen.

Die Projekte am Rechenzentrum beschäftigten sich überwiegend mit Netz- und Systementwicklungen. Die Projekte in der Informatik hatten vor allem die Schaffung von Compilern, Interpretern und anderen Tools zum Inhalt. Die Projekte aus den sonstigen Fachbereichen hatten die Entwicklung fachspezifischer Anwendersoftware zum Ziel.

1. Netz- und Systementwicklungen

Als Voraussetzung für eine leistungsfähige Kommunikations-Infrastruktur stand das Rechnernetz CANTUS (*CA*mpus-überdeckendes *NeTz* der *U*niversität des *S*aarlandes) zunächst im Mittelpunkt der Aktivitäten. CANTUS ist ein schnelles, zweistufiges Punkt-zu-Punkt-Netz, das die Großrechner, Workstations, PC sowie die herstellerspezifischen Inhouse-Netze der einzelnen Institute in ein campusüberdeckendes Gesamtnetz integriert. Die Komponenten der lokalen Bereiche sind durch ein Backbone-Netz aus internen Knoten verbunden. Die Verbindung erfolgt über Twisted-Pair-Kabel mit Übertragungsraten von mehr als 1 Mbit/s.

Eine Reihe von Teilprojekten am Rechenzentrum hatte den Anschluß der verschiedenen SINIX-Modelle an CANTUS, d.h. die Bereitstellung von grundlegenden Funktionen wie Remote Dialog, Remote Spool und Filetransfer sowie die Entwicklung von weitergehenden Netzdiensten zum Ziel. Die meisten der ausgelieferten PC sind inzwischen an CANTUS angeschlossen. Eine besondere Rolle spielen hierbei die MX2, die über einen schnellen Anschluß so ins Netz integriert wurden, daß alle Netzanwendungen, die auf der von Siemens unterstützten Transportsystem-Schnittstelle CMX aufsetzen, unverändert übernommen werden können. Zu diesen Anwendungen gehören u.a. die 9750-Emulation EMDS und das Filetransfer-Programm FT-SINIX. Darüber hinaus wurden weitere Dienste realisiert, die von SINIX-PC aus auf komfortable Weise zugänglich sind und von denen hier nur die wichtigsten erwähnt werden:
-   ein Backup- und Archivierungssytem, um SINIX-Dateien auf zentralen BS2000-Rechnern zu sichern und abzurufen,
-   ein Remote-Loading-System, das Software zentral auf BS2000-Rechnern speichern und über das Netz für berechtigte Anwender auf MX2 laden kann,

- ein Fileserver-Konzept, das -über den zentralen BS2000-Rechner als Gateway- es beliebigen Rechnern ermöglicht, über das Netz Dateien mit den MX2 auszutauschen,
- Teilzentrale Services, die es ermöglichen, hochwertige Peripheriegeräte dezentral aufzustellen und von einem autorisierten Anwenderkreis gemeinsam zu nutzen.

Im Hinblick auf eine Evolution des CANTUS-Netzes wird in einem Teilprojekt ein CP-Ring, ein Glasfasernetz mit Ring-Topologie, das nach einem hybriden Zugriffsprotokoll arbeitet und Übertragungsraten von 16 -100 Mbit/s erlaubt, als Pilotnetz installiert. Zusammen mit Siemens-Mitarbeitern vor Ort wird momentan der Direktanschluß des CP-Rings an MX2 bzw. BS2000-Rechner realisiert.
Ausführliches über CANTUS und die im Rahmen des I.I.I.-Projektes entwickelten Dienste kann man im Bericht "CANTUS - Struktur und Anwendungen" in diesem Band nachlesen. Weitere Informationen über den CP-Ring gibt der Bericht "Der CP-Ring bei reiner Daten-übertragung im hybriden Modus".

Um die Infrastruktur im geplanten Umfang aufbauen zu können, wurde vom Rechen-zentrum in einigen Fällen auch spezielle Hardware entwickelt:
Ein Kanalinterface zum Anschluß von Ethernet-LANs an BS2000-Rechner ließ sich direkt in ein Siemens-Produkt (LAN Kanaladapter 9632) umsetzen. Für diese LAN-Kopplung bietet Siemens sowohl ISO-Protokollsoftware als auch TCP/IP-Protokollsoftware an, so daß Rech-ner verschiedener Hersteller, sofern sie über einen Ethernet-Anschluß verfügen, an BS2000-Rechner angeschlossen werden können.
Ebenfalls vom Rechenzentrum entwickelt wurde ein Universalinterface, das es ermöglicht, beliebige Peripheriegeräte, z.B. Meß- und Prüfsysteme, an MX2 anzuschließen. Eine komfortable Programmierumgebung eröffnet die Möglichkeit, eigene Gerätetreiber zu entwickeln bzw. Anwendungen zu schreiben, die unter SINIX implementiert und in die Realzeitumgebung des Universalinterface ausgelagert werden können. Ein Beitrag in diesem Band beschreibt die Entwicklung einer universellen Schnittstelle für dieses Inter-face.

Bei vielen der oben genannten Vorhaben war die Unterstützung durch Siemens Entwick-lungsabteilungen ein wertvolle Hilfe.

Um PC-Benutzern mit UNIX- bzw. SINIX-Kenntnissen einen leichteren Zugang zum Groß-rechner zu ermöglichen, wurde in einem weiteren Teilprojekt ein Programmsystem ent-wickelt, das eine UNIX-ähnliche Umgebung unter BS2000 simuliert. Dieses System verfügt über eine Vielzahl echter UNIX-Kommandos, umfaßt eine Programmierumgebung für die Sprache C und ein auf dem BS2000-Dateisystem simuliertes hierarchisches Filesystem, so daß der UNIX-Kenner eine ihm vertraute Umgebung auf dem Großrechner vorfindet. Über das System findet sich ebenfalls ein Beitrag in diesem Buch.

2. Compiler, Interpreter und andere Tools

Ziel der unter diesem Oberbegriff zusammengefaßten Aktivitäten war es, möglichst rasch nach Bereitstehen der Rechner solche Tools auf SINIX-Anlagen zur Verfügung zu stellen, die vor allem für das wissenschaftliche Arbeiten eines größeren Anwenderkreises von Bedeutung sind.

Für den Bereich "Künstliche Intelligenz" stand schon früh eine Reihe von Tools zur Verfügung, die im Rahmen von Kooperationsprojekten auf den MX2 portiert wurden. Dazu zählen Interpreter von C-PROLOG und von FRANZ-LISP sowie verschiedene auf FRANZ-LISP aufsetzende Anwendungen wie FUZZY, FRL, OPS5 u.a. Um diese Anwendungen mit besserer Performance auszustatten, wurde zusätzlich eine Compiler-Version des ganzen FRANZ-LISP-System erstellt und eine Schnittstelle zum Datenbanksystem INFORMIX hinzugefügt.

Ein anspruchsvolles und umfangreiches KI-System entstand im SINIX-Consultant, der als Hilfestellung für solche Anwender gedacht ist, die mit dem Betriebssystem noch nicht vertraut sind. Eine ausführliche Darstellung findet sich in einem eigenen Beitrag in diesem Buch.

Eine anwenderfreundliche "Inkrementelle Programmierumgebung für PASCAL", die besonders auf die Bedürfnisse von Anfängern zugeschnitten ist, war Ziel eines weiteren Projekts. Schwerpunkte der Entwicklung lagen auf folgenden Funktionalitäten: leichte Handhabbarkeit, automatisches Abfangen vieler Standard-Syntaxfehler durch das System, großzügige Help-Funktion, Verfolgung des Programmlaufs und Unterstützung der top-down-Programmentwicklung.

Ebenfalls auf MX2 implementiert wurde die funktionale Programmiersprache HOPE, die sich vor allem durch ein flexibles Typsystem auszeichnet. Die Implementierung dieser Sprache ebenso wie die nachfolgend aufgeführten Tools sind in diesem Band mit ausführlichen Darstellungen vertreten.

Das OBSCURE-Projekt greift Problemstellungen aus dem Bereich Software-Engineering auf und stellt Werkzeuge für die Programmentwicklung, insbesondere für die Verifikation von Programmen, zur Verfügung.

Eine speziell für die Bearbeitung linguistischer Aufgaben und für die Textverarbeitung entwickelte Programmiersprache ist Comskee (*Computing* und *string keeping* language); sie wurde in einem Sonderforschungsbereich an der Universität des Saarlandes entwickelt und im Rahmen der Kooperation auf SINIX-Rechner portiert.

Ein lokales Netz bestehend aus BS2000-Mainframes, SINIX-Rechnern und Sun Workstations bildet die Basis eines in Saarbrücken entwickelten verteilten Betriebssystems. Basierend auf diesem verteilten Betriebssystem wurde in einem Teilprojekt ein verteiltes Hypertext-System entworfen und implementiert.

Das Text- und Satzsystem T_EX für die Erstellung wissenschaftlicher Texte wurde einerseits in seiner Standard-Batchversion auf den MX2 portiert, doch Hauptziel für das T_EX-Projekt ist eine möglichst weitgehende interaktive Arbeitsumgebung für einen grafischen Arbeitsplatz am MX2. Ein Preview-System ist als erste Stufe bereits realisiert.

Als weitere Ergänzung für die T$_E$X-Arbeitsumgebung wurde ein Grafiksystem implementiert, das es ermöglicht, Grafiken zu erstellen, zu bearbeiten und in T$_E$X-Dokumente zu integrieren.

Eine Reihe von Beiträgen zu dem vorliegenden Band wurde mit T$_E$X erstellt.

3. Anwendersoftware-Entwicklungsprojekte

Die allgemein rasch zunehmende Verbreitung von Personal Computern, Arbeitsplatzrechnern und Abteilungsrechnern in den vergangenen Jahren hat an den Hochschulen gleichermaßen stattgefunden. Allerdings spiegelt ihre Verteilung an der deutschen Hochschule durchaus noch die traditionell mehr oder weniger starke Affinität der einzelnen Fachbereiche zur EDV wieder.

Ein großes Anliegen der Kooperation war es deshalb, nicht nur mit solchen Lehrstühlen und Instituten gemeinsame Projekte zu vereinbaren, die ohnehin schon mit der Nutzung von Rechnern in Forschung und Lehre vertraut waren; vielmehr sollte aktiv das Feld derjenigen Wissenschaftsbereiche erschlossen werden, in denen der Einsatz von PC noch fremd oder ungewohnt war.

Zu diesem Zweck wurde vor allem in der Anfangsphase der Kooperation eine Vielzahl von Informationsgesprächen geführt und schließlich das Instrument der "Freien Vergabe" eingeführt: Einer Reihe von Arbeitsgruppen wurden PC für die Bearbeitung von Vorhaben überlassen, die zwar in den wesentlichen Inhalten abgestimmt wurden, deren Realisierung aber weitgehend der Kreativität der Beteiligten überlassen blieb. Aus diesem in manchen Fällen erstmaligen Vortasten in die Welt der EDV-Anwendungen ergaben sich im Idealfall nachfolgende Vereinbarungen über eine intensivere Zusammenarbeit. Unterstützt wurden diese Vorhaben durch begleitende Einführungsveranstaltungen u.a. über das Betriebssystem SINIX sowie über Standardsoftware wie z.B. das Datenbanksystem INFORMIX. Aus den vielfältigen Anwendungen, die so entstanden sind, seien beispielhaft herausgegriffen ein Literatur-Verwaltungssystem, eine Datenbank für die Waldschadenskartierung, ein System für die Fachbereichsverwaltung sowie Software für eine Bibliotheksverwaltung und für die Verwaltung archäologischer Funde (wovon die beiden letzten in der im Rahmen der Kooperation implementierten Sprache Comskee realisiert sind).

Die überwiegende Zusammenarbeit in der Kooperation wurde aber im Rahmen sogenannter Pilotprojekte durchgeführt, wie sie mit Arbeitsgruppen aus allen Fachbereichen der Universität vereinbart wurden. Diese Projekte wurden über ein oder mehrere Jahre inhaltlich fest vereinbart und sorgfältig strukturiert. In der Regel wurde der SINIX-Mehrplatzrechner MX2 als Arbeitsgerät für die Entwickler zur Verfügung gestellt, ausgerüstet mit der erforderlichen Grundsoftware. Die Personalmittel bestritten Universität und

Siemens gemeinsam, und je nach Projekt in unterschiedlichem Ausmaß waren auch Siemens-Entwicklungsabteilungen in die Arbeiten mit einbezogen. Eine Vielzahl von Dissertationen und Diplomarbeiten wurde auf diese Weise mit Projektmitteln gefördert bzw. überhaupt erst ermöglicht. Für das Gelingen vieler Vorhaben war es dabei entscheidend, daß in der Anfangsphase oder während der ganzen Laufzeit ein Informatiker in der Arbeitsgruppe der jeweiligen Fachwissenschaftler mitarbeitete. Dieser interdisziplinäre Ansatz führte dazu, daß in vielen Fällen Fachwissenschaftler außerhalb der Informatik sehr schnell zu einem engagierten und fachkundigen Umgang mit dem "Arbeitsmittel" Computer fanden.

So entstand in den vergangenen Jahren eine ansehnliche Sammlung von wissenschaftlicher Anwendersoftware auf SINIX-Basis für ein großes Spektrum wissenschaftlicher Anforderungen. Dabei wurde auch Wert darauf gelegt, die Software-Lösungen nicht auf die PC zu beschränken, sondern (soweit es von der Anwendung her sinnvoll erschien) die Bearbeitung durch Einbeziehung des CANTUS-Netzes auf Großrechner und PC zu verteilen. Dies erfolgte vor allem dort, wo große Datenmengen verarbeitet werden müssen oder wo bestimmte Software-Lösungen nur auf dem Großrechner verfügbar waren und eine Portierung zu aufwendig gewesen wäre.

<u>Bereich Mathematik/Naturwissenschaften</u>

Ein umfangreiches Projekt im Bereich <u>Mathematik</u> ist SIMATH, das sich bewußt von verbreiteten Computer Algebra Systemen wie Maple oder Reduce inhaltlich und konzeptuell abhebt und eine Vielzahl von Algorithmen aus der Konstruktiven Zahlentheorie zur Verfügung stellt. Es ist in einem eigenen Beitrag näher beschrieben.
Im Bereich Statistik wurde einerseits ein vorhandenes Paket mit Standardfunktionen auf den MX2 portiert und um zusätzliche Schnittstellen zu anderen Softwarekomponenten erweitert. Neu hinzugekommen sind aber eine Anbindung über das Netz an die SPSS-Programme auf dem Großrechner und eine grafische Oberfläche für die Darstellung der Resultate.
Ganz eigenständige Entwicklungsarbeit beinhaltet eine Sammlung von Algorithmen zur dynamischen Statistik von Zeitreihen. Diese enthält auch die mathematische Modellierung von realen Prozessen durch mathematische Systeme mit weißem Rauschen als Eingangssignal.
Für die Bearbeitung zweidimensionaler elliptischer partieller Differentialgleichungen wurde ein Tool erstellt, das es ermöglicht, mit Hilfe der Methode der Finiten Elemente eine vorliegende Gleichung samt den Randbedingungen auf verschiedene Weisen zu diskretisieren. Dies ergibt jeweils ein großes, dünn besetztes System von linearen Gleichungen, das mit iterativen Lösungsverfahren weiterbearbeitet werden kann.
In der <u>Chemie</u> wurde ein komfortabler Zugang zu der großen amerikanischen Datenbank CAS ONLINE geschaffen, der auch die anschließende Weiterverarbeitung der recherchier-

ten Daten ermöglicht. Ein Molekülbaukasten dient der Darstellung und Manipulation komplexer Molekülstrukturen.

In der <u>Biologie</u> wurde ein allgemeines Verfahren entwickelt und implementiert, das die räumliche Verfolgung von ausgezeichneten Punkten ermöglicht, deren Bewegung berührungsfrei erfaßt wurde (z.B. durch Filmaufnahmen). Als exemplarische Anwendung wurde der Flug einer Haustaube durch drei Kameras aufgezeichnet, die Daten digitalisiert und mit Hilfe stereophotogrammetrischer Verfahren ausgewertet.

In der medizinischen Biologie wird ein Tool entwickelt, das die Verarbeitung der bei der elektronischen Untersuchung von Blutzellen anfallenden Serienschnitte unterstützt. Durch den Rechnereinsatz werden die in parallelen Ebenen ermittelten Daten in ein räumliches Modell überführt, das zur weiteren Analyse zur Verfügung steht und die Anfertigung aufwendiger Acrylharzmodelle überflüssig macht.

Ein Projekt in der <u>Physik</u> arbeitet verschiedene Versuche (wie z.B. die Zeeman-Katastrophenmaschine) einerseits als computergestütztes Demonstrationsexperiment und andererseits nach einer mathematischen Modellbildung als Simulationsexperiment auf dem Computer aus. Diese Einheiten sind als interaktive Lehrprogramme zum Selbststudium oder zur Verwendung in Lehrveranstaltungen einsetzbar.

Unter dem Oberbegriff "Analyse von Werkstoffen" werden, z.T. in Zusammenarbeit mit dem Max-Planck-Institut in Stuttgart, verschiedene Forschungsprojekte unterstützt: Die "Dynamik von Protonen auf Wasserstoff-Brücken", die "Charakteristika ferroelektrischer Domänenwände in Idealkristallen" oder der "Einsatz von Variationsverfahren zur Untersuchung von Schwingungen in inhomogenen Strukturen" sind einige Beispiele.

Bereich Ingenieurwissenschaften

Dieser Bereich ist mit einer relativ großen Zahl von Projekten vertreten. Gemeinsame Merkmale der Einsatzbereiche sind vor allem die Funktionen Messen, Steuern und Modellieren. Außer den beiden in diesem Buch im Detail vorgestellten Projekten "Simulation von Bediensystemen" und "Sichtbarkeit von Freileitungen" wurden folgende Themen bearbeitet:

Beim "Einsatz moderner Regelverfahren in Dampfkraftwerken" wurden robuste Verfahren zur optimalen Steuerung entworfen und implementiert. Dabei durften die systemeigenen Nichtlinearitäten entlang der Regelstrecke nicht in unzulässiger Weise durch zu grobe Linearisierung ausgeblendet werden. Die Verfahren sollen bei der Feinmodellierung eines bereits existierenden Dampfkraftwerks im Saarland Anwendung finden.

Schwerpunkte eines Projektes "Automatisierung von Meßabläufen" waren die Steuerung eines Logikanalysators im Rahmen des Entwurfs von Digitalschaltungen sowie ein Tool zur grafischen Darstellung von Meß-, Simulations- und Rechenergebnissen.

In "Kenngrößen von Halbleiterbauelementen" werden Kennlinienfelder gemessen, automatisch digitalisiert, dargestellt und die komprimierten Daten abgespeichert. Über nichtlineare Optimierungsverfahren werden mathematische Modelle berechnet, die dann in

Schaltkreissimulationsprogrammen auf dem Großrechner (wie z.B. SPICE) weiter verarbeitet werden.

Ein computergestütztes "Meß- und Analysesystem für die Mössbauer-Spektroskopie" ist das Resultat eines weiteren Projektes. Hier werden Werkstoffe untersucht, die gemessenen charakteristischen Spektren dargestellt, ausgewertet und für zukünftige Vergleiche archiviert. Zur Steuerung des Spektren-Meßgerätes und zur Aufnahme der gewonnenen Daten am MX2 wird (wie übrigens auch im vorstehend genannten Projekt) das in der I.I.I.-Kooperation entwickelte Universalinterface eingesetzt.

Im Mittelpunkt von "Werkstoffuntersuchungen mit Röntgenstrahlung" steht die Entwicklung von Programmen zur Simulation von Dejustierungseffekten bei Röntgengoniometern sowie zur Auswertung von Laueaufnahmen kubischer Kristalle. Diese Arbeiten münden in ein integriertes Steuer- , Meß- und Auswertungssystem für röntgengoniometrische Messungen. Dies soll den Aufwand der in der Vergangenheit über Tage sich erstreckenden Messungen und Auswertungen deutlich verringern.

Bereich Sprachwissenschaften

Eine der Überraschungen der Projektarbeit war die Tatsache, daß dieser Bereich im Verlauf der Kooperation in eine tragende Rolle hineinwachsen sollte. Dieser Bedeutung ist es nur angemessen, daß zwei der Projektvorhaben in diesem Buch mit ausführlichen Darstellungen vertreten sind. Dies ist zum einen "LARS: ein objektbasiertes System für die fastnatürlichsprachliche Unterstützung von benutzerentwickelten Lernsystemen" sowie "Konzeption und Entwicklung einer Datenbank zur Aufnahme sprachlicher Datenbestände". Doch auch die beiden anderen Projekte haben bei Präsentationen (u.a. beim Deutschen Romanistentag) große Aufmerksamkeit gefunden:
LEXECON ist eine Datenbank zur französischen Wirtschaftssprache, die mehr Informationen als ein Wörterbuch enthält, wobei der Benutzer aber genau selektieren kann, welche der verfügbaren Informationen zu einer Anfrage ausgegeben werden sollen. Für jeden Begriff der französischen Wirtschaftssprache sind folgende Auskünfte möglich: eine Definition in Französisch, eine oder mehrere deutsche Übersetzungen, Synonyme und Anonyme, ein Beispielsatz aus der neueren Fachpresse, verwandte Wörter, Verweise auf andere Termini und noch einige weitere Angaben. Ergänzt wird LEXECON durch AUTO-LETTRES, ein Programm zur automatischen Erstellung französischer Geschäftsbriefe, deren Inhalt zur Kontrolle auch als deutsches Äquivalent zur Verfügung steht. Die Struktur von LEXECON ist so ausgelegt, daß sie leicht für ähnliche Anwendungen wie z.B. eine mehrsprachige Datenbank medizinischer Fachtermini übernommen werden kann.
Als Arbeitsmittel sowohl für die linguistische Forschung als auch für die Ausbildung von Studenten sollen die Resultate des Projekts "Linguistische Werkzeugbox" dienen. Frei kombinierbare Basiskomponenten für die Analyse von Texten sind u.a. Module zur Wörterbuchpflege, zur morphologischen Analyse und zur Textanalysestatistik.

Bereich Rechts-/ Wirtschaftswissenschaften

Die geografische Lage der Universität bringt automatisch enge Kontakte zum nahegelegenen Frankreich mit sich. Im juristischen Bereich ist dies von speziellem Reiz, weil mit dem romanischen und dem germanischen Recht sich zwei grundlegend verschiedene Rechtssysteme gegenüberstehen.

Diese Problematik wurde aufgegriffen in dem Projekt "Bidirektionale juristische Datenbank", das sich zum Ziel gesetzt hat, Juristen eines der beiden Staaten Auskünfte über Rechtsbegriffe und -fälle des jeweils anderen Staates in der eigenen Sprache zur Verfügung zu stellen. Das System wird auf dem Host gehalten und ist dort von außen über DATEX-P ansprechbar. Intern ist der Zugriff über das Campus-Netz möglich; über dieses erfolgt auch durch ein spezielles auf dem MX2 implementiertes Pflegesystem der Ausbau der Datenbank auf dem Host.
Ein Projekt, das essentiell von der Zusammenarbeit zwischen Fachleuten sowohl aus dem Spezialgebiet (in diesem Fall dem europäischen Recht) als auch der Informatik lebte, war das zur Erstellung prototypischer Komponenten für ein "Expertensystem im europäischen Kartellrecht". Anhand von Tatbestandsvoraussetzungen unterstützt das System die Analyse der Frage, ob in einem vorliegenden Fall eine mißbräuchliche Ausnutzung einer beherrschenden Stellung auf dem Gemeinsamen Markt oder einem Teil davon durch das betreffende Unternehmen vorliegt.

Ebenfalls das Themengebiet "Wissensbasierte Systeme" bearbeitet das "Expertensystem zur konstruktionsbegleitenden Kalkulation", das den Schwerpunkt der Projekte im Bereich Wirtschaftswissenschaften darstellt. Es ist in diesem Band mit einer eigenen Darstellung vertreten.

Bereich Sozialwissenschaften

Eine Arbeitsgruppe in der <u>Psychologie</u> entwickelte die Software-Ausstattung eines Arbeitsplatzes , an dem ein MX2 einen Videorecorder steuert. Per Video aufgenommene Interaktionen können so im Hinblick auf jeweils interessierende Fragestellungen vom Beobachter an jeder beliebigen Stelle mit Codes "markiert" werden und erlauben spätere automatische Analysen (z.B. in Form von Statistiken).
In den <u>Erziehungswissenschaften</u> wurden Beiträge zu einem noch zu entwickelnden Autorenprogrammorientierten Lehr-/Lernsystem erarbeitet. Der Schwerpunkt der Arbeiten lag in der Entwicklung einer Komponente "Fehlerdiagnostik", durch die Fehler des Lernenden nicht nur gemeldet, sondern qualitativ klassifiziert werden und den weiteren Verlauf des Mensch-Maschine-Dialogs beeinflussen.

<u>Bereich Medizin</u>

Der medizinische Bereich hatte durch die räumliche Trennung vom Campus in Saarbrücken (die Universitätskliniken liegen ca. 30 km entfernt in Homburg) den Nachteil, nicht in der Weise in das interdisziplinäre Arbeiten einbezogen werden zu können wie dies sonst selbverständlich gewesen wäre. Das wurde durch beiderseitiges Engagement weitgehend ausgeglichen, was sich in einer relativ großen Zahl von Projekten der "Freien Vergabe" niederschlägt. In Form von Pilotprojekten wurden die beiden folgenden Vorhaben realisiert:

Am Institut für Humangenetik wurde Software erstellt, um die in den verschiedenen Labors bei Patientenuntersuchungen anfallenden Daten möglichst redundanzfrei zu erfassen. Eine große Rolle bei Aufnahme und Auswertung spielen die Verwandtschaftsstrukturen über Stammbäume, die einen wesentlichen Teil der implementierten Algorithmen beanspruchen.

An der Neurologischen Universitätsklinik wird ein System zur Verbesserung der Diagnostik neuromuskulärer Erkrankungen entwickelt. Zum einen sollen damit bereits erstellte Diagnosen überprüft werden, zum anderen wird von der systematischen Verfolgung der Krankheitsverläufe aus einer Vielzahl erfaßter Daten eine Verbesserung der diagnostischen Verfahren für diese Krankheiten im allgemeinen erwartet. Die Erkenntnisse daraus sollen auch verschiedenen Patienten-Selbsthilfegruppen zur Verfügung gestellt werden.

4. Schlußbemerkungen

Ein Großprojekt dieser Art, an dem mehrere hundert Mitarbeiter der Universität und zahlreiche Abteilungen bei Siemens in München beteiligt waren, bringt unweigerlich eine Reihe von logistischen Problemen mit sich, die ohne spezielle organisatorische Maßnahmen nicht zu bewältigen sind. Projekte mußten geplant, miteinander abgestimmt und während der Projektlaufzeit von zentraler Stelle aus betreut werden, Hard- und Software mußte in großer Zahl bestellt und verteilt sowie bei auftretenden Problemen Hilfestellung gegeben werden.

Zur Betreuung der Teilprojekte und zur Unterstützung des Projektmanagements wurden sowohl von der Universität als auch von Siemens Projektteams eingerichtet. Ein Teil der Siemens-Mitarbeiter war für die Projektarbeit direkt vor Ort eingesetzt und so permanent ansprechbar. Aus teils skeptischen Anfängen entstand mit Fortgang des Projekts eine vertrauensvolle und fruchtbare Zusammenarbeit.

Die Leitlinien für die Projektvorhaben wurden durch einen Beirat vorgegeben, der in halbjährlichen Treffen den Stand der Arbeiten verfolgte und kritisch begleitete. Den Vorsitz dieses Beirats hatte seitens der Universität der jeweilige Vizepräsident für Forschung inne, zunächst Herr Prof. Dr. Dinkelbach, ab 1986 Herr Prof. Dr. Ruppersberg; auf seiten von Siemens nahm Herr Fülling, Leiter des Vertriebs Datentechnik, diese Aufgabe wahr.

In der Anlaufphase war die Einrichtung einer Benutzerberatung eine wertvolle Anlaufstation besonders für solche Anwender mit noch geringer EDV-Erfahrung oder erst rudimentären SINIX-Kenntnissen. Diese Beratung wurde ergänzt durch regelmäßig vom Rechenzentrum angebotene Kurse.

Die inhaltliche wie organisatorische Projektarbeit lebte zu jeder Zeit entscheidend vom großen persönlichen Einsatz vieler einzelner Beteiligter, seien es Professoren, wissenschaftliche Mitarbeiter, Mitglieder der Universitätsverwaltung, Studenten, Techniker, Sekretärinnen oder Management und Mitarbeiter von Siemens.

Wir möchten an dieser Stelle all den Personen, die sich in der Kooperation engagiert haben, für die geleistete Arbeit Anerkennung und Dank aussprechen. Ohne sie wären die Ergebnisse, die jetzt in der abschließenden Präsentation in Saarbrücken in so großer Zahl vorgestellt werden können, nicht möglich gewesen.

Über die in den einzelnen Projekten erzielten Resultate hinaus, beeinflußte das Kooperationsprojekt insgesamt die Arbeitsweise der Universität und hat dazu geführt, daß die vielfältigen Möglichkeiten des Rechnereinsatzes für Lehre und Forschung heute in allen Bereichen der Universität genutzt werden.

CANTUS - Struktur und Anwendungen

B. Färber, H. J. Schuh

Rechenzentrum

1. Einleitung

CANTUS, das campusüberdeckende Netz der Universität des Saarlandes diente als wesentliche Grundlage für Entwicklungen im Rahmen des I.I.I.-Projektes. Im folgenden Bericht werden Entwicklung, Struktur und Funktion des CANTUS-Netzes und die darauf aufsetzenden Netzdienste beschrieben.

Ziel bei der Konzeption von CANTUS war es, eine Infrastruktur auf dem Campus der Universität des Saarlandes zu schaffen, um den Bedarf an Rechnerleistung und -kommunikation für die nächsten Jahre zu decken.

Im ersten Abschnitt wird zunächst auf die Historie eingegangen. Anschließend wird die Struktur und die Topologie beschrieben, dann werden die Hardware-Komponenten vorgestellt und die Netz-Software erläutert. Wegen seiner Bedeutung innerhalb des I.I.I.-Projektes wird in dem darauffolgenden Abschnitt etwas näher - exemplarisch für die Anbindung anderer PCs - auf den SINIX PC-MX2-Anschluß und auf speziell dafür entwickelte Anwendungen eingegangen. Zum Schluß des Berichtes wird aus der Erfahrung mit der Entwicklung und dem Aufbau von CANTUS ein Resumee gezogen und auf mögliche Weiterentwicklungen hingewiesen.

2. Historie

In der zweiten Hälfte des Jahres 1982 wurde im Rechenzentrum der Universität des Saarlandes eine Arbeitsgruppe mit dem Ziel gebildet, einen Vorschlag für ein Nachfolgenetz des seit 1976 in Betrieb befindlichen Terminalnetzes MEDUSA zu erarbeiten. Dies wurde nötig, da das MEDUSA-Netz der stark zunehmenden Zahl von Arbeitsplatzrechnern, der großen Typenvielfalt von Endgeräten und dem gestiegenen Bedarf an Diensten wie File-Transfer, Zugang zu mehreren Host-Rechnern, zu öffentlichen Datennetzen etc., sowohl in quantitativer als auch in qualitativer Hinsicht nicht mehr gewachsen war.

Der Vorschlag enthielt eine Reihe von Anforderungen, die ein Nachfolgenetz erfüllen sollte. Die wesentlichen Punkte aus der Sicht der Benutzer waren :

- hohe Datenübertragungsraten,
- Anschluß von PCs, Workstations, Hosts und Peripheriegeräten der verschiedensten Typen und
- Anschluß herstellerspezifischer In-House-Netze.

Auf all diesen Systemen sollte eine Menge von Diensten nach Möglichkeit in einer einheitlichen Form zur Verfügung stehen wie z.B.

- Remote-Dialog,
- File-Transfer,
- Electronic-Mail,
- Backup-Funktionen,
- Zugang zu öffentlichen Netzen und
- Anschlußmöglichkeit vieler einfacher kostengünstiger Terminals.

Neben der Benutzersicht waren natürlich auch eine Reihe von Forderungen aus der Sicht des Netzbetreibers zu berücksichtigen:

- möglichst einfache Netzadministration,
- leichte Erweiterbarkeit,
- hohe Betriebssicherheit,
- einfache, erweiterbare Adressierungsstruktur und
- Anlehnung der Netzarchitektur an das OSI-Referenzmodell.

Eine Analyse ergab zum damaligen Zeitpunkt, daß die auf dem Markt erhältlichen Lösungen für den campusweiten Einsatz (ca. 40 Gebäude verteilt auf einem Gelände mit ca. zwei Kilometer Durchmesser) sich technisch nicht realisieren ließen, u. a. wegen der Beschränkung der räumlichen Netzausdehnung von LANs.

Aus diesen Gründen wurde damals die Entscheidung getroffen, sowohl Hardware als auch Software weitgehend selbst zu entwickeln. Hierbei konnte man auf Erfahrungen aus dem MEDUSA-Netz - dort wurde Hardware bzw. Software größtenteils selbstentwickelt - zurückgreifen. Ende 1982 lag schließlich ein Projektvorschlag für ein campusweites Netz vor, das später den Namen CANTUS erhielt.

Die für die CANTUS-Entwicklung wesentlichen Randbedingungen waren dadurch gekennzeichnet, daß die Kosten möglichst gering sein sollten. Erschwerend kam noch hinzu, daß für ein solches Vorhaben die Personalkapazität niedrig war. Nach der Verkabelung eines ersten Teilabschnittes auf dem Universitätsgelände konnte Ende 1983 ein Testnetz in Betrieb genommen werden.

1984-85 erfolgte dann die Weiterentwicklung der Hardware und Software für CANTUS. Durch das im etwa gleichen Zeitraum begonnene I.I.I.-Kooperationsprojekt und das Computer-Investitionsprogramm (CIP) wurden PCs in großem Umfang in den Instituten der Universität aufgestellt. Durch die Netzeinbindung dieser PCs erhöhte sich zwar die Bedeutung von CANTUS; gleichzeitig stieg jedoch der Arbeitsumfang, insbesondere hinsichtlich des physikalischen Aufbaus.

Gleichzeitig begann der sukzessive Produktionsaufbau und die Inbetriebnahme von CANTUS sowie die restliche Verkabelung auf dem Campusgelände. Der vorläufige Endausbau wurde 1988 erreicht, wird aber durch zusätzliche Geräte immer einer ständigen Änderung bzw. Erweiterung unterliegen. Parallel zum CANTUS-Aufbau in Saarbrücken wurde das gleiche Netz - nur in einer kleineren Dimension - in dieser Zeit auch auf dem Campus der Universitätskliniken (diese sind ca. 30 km vom Saarbücker Campus in Homburg angesiedelt) installiert. Über eine Standleitung sind diese beiden - zunächst unabhängigen - Netze miteinander gekoppelt, so daß es für den Netzbenutzer ganz unerheblich ist, an welchem Standort er sich befindet; aus seiner Sicht existiert ein einziges Netz.

3. Struktur von CANTUS

3.1 Topologie

Um den Campus flächendeckend zu vernetzen, wurde CANTUS zweistufig konzipiert. Ein Basisnetz, bestehend aus internen Knoten, bildet einen Backbone. Dabei wurde die in Abb.1 gezeigte Netztopologie realisiert: 16 interne Netzknoten (die im Bild gezeigte Numerierung entspricht der Gebäudenummer) sind zu einem Graph mit dem Grad drei und

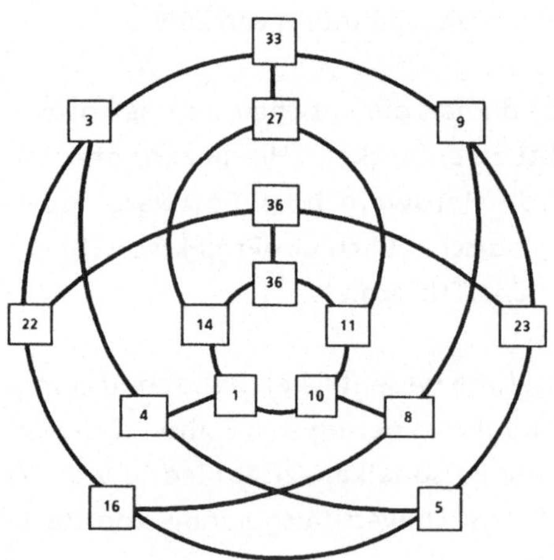

Abbildung 1: Topologie des interen Netzes

Durchmesser vier zusammengefaßt, d.h. ein interner Netzknoten ist mit drei Leitungen mit Nachbarknoten verbunden und eine Nachricht muß von höchstens drei Knoten weitergeleitet werden , um den Zielknoten im internen Netz zu erreichen.

Die zweite Stufe des Netzes bilden die an das Backbone-Netz angekoppelten In-House-Netze. In-House-Netze im Sinne von CANTUS können dabei sein:

- Ethernet- bzw. Cheapernet-Segmente,
- Host-Rechner sowie
- Stationscontroller (STCs) zum Anschluß von Endgeräten.

Die größte Zahl von In-House-Netzen besteht aus den baumartig angeordneten STCs (Abb. 2), die den Anschluß von asynchronen Terminals, PCs, Druckern und Plottern bieten. Darüber hinaus sind in einigen Gebäuden herstellerspezifische Netze (z. B. sog. CIP-Pools) installiert.

3.2 Hardware-Komponenten

Sowohl die Knoten des Backbone-Netzes als auch die STCs sind Eigenentwicklungen des Rechenzentrums der Universität des Saarlandes. Die Systeme sind mit Siemens-SMP-kompatiblen Teilen in einer modularen Form aufgebaut und werden entsprechend den Anforderungen ausgebaut.

Sowohl die Netzknoten als auch die STCs sind über ein Twisted-Pair-Kabel miteinander verbunden, das Übertragungsraten im MBit-Bereich erlaubt. Die Kabel zwischen den internen Netzknoten sind 48- bzw. 96-paarig ausgelegt; dies erlaubt eine flexible Topologieanpassung und eine einfache Erweiterbarkeit.

3.3 Netz-Software

3.3.1 Netzzugangsschnittstelle

Die Schnittstelle zwischen dem Transportsystem (Schichten 1-4 im ISO-Referenzmodell) und dem Anwendungssystem (Ebenen 5-7) wurde möglichst schmal konzipiert, um den Entwicklungsaufwand und die Maintenierung des Systems gering zu halten. Es handelt sich dabei um eine einfache Transaktionsschnittstelle, mit deren Hilfe einzelne Datenpakete durch das Netz an eine oder mehrere beliebige Netzanwendungen gesandt werden können (Datagramm Service).

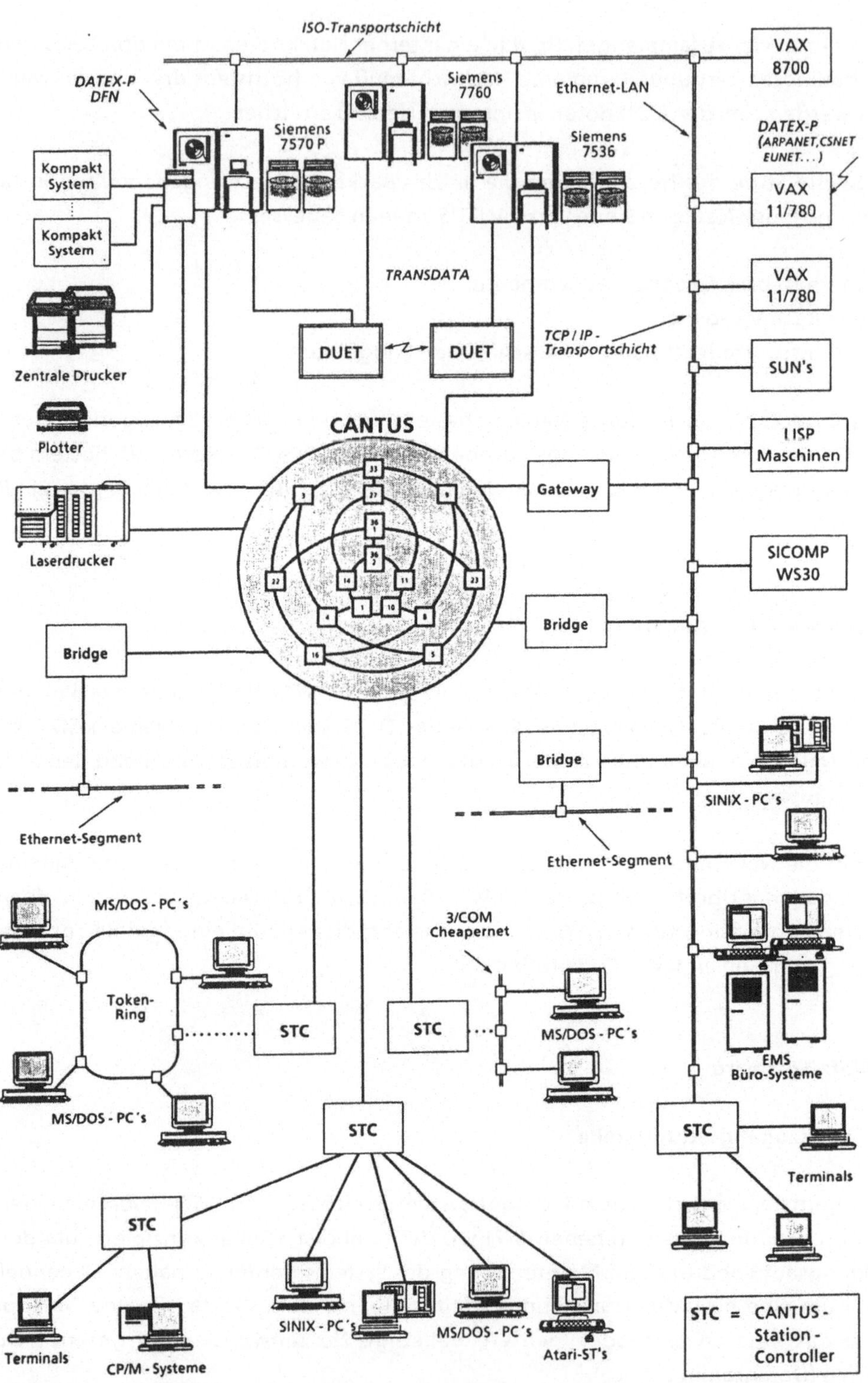

Abbildung 2: CANTUS-Gesamtüberblick

Diese Schnittstelle besteht aus der prozeduralen Realisierung der Primitiva

- SEND   (Übergeben von Daten an das Netz zum Transport an eine (oder mehrere) adressierte Netzanwendung(en)) und
- RECEIVE   (Übergabe der Daten an die aufrufende Netzanwendung.)

Bei den Primitiva SEND und RECEIVE werden Datenpakete bzw. Zugriffsrechte auf Speicherbereiche weitergegeben.

3.3.2 Adressierung

Jede Netzanwendung besitzt eine eindeutige CANTUS-Adresse, durch die sie identifizierbar ist. Eine solche Adresse besteht aus fünf Komponenten und ist hierarchisch aufgebaut:

- Ort (z.Zt. Homburg oder Saarbrücken),
- Regionsnummer (Gebäude oder Gebäudegruppennummer),
- Teilnetznummer (einzelne Netze innerhalb von Gebäuden),
- Stationsnummer (STCs in Teilnetzen) und
- Anwendungsnummer (z. B. File-Transfer-Prozesse, Dialogprozesse)

3.3.3 CANTUS-Protokoll-Software

Wie oben erwähnt, war eine wesentliche Forderung, die Software nach dem ISO-Schichtenmodell auszurichten. Abb. 3 zeigt die CANTUS-Protokollsäule, wobei Ebene 4 praktisch leer ist (Nullschicht). Die Ebenen 5-7 sind in den Endsystemen enthalten.

Auf der Ebene 2 werden je nach den angeschlossenen Endgeräten bzw. Rechnertypen unterschiedliche Protokolle benutzt, wobei durchaus in einem Netzsystem auf jeder nach außen gehenden Leitung ein anderes Protokoll gefahren werden kann.

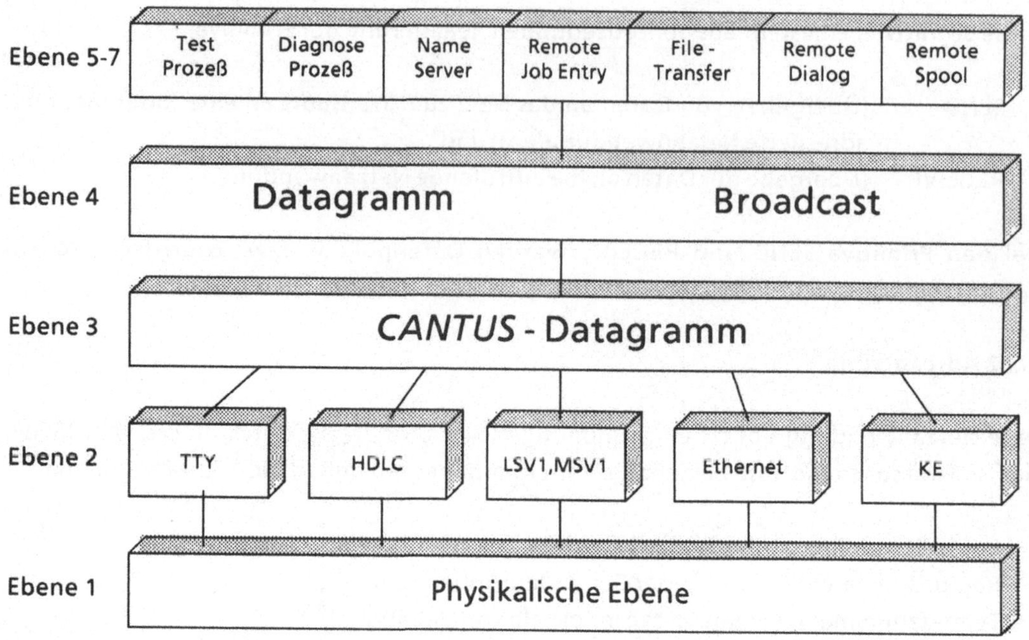

Abbildung 3: CANTUS-Protokollsäule

Folgende Protokolle wurden implementiert:

- die Klasse der Basic-Mode-Prozeduren nach DIN 66019,
- HDLC LAP B,
- Ethernet   (Realisierung eines Ebene-2-Gateways und einer CANTUS-Ethernet-Bridge, um Cantus als Transitnetz zwischen zwei beliebig auf dem Campus (oder auch in Homburg) installierten Ethernet-Netzen zu nutzen.),
- KE-Protokoll   (bedient ein schnelles eigenentwickeltes Kanalinterface zum BS2000-Rechner) und

- TTY-Protokoll   (mit zuschaltbarer xon/xoff-Option als Leitungsprozedur für asynchrone Endgeräte).

Auf der Ebene 3 ist ein Datagramm-Dienst realisiert. Dieser transportiert entsprechend den Routing-Vorschriften ein Datenpaket zu seinem Ziel.

Ebene 4 ist im Netz im wesentlichen leer. Es existiert hier lediglich die Broadcast-Funktion, die die entsprechenden Netzadressen einfügt und die Nachrichten im Netz versendet bzw. ankommende Nachrichten den Anwendungen zustellt, für die sie bestimmt sind.

3.4 Netzadministration

Ein Netz in der Größenordnung von CANTUS erfordert eine ständige Überwachung und damit geeignete Administrationsfunktionen: Hierzu wurde auf einem SINIX PC-X ein eigener Netzmonitor entwickelt, der sich funktionell an den von der MAP-Gruppe (Manufacturing Automation Protocol) gestellten Forderungen für ein Netzwerkmanagement orientiert. Dieses unterteilt sich in die vier Bereiche

- Zustandsmangement, das für die Verwaltung der Netzkonfiguration verantwortlich ist; hier ist unter anderem die Kenntnis der Adressen, des Standortes und der Ausstattung der Netzzugangsgeräte mit den an ihnen angeschlossenen Systemen notwendig;
- Leistungsmanagement, das die vom Netz gelieferten Daten in Systemstatistiken sammelt und auswertet;
- Ereignismanagement, das ein Abbild über den aktuellen Zustand des Netzes wiedergibt und so Ausfälle und Überlastungen erkennen läßt, und schließlich
- Fehlermangement, das es erlaubt, auftretende Hardware- oder Software-Fehler näher zu anlysieren, um geeignete Maßnahmen zu ergreifen.

4. Anschluß von BS2000 - 7.xxx - Zentraleinheiten und SINIX PC-MX2 an CANTUS

Die an CANTUS betriebenen PCs wie SINIX PC-X, SINIX PC-MX, IBM-PC und Kompatible sowie ATARI kommunizieren mit anderen Rechnern in der Regel über die eigenentwickelte Kommunikations-Software. Im Falle der angeschlossenen SINIX PC-MX2 bestand die Forderung, daß von diesen aus über CANTUS die sonst nur in der homogenen Siemens-Welt nutzbaren Standard-Software-Produkte wie 9750-Emulation, File-Transfer FT-SINIX und ähnliche, unverändert verwendbar sein sollten. Alle diese Produkte setzen auf PC-Seite auf einer von der GMD entwickelten Transportsystemschnittstelle mit dem Namen CMX (Communication Method SINIX) auf. Realisiert ist diese als eine Programm-/Bibliotheks-schnittstelle. CMX ermöglicht die Programm-zu-Programm-Kommunikation und bietet aus Netzwerksicht einen verbindungsorientierten Transportsystemzugang.

Nach Prüfung verschiedener Realisierungsmöglichkeiten wurde eine Lösung erarbeitet, die es ermöglicht, andere Protokolle - in diesem Fall ISO bzw. das Siemens-spezifische NEA-Protokoll - über CANTUS zu übertragen. CANTUS dient dabei als (ISO-Schicht-3-) Transportnetz. Aus Benutzersicht bleibt das gesamte Transportsystem jedoch transparent und stellt sich wie eine homogene Siemens-Kopplung dar. In den nächsten Abschnitten wird die PC-MX2 - BS2000-Kopplung mit CANTUS als dazwischenliegendem Transportmedium etwas näher erläutert (siehe auch Abb. 4 und Abb. 5).

4.1 BS2000-7.xxx-Host/CANTUS-Kopplung

Der im Rahmen des I.I.I.-Projektes vom Rechenzentrum der Universität des Saarlandes entwickelte 7.xxx-Host-Kanaladapter zum Anschluß von Ethernet-LANs an BS2000-Hosts, 9632, ZAS-LAN (Zentraleinheitenanschlußsteuerung für LAN) diente als Ausgangsbasis für die 7.xxx-Host/CANTUS-Kopplung: Die ZAS-LAN wird dazu um eine ebenfalls eigenentwickelte CANTUS-Adapter-Karte erweitert und wird dadurch sozusagen zur "ZAS-LAN/CANTUS".

Aus der Sicht von BCAM, der BS2000-Datenkommunikations-Software, sind zunächst alle über CANTUS erreichbaren Rechner - i. a. SINIX PC-MX2, aber auch andere BS2000-Anlagen - als an ein einziges LAN angeschlossen charakterisiert. Werden nun Datenpakete an solche Rechner geschickt, erkennt die ZAS-LAN/CANTUS-Firmware an Hand der - speziellen - LAN-Adresse, daß diese Pakete für an CANTUS angeschlossene Rechner bestimmt sind, entfernt den von BCAM generierten Ethernet-Paketvorspann, erzeugt einen passenden CANTUS-Paket-Header und reicht die so modifizierten Pakete über die CANTUS-Adapterkarte an CANTUS weiter. In Empfangsrichtung wird von den von CANTUS kommenden Paketen der CANTUS-Header entfernt und statt dessen ein entsprechender LAN-Header davor gesetzt; danach werden die Datenpakete an BCAM weitergereicht, gerade so, als wären es "echte" LAN-Pakete.

4.2 SINIX PC-MX2/CANTUS-Kopplung

Die allgemeine Netzintegration von SINIX PC-MX2-Rechnern wurde von Siemens auf sehr elegante Art und Weise realisiert: Unter der CMX-Transportsystemschnittstelle und damit transparent für den Anwender, werden die verschiedenen Transport-Protokolle von speziellen Programmen, den sog. Communication-Control-Programmen (CCPs) abgewickelt. Diese werden auf eigene Adapterkarten, die sog. Communication-Controller (CC), geladen und ausgeführt. Die Adapterkarten - spezialisiert für den jeweiligen Einsatzfall (WAN, LAN) - sind zu diesem Zweck mit eigenen Prozessoren, Speicher und Kommunikationsbausteinen ausgestattet.

Wegen der Verfügbarkeit von HDLC LAP B als CANTUS-Schicht-2-Protokoll sowie X.21 als Hardware-Schnittstelle wurde für die SINIX PC-MX2/CANTUS-Integration folgende Lösung realisiert: Als CC kommt das sog. DFÜ-Board (DUEAI) zum Einsatz; damit lassen sich Übertragungsgeschwindigkeiten von bis zu 64 kBit/sec. im Synchronbetrieb erreichen. Für die Software-Integration diente CCP-WAN1, charakterisiert durch das Netzprofil

- NEATET/V in Schicht 4,
- NEAN in Schicht 3 und
- HDLC LAP B in Schicht 2

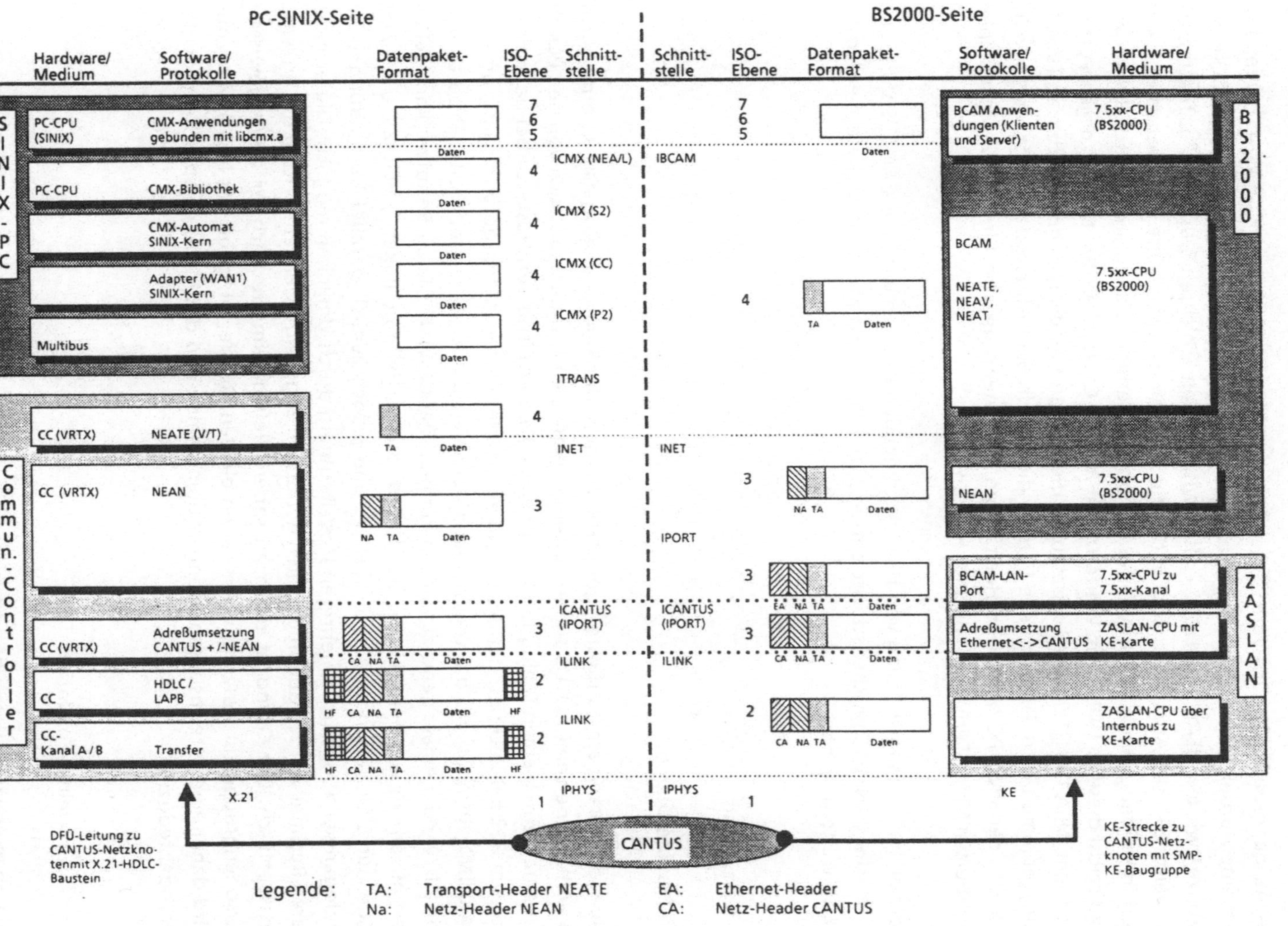

Abbildung 4: BS2000-CANTUS-SINIX-Kopplung (Protokollschichten, Datenpaketformate)

als Ausgangsbasis. Die uns von Siemens zur Verfügung gestellten CCP-WAN1-Quellprogramme wurden folgendermaßen modifiziert: Die NEA/HDLC-Protokollsäule wurde an der Grenze zwichen NEAN und HDLC - also zwischen den Schichten 3 und 2 - "aufgetrennt" und eine CANTUS-Anpassungsschicht (Ebene 3') "eingezogen". Diese Zwischenschicht fügt nun in Senderichtung bei den von NEAN kommenden Paketen einen CANTUS-Header ein und reicht diese an HDLC zum Weitertransport über CANTUS weiter. Dieser Vorgang erfordert eine NEA-CANTUS-Adreßumsetzung, die an Hand einer dynamisch ladbaren Tabelle vorgenommen wird. Eine aktuelle Version dieser Adreßzuordnungstabelle fordert sich im übrigen der SINIX PC-MX2 beim Hochfahren von einem zunächst für diese Zwecke implementierten Name-Server vom BS2000-Host an.

Bei den in Empfangsrichtung von HDLC kommenden Paketen wird der CANTUS-Vorspann durch die CANTUS-Zwischenschicht entfernt und die so modifizierten Pakete werden an NEAN weitergegeben.

5. Netzdienste

5.1 Remote-Dialog

Der wohl derzeit am häufigsten genutzte Dienst ist der Remote-Dialog. Dieser ermöglicht sowohl von den an CANTUS angeschlossenen einfachen Terminals als auch von den PCs im Terminalbetrieb einen Dialog mit den über CANTUS erreichbaren Hosts. Dabei handelt es sich um BS2000-Rechner, bei denen ein zeilenorientierter Dialog geführt wird, und um VAX/UNIX-Rechner, wo die verschiedenen zur Verfügung stehenden Editor-Programme, wie z.B. vi oder emacs genutzt werden können. Der CANTUS-Dialog-Benutzer kann selbst bestimmen, zu welchem Host er sich logisch durchschalten ("linken") will. Zu einer Zeit kann nur eine Verbindung aktiv sein, es sind jedoch zeitlich parallel Verbindungen zu Dialoganwendungen auf mehreren Host-Rechnern durch Umlinken möglich. Die erreichbaren Rechner werden aber nicht allen Benutzern angezeigt, vielmehr erfolgt die Anzeige ortsspezifisch. Der Grund ist darin zu sehen, daß bestimmte Rechner einer gewissen Personengruppe zur Nutzung vorbehalten bleiben. Bei der Ausgabe des NETLINK-Menüs wird daher eine Bereichsüberprüfung vorgenommen und das Menü entsprechend erweitert oder reduziert.

5.2 9750-Terminal-Emulation

Wie oben erwähnt, wird über die Dialogschnittstelle mit den BS2000-Rechnern allgemein zeilenorientiert gearbeitet. Viele BS2000-Programme arbeiten jedoch formatgesteuert, so daß sie sinnvoll nur von einem entsprechenden Terminal oder von einem mit einem

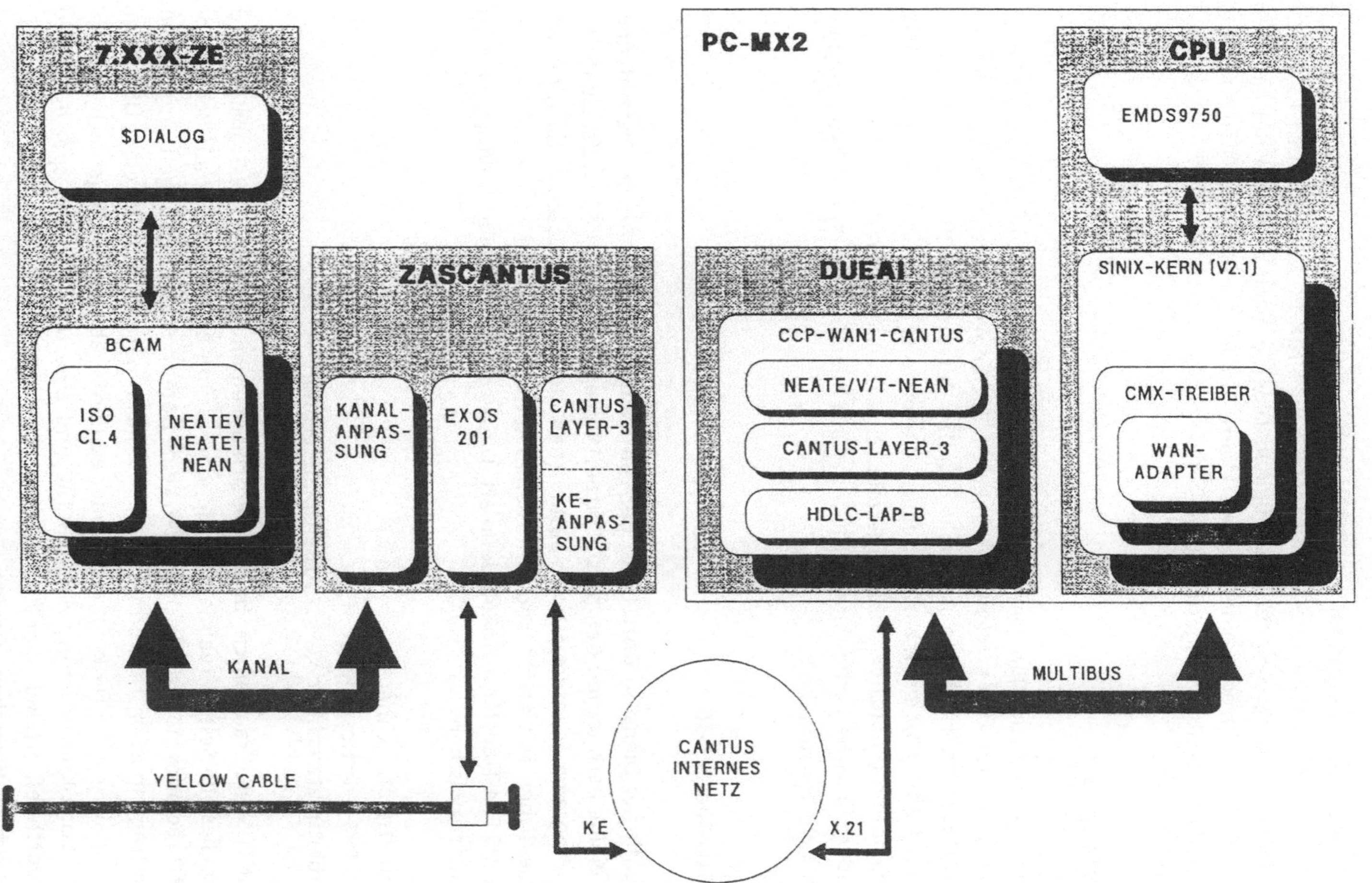

Abbildung 5: PC-MX2 CCP-WAN1-CANTUS/7.XXX-Kopplung

Terminal-Emulationsprogramm ausgestatteten PC bedient werden können. Solche Terminal-Emulationsprogramme stehen sowohl für SINIX PC-MX2 als auch für MS-DOS-Rechner zur Verfügung. Rechner dieser beiden Typen müssen entweder mit einem DFÜ-Board (SINIX PC-MX2) oder einer Netzwerkkarte zur Realisierung des HDLC-Protokolls (IBM-PC und Kompatible) ausgestattet sein.

5.3 Remote-Spool

Dezentrales Drucken und Plotten ist in CANTUS von den Hosts aus möglich. Dies wird durch einen sog. impliziten Link erreicht. Der an einem STC angeschlossene Drucker oder Plotter ist im Grundzustand mit keinem Partner verbunden. Setzt nun ein Benutzer auf einem Host einen Print-Auftrag für einen bestimmten Drucker im Netz ab, so wird von Seiten des Hosts eine Verbindung (impliziter Link) hergestellt. Zu dem Drucker darf zu diesem Zeitpunkt keine andere logische Verbindung existieren. Nach Beendigung des Druckvorganges wird dieser Link wieder aufgehoben.

5.4 CANTUS-File-Transfer

Ein wesentlicher Dienst in CANTUS ist der File-Transfer. Je nach Art der Netzintegration können einige Rechner mit den herstellerspezifischen bzw. auf TCP/IP aufsetzenden File-Transfer-Programmen Informationen austauschen. Um aber den Datenaustausch zwischen unterschiedlichen an CANTUS angeschlossenen Rechnern generell zu ermöglichen, wurde ein CANTUS-File-Transferprotokoll definiert. Dieses ermöglicht allgemein gesehen einen Dateitransfer zwischen

- Arbeitsplatzrechner <----> Host,
- Host <----> Host sowie
- Arbeitsplatzrechner <----> Arbeitsplatzrechner.

Beim CANTUS-File-Transfer (cft) handelt es sich um einen einfachen File-Transfer, bei dem kein virtuelles File-System realisiert wurde, d.h. es sind keine Zugriffe auf Record-Ebene oder auf Directories möglich. Auch werden keine Dateiformatanpassungen vorgenommen. Eine Übertragung ist im Textformat oder im Binärformat möglich. Bei einer Übertragung im Textformat wird die Datei im Zielrechner editierbar abgelegt, d.h. je nach Zielrechner wird eine Code-Konvertierung ASCII/EBCDIC und eine Umwandlung spezieller Steuerzeichen durchgeführt. Bei einer Übertragung im Binärformat wird die Datei bitgetreu auf dem Zielrechner hinterlegt. Der File-Transfer wird von zwei miteinander kommunizierenden Prozessen abgewickelt: Einem Klientenprozeß, der für die Dauer der Übertragung vom Anwender gestartet wird, und einem Server-Prozeß, der im Falle der Großrechner permanent abläuft. Im Falle von nicht-multitaskingfähigen PCs muß auch das Server-Programm explizit für den Dateitransfer gestartet werden.

Einen Sonderfall stellen in diesem Rahmen die SINIX PC-MX2 dar, die über das DFÜ-Board und mittels der Verwendung der CMX-Schnittstelle an CANTUS angeschlossen sind: Es wurde ein Konzept unter Einbeziehung des zentralen Siemens/BS2000-Rechners als cft/CMX-Gateway entwickelt. Das Gateway kommuniziert einerseits mit mehreren cft-Klienten und unterhält andererseits Verbindungen zu den einzelnen als CMX-Anwendungen realisierten cft-Servern. Der Benutzer, der nun einen File-Transfer zwischen seinem PC und einem SINIX PC-MX2 durchführen will, startet auf dem PC das cft-Benutzerprogramm. Dieses baut eine Verbindung zum Gateway-Rechner auf, wo an Hand der Zieladresse nun die Verbindung zu dem angewählten SINIX PC-MX2 File-Transfer-Server hergestellt wird. Danach erfolgt der Datentransfer über das Gateway.

5.5 Backup- und Archivierungssystem

Eine der aus Benutzersicht gestellten Anforderungen war u.a. eine Backup-Funktion. Prinzipiell ist dies zwar durch die Möglichkeit des File-Transfers auf den Großrechner und die dort vom Rechenzentrum vorgenommenen Dateisicherungsmaßnahmen möglich, womit aber keineswegs eine ausreichend komfortable Archivierung realisiert ist. Diese wird aber in zunehmenden Maße für PCs mit größerer Plattenkapazität notwendig; dabei scheidet eine Sicherung über einen zu jedem PC anzuschaffenden Streamer aus Kostengründen aus. Im Rahmen des I.I.I.-Projektes wurde ein auf der Transportsystemschnittstelle CMX basierendes Backup- und Archivierungssystem (bar) entwickelt. Einschränkend muß erwähnt werden, daß dieses System, da es auf CMX basiert, nur für SINIX PC-MX2-Rechner verfügbar ist. bar stellt dem SINIX-Benutzer dabei im wesentlichen die Funktionen von tar zur Verfügung, dem UNIX-Standardarchivierungssystem. Der bar-Klientenprozeß baut vom SINIX PC-MX2 her eine Verbindung zum bar-Server auf dem Siemens-Host auf (Abb. 6), der entsprechend zum UNIX tar-Kommando die folgenden Operationen realisiert:

- Eröffnen eines Archivs,
- Neuanlegen eines Archivs,
- Sicherung von Datenbeständen inklusive aller Dateimerkmale wie z.B. Schutzbits,
- Übernahme einzelner Dateien aus einem Archiv bzw. Übertragen eines gesamten Archivs vom SIMENS-Host zum SINIX PC-MX2 und
- Erstellen von Inhaltsverzeichnissen der einzelnen Archive.

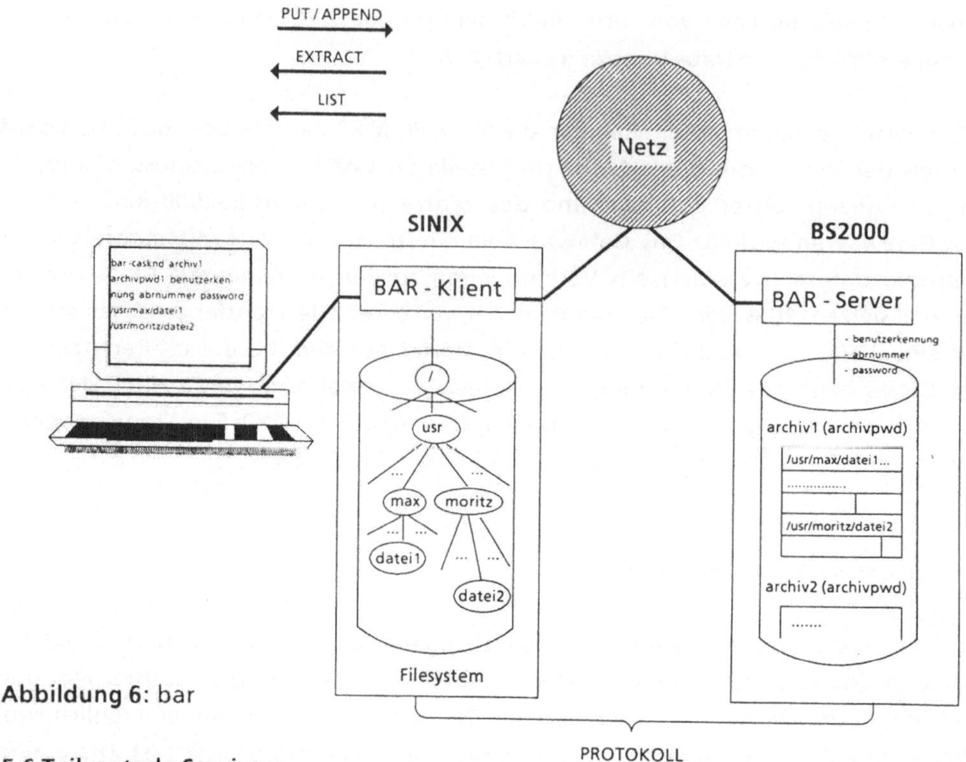

Abbildung 6: bar

5.6 Teilzentrale Services

Die mittlerweile im Rahmen des I.I.I.-Projekts in den einzelnen Instituten eingesetzte große Anzahl von SINIX PCs kann selbstverständlich nicht mit hochwertigen Peripheriegeräten (Laser-Drucker, Plotter,...) ausgerüstet werden. Um nun solche Spezialgeräte für mehrere Benutzer zugänglich zu machen, wurden, aufsetzend auf dem File-Transfer, teilzentrale Dienste zwischen SINIX PCs realisiert. Diese basieren auf dem Klienten-Server-Prinzip: Der Server interpretiert ihm übertragene Kommandodateien und führt die darin spezifizierten Befehle aus.

5.7 Zugang zu öffentlichen Netzen

Alle an CANTUS angeschlossenen PCs oder Terminals haben Zugang zum DATEX-P-Netz der Deutschen Bundespost. Damit stehen weitere Dienste wie z.B. Electronic-Mail (CSNET, TELEBOX,..) oder auch die DFN-Dienste zur Verfügung. Die Ankopplung erfolgt über ein CANTUS-WAN-Gateway, das im BS2000-Host realisiert ist. Wegen der Umstrukturierung von Mail-Adressen (die Universität bildet in Zukunft eine einzige Adreß-Domain) wird derzeit erwogen, innerhalb von CANTUS einen Rechner als Mail-Rechner einzusetzen. Weiterhin soll CSNET auch uni-intern als Mail-System eingesetzt werden, womit es für einen Benutzer unerheblich wird, ob sein Mail-Partner sich innerhalb des Campus befindet oder über das öffentliche Netz erreichbar ist.

6. Zusammenfassung und abschließende Bemerkungen

Zum Schluß seien noch ein paar Zahlen genannt: Das interne Netz besteht in Saarbrücken aus 16 Knotenrechnern (fünf in Homburg). In den einzelnen Gebäuden in Saarbrücken sind derzeit 17 kaskadierte Stationscontroller (in Homburg fünf) und an ihnen weitere 50 Stationscontroller (bzw. elf in Homburg) angeschlossen. Zusätzlich sind bzw. werden z.Zt. sieben Ethernet-In-House-Netze integriert. In diesem Netz sind sechs Host-Systeme (vier BS2000-Anlagen, zwei VAX/UNIX-Rechner) zugänglich. Des weiteren sind ca. 300 PCs und 400 Terminals und Drucker im Einsatz.

Da an der Universität des Saarlandes sehr frühzeitig mit Netzentwicklungen begonnen wurde, steht eine - im Vergleich zu anderen deutschen Hochschulen - gut ausgebaute Infrastruktur zur Rechnerkommunikation zur Verfügung, die nach einer kritischen Anlaufphase mittlerweile eine breite Akzeptanz bei den Mitgliedern der Universität gefunden hat. Dies soll allerdings nicht darüber hinwegtäuschen, daß ein solches Vorgehen auch mit Nachteilen behaftet ist: Die Entscheidung, ein Netz einer solchen Größenordnung weitgehend selbst zu entwickeln und auch hardware-seitig in einer doch recht beachtlichen Stückzahl zu fertigen und zu installieren, ist sehr arbeitsintensiv und zeitaufwendig. Insbesondere ist der Zeitraum bis zur endgültigen Fertigstellung u.a. durch die geringe Personalkapazität zu lang. Die im DV-Bereich immer kürzer werdenden Innovationszyklen sorgen dafür, daß der zunächst erarbeitete Vorsprung schnell dahinschmilzt bzw. überholt wird, so daß die Entscheidung, dieses Netz so und nicht anders zu realisieren, nur im Zusammenhang mit der Historie gesehen und beurteilt werden kann. Der Vorteil liegt sicherlich in den doch vergleichbar niedrigen Anschlußkosten und in der Möglichkeit, relativ schnell Endgeräte verschiedenen Typs (auch "Exoten") in dieses Netz integrieren zu können.

CANTUS wird in seiner jetzigen Form sicherlich noch einige Jahre fortbestehen, jedoch sollte man heute schon die sich derzeit auf dem Kommunikationssektor abzeichnende Entwicklung im Auge behalten, um hier - vielleicht durch Ablösung oder Austausch einzelner Elemente - einen sukzessiven Neuaufbau bzw. eine der technologischen Entwicklung angepaßte Kommunikationsinfrastruktur zu erreichen. Hierfür stehen derzeit insbesondere die Glasfasertechnik, als auch die im öffentlichen Bereich anstehende Einführung von ISDN, wie auch die mögliche Weiterentwicklung zum Breitband-ISDN-B mit völlig neuen Diensten. Dies wird für lokale Netze, wie etwa Campus-Netze, nicht ohne Auswirkungen bleiben. Insbesondere hilft der Einsatz von LWL-Kabeln, größere Entfernungen zu überbrücken. Hier könnte man sich z.B. einen 100Mbit schnellen FDDI-Ring (Fiber Distributed Data Interface) oder einen C/P-Ring (Circuit/Packet Switch Ring) als Backbone vorstellen, womit später ein einheitliches Kommunikationskonzept realisiert werden könnte, bei dem die Zeit der getrennten Übertragung von Daten, Sprach- und Videoinformation vorbei ist.

Literatur:

/BER/   Berberich: Der DATEX-P-Betrieb über das Saarbrücker Rechnernetz
         Rechenzentrum der Universität des Saarlandes Bericht Nr. RZ 83/01

/FAE/   Färber: Netzbasisentwicklungen, Netzkonfiguration und -administration
         Tagungsband, SAVE-Tagung Würzburg, 1988

/FRI/   Frick, Neisius, Schuh: A Proposal for a Successor of the CAMPUS Network
         MEDUSA
         Rechenzentrum der Universität des Saarlandes, RZ 82/01

/KET/   Kett: BS2000-Kanal-Interface-Prozessor
         I.I.I. Kompendium, 1987

/KRA/   Kraus: bar - Ein Backup- und Archivierungssystem, Version 1.0, Benutzerschnitt-
         stelle,
         I.I.I.-Projektbericht, April 1988

/KUN1/   Kunzler, Neisius, Schuh, Spaniol: CANTUS - Schnittstellen, Protokolle, Tests und
         Messungen
         I.I.I. Kompendium, 1987

/KUN2/   Kunzler: CANTUS-File-Transfer cft
         I.I.I. Kompendium, 1987

/MUE/   Müller: Netzwerkmanagement
         I.I.I. Kompendium, 1987

/SCHA/   Schmitt, Schweitzer: Netzaufbau im Projekt Innovative Informations-Infra-
         strukturen
         PIK 4/87

/SCHT/   Schmidt: MERLIN - Ein Programmpaket zur Realisation Teilzentraler Services,
         I.I.I.Projektbericht, Juli 1988

/SCHU1/ Schuh, Spaniol: CANTUS - A Packet-Switching Point-to-Point Network,
         NETWORKS
         india 84, IFIP

/SCHU2/ Schuh, Spaniol: CANTUS - ein paketvermittelndes Punkt-zu-Punkt-Netz
         I.I.I. Projektbericht, 1985

Der CP-Ring bei reiner Datenübertragung im hybriden Modus

Jean Schweitzer

Siemens-Projekt-Büro
an der Universität des Saarlandes

Kurzfassung

Schwerpunkt dieses Artikels ist der CP-Ring, ein Glasfasernetz mit Ring-Topologie, das im lokalen Kommunikationsbereich eingesetzt wird. Wegen seines hybriden Vermittlungs- prinzips (Vermittlung von Daten und Sprache) und wegen seiner größeren Reichweite eignet sich der CP-Ring besonders zur Vernetzung von lokalen Netzen und digitalen Nebenstellenanlagen als Backbone-Netz.

Als eine weitere Vernetzungsmöglichkeit (z.B für einen Großrechnerverbund) betrachten wir hier einen CP-Ring mit direkt angeschlossenen Geräten . Dabei steht im Vordergrund die Nutzung von sowohl paket- als auch leitungsvermittelten Kanälen ausschließlich zur Datenübertragung. Es wird untersucht, welche Auswirkungen ein Verfahren, das kurze Datenpakete im P-Modus und lange Datenpakete im C-Modus übermittelt, auf den Ringdurchsatz hat und welche Verzögerungszeiten zu erwarten sind.

Zunächst sind dazu einige noch nicht definierte Protokollelemente für den leitungsvermit- telnden Teil (C-Teil) zu entwerfen. Hiernach wird ein Modell gebildet, das dann mittels ereignisorientierter Simulation untersucht wird.

1. Einleitung

Mit der Einführung von ISDN (Integrated Services Digital Network) werden alle bekannten Kommunikationsformen in einem durchweg digital arbeitenden öffentlichen Fernmelde- netz zusammengefaßt. Dieser Aspekt der Diensteintegration findet nicht nur in öffentli- chen Netzen, sondern seit einiger Zeit auch in größeren lokalen Netzen verstärkt Beach- tung.

Unter Ausnutzung der technologischen Fortschritte im Bereich der Übertragungsmedien und Mikroelektronik sowie der Weiterentwicklung von Kommunikationsprotokollen sind neue lokale Netze entstanden, die sowohl Sprach- als auch Datenverbindungen ermöglichen. In aller Regel ist Glasfaser bzw. Lichtwellenleiter das Übertragungsmedium. Entfernungen bis zu 100 km können überbrückt werden, und dementsprechend sind diese Netze als größere lokale Netze oder auch als städtische Netze einsetzbar /Ebe.86/.

Die Netztopologie ist, bedingt durch die unidirektionalen Eigenschaften der Lichtwellenleiter, als Ring oder als Doppel-Bus ausgelegt. Die höheren Anforderungen an das Netz
stellen die Sprachverbindungen. Im Gegensatz zu den reinen Datenverbindungen muß zur
Übertragung digitalisierter Sprache eine Bandbreite von 64 kBit/s garantiert werden,
außerdem ist nur eine begrenzte Laufzeitverzögerung zulässig. In diesen Anforderungen
liegen die Unterschiede zu standardisierten LANs (Local Area Network) begründet, was sich
letztlich im physikalischen Übertragungsverfahren niederschlägt.

Im folgenden betrachten wir ein ringförmiges Glasfaser-Netz, das die Bezeichnung CP-Ring
(Circuit/Packet Switch Ring) trägt und als integrierendes fehlertolerantes lokales Kommu-
nikationsnetz entwickelt wurde. Wir beginnen mit einer kurzen Darstellung der Eigenschaften des CP-Ringes; in Anlehnung an das ISO-Referenzmodell sind es Funktionen der
Schicht 1 und 2, die hier angesprochen sind.

Im Rahmen des I.I.I.-Projektes wird ein CP-Ring Pilotnetz aufgebaut, das zwei lokale Netze
miteinander verbindet. Außerdem werden die Implementierungsarbeiten für den Direktanschluß am Ring mit Datenübertragung im P-Teil durchgeführt. Das Pilotnetz ist ein
Beitrag zur Evolution des vorhandenen Hochschulnetzes CANTUS.

Eine Weiterführung dieses Projektes besteht darin, den CP-Ring einzusetzen zur Vernetzung von größeren Rechenanlagen, die ihre Daten sowohl im C- als auch im P-Teil (d.h. im
hybriden Modus) übermitteln. Dabei nehmen wir an, daß der Zugang sowohl zum C- als
auch zum P-Teil von diesen direkt angeschlossenen DV-Geräten über eine Bus-Schnittstelle
erfolgt.

Zunächst ist der Entwurf einiger noch fehlender Protokollelemente für den leitungs-
vermittelnden Teil (C-Teil) zu entwerfen. Anschließend wird für diesen Einsatzfall eine bestimmte Netzkonfiguration mittels ereignisorientierter Simulation untersucht. Wir verwenden hierzu das Simulationspaket SIMPAK, das in diesem Band beschrieben ist /Kle.88/.

2. Die CP-Ring Systemstruktur

Der CP-Ring ist ein fehlertolerantes breitbandiges LAN mit Ringtopologie, das nach einem
hybriden Zugriffsprotokoll arbeitet. Informationen können sowohl per Leitungsvermittlung als auch per Paketvermittlung übertragen werden. Die Bezeichnung CP-Ring
steht demnach für Circuit/Packet Switch Ring /Les.87/. Im folgenden bezeichnen wir Daten,
die mittels Paketvermittlung übertragen werden, als P-Daten (BURST) und solche, die per
Leitungsvermittlung übertragen werden, als C-Daten (STREAM). Dabei ist die Kommuni-
kationsform (Sprache, Text, Bilder) unerheblich.

Als **Übertragungsmedium** werden Lichtwellenleiter verwendet. Vorzugsweise werden Gradientenfaser-LWL mit Kerndurchmessern von 62,5µm und einem Manteldurchmesser von 125µm (G62,5/125) eingesetzt. Die Eigenschaften der LWL bestimmen den Entwurf und die Bemessung von Übertragungsstrecken, kurz, den Verkabelungsplan. Maßgeblich ist einmal die Dämpfung der Lichtwellen, zum anderen aber auch die Verzerrung des Signals, das dem Licht als Intensitätsänderung aufgeprägt wird .

Der **Ringanschluß** erfolgt grundsätzlich über bypassfähige Anschalteinheiten (Ring Coupler and Bypass: **RCB**). Durch die Bypass-Funktion werden nicht betriebsbereite Ring-stationen (defekte Station, Ausfall der Stromversorgung, usw.) vom Ring abgetrennt, wobei gleichzeitig ein durchgehender Lichtpfad geschaltet wird, so daß der Ring optisch nicht unterbrochen wird. Der Abstand zwischen zwei RCBs kann maximal 2 km betragen. Die Anzahl der RCBs sollte wegen Jitterakkumulation, die sich besonders störend auf die Übertragung von C-Daten auswirkt, je Ring die Zahl 50 nicht übersteigen. Der gesamte **Ringumfang** ist auf maximal 100km festgelegt.

Der RCB und die vom Ring abgesetzte Ringsteuereinheit bilden zusammen den eigent-lichen **Ringknoten**; beide sind durch ein sog. **Dropcable** miteinander verbunden. Die **Ringsteuereinheit** (**UCB** Universal Controller Board) enthält einmal die Schnittstelle zum Ring, des weiteren eine Busschnittstelle zur Übergabe der P-Daten sowie eine Schnittstelle für C-Daten (Bild 1).

Die nominelle **Übertragungsrate** des CP-Rings in der Form des CP-16-Rings beträgt 32MBit/s, die sich in je 16MBit/s für den C- und den P-Daten aufteilt. Für die nahe Zukunft ist der CP-100-Ring in Entwicklung; dies ist eine Variante des CP-16-Ringes, die sich durch eine höhere Übertragungsgeschwindigkeit und ein geändertes Zugriffsverfahren auszeich-net. Letzterer wird hier nicht näher betrachtet.

Auf dem CP-16-Ring werden, wie Bild 2 zeigt, die C- und P-Daten byteweise und abwechselnd in einem 125µs dauernden Synchronrahmen transportiert. Der Synchron-rahmen enthält 512 Zeitschlitze, die sich aufteilen in 1 Rahmensynchronwort (2 Byte), 255 Byte C-Daten und 255 Byte P-Daten.

C-Teil: Die Dauer des Synchronrahmens (125µs) orientiert sich an den Sprachverbindungen. Ordnet man je einem C-Zeitschlitz eine Sprachverbindung zu, so muß sich dieser Zeitschlitz alle 125µs wiederholen, damit eine Übertragungsrate von 64 kBit/s realisiert wird. Abstrahiert man von der Sprache und erhöht man die Anzahl der Zeitschlitze je Verbin-dung auf n, so erhält man damit eine schnellere Verbindung mit der n-fachen Übertra-gungsrate. Die Zuordnung der C-Zeitschlitze zu den Verbindungen ist für die Dauer der Verbindung fest eingestellt; insofern spricht man hier von Leitungs- oder Kanalver-mittlung. Bevor nun ein Datentransfer stattfinden kann, muß diese Einstellung vorgenom-

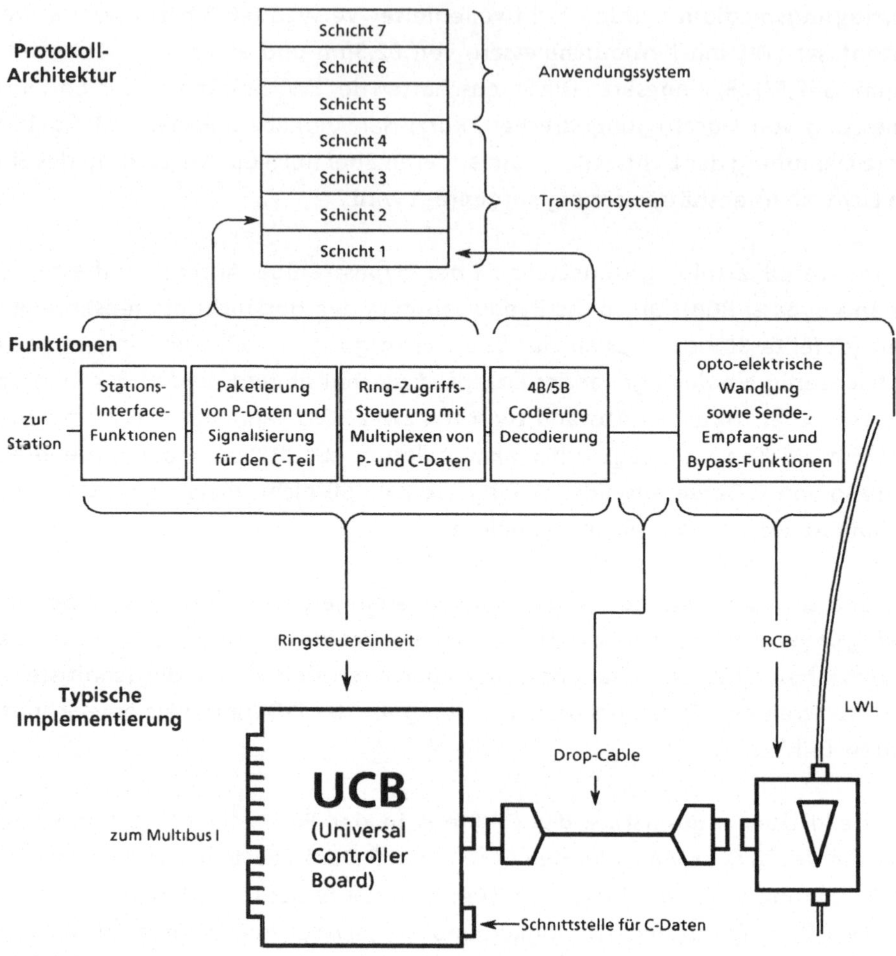

Bild 1: CP-Ring Architektur und typische Implementierung

men werden und später dann wieder freigegeben werden (Verbindungsaufbau bzw. Verbindungsabbau) . Die dazu erforderlichen Leitungsprotokolle sind nicht standardisiert, d.h. hier gibt es einen Freiraum für den Entwurf neuer Protokollelemente. Im nachfolgenden Kapitel wird hierauf Bezug genommen.

P-Teil: Bei der Übertragung der P-Daten verfährt man zumindest ab Schicht 2 des ISO-Referenzmodells konform zum Token-Ring Protokoll (IEEE802.5). Es werden Datenpakete gebildet, die das Token-Ring Format besitzen und diese werden dann in die P-Zeitschlitze abgelegt /Sta.84/. An welcher Stelle die Datenpakete im Synchronrahmen beginnen, ist

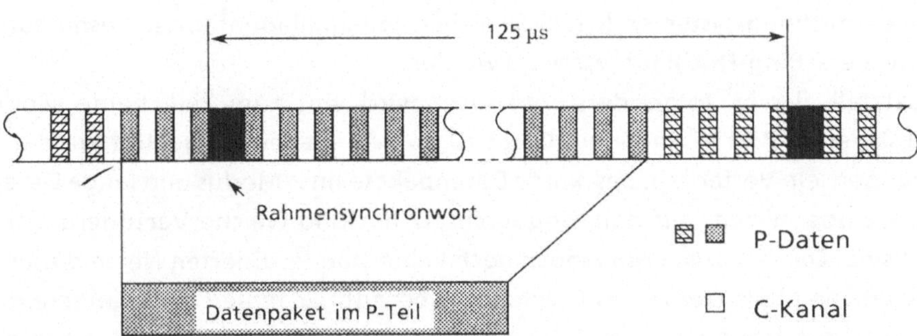

Bild 2: Rahmenaufbau beim CP-16-Ring

unerheblich. Datenpakete können sich also auf zwei oder mehrere Synchronrahmen aufteilen.

Schicht 1 ist nicht mit Standard LAN Lösungen vergleichbar. Unterschiede ergeben sich einmal aus der höheren Übertragungsrate, insbesondere aber durch das Multiplexen von C- und P-Daten. Verwendet man beispielsweise den CP-16-Ring ausschließlich im Paketmodus, so entspricht dies einem Ring-Netz mit der 4-fachen Übertragungsrate des standardisierten Token-Rings.

Bild 3 gibt eine zusammenfassende Darstellung der eben genannten Protokollschichten, woraus deutlich zu ersehen ist, daß der CP-16-Ring zwei verschiedene Vermittlungsverfahren auf einem Medium verwirklicht.

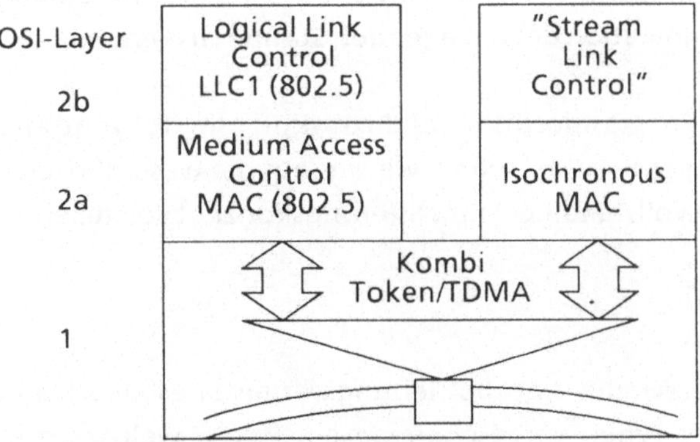

Bild 3: Spezifische Protokollschichten des CP-16-Ringes

Derzeit ist der CP-16-Ring einsetzbar als Backbone-Netz zur Verbindung von LAN-Bus-Segmenten (Ethernet) unter Ausnutzung des Paketmodus und zur Verbindung von digitalen Vermittlungssystemen (z.B ISDN-Nebenstellenanlagen) unter Ausnutzung der C-Kanäle, die beim Ring-Hochlauf reserviert werden.

Der Einsatzfall, der im folgenden untersucht wird, hat zum Ziel, beide Modi (beide Protokollsäulen in Bild 3) in einem Gerät zu nutzen. Dabei soll geklärt werden, welche Auswirkungen ein Verfahren, das kurze Datenpakete im P-Modus und lange Datenpakete im C-Modus übermittelt, auf den Ringdurchsatz hat und welche Verzögerungszeiten zu erwarten sind. Derzeit existieren jedoch noch keine standardisierten Netze dieser Art, was den innovativen Charakter dieses Einsatzfalles betont. Es fehlen insbesondere die Protokollelemente zur Steuerung der C-Kanäle. Im folgenden Kapitel werden einige dieser Protokollelemente entworfen.

3. Entwurf der Protokollelemente für C-Kanäle

Die hier betrachtete Signalisierung dient dem Auf- bzw. Abbau von Verbindungen zwischen Stationen, die eine leitungsvermittelte Übertragung von Informationen fordern. Die zu bildenden Verbindungen sind keine festgeschalteten Verbindungen, sondern die C-Kanäle können frei zugeordnet werden. Während der Übertragung selbst wird nicht signalisiert (Protokolltransparenz).

Der CP-Ring bietet folgende Möglichkeiten zur Signalisierung außerhalb des Nutzkanals:

- a: Signalisierung über den P-Teil
- b: Signalisierung mittels Paketvermittlung in einem oder mehreren C-Kanälen, die ausschließlich zur Kommunikation der anliegenden Stationen dienen.

In beiden Fällen existiert kein standardisiertes Protokoll. Im folgenden werden Protokollelemente für den Fall a entworfen, wobei wir uns auf die wesentlichen Elemente beschränken und nicht etwa ein vollständiges Signalisierungskonzept vorstellen.

3.1 Signalisierung im P-Teil

Für die Signalisierung im Paket-Modus sind bei leitungsvermittelter Übertragung mindestens vier verschiedene Paket-Typen vorgesehen: Je ein Paket, welches die Partnerstation nach der Bereitschaft zu einem Verbindungsauf- bzw. -abbau abfragt, und je ein Paket, das alle Stationen von dem neuen Belegungszustand der Kanäle unterrichtet (s. Bild 4). Die Signalisierungspakete werden gemäß Token-Ring-Protokoll IEEE 802.5 in einem Token-Ring-Informationsrahmen abgelegt.

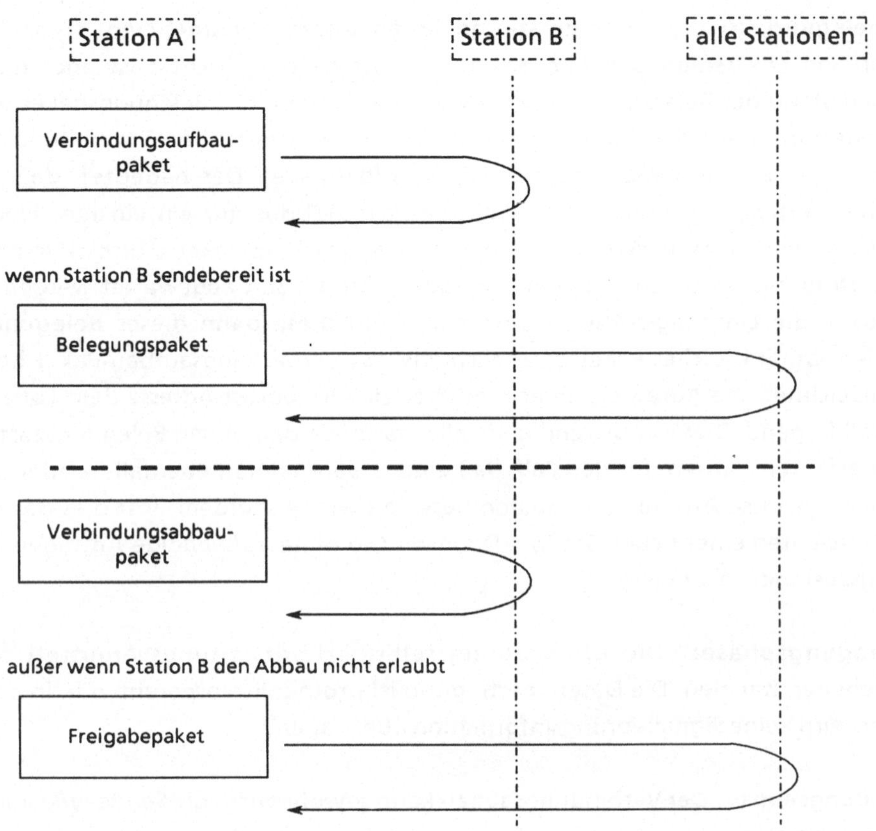

Bild 4 Signalisierungsmechanismus im P-Teil

Verbindungsaufbau: Wenn der Free-Token die sendebereite Station erreicht hat, sendet diese ein *Verbindungsaufbau-Paket* zu der entsprechenden Zielstation. Das Paket enthält folgende Informationen:

- Es ist als Verbindungsaufbau-Paket für die leitungsvermittelte Übertragung gekennzeichnet (siehe Kapitel 3.2).
- Im Informationsteil des Rahmens sind neben einem speziellen Kennzeichnungs-Byte die Kanäle angegeben, die zur Übertragung der eigentlichen Daten belegt werden.

Zur Bestätigung der Empfangsbereitschaft der angesprochenen Station genügen ARI- (Address Recognized Indicator) und Copy-Bit im Frame-Status-Byte. Ist eine Station defekt, so kann angenommen werden, daß sie weder das ARI- noch das Copy-Bit setzt. Ist eine Station intakt, jedoch verhindert, Daten über den C-Kanal zu empfangen, so kann sie dies anzeigen, indem sie das Copy-Bit trotz Erhalt der Nachricht nicht setzt. Ist die Station nicht empfangsbereit, so wird die Sendestation einem gewissen Algorithmus folgend (etwa dem Backoff-Algorithmus bei CSMA/CD vergleichbar) den Verbindungsaufbau wiederholen.

Kanalbelegung: Ist die Empfangsstation bereit Daten aufzunehmen, so schickt die Sendestation ein *Belegungspaket,* das an alle Stationen gerichtet ist und ihnen den aktuellen Stand der Belegung sämtlicher C-Kanäle mitteilt. Das Belegungspaket wird von der Sendestation auf den Ring gegeben, da es noch in derselben Token Holding Time gesendet werden kann wie das Verbindungsaufbaupaket. Das bedeutet, daß für den gesamten Verbindungsaufbau des C-Teils im Paket-Modus nur ein einziger Free-Token abgewartet werden muß. Würde die Empfangsstation dieses Paket schicken, so müßte bis zur Übertragung der eigentlichen Information noch die Zeit abgewartet werden, bis der Free-Token die Empfangsstation erreicht hat und diese dann dieses Belegungspaket gesendet hat. Ein solches Paket ist ähnlich wie das Verbindungsaufbau-Paket besonders gekennzeichnet. Die Adressierung erfolgt über eine Broadcast-Adresse dem Token-Ring--Protokoll folgend. Dies ist notwendig, da alle Stationen den neuen Belegungszustand der Kanäle erfahren müssen, für den Fall, daß eine andere Station ebenfalls senden will und somit eine gewisse Anzahl von Kanälen besetzen will. Außerdem löst dies das Problem beim Einschalten einer neuen Station. Diese wird so ohne aufwendige Anfragen über die Leitungszustände informiert.

Übertragungsphase: Die Übertragung selbst erfolgt leitungsvermittelt auf den angegebenen Kanälen. Die Datenübertragung ist protokolltransparent, d.h. in den Nutzkanälen wird keine Signalisierungsinformation übertragen.

Verbindungsabbau: Der Verbindungsabbau kann sowohl durch die Sende- wie auch durch die Empfangsstation angeregt werden. Letzteres ist z. B. dann notwendig, wenn die Sendestation ausfällt und somit nicht in der Lage ist, die Verbindung aufzulösen. Die C-Kanäle müssen jedoch freigeschaltet werden, damit sie von anderen Stationen belegt werden können. Will eine Station die Verbindung auflösen, so sendet sie an die Partnerstation ein *Verbindungsabbau-Paket*, das als Signalisierungspaket gekennzeichnet ist. Im Informationsteil sind neben den schon erwähnten Kennzeichnungs-Byte die für diese Verbindung belegten Kanäle angegeben.

Als Bestätigung für das Einverständnis zum Abbau der Verbindung werden ARI- und Copy-Bit im Frame-Status-Byte genutzt (s. Verbindungsaufbaupaket). Dabei ist zu beachten, daß hier die Verbindung nur dann erhalten bleibt, wenn die angefragte Station dies ausdrücklich wünscht, indem sie das Copy-Bit setzt. Dieses Verfahren garantiert, daß auch bei Ausfall einer Station die Verbindung abgebaut werden kann, da nur zum Erhalt der Durchschaltung eine Aktion der angefragten Station erforderlich ist.

Kanalfreigabe: Wie nach dem Verbindungsaufbau müssen jetzt sämtliche Stationen über den neuen Belegungszustand der Kanäle unterrichtet werden. Dies erfolgt mit dem *Freigabepaket*, das dem Belegungspaket sehr ähnlich ist.

In Bild 5 ist der Ablauf mit den hier entworfenen Protokollelementen für einen vollständigen Datentransfer zusammengefaßt.

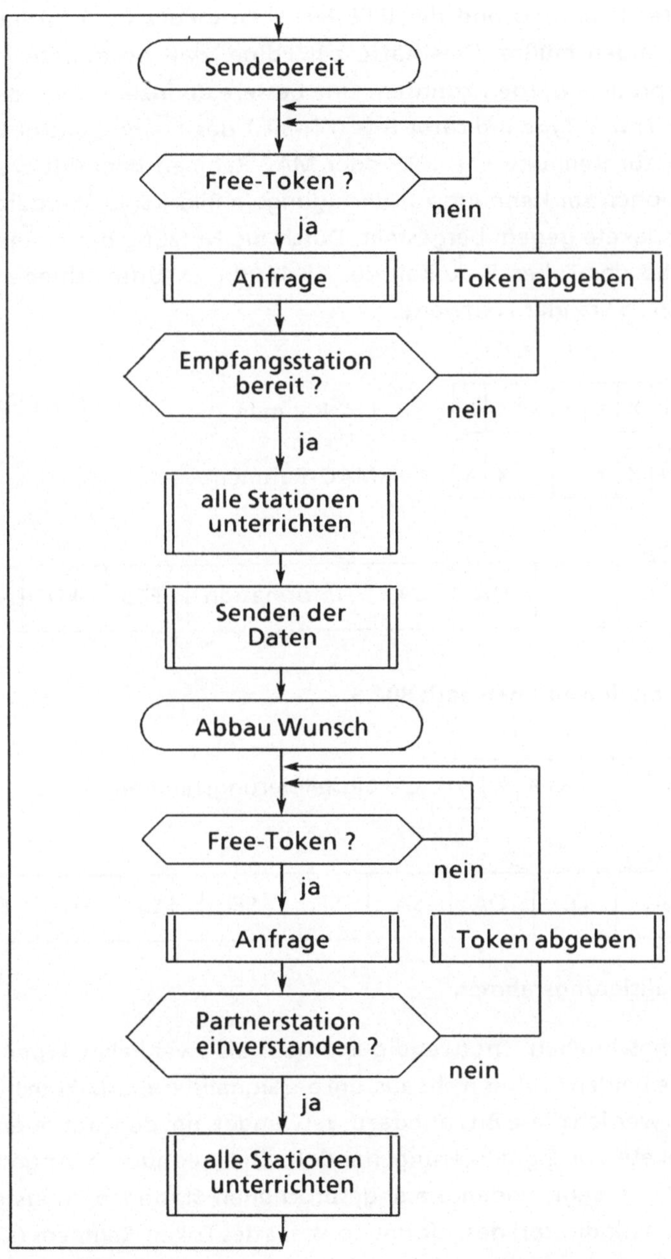

Bild 5:   Prinzipieller Ablauf des C-Daten-Protokolls bei der Protokollierung im P-Modus

3.2 Rahmenformate

Die Kennzeichnung der Signalisierungsrahmen durch ein gesondertes Byte ist unzurei-
chend, da sich dieses Byte aufgrund des IEEE 802.5 Protokolls im Informationsteil des
Token-Rahmens befinden müßte. Dies hätte zur Folge, daß bestimmte Informationsrahmen falsch interpretiert werden könnten. Eine bessere Kennzeichnung der Rahmen ist
die Benutzung der Frame-Type-Indicator Bits (FTI-Bits) des Frame-Control Bytes. Da die
beiden FTI-Bits nur zur Kennung von LLC- oder MAC-Rahmen benötigt werden, stehen
noch zwei Bitvariationen zur Kennung zur Verfügung. In Bild 6 sind Standard Token-Ring
und Signalisierungspakete gegenübergestellt. Durch die Nutzung der Frame-Control-Bits
wird vermieden, daß das Token-Protokoll des CP-16-Ringes Unterschiede zum Token-
Protokoll des IEEE 802.5 Standard aufweist.

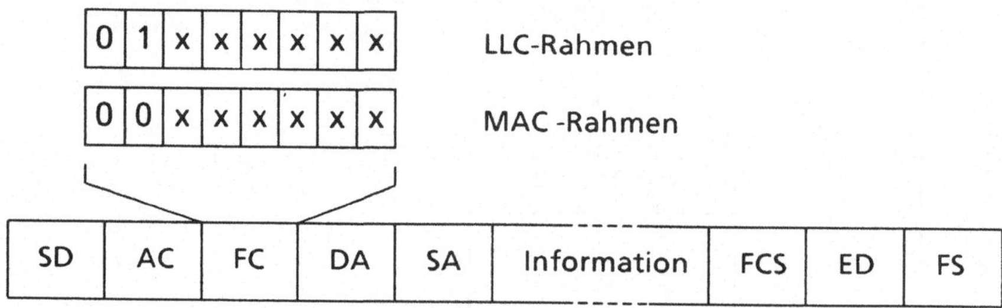

Bild 6a   Informationsrahmen nach 802.5

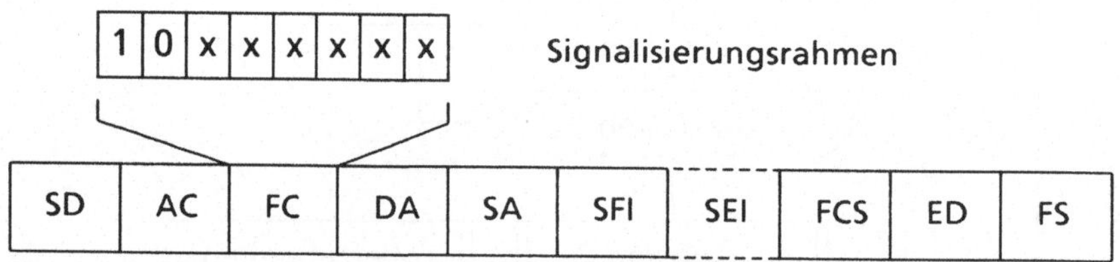

Bild 6b   Signalisierungsrahmen

Da es - wie schon beschrieben - notwendig ist, mehr als zwei Paket-Typen zu differen-
zieren, reichen diese beiden FTI-Bits nicht aus, um die Signalisierungspakete hinreichend zu
markieren. Deshalb werden diese Bits nur dazu verwendet, um den Stationen mitzuteilen,
daß es sich um Pakete zur Signalisierung handelt. Die genaueren Angaben, welches
Signalisierungspaket vorliegt, finden die angesprochenen Stationen im ersten Byte, dem
sog. SFI (Stream-Frame-Indicator) des Informationsteils des Token-Rahmens (s. Bild 7).

Die einzelnen Bits im SFI-Byte haben folgende Bedeutung:

PI	PI	PI	S/M	r	r	r	r

Bild 7 Stream-Frame Indicator-Byte (SFI)

PI (Packet Indicator): Diese Bits geben die Bestimmung des Rahmens an:
- 000   Verbindungsaufbau-Paket
- 001   Verbindungsabbau-Paket
- 010   Belegungspaket
- 011   Freigabepaket

S/M Single/Multi Bit: Dieses Bit gibt an ob es sich um eine Einkanal- oder Mehrkanal-
verbindung handelt.

r-Bits: Reservierungsbits, die für spätere Anwendungen zur Verfügung stehen.

Der Slot-Engage-Indicator (SEI) hat zwei Formen:

(1) Für die Pakete zum Verbindungsaufbau und -abbau enthält der SEI die Kanalnummern der zu belegenden Kanäle. Ist es eine Verbindung über mehrere Kanäle, so geben die Kanalnummern den ersten und den letzten zu belegenden Kanal an (Beispiel 1). Das bedeutet einerseits, daß die Kanäle in Folge liegen müssen, andererseits ist dies jedoch eine sehr kompakte Darstellung. Einkanalverbindungen erhalten zwei gleiche Kanalnummern.

(2) Für die Belegungs- und Freigabepakete besteht der SEI aus 32 Byte, die die Belegung der Kanäle angeben. Jeder Kanal ist mit einem Bit dargestellt, so daß sich bei 255 Kanälen die 32 Byte ergeben. Diese Darstellung hat bei einer Belegung von wenigen Kanälen eine hohe Redundanz, vereinfacht aber eine Abspeicherung des Belegungszustandes in den Stationen. Außerdem wird aus bekannten Gründen immer die gesamte Belegung mitgeteilt (Beispiel 2).

erster Kanal   letzter Kanal

0	0	0	0	1	0	1	0	0	0	0	1	1	0	0	1

Beispiel 1: Belegung der Kanäle 10 bis 25, wobei dem ersten und letzten Kanal ein Byte zugeordnet wird

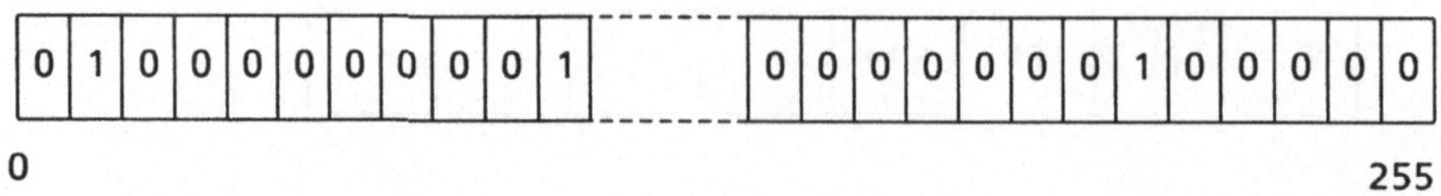

Beispiel 2:   Jedem Kanal wird ein Bit zugeordnet. Hier im Beispiel sind die Kanäle 2,10 und 250 belegt

4 Modellbildung

Für die Modellbildung gibt es zwei grundsätzlich verschiedene Ansätze. Entweder es ist eine bestimmte Netzkonfiguration vorgeschrieben (beispielsweise wenn bereits vorhandene DV-Geräte nach einer bestimmten Konzeption zu vernetzen sind), oder aber es liegen, wie hier, keine konkreten Vernetzungspläne vor. Dann ist zunächst eine Anordnung zu definieren, die als Referenz für die vielen speziellen Ausprägungen gelten kann.

4.1 Allgemeine Modelleigenschaften

Topologie: Wir betrachten einen Ring mit 100 km Umfang und 50 direkt angeschlossenen Stationen, die ihre Daten sowohl im P- als auch im C-Teil übertragen können. Aus Symmetriegründen sind die Stationen in gleichem Abstand angeordnet (Bild 8).

Stationseigenschaften: Jede Station kann sowohl senden als auch empfangen. Dazu besitzt sie einen Sende- und einen Empfangspuffer (s. Station 1 in Bild 8). Während der Betrachtungsdauer wird keine Station abgeschaltet oder hinzugeschaltet. Die Stationen sind gleichberechtigt und sie liefern statistisch gemittelt dieselbe Netzbelastung.

Übertragungsprozedur: Zu sendende Informationen aus höherer Schicht werden zunächst als Auftrag im Sendepuffer abgelegt. Erhält die betreffende Station das Senderecht (Free-Token), so wird jeweils ein Sendeauftrag abgearbeitet. Wir unterscheiden zwei Übertragungsmodi und dementsprechend zwei Netzmodelle, deren Simulationsergebnisse später miteinander verglichen werden.

① Übertragung im Paket-Modus: Alle Sendeaufträge werden in der Reihenfolge ihres Eintreffens mittels Informationsrahmen (s. Bild 6a) übertragen. Überschreitet ein Sendeauftrag die maximal zulässige Paketlänge Pl_{max}, so wird er in mehrere Rahmen bzw. Pakete aufgeteilt. Eine Station darf jedoch immer nur ein Paket senden. Sie muß dann das Senderecht weiterreichen, unabhängig davon, ob noch weitere zugehörige Pakete folgen oder ob ein sehr kurzes Paket gesendet wurde.

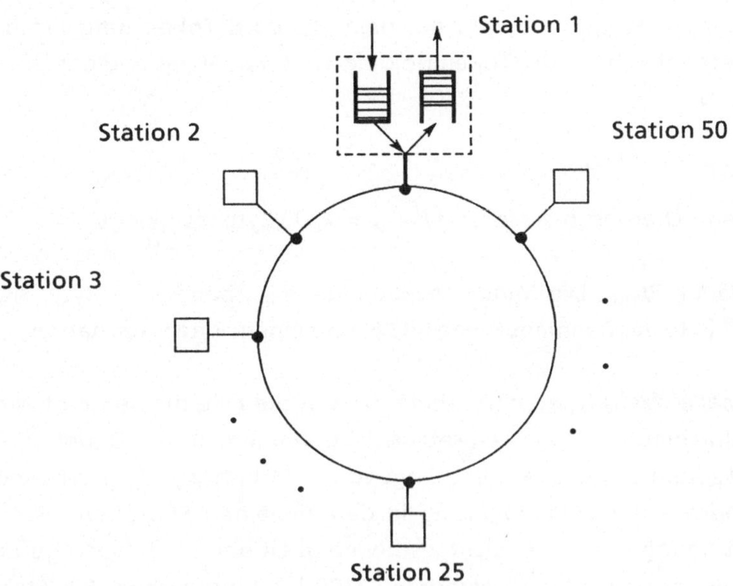

Bild 8 Ringkonfiguration (Bezugsmodell)

② Übertragung im hybriden Modus: Sendeaufträge, die eine kritische Länge P_{krit} unterschreiten, werden entsprechend ① übertragen. Für Sendeaufträge, die P_{krit} überschreiten, wird eine C-Verbindung aufgebaut. Im Gegensatz zu ① werden diese Pakete vorgezogen, d.h. die FIFO-Abfertigungsstrategie wird hier nicht eingehalten. Genauer gesagt gilt folgende Vorgehensweise:
Wenn eine Station das Senderecht erhält, prüft sie als erstes nach, ob ein Verbindungsabbauwunsch vorliegt. Dieser wird zunächst abgearbeitet, um den C-Kanal freizuschalten. Ist kein Abbau-, sondern ein Aufbauwunsch vorhanden, so wird dieser bearbeitet und erst wenn keiner dieser beiden Aufträge vorliegt, können Informationen im P-Teil gesendet werden.

Eine Information, die erfolgreich übertragen wurde, gelangt bei der Empfangsstation in den Empfangspuffer und verweilt dort bis sie von den höheren Schichten bearbeitet werden kann. Der Ablauf in den höheren Schichten ist nicht mehr Bestandteil der Modellbeschreibung. Im Modell werden die Empfangspuffer als Datensenke angesehen.

4.2 Modellparameter

In diesem Kapitel werden bestimmte Modellparameter näher erläutert und sofern sie für die Simulation erforderlich sind, auch berechnet.

Maximale Paketlänge Pl_{max}: Sie wird aus dem Standard Token Ring Protokoll übernommen. Sie errechnet sich mit der Token Holding Time von 10 ms und der Übertragungsrate von 4 MBit/s zu:

$$Pl_{max} = 4 \, \frac{MBit}{s} \times 10 \, ms = 40000 \, Bit = 5000 \, Byte$$

Mit einer gewissen Sicherheitsreserve wird Pl_{max} = 4500 Byte festgelegt

Minimale Paketlänge Pl_{min}: Die Mindestpaketlänge Pl_{min} beträgt 22 Byte. Sie setzt sich zusammen aus 21 Byte des Rahmens (siehe Bild 6) und einem Byte Information.

Umlaufzeit (Signallaufzeit) t_{umlauf}: Die Umlaufzeit ist die Zeit, die benötigt wird, um den Ring einmal zu durchlaufen. Diese Zeit setzt sich zusammen aus der Dauer, die die Daten benötigen das Medium zu durchlaufen (hängt von der Übertragungsgeschwindigkeit des Mediums ab) und aus der Bitverzögerung in den einzelnen Stationen. Nach /Web.87/ erfolgt die Übertragung mit halber Lichtgeschwindigkeit und die Bitverzögerung beträgt 24 Bit/Station. Bei der gewählten Anordnung (100 km Ringumfang, 50 Stationen und einer Gesamtübertragungsrate von 32,77 MBit/s) ergibt sich eine Signallaufzeit von:

$$t_{umlauf} = \frac{100 \, km}{1,5 \times 10^8 m/s} + \frac{24 \, bit \times 50}{32,77 \, MBit/s} = 703,28 \mu s$$

Anmerkung: Eine zusätzliche Verzögerung, die sich dadurch ergibt, daß nur vollständige Synchronrahmen auf dem Ring vorkommen dürfen, ist hier nicht berücksichtigt.

Speicherkapazität des Ringes k_S: Sie errechnet sich aus der Übertragungsrate (32 MBit/s) und einer Ringverzögerung von 703,28 µs.

$$k_s = 32,77 \, Mbit/s \times 703,28 \times 10^{-6} s = 23046,48 \, Bit = 2880,8 \, Byte$$

Systemaufenthaltszeit: Die Systemaufenthaltszeit eines Sendeauftrages setzt sich zusammen aus der Wartezeit im Sendepuffer (Zeit, die benötigt wird alle vorangehenden Sendeaufträge abzuarbeiten) und aus der Übertragungsdauer (Zeit vom Austrag des Sendeauftrages aus dem Sendepuffer bis der Token wieder von der Station freigesetzt wird). Die Systemaufenthaltszeit ist abhängig von der Belastung des Ringes und daher per Simulation zu ermitteln. Einige Eckwerte können jedoch schon jetzt angegeben werden:

Die Mindestübertragungsdauer beträgt 703,28 µs, da diese Zeit immer benötigt wird, um den Ring einmal zu durchlaufen.

Die Übertragungsdauer erhöht sich erst ab einer Paketlänge von 2880/2 Byte. Dies ist einerseits in der Speicherkapazität des Ringes begründet, andererseits folgt dies daraus, daß der Token, sobald das Paket ganz weggeschickt wurde und der Kopf des Paketes die Sendestation wieder erreicht, als Free-Token weitergegeben wird.

Die maximale Übertragungsdauer eines Sendeauftrages (4500 Byte) im P-Teil beträgt :

$$t_{\ddot{u}_{max}} = \frac{4500 \times 8 \, bit}{16,38 \, MBit/s} = 2,198 ms$$

Die maximale Wartezeit einer Station auf den nächsten Free-Token läßt sich somit wie folgt berechnen

$$W_{max} = 49 \times 2,198 ms = 107,7 ms$$

5 Simulationsergebnisse

Zur Simulation wird das Modell in Form eines C-Programms nachgebildet. Die grundlegenden Modellkomponenten wie Zufallsgenerator, Ereignislistenverwaltung usw. liegen mit dem Simulationspaket SIMPAK als Bibliotheksfunktionen vor.

Die noch nicht festgelegten Modellparameter werden wie folgt gewählt:

- Die Eintreffabstände der Sendeaufträge (Pakete) sind kontinuierlich gleichverteilt.
- Die Verteilung der Paketlänge ist negativ exponentiell.
- Für die kritische Paketlänge gilt:

$$P_{krit} = 5 \times Pl_{max} = 5 \times 4500 = 22500 \, Byte$$

Die Bilder 9 und 10 zeigen die ersten Simulationsergebnisse. In Bild 9 sind zum Vergleich drei verschiedene Modelle, nämlich

ein Token-Ring mit 16 MBit/s Übertragungsrate,
ein Token-Ring mit 32 MBit/s Übertragungsrate
und ein CP-16-Ring mit hybridem Datentransfer

gegenübergestellt. Es zeigt sich, daß der CP-16-Ring bei kleinen mittleren Paketlängen einem 16 MBit/s Token-Ring gleichkommt. Mit wachsender mittlerer Paketlänge liegen die mittleren Systemaufenthaltszeiten des CP-16-Ringes zwischen den beiden Token-Ringen. Steigt die mittlere Paketlänge noch weiter an, so resultieren für den CP-16-Ring die kürzeren Systemaufenthaltszeiten. Dies bedeutet, daß direkt gekoppelte Rechenanlagen, bei denen häufig große zusammenhängende Datenmengen transportiert werden, im hybriden Übertragungsmodus arbeiten sollten.

In Bild 10 wird die mittlere Systemaufenthaltsdauer von C- und P-Verbindungen miteinander verglichen. Man sieht, daß P-Verbindungen in der Regel schneller bearbeitet

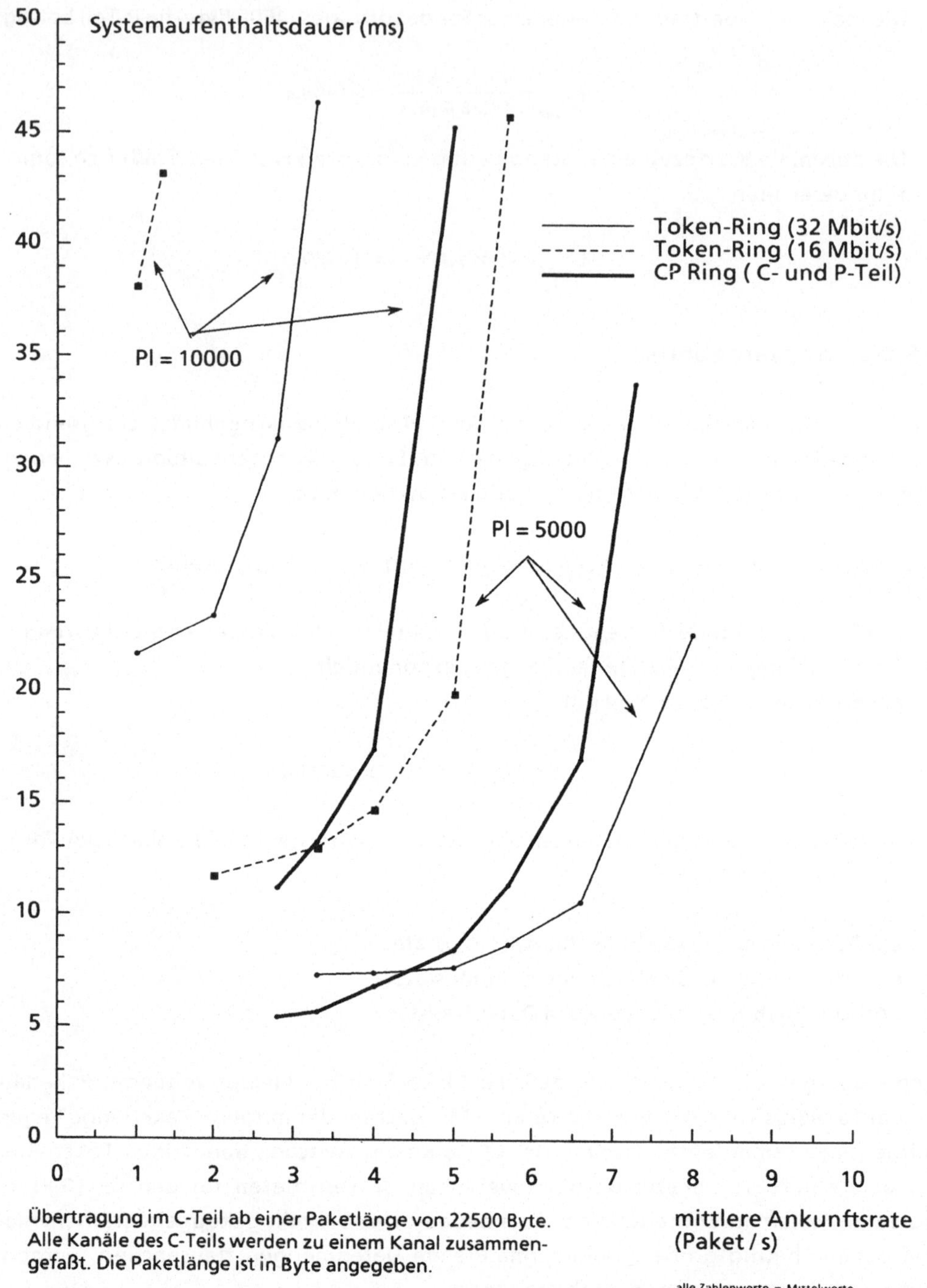

Bild 9: Mittlere Systemaufenthaltsdauer bei verschiedenen Übertragungsmodi

werden, während bei C-Verbindungen wegen der kontinuierlichen Übertragung die Streuung geringer ist.

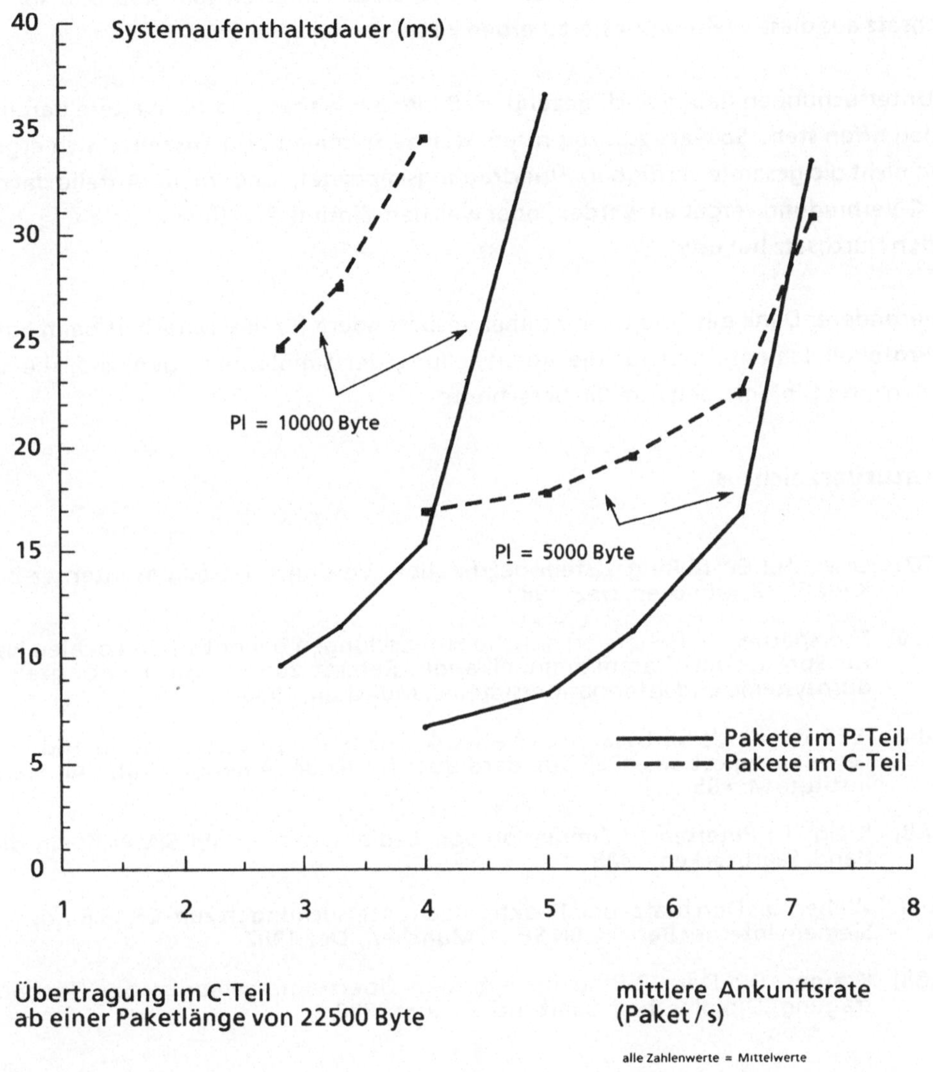

Bild 10: Vergleich der mittleren Systemaufenthaltsdauer bei P- und C-Teil

6 Zusammenfassung

Die ersten Untersuchungen zu einer hybriden Nutzung des CP-16-Rings haben gezeigt, daß in dieser Betriebsart kürzere Systemaufenthaltszeiten erreichbar sind und somit der Durchsatz auf diese Weise verbessert werden kann.

Die Untersuchungen haben auch gezeigt, daß hier ein weites Feld für weitere Parameterstudien offen steht. So wäre z.B. zu prüfen, welche Systemaufenthaltszeiten sich ergeben, wenn nicht die gesamte verfügbare Übertragungskapazität, sondern nur Anteile davon für eine C-Verbindung vergeben werden, oder welchen Einfluß P_{krit} (hier konstant gehalten) auf den Durchsatz hat usw.

Ein besonderer Dank gilt Frau Doris Krämer, insbesondere für ihre Mitarbeit beim Entwurf der Protokollelemente und für die Bereitstellung der Simulationsergebnisse, die sie im Rahmen ihrer Diplomarbeit /Krä.88/ berechnete.

Literaturverzeichnis

[Les.87] Lesch, H,: CP 16-Ring Systemspezifikation, Version 1.0, Siemens Interner Bericht K PN EC 32, München, Dez. 1987

[Ebe.86] Eberspächer, J.: Neuere technische Entwicklungen bei optischen Lokalen Netzen für Sprach- und Datenkommunikation, Referat zum 3. Europ. Kongreß über Bürosysteme und Informationssysteme, München, 1986

[Sta.84] IEEE Standards for Local Area Network, Token Ring Access Method and Physical Layer Spezifications, IEEE Standard Boards Dez 84, American National Standard Institute Mrz 85

[Kle.88] Klein, T.; Petersen J.: Simulation von Bediensystemen mit SIMPAK, in diesem Band, Saarbrücken, 1988

[Web.87] Weber, D.; Durchsatz- und Reaktionszeituntersuchungen zum CP 16 Ring, Siemens Interner Bericht PN SE 11, München, Dez 1987

[Krä.88] Krämer, D.; Der CP-Ring im hybriden Übertragungsmodus bei Datenübertragung, Diplomarbeit, Saarbrücken, Juni 1988

Entwicklung einer universellen Schnittstelle

Bernd-Josef Kett, Detlev Kruft

Rechenzentrum

Motivation

Mit dem Einsatz eines PC's geht für den Benutzer immer ein gewisser, in Vielfältigkeit und Flexibilität von den Problemstellungen abhängiger Bedarf an Kommunikationsmöglichkeiten mit der Außenwelt einher.

Eine Grundausstattung an Schnittstellen (V.24 zum Anschluß von Terminal oder Modem, Centronics für den Druckerbetrieb, Ethernet im Bereich der Workstations für den Zugang zu lokalen Netzwerken) gehört daher im modernen Computerdesign zum Standard. Sie sind gut in das Gesamtsystem integriert und können von den Anwendungen einfach und sicher benutzt werden.

Kann der Bedarf an Außenwelt-Kommunikation durch vorhandene Schnittstellen nicht mehr gedeckt werden, so stellt besonders die Integration zusätzlicher Schnittstellen-Hardware ein gewisses Problem dar.

Für den Bereich der Single-User, Single-Task Systeme lassen sich hierzu einfache Lösungen finden. Dort ist es möglich und zumutbar, daß Anwendungen direkt mit der Hardware kommunizieren. Die Zusammenfassung von Standard-Zugriffen in Bibliotheken löst in hinreichender und akzeptabler Form das Integrationsproblem.

Für die Familie der Multitasking Systeme ist eine solche Vorgehensweise nicht realisierbar. Systemdienste, dazu zählen auch die Funktionen zur Geräte-Ein-/Ausgabe, und die Prozesse müssen streng voneinander getrennt werden und kommunizieren nur über exakt definierte und parametrisierte Systemaufrufe.
Eine Schnittstellen-Hardware muß erst in die Systemdienste integriert werden, bevor sie von einer Anwendung benutzt werden kann. Die Modifikation der Systemsoftware kann für solche Systeme jedoch im Allgemeinen nur beim Hersteller durchgeführt werden.

Im Rahmen eines I.I.I.-Teilprojektes wurde für den Bereich der SINIX-Rechner eine allgemeine Lösung dieses Problems entwickelt. Zielvorstellung war eine universelle Schnittstelle, die sowohl aus der Sicht der Anwenderprobleme als auch bei der Systemkonfigurierung ein hohes Maß an Flexibilität und eine einfache Anpassung gewährleisten sollte.

Hardware

Die Hardware der Schnittstelle, im folgenden als Universal-Interface bezeichnet, ist eine Entwicklung des Rechenzentrums (vgl. /1/). Es ist ausgerüstet mit einem eigenen Prozessor (intel 80186, 8MHz, 2 DMA-Kanäle, 3 Timer, Interrupt-Controller), 512 kByte Dual-Port RAM, serieller Schnittstelle (V.24 bzw. SS97), sowie mit je einer lokalen und externen Erweiterungsschnittstelle.
Die lokale Erweiterung genügt dem intel SBX-Standard und ist mit einem IEC Bus Interface-Modul ausgestattet.
Die externe Erweiterung kann mit einem Verteilerboard bestückt werden, das Steckplätze (piggy-backs) für die Aufnahme von bis zu vier weiteren iSBX-Moduln zur Verfügung stellt. Insgesamt kann das Universal-Interface bei einem solchen Ausbau (zusätzlich zur Onboard-V.24) also bis zu 5 unterschiedliche Schnittstellen verwalten.

Systemseitig erfüllt das Interface die Multibus Spezifikation. Es wird in den System-Multibus des Siemens PC-MX2 eingesteckt und kommuniziert mit dem SINIX-Kernel über Interrupts und Dual-Port-RAM in der Multibus-Slave Betriebsart.

Mit Einsatz des Universal-Interface steht der universellen Schnittstelle ein mächtiger Echtzeit-I/O-Rechner zur Verfügung:
Gerätetreiber können für beliebige Fremdgeräte entwickelt werden; sie arbeiten selbständig und unabhängig vom SINIX Betriebssystem in der Realzeitumgebung des Universal-Interface.
Die elektrische Adadptierung erfolgt in Zusammenarbeit von Gerätetreiber und Schnittstellen-Hardware. Aufgrund der weiten Verbreitung des iSBX Standards können die benötigten Hardware-Moduln für ein breites Spektrum von Schnittstellen (V.24, IEC Bus, Uhren, RAM-Erweiterung) leicht besorgt werden.

Basis-Betriebssytem

Nach der Initialisierung des Universal-Interface (Reset) wird ein in einem EPROM residierender Monitor aktiviert, der eine Sammlung üblicher Testhilfen bereitstellt. Daneben kann er im Zusammenspiel mit SINIX über den Dual-Port-RAM ein Anwendungs-programm auf das Interface laden und starten.
Läuft die Anwendung erst einmal, so ist sie vollkommen auf sich allein gestellt. Es existieren keinerlei Dienste, die sie, ähnlich den Systemaufrufen, benutzen könnte. Alle

gestellten Aufgaben müssen in direkter Kommunikation mit der Hardware des Interface bewältigt werden.

Als erstes stellt sich daher die Frage nach einer soliden Basis-Software, auf der aufbauend dann das Problem einer universellen Schnittstelle einfacher gelöst werden kann.

Basis-Betriebssysteme für Realzeitanwendungen sind von ihrer Struktur und dem Spektrum der angebotenen Dienste her meist direkt vergleichbar. Grundanforderungen sind Routinen für die Prozessverwaltung (starten, suspendieren, blockieren, etc.), die Prozesskommunikation (Signale, Messages, Event-wait), die Speicherverwaltung (Blöcke anfordern/freigeben) und die Interrupt-Einbindung.

Es standen zur Implementierung zwei Vertreter solcher Systeme zur Verfügung, **Versatile Real-Time Executive** (VRTX) und **C Executive** (C-EXEC), die hier kurz vorgestellt werden:

VRTX von der Firma Hunter & Ready (vgl. /2/) ist ein System von sogenannten "silicon software components". Es kann in 3 Stufen zu einem Multitasking-Betriebssystem mit File-I/O ausgebaut werden. Die Auslieferung erfolgt in EPROMs für die gängigen Prozessoren der drei bekannten Hersteller Motorola, Intel und Zilog. Die EPROMs enthalten relozierbaren Maschinencode; die unterschiedlichen Dienste werden über einen festen (Software-) Interrupt-Mechanismus unter Angabe eines Funktionscodes aktiviert.
VRTX begnügt sich mit geringem Laufzeit-Overhead (Prozesswechsel in einigen Mikrosekunden) und entwickelt alle benötigten Datenstrukturen dynamisch zur Laufzeit. Die große Effizienz ermöglicht den Einsatz von VRTX auch in sehr zeitkritischen Systemen.

C-EXEC von der Firma JMI Software Consultants (vgl. /3/) wird nicht als fertiges, einsatzbereites Produkt ausgeliefert, sondern besteht aus einer Sammlung von C-Quellprogrammen. Die Sourcen müssen durch einen C-Compiler laufen, der den Maschinencode des Zielprozessors erzeugt. Alle maschinenabhängige Routinen werden aus den C-Moduln über selbst zu implementierende "Low-Level-Functions" (Scheduler, Interrupts) aktiviert. Das einsatzbereite funktionsfähige C-EXEC steht also erst am Ende dieser umfangreichen Vorarbeiten zur Verfügung.
Das Design von C-EXEC orientiert sich in einigen Bereichen stark an einer UNIX-Umgebung. Besonders die Organisation der Geräte-I/O erinnert sehr stark an UNIX; hier findet man Treibertabellen mit bekannten Funktionen, Gerätetabellen mit Major- und Minor-Nummer und Systemdienste wie *read, write* oder *ioctl* haben gleiche Syntax und Semantik wie unter UNIX.

Im Vergleich mit VRTX besitzt C-EXEC einen eher statischen Charakter. Prozesse, Treiber, Geräte- und Interrupt-Service werden über statische, bei der System-Initialisierung vorgegebene Tabellen eingerichtet. Aus logischer Sicht ist C-EXEC komplexer strukturiert als VRTX und die angebotenen Systemdienste müssen auf einer höheren Ebene eingeordnet werden. Viele -unter VRTX in den Bereich der Anwendungen zu plazierende- Aufgaben müssen bei C-EXEC zwar ebenfalls vom Anwender implementiert werden, laufen dann jedoch eher als Bestandteil von C-EXEC ab. Das konfigurierte, einsatzfähige C-EXEC gleicht eher einem herkömmlichen Betriebssystem als VRTX dies tut.

Im Hinblick auf das später noch zu besprechende Gesamtkonzept war vor allem diese in einigen Bereichen vorliegende Verwandtschaft zu SINIX ein gewichtiges Argument, die universelle Schnittstelle auf der Basis von C-EXEC zu entwickeln.
Daneben war auch die Erweiterung der universellen Schnittstelle um neue Treiber und Geräte ein Problem, das schneller und einfacher unter C-EXEC gelöst werden kann.
In Erinnerung der eingangs gestellten Forderungen, einfache Anpassung und Flexibilität, wurde daher C-EXEC als Basis-Betriebssystem auf dem Universal-Interface eingesetzt.

Tools

Die Entwicklungsarbeit wurde auf zwei Rechnern durchgeführt, einem Siemens PC-MX (8086-Prozessor) und einem Siemens PC-MX2 (NS32016-Prozessor).

Aufgrund der Aufwärtskompatibilität des PC-MX Prozessors und des 80186-Prozessors des Universal-Interface konnte eine Reihe von Dienstprogrammen des PC-MX in der Entwicklung verwendet werden. Neben den Übersetzungswerkzeugen hat vor allem der *adb* wertvolle Hilfe bei der Analyse von Object-Moduln geleistet.

Auf PC-MX2 stand für die Entwicklung der Board-Software ein komplettes 8086-Crosscompiler Entwicklungspaket zur Verfügung (Compiler, Assembler, Linker, Archiver). Die Compiler auf PC-MX und PC-MX2 erzeugen unterschiedliche Modelle des Maschinencodes:

PC-MX erzeugt Small-Model, d.h. Code- und Datensegment des übersetzten Programms haben eine maximale Größe von jeweils 64 kByte.

PC-MX2 erzeugt Middle-Model, d.h. das Codesegment wird nicht begrenzt, das Datensegment darf dagegen weiterhin 64 kByte nicht überschreiten.

Die Beschränkung der Segmentgrößen stellt ein nicht zu unterschätzendes Problem vor allem deshalb dar, weil hiermit eine Obergrenze für das Gesamtsystem inklusive dem zugrundeliegenden C-EXEC fixiert wird. Die Ursache dafür liegt in der vorliegenden C-EXEC-Version, die für sich selbst und die definierten Prozesse nur ein einziges Daten-/Stacksegment vorsieht.
Für die universelle Schnittstelle konnte das Problem durch Änderungen in den Low-Level-Functions jedoch weitgehend umgangen werden.

Gesamtkonzeption

Bei der Entwicklung der Gesamtkonzeption mußten zwei unterschiedliche Aspekte der universellen Schnittstelle betrachtet werden, die innere Struktur und Organisation der Schnittstellen-Software und die Möglichkeit der Nutzung aus Anwendersicht.

Zum einen stellte sich die Schwierigkeit, ein umfassendes Anforderungsprofil für eine universelle Schnittstelle zu formulieren. Die Vielfalt der denkbaren Einsatzmöglichkeiten sollte nicht durch statische Restriktionen eingeschränkt werden. Im Rahmen der Konzeption konnten daher nur wenige Forderungen aufgestellt werden. Die wichtigsten davon waren **Realzeitverhalten** und **asynchrone Ereignisstimulanz**. In diesem Zusammenhang erwies sich vor allem der IEC Bus mit seinen recht komplexen Protokollvorgaben als anspruchsvolles Beispiel für das Treiber-Design und förderte eine Reihe fundamentaler Probleme zutage.
Zum anderen sollte die fertig konzipierte Schnittstelle ein hohes Anwendungsniveau besitzen. Bei der Anwenderzielgruppe durften keine vertieften Kenntnisse im Bereich der Systemprogrammierung vorausgesetzt werden, so daß die Benutzung der Schnittstelle in möglichst einfacher und gewohnter Form gewährleistet sein sollte. Für den IEC Bus besteht die Gruppe der Anwender z.B. in der Hauptsache aus Experimentalphysikern und Elektrotechnikern, die zwar im allgemeinen über Programmiererfahrung verfügen, denen jedoch nicht zugemutet werden kann, ihre Anwendungen in die sehr komplexe und zeitkritische Umgebung des Basis-Betriebssystems einzubetten.

Andererseits darf nicht die Notwendigkeit übersehen werden, daß zumindest Teile einer Benutzeranwendung u.U. unter Realzeitbedingungen ablaufen müssen. Ein gutes Beispiel hierzu bietet der Service-Request (SRQ) eines IEC Bus-Teilnehmers. Fordert ein Gerät am IEC Bus Bedienung, so kann es dies dem aktuellen Bus-Controller durch Aktivierung des Service-Request-Signals mitteilen. Der Controller sollte dann das Bedienung fordernde Gerät identifizieren und entsprechende Aktionen veranlassen. Es ist nun vorstellbar, daß diese Vorgänge unter zeitlichen Restriktionen ablaufen müssen, die unter SINIX nicht garantiert werden können. Außerdem sind die auszulösenden Aktionen unmöglich vorhersehbar, so daß sie in jedem Fall in den Bereich der Anwendung zu plazieren sind. Dieser Teil der Anwendung muß also zwangsläufig unter Realzeitbedingungen, also auf dem Universal-Interface, ablaufen.

Ein großer Nachteil für die Anwendung besteht dann jedoch darin, daß sie keinen Zugang mehr zu der umfangreichen, komfortablen Systemdienst-Sammlung des SINIX-Betriebssystems besitzt; besonders gravierend ist dabei der Verlust der Datei Ein-/Ausgabe.

Eine gute Gesamtsituation für den Anwender ergäbe sich demnach mit der Erfüllung folgender Bedingungen:

- der Anwender erhält ein seinem Schnittstellenbedarf entsprechendes, mit Treibersoftware bereits voll konfiguriertes Gesamtsystem; es ist also keine Entwicklungsarbeit im Basis-Betriebssystem C-EXEC nötig.
- der Anwender hat die Möglichkeit der Programmierung eigener Anwendungen auf hohem Sprachniveau, die in die Realzeitumgebung des Universal-Interface geladen werden können und die flexible Benutzung der Schnittstellen erlauben.
- der auf dem Interface aktiven Anwendung sollte es möglich sein, bei Bedarf auf SINIX Systemdienste, zumindest die Datei-I/O, zurückgreifen zu können.

Es stellt sich schließlich noch die Frage, in welcher Form die Anwendungsprogrammierung unterstützt werden soll. Die Entwicklung einer speziellen Schnittstellen-Sprache wäre z.B. vorstellbar; die Idee hierzu entstand bei der Beschäftigung mit automatisierten Meß- und Prüfsystemen; für diesen Bereich existieren spezielle Prüfprogrammiersprachen wie ATLAS oder COUNT.

Letztlich wurde jedoch ein anderer Weg beschritten: Basis für die Implementierung der universellen Schnittstelle bildete ja bereits ein zuverlässiges effizientes Programmierwerkzeug, der C-Crosscompiler des PC-MX2. Die Sprache C, sehr gut geeignet für die Systemprogrammierung und damit auch für Schnittstellenprobleme beinhaltet eine Reihe von Vorteilen:

- hohes Sprachniveau, umfangreiche Bibliotheken
- effiziente Code-Generierung
- leichte Erlernbarkeit
- zuverlässiger, syntaxstrenger Crosscompiler mit akzeptabler Übersetzungszeit

Um dem Anwender die Sache noch weiter zu vereinfachen, soll er neben der Verwendung einer gewohnten Programmiersprache außerdem seine Programme auch mit dem gewohnten Komfort entwickeln können; die Anwendungen sollen also auf der Basis der normalen Bibliotheken (libc, libm, ..) implementiert werden.

C-EXEC erhält unter diesem Konzept damit eine weitere Aufgabe. Neben der Steuerung und Kontrolle von Interrupts, Treibern und Prozessen, obliegt ihm nun auch die korrekte Bedienung der Systemaufrufe aus der Benutzeranwendung. Ein Teil dieser angeforderten Systemdienste kann dabei lokal unter C-EXEC erledigt werden (z.B. die I/O auf Geräte der Schnittstelle); ein anderer Teil kann nur unter SINIX bedient werden. C-EXEC ist zur Bedienung solcher Remote-Systemaufrufe auf die Dienste eines Systemcall-Servers angewiesen, der SINIX-seitig installiert werden muß.

Grundlage für die Kommunikation zwischen C-EXEC und SINIX ist die transparente Verbindungssteuerung (VB). Mit ihrer Hilfe ist es möglich, die fünf SINIX Ein-/Ausgabefunktionen *open, close, read, write* und *ioctl* auf beliebige Funktionen bestimmter C-EXEC-Prozesse abzubilden und so bis zu 40 unabhängige Kommunikationskanäle zwischen SINIX und C-EXEC aufzubauen. Die VB bildet zusammen mit den angeschlossenen Funktionen im Grunde eine Art SINIX-Treiber.

Abbildung 1 veranschaulicht noch einmal die Struktur des Gesamtsystems. Eine vom Benutzer programmierte Anwendung wird über die Verbindungssteuerung in das konfigurierte C-EXEC geladen. Sie läuft dann als spezieller C-EXEC-Prozeß in der Realzeitumgebung des Universal-Interfaces mit Zugang zu allen lokalen Resourcen (Treiber für Geräte und RAM-Disk, Uhr) und hat, per speziellem Protokoll der VB zu einem SINIX-Server, ebenfalls Zugang zu den SINIX Systemdiensten. Die Verbindungssteuerung bietet außerdem noch direkte Kanäle von SINIX zu einem Monitor/Debugprozeß, zu einer RAM-Datei und zur V.24-Schnittstelle des Universal-Interface. Diese direkten Kanäle geben die Möglichkeit, direkt, ohne ein Benutzerprogramm auf das Interface laden zu müssen, die angesprochenen Resourcen zu benutzen.

Prozesse unter C-EXEC

Insgesamt wurden für die universelle Schnittstelle 10 Prozesse implementiert, die im einzelnen folgende Anwendungsbereiche abdecken:

Der Poll-Prozeß ist für die Überwachung einiger zyklisch anfallender Aufgaben zuständig. Dies sind z.B. Zeichenein/ausgabe der V.24-Schnittstelle, in der nicht interruptgesteuerten Betriebsart und Verhinderung eines Timeouts der Verbindungssteuerung bei suspendierten Kommunikationsaufrufen.

Die Verbindungssteuerung wird durch insgesamt 5 Prozesse realisiert. Der Austausch von Daten zwischen Universal-Interface und SINIX erfolgt über ein Dual-Port-RAM Fenster, das beliebig im RAM des Interface verschoben werden kann, und eine Größe von 2 kByte besitzt. Dieses Fenster wird durch die Verbindungssteuerung in 2 Kanalgruppen unterteilt, über die die I/O von jeweils 20 SINIX-Devices abgewickelt werden kann. Für jede Kanalgruppe (VB0, VB1) existieren 2 Prozesse, unter deren Kontrolle schließlich die speziellen Protokollfunktionen ablaufen, auf die die entsprechenden SINIX-Aufrufe abgebildet werden. Ein weiterer C-EXEC-Prozeß koordiniert die Aktivitäten der Verbindungssteuerung.

Ein Monitor- und ein Debug-Prozeß übernehmen Kontroll- und Überwachungs-Funktionen des Gesamtsystems im Testfalle. Die Ein- und Ausgabe des Monitor-Prozesses kann über ein SINIX-Device per VB direkt beschickt werden, so daß ein kontrolliertes Monitoring aus SINIX heraus möglich ist. Sollte das System kollabieren, z.B. bei unzulässiger Adressierung im Benutzerprogramm, so aktiviert sich der Debug-Prozeß an der V.24-Schnittstelle (der

SINIX
Anwendung
Sinix   - loader
        - systemcallserver
Sinix Multibus -
Universal-Interface-Treiber
Universal -
Interface
CEXEC - Multibus-Treiber
(transparente Verbindungssteuerung)
CEXEC - SINIX -Treiber
CEXEC - Lader
        - Server
Ramfile-
Zugang
V.24 -
Zugang
CEXEC
Prozesse
Lader/Server
Monitor
DEBUG
VB-Control
CEXEC
Treiber
Ramdisk
Queues
V.24 SS97
IEC-Bus
Benutzer -
Programm
Treiber - Hardware
Geräte

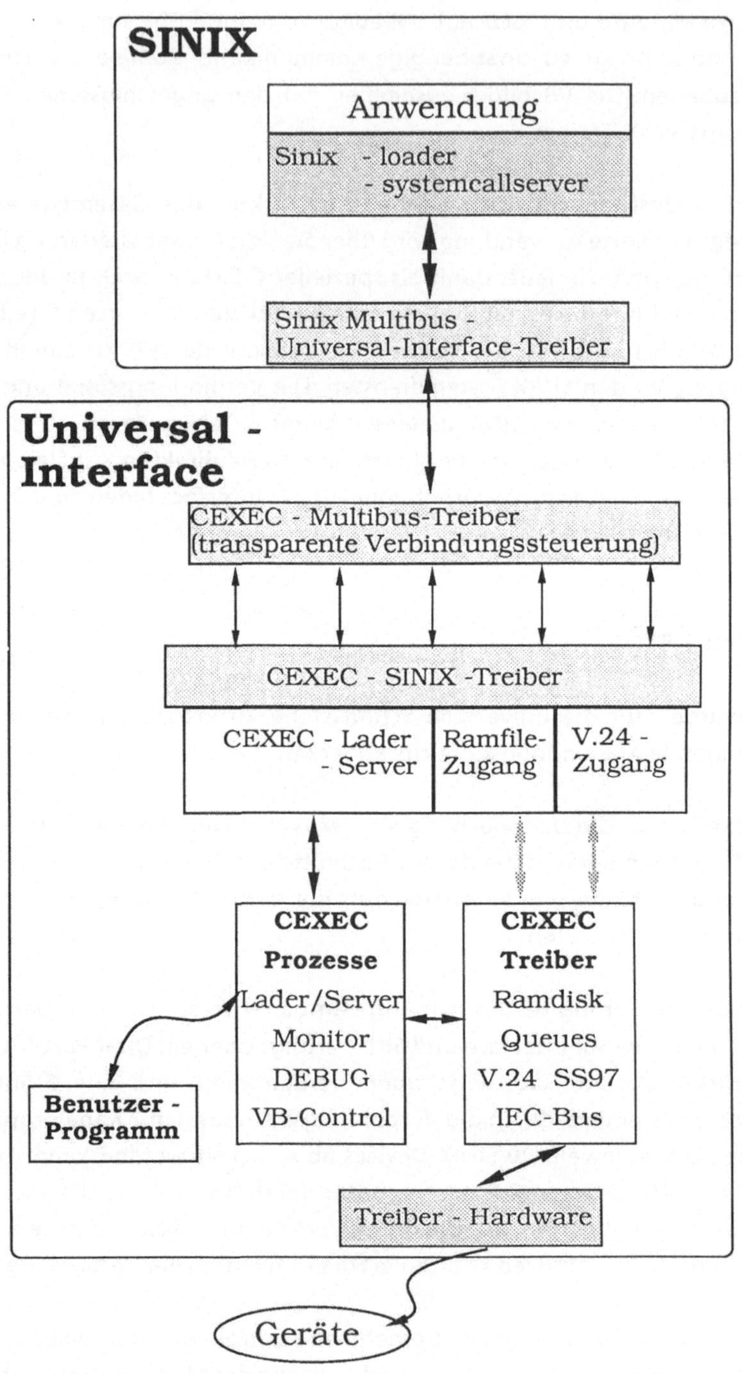

Abbildung 1

Prozeß geht dann in eine besondere Betriebsart über, so daß er meist noch zur Crash-Analyse herangezogen werden kann). Trotzdem soll nicht verschwiegen werden, daß eine derartige Analyse äußerst schwierig ist; im Normalfall wird der Benutzer einen Fehler eher durch Ausgabe zusätzlicher Kontrollinformationen lokalisieren.

Der Ladeprozeß steuert und kontrolliert im Zusammenspiel mit einem SINIX-Lader das Downloading des Benutzerprogramms in die C-EXEC-Umgebung. Der Vorgang wird in mehreren noch zu besprechenden Ladephasen abgewickelt: Konnten alle Phasen korrekt abgeschlossen werden, so wird der Server-Prozeß gestartet, der als eine Art Vaterprozeß des Benutzerprogramms angesehen werden kann. Die Benutzeranwendung läuft aus C-EXEC-Sicht immer als Bestandteil des Server-Prozesses, obwohl sie sich in einem wichtigen Punkt von allen anderen C-EXEC-Prozessen unterscheidet: Die Anwendung verfügt über einen ihr eigens zugeteilten Speicherbereich von 128 kByte Länge, in dem ihr Code- und Datensegment untergebracht sind. Soll das Benutzerprogramm aktiviert werden, so erfolgt dies immer über den C-EXEC-Serverprozeß, der dafür Sorge trägt, daß C-EXEC und Anwendung parallel zueinander existieren können. Gibt umgekehrt die Anwendung den Prozessor frei, so wird ebenfalls in den Serverprozeß verzweigt, in dessen Verantwortung dann die weiteren Aktionen liegen.

Eine Einschränkung läßt sich aus dem hier besprochenen sofort ableiten: Es kann immer nur ein Benutzerprogramm gleichzeitig auf dem Universal-Interface aktiv sein. Der einzig mögliche, dazu parallele Zugang zum Interface besteht in den nicht durch den SINIX-Server blockierten SINIX-VB-Devices (RAM-File, V.24). Dagegen ist es durchaus möglich, mehrere Applikationen nacheinander auf das Interface zu laden, und so etwa eine Verarbeitung in mehreren Schritten zu realisieren.

Integration der Benutzeranwendungen

<u>1. Laden</u>

Der Ladevorgang läuft in mehreren Phasen ab. Die Initiierung erfolgt durch das Lade-kommando, etwa

pload application parm-1 parm-2.

pload ist der SINIX-Lader/-Server, "application" das Benutzerprogramm und die restlichen Angaben dessen Parameter. Zuerst sendet der Lader den Program-Header zum Universal-Interface; damit wird der C-EXEC-Ladeprozeß aktiviert und die Header-Informationen geprüft. Ist das Programmformat bekannt und zulässig, so wird der SINIX-Lader angewie-sen, Programmcode (Textsegment) und initialisierte Daten (Datasegment) zu übertragen.

Bei Middle-Model-Programmformat werden sodann die Relozierungsinformationen benötigt, und alle (Intersegment-) Adressen des Programms werden gemäß dem ihm zugewiesenen Speicherbereich reloziert.

In der Folge werden alle Argument- und Environment-Parameter zum C-EXEC-Lader übertragen, der sie gemäß den SINIX-üblichen Konventionen an oberster Stelle im Stack des Programms plaziert, und außerdem alle erforderlichen Stringpointer erzeugt (für *argv* und *envv*).

Zur korrekten Abwicklung der Systemaufrufe müssen dann noch deren Entrypoints manipuliert werden. Die Programme werden mit den Standardbibliotheken gebunden und setzen daher die Aufrufkonventionen eines SINIX 8086-Systems (z.B. PC-MX) voraus. In solchen Systemen sind die Adressen 2, 4 und 6 in der Basepage des Programms die Entrypoints für Systemaufrufe. Der PC-MX z.B. "patcht" nach dem Laden Routinen an diese Adressen, die das Programm in eine 8086 *out*-Instruktion führen und damit in den SINIX-Kernel umschalten. Der C-EXEC-Lader füllt die Entrypoints einfach mit Software-Interrupt Instruktionen, die dann spezielle Routinen des C-EXEC-Serverprozesses aktivieren.

Abschließend werden zwischen SINIX- und C-EXEC-Lader noch einige Kontrollinformationen ausgetauscht und bei positiver Quittierung wird der Ladevorgang beendet. Es folgt eine kurze Wartezeit, in der der SINIX-Lader Gelegenheit erhält, sich als SINIX-Server zu installieren. Im Anschluß daran wird der C-EXEC-Serverprozeß aktiviert und damit schließlich in die Benutzeranwendung verzweigt.

2. Zur Laufzeit

Besitzt die Applikation erst einmal den Prozessor, so existieren nur zwei Ereignisse, die ihren Programmfluß unterbrechen können:
1. Eintreten eines Interrupts (Multibus, Timer, Geräte)
2. die Anwendung möchte einen Systemdienst nutzen und läuft auf einen Systemcall-Entrypoint.

Im ersten Fall wird C-EXEC im allgemeinen nach Durchführung des Interrupt-Services sofort wieder in die Anwendung verzweigen, wenn durch den Interrupt nicht ein Prozeß höherer Priorität den Vorrang erhält. Dies ist nötig, da die anderen Prozesse mit wichtigen System-Verwaltungsaufgaben betraut sind und somit eine höhere Priorität als die Benutzeranwendung besitzen. Jedoch sind die einzelnen Aufgaben nicht sehr komplex und die Verzögerung somit minimal.

Im zweiten Fall wird der C-EXEC-Server aktiviert, der erst einmal prüft, ob der Systemdienst lokal oder remote erledigt werden muß.

Lokale Systemdienste sind die Speicherverwaltung, *signal, pause* und eine Reihe von I/O-Funktionen, wenn sie sich auf lokale Geräte beziehen. Ob eine Datei local (Gerätedatei) oder remote (SINIX-Datei) eingeordnet wird, entscheidet sich beim *open*-Systemaufruf anhand des Dateinamens; ist der Name lokal bekannt, so wird ein lokaler Deskriptor erzeugt, andernfalls wird ein remote-open durchgeführt. Lokale Systemaufrufe werden auf entsprechende oder ähnliche C-EXEC-Funktionen abgebildet; diese Methode wird durch einige strukturelle Ähnlichkeiten zwischen C-EXEC und SINIX begünstigt.

Müssen Systemdienste remote unter SINIX bedient werden, so muß ein aufwendigeres Verfahren durchlaufen werden. Der C-EXEC-Server bereitet eine Syscall-Control-Structure auf, in der eine Analyse des Systemaufrufs und der beteiligten Parameter codiert wird. Dann wird die VB darüber informiert, daß eine solche Struktur zur Übertragung ansteht. SINIX-seitig wartet der Systemcall-Server auf die Struktur und bekommt sie nun von der VB geliefert. Falls an dem Systemaufruf Ausgabepuffer beteiligt sind, so werden diese von der VB direkt aus dem Datensegment der Applikation (über das MulitBusfenster) zum SINIX-Server transferiert.

Der SINIX-Server führt den Systemaufruf durch, und reicht die Resultate zur VB zurück. Sind Eingabepuffer beteiligt, so werden auch diese übergeben und von der VB wieder direkt zur Applikation kopiert. Der C-EXEC-Server sorgt anschließend für korrekte Rückgabe der Resultate (Returnvalue, Errorflag) an das Benutzerprogramm und verzweigt dann in dieses. Abbildung 2 soll das Zusammenspiel der beteiligten Komponenten am Beispiel eines *write*-Systemaufrufs verdeutlichen.

Die Objectmoduln der Standardbibliotheken des C-Compilers wurden alle auf Systemaufrufe hin untersucht, und deren Parameterspezifikation analysiert. Bis auf 4 Aufrufe (*fork, exec, ptrace* und *profil*), die sich technisch nicht realisieren ließen, werden durch die universelle Schnittstelle alle Systemaufrufe unterstützt. *fork* und *exec* könnten vermutlich (bei enorm hohem Implementierungsaufwand) mit Einschränkungen realisiert werden. Es stellt sich hier jedoch die Frage, ob dabei ein vernünftiges Aufwand/Nutzen-Verhältnis gewährleistet werden kann.

3. Signale

Um auch dem Anwender ein Mittel in die Hand zu geben, auf asynchrone Ereignisse reagieren zu können, wurde die SINIX-Signalbehandlung vollständig in die universelle Schnittstelle integriert. Auch hier kann wieder zwischen lokalen und remote Ereignissen unterschieden werden.

Lokale Ereignisse sind die Alarmuhr des Universal-Interface und definierte Ereignisse von Treibern der Schnittstelle; z.B. können bestimmte asynchrone Ereignisse am IEC Bus an

Ablauf eines write - remote - Systemaufrufs

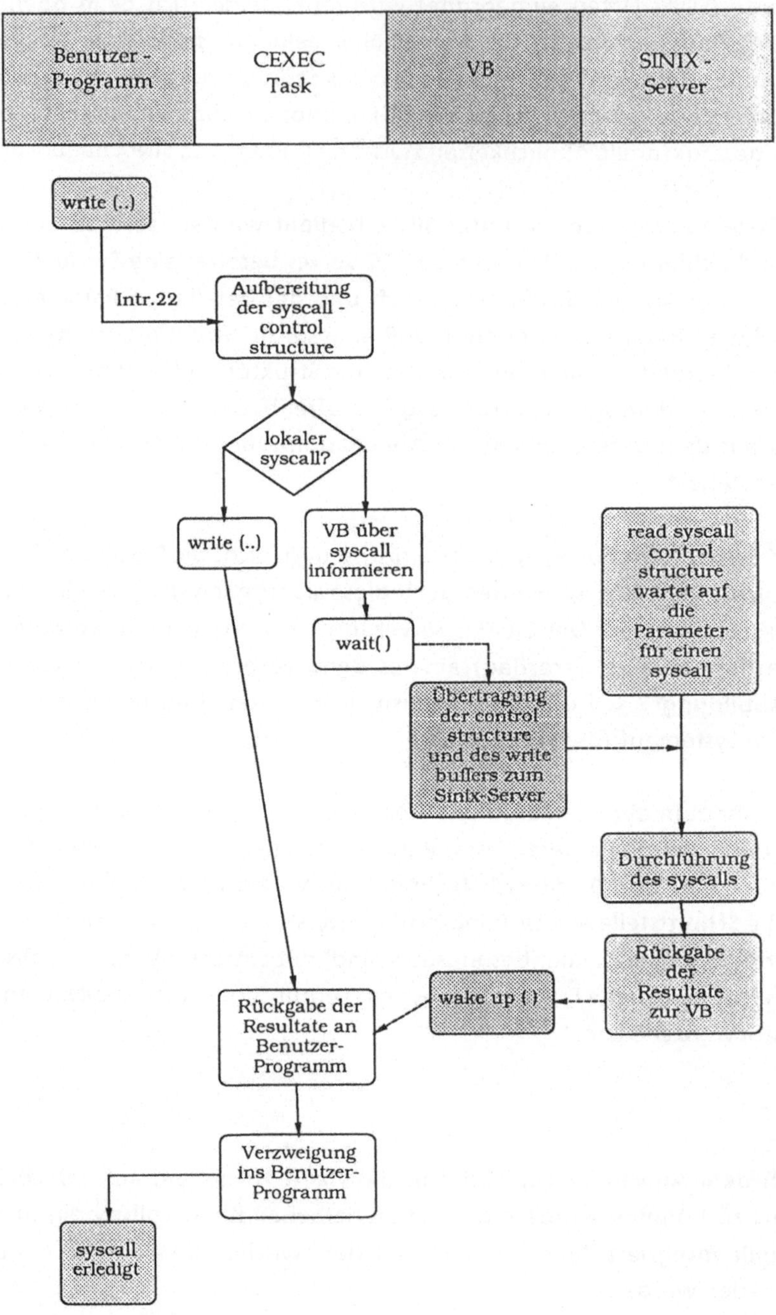

Abbildung 2

Signale der Benutzeranwendung gebunden werden. Die lokale Alarmuhr kann parallel zum SINIX-Alarm genutzt werden, und besitzt eine feinere Rasterung von 50 ms.

Remote Signale werden im SINIX-Server grundsätzlich abgefangen und über die VB an den C-EXEC-Server weitergeleitet. Ihre Erzeugung und Verarbeitung erfolgt nach dem üblichen Schema.

Will eine Applikation den Signalmechanismus nutzen, so stehen ihr die Funktionen *signal*, *kill* und *alarm* zur Verfügung. Trifft ein Signal ein, ohne daß die Anwendung es vorher abgefangen hat, so wird sie durch den C-EXEC-Server terminiert. Auch die Ignorierung kann für Signale durch Angabe des üblichen SIG_IGN festgesetzt werden.

Außer der Aktivierung einer Signalroutine treten bei Eintreffen eines Signals auch die gewohnten Nebeneffekte auf: Ist die Anwendung zu diesem Zeitpunkt suspendiert, z.B. wegen einer blockierten I/O, so wird der Aufruf abgebrochen und Fehler EINTR zurückgegeben. Mit Hilfe des Alarm-Signals kann so ein Timeout-Mechanismus realisiert werden.

Um den Anforderungen der Realzeitumgebung gerecht zu werden, stehen dem Anwender außerdem zwei zusätzliche *ioctl*-Varianten zur Verfügung: Zum einen besteht die Möglichkeit, das Rücksetzen von Signalbehandlungen nach SIG_DFL (also Abbruch) zu unterbinden, zum anderen kann die Aktivierung von Signalbehandlungen bis maximal zum nächsten *pause*-Systemaufruf verzögert werden. Mit der zweiten Variante soll vor allem die Deadlock-Problematik entschärft werden (das Signal trifft ein, bevor die Anwendung in den *pause*-Aufruf gelangen kann).

4. Terminierung

Eine saubere Terminierung des Benutzerprogramms ist ähnlich wichtig wie ein korrekter Ablauf; besonderes Gewicht erhält diese Forderung dadurch, daß das Nachladen von Folgeprogrammen möglich sein soll, und dann die Schnittstellensoftware nicht mitgeladen werden kann. Grundsätzlich soll die universelle Schnittstelle für den Anwender die Funktion eines Realzeit-Betriebssystems erfüllen.
Eine Anwendung besitzt vier Möglichkeiten der Terminierung:
- Normale Terminierung via *exit*-Systemaufruf,
- Empfang eines nicht abgefangenen Signals,
- Anforderung eines nicht unterstützten Systemaufrufs oder
- Fehler in der Kommunikation zwischen C-EXEC und SINIX.

Im ersten Fall erfolgt keine besondere Benachrichtigung auf dem Monitor, in den anderen Fällen informiert eine Klartextmeldung über die Abbruchursache. Abbruch durch Kommunikationsfehler (Meldung "No respond") tritt nur auf, wenn die Schnittstellensoftware kollabiert ist. Wegen des Fehlens einer Memory-Management-Unit (MMU) auf dem Universal-Interface wird dieser Fall im allgemeinen durch Adressierungsfehler der Anwendung hervorgerufen.

Bei korrektem Verlauf wird die Terminierung von SINIX- und C-EXEC-Server erzwungen, unabhängig davon, ob sie remote (exit) oder lokal (Signal) verursacht war. Mit dem Ende des C-EXEC-Servers wird gleichzeitig der C-EXEC-Lader reaktiviert, so daß die nächste Benutzeranwendung geladen werden kann.

Implementierte Treiber

Die Verbindung zwischen Benutzeranwendung und den Treibern der universellen Schnittstelle wird durch die Standardaufrufe zur Datei-I/O, *open, close, read, write, lseek* (RAM-Dateien), *rdchk* und *ioctl* sichergestellt, wenn sie sich auf lokale Geräte (-Dateien) beziehen. Daneben bietet der Signalmechanismus die Möglichkeit zur Verarbeitung asynchroner Ereignisse; die vorliegende Schnittstellensoftware nutzt dies nur im Falle des IEC Bus-Treibers.
Der *ioctl*-Systemaufruf erfüllt in diesem Konzept eine Art Joker-Funktion, da er als einziger über eine offene Spezifikation verfügt. Alle Informations-, Kontroll- und Steuerungsfunktionen eines Treibers müssen an entsprechende ioctl-Kommandos gebunden werden.

Im folgenden soll eine kurze Übersicht über die in der vorliegenden Version 1.2 der universellen Schnittstelle implementierten Treiber und deren Fähigkeiten gegeben werden.

<u>V.24</u>

Die V.24-Schnittstelle basiert auf einem Dual Asynchronous Receiver/Transmitter Chip des Typs SCN2681 mit dreifach gepuffertem FIFO-Eingaberegister. Der C-EXEC-Treiber arbeitet mit 4 KByte-Puffern in Ein- und Ausgaberichtung. Die Schnittstelle kann auf alle gängigen Baudraten zwischen 50 und 19200 eingestellt werden; außerdem unterstützt sie alle Paritäts-Modi von MARKED bis NO. Daneben kann die V.24-Schnittstelle in die Echo-, Raw- und Edit-Betriebsart (mit *erase, kill* und *end-of-text* Character) geschaltet werden.

<u>RAM - Disk</u>

Sind Schnittstellensoftware und Anwendung geladen, so stehen auf dem Universal-Interface immer noch ca. 230 kByte RAM zur freien Verfügung. Um diesen Speicher der Benutzeranwendung möglichst einfach zugänglich zu machen, wurde der RAM-Disktreiber entwickelt. In der vorliegenden Version wurden 4 RAM-Dateien konfiguriert, von denen 3 dem Benutzer zugänglich sind. Der RAM-Disktreiber verfügt über eine einfache Speicherverwaltung, bei der Blöcke alloziert und freigegeben werden können.

Eine besonderer Vorteil besteht darin, daß die RAM-Dateien in eine Betriebsart "Zirkular-speicherung" geschaltet werden können. In dieser Betriebsart werden die Speicherblöcke nach dem Auslesen der Daten automatisch an die Speicherverwaltung zurückgegeben, so daß die Dateien in dieser Betriebsart selbständig und dynamisch beim Schreiben wachsen und beim Lesen schrumpfen. Temporär auftretende große Datenraten könnten beispiels-weise vorteilhaft durch zirkulare RAM-Dateien gebändigt werden.

Der RAM-Disktreiber liefert daneben als einziger sinnvolle Ergebnisse bei *lseek*-Systemauf-rufen, da dieser bei Gerätetreibern aufgrund des fehlenden frei positionierbaren Schreib-/ Lesezeigers auf keine sinnvollen Aktionen abgebildet werden kann.

IEC Bus

Der IEC Bus verfügt über 16 Signalleitungen, 8 Daten- und 8 Kontrolleitungen. Eine aus-führliche Beschreibung der Möglichkeiten des IEC Bus zu geben, würde den Rahmen dieser kurzen Treiber-Dokumentation sprengen; daher werden nur die Aspekte erwähnt, die dem Verständnis bestimmter Eigenschaften des IEC Bus-Treibers dienlich sein können. Die beiden wichtigsten Betriebsmodi des IEC Bus sind Daten- und Attention-Modus. Im Attention-Modus werden Kommandos vom aktiven Controller an die Schnittstellen gesen-det; dazu gehören hauptsächlich Adressier-, Rücksetz- und Triggerbefehle und die Abfrage des sogannten serial-poll-Statusbytes. Im Datenmodus werden Gerätenachrichten (z.B. Meßwerte) von einem "talker" zu einem oder mehreren "listener" gesendet. Da Komman-dos, Daten und Statusbytes alle über den gleichen Bus gesendet werden, sie jedoch einen fundamental unterschiedlichen Charakter haben, verfügt der Treiber über getrennte Puffer für den Attention- und Daten-Modus. Im Daten-Modus sind Ein- und Ausgaberich-tung mit jeweils 4 kByte gepuffert, im Attention-Modus mit jeweils 100 Byte.

Im Datenverkehr können beliebige EOS-Zeichen definiert werden. Der Treiber reagiert bei Empfang von END und/oder EOS gleichermaßen und liefert bei *read*-Aufrufen nur voll-ständig eingetroffene Messages ab.

Der Benutzer hat die Möglichkeit, die Ein- und Ausgabe von Daten und Kommandos synchron oder asynchron ablaufen zu lassen, und sich im asynchronen Betrieb durch ein Signal über die Beendigung der Tätigkeit informieren zu lassen. Im Attention-Modus wird man wohl im allgemeinen die synchrone Betriebsart vorziehen, wohingegen asynchroner Datentransfer vorteilhaft genutzt werden kann, wenn z.B. langsame Geräte an der IEC Bus Kommunikation teilnehmen (*3-wired-handshake*).

Weiter kann der Service Request-Ruf von IEC Bus-Teilnehmern an ein Signal der Benutzeranwendung gebunden werden.

Die übrigen Steuerungs- und Informationsfunktionen, Umschalten zwischen Attention- und Daten-Modus, interne Kommandos an eigene Schnittstellen, Einholen von serial- und parallel-Statusbytes etc., sind wie üblich über *ioctl*-Kommandos erreichbar.

Die IEC Bus-Schnittstelle ist im Gegensatz zu den vorher beschriebenen ausschließlich lokal über ein Benutzerprogramm erreichbar. Die verhältnismäßig komplizierten Protokollvorgaben, Grundlage für die Aufstellung einiger fundamentaler Konzepte, wären einer Nutzung von außen über ein SINIX-Device nur relativ schwer zugänglich.

Anhang: Tabelle der Systemaufrufe

'*' - Aufrufe arbeiten auch auf C-EXEC-lokalem Dateisystem
'%' - Aufrufe werden immer C-EXEC-lokal bearbeitet
'!' - Aufrufe werden nicht unterstützt

Opcode   SINIX - Systemfunktion
===
```
  0001    exit     (status)
! 0002    fork     ()
* 0003    read     (des, &buf, anz)
* 0004    write    (des, &buf, anz)
* 0005    open     (name, modus)
* 0006    close    (des)
  0007    wait     (&status)
* 0008    creat    (name, modus)
  0009    link     (name, name2)
  000a    unlink   (name)
  000c    chdir    (directory)
  000d    time     (&long)
  000e    mknod    (name, modus, geraet)
  000f    chmod    (name, modus)
  0010    chown    (name, ben-nr, gr-nr)
%0011    sbrk     (anz) bzw. brk (adr)
  0012    stat     (name, dinfo)
* 0013    lseek    (des, (long)dist, ort)
  0014    getpid   ()
  0015    mount    (geraet, name, modus)
  0016    umount   (geraet)
  0017    setuid   (userid)
  0018    getuid   () bzw. geteuid ()
  0019    stime    (time-adr)
! 001a    ptrace   (cmd, pid, adr, data)
  001b    alarm    (sekunden)
  001c    fstat    (des, &dinfo)
%001d    pause    ()
  001e    utime    (name, &time-t[2])
  001f    stty     (des, &sgttyb)
  0020    gtty     (des, &sgttyb)
  0021    access   (name, modus)
  0022    nice     (priorität)
```

0023	*ftime*	(&timeb)
0024	*sync*	()
0025	*kill*	(pid, signal)
0027	*getpgrp*	() bzw. setpgrp()
0028	*shutdn*	()
0029	*dup*	(des)
002a	*pipe*	(&pdes[2])
002b	*times*	(&tbuf)
!002c	*profil*	(&puff, p-groesse, dist, skal)
002e	*set id*	(gruppe)
002f	*getgid*	() bzw. getegid ()
%0030	*signal*	(signal, fkt)
0035	*lock*	(des)
*0036	*ioctl*	(des, action, &arg)
0039	*uname*	(&utsname) = __utssys (0, 0, &utsname)
!003b	*execve*	(pfad, argv, envv)
003c	*umask*	(newmask)
003d	*chroot*	(rname)
003e	*fcntl*	(des, action, arg)
003f	*ulimit*	(action, (long)arg)
0128	*locking*	(des, modus, (long)anz)
*0728	*rdchk*	(des)
%083f	--> Stack-Alloc. analog break (error: Signal 11)	
0b28	*ftime*	(&timeb)

Literaturverzeichnis:

/1/ Kett, Kruft, Matuschewski:
"Einsatz des Universal-Interface am Beispiel einer IEC Bus-Anwendung für automatisierte Meß- und Prüfsysteme", i.i.i.-Kompendium, 1987

/2/ VRTX/86,USER´s Guide, Hunter & Ready, 1986

/3/ The C EXECUTIVE User Manual, Rel. 1.4, JMI Software Consultants, Inc.

EMOS - an Experimental Machine Operating System

Programmsystem zur Programmierung
paralleler Prozesse in einem Taskadressraum

Franz-Josef Engel

Rechenzentrum

Einführung

EMOS ermöglicht die Programmierung paralleler Prozesse im Adressraum einer BS2000-Task.

Unter 'Prozessen' ist die Ausführung von ablauffähigen C-Programmen zu verstehen, die mit dem EMOS C-Compiler übersetzt wurden. 'Parallel' bedeutet, daß sich zur gleichen Zeit mehrere Programme im Speicher befinden, und die Ausführung des einen Programms nicht abgeschlossen ist, bevor das andere gestartet wurde (quasi parallel).

EMOS läuft als Anwendung unter dem Betriebssystem BS2000 in einer Dialogtask und ist bis auf einige Funktionen maschinenunabhängig. Das System wurde entwickelt, um eine UNIX-ähnliche Umgebung auf einem BS2000-Rechner zu simulieren. Es bietet dem Benutzer die Möglichkeiten eines 'single user, multiprogramming'- Systems.

EMOS verfügt über eine Vielzahl echter UNIX-Kommandos und umfaßt eine Programmierumgebung für die Sprache C, ein auf dem BS2000-Dateisystem simuliertes hierarchisches Filesystem, die EMOS-Shell als Benutzeroberfläche und ein online Kommandomanual.

Die Benutzung des Systems EMOS setzt einen Dialog auf BS2000 voraus und erfordert einen Eintrag im '/etc/passwd' File von EMOS sowie das Kommando /**execute $c.emos** zum Starten des Systems.

Implementierung von EMOS

Einführung

EMOS ist ein Programmsystem, das als Anwendung auf dem Betriebssystem des jeweiligen Hosts gestartet wird und eine UNIX-ähnliche *single user, multiprogramming* Umgebung auf einem Mainframe-Computer simuliert. Im folgenden werden die Überlegungen und Lösungsvorschläge präsentiert, die zur Entwicklung und Implementierung des entsprechenden Systems für das Betriebssystem BS2000 geführt haben.

Motivation

Die Entwicklung des Systems EMOS orientierte sich an folgenden Zielvorstellungen: Auf dem Campus der Universität des Saarlandes gibt es eine große Anzahl von PCs, darunter über 200 mit dem Betriebssystem SINIX, das UNIX System der Siemens AG. Die PCs sind über das Campus-Netzwerk CANTUS miteinander verbunden. Ein BS2000 Mainframe-Computer stellt den PCs bestimmte Softwaredienstleistungen zur Verfügung, darunter vor allem die Möglichkeit, Dateien zu transferieren und zu sichern, einen Dialog mit dem Host durchzuführen oder sich über aktuell verfügbare Softwareprodukte zu informieren. Für UNIX-PC Benutzer sollte der Zugang zum Mainframe Betriebssystem BS2000 dadurch vereinfacht werden, daß sie auf dem Host eine von UNIX her vertraute Umgebung wiederfinden mit den von UNIX her bekannten Kommandos, Utilities und deren Möglichkeiten. Hierbei spielte die Portierung von UNIX-Utilities wie z.B. Textbearbeitungsprogrammen, eine ebenso große Rolle wie die Möglichkeiten, die von der UNIX-Shell angeboten werden, also die Verwendung von Pipes, Shellvariablen, die Eingabe mehrerer Kommandos in einer Kommandozeile, Ein-/Ausgabeumlenkung, Shellprozeduren, Shell-Path-Mechanismus u.a.

In den Überlegungen, die zur Entwicklung dieses Systems geführt haben, wurde natürlich auch der Aufwand berücksichtigt, der für die Portierung der UNIX Quellprogramme zu leisten ist. Um diesen Aufwand so gering wie möglich zu halten, mußten auf dem Host die gleichen Systemaufrufe und Bibliotheken zur Verfügung gestellt werden, mit der gleichen Semantik wie unter UNIX. Die ersten Schritte bei der Implementierung von EMOS bestanden in der Portierung der Werkzeuge wie Compiler, Assembler, Linker und Archiver zum Übersetzen der C-Programme in den Objektcode der experimentellen Maschine.

Vor diesem Hintergrund wird in den folgenden Abschnitten kurz beschrieben,

- welche Möglichkeiten die BS2000-Umgebung und die Umgebung auf einem UNIX-System dem Benutzer anbietet,
- verschiedene Alternativen zur Simulation einer UNIX-Umgebung auf BS2000,

- wie eine UNIX-ähnliche Umgebung in das BS2000-Taskkonzept integriert wurde und warum diese Vorgehensweise gewählt wurde.

Benutzerumgebung des BS2000

BS2000 ist der Name des Betriebssystems der Mainframe-Computer der Siemens AG. Es handelt sich um ein task-orientiertes Betriebssystem, das jedem Benutzer eine eindeutig identifizierbare Dialogtask zuordnet. 'Tasks' sind die Einheiten, denen das Betriebssystem die Kontrolle über die CPU zuteilt. Tasks haben ihren eigenen privaten Adressraum, sind eindeutig identifizierbar und können jederzeit unterbrochen werden. Ein Benutzer kann BS2000-Kommandos und seine Programme in der ihm zugeordneten Dialogtask nur rein sequentiell starten, d.h. zu jedem Zeitpunkt ist nur ein Programm geladen, das im Kontext dieser Task ausgeführt wird.

Die UNIX Benutzerumgebung

In der UNIX-Welt kommuniziert der Benutzer in der Regel über den Kommando-Interpreter Shell mit dem UNIX Betriebssystem. Die Shell mit ihren Möglichkeiten stellt also für den Benutzer das Werkzeug dar, mit dem er Kommandos und/oder Programme laden und ausführen kann. Im Gegensatz zum BS2000 ist UNIX ein mehrprozeßfähiges Betriebssystem, das jedem Benutzer gestattet, mehrere Prozesse gleichzeitig zu laden und zu starten. Die Zugangsschnittstelle und die Spezifikation der Systemaufrufe liefert die Shell, ein Kommando-Interpreter mit einer integrierten Kommandosprache, die entsprechende Symbole und Konstrukte beinhaltet, so daß von einer Kommandozeile mehrere Prozesse gleichzeitig gestartet werden können. Der Benutzer kann darüber hinaus spezifizieren, daß die Prozesse in bestimmter Weise voneinander abhängig sind (Filter), daß sie quasi parallel im Vordergrund ablaufen oder als sogenannte 'batch jobs' ebenfalls quasi parallel im Hintergrund ablaufen oder daß sie der Reihe nach abgearbeitet werden sollen.

Zwei Alternativen

Die naheliegendste Methode (I), diese Shell-Mechanismen in das BS2000 Taskkonzept abzubilden, besteht darin, eine Anwendertask als Shell zu implementieren, mit den gleichen Möglichkeiten wie die einer UNIX-Shell. Diese Shell-Task müßte also andere BS2000-Tasks erzeugen, hierarchisch verwalten, unterbrechen und beenden können. Darüber hinaus müßten die Voraussetzungen geschaffen werden, Objectcode Images zu sharen und in einer anderen Task restarten zu können. Da UNIX-Prozesse voneinander I/O-abhängig sein können, müßten auch spezielle Tools implementiert werden, um diese Abhängigkeiten taskspezifisch einzurichten und zu kontrollieren (Pipes). Die nicht I/O-abhängige Interprozesskommunikation zwischen UNIX-Prozessen (signal- wait- kill- pause- System-aufrufe (SVC's)) müßte auf BS2000 Task-Kommunikation abgebildet werden, mit der glei-chen Semantik wie zwischen UNIX-Prozessen, z.B. Vererbung der Signalleisten-Belegung, Weitergabe der Tasknummer usw. Für bestimmte Kommandos müßten auch Benutzer- oder Terminal- spezifische Prozeß-Hierarchien verwaltet werden.

Die Realisierung einer solchen Shell- und UNIX- Task würde natürlich direkt in die BS2000 Task-Verwaltung eingreifen und als Entwicklungsmaschine einen eigenen BS2000 Rechner erfordern, zumal die Programmierung der dazu erforderlichen Systemaufrufe nur im privilegierten Modus erfolgen könnte.

Eine andere Methode (II), die sich fast folgerichtig aus den Nachteilen und Schwierigkeiten der ersten Methode ergibt, besteht darin, eigene Prozesse, in diesem Fall ausführbare BS2000 Objektcode Programme, in eine einzige BS2000 Task zu laden, zu ver-walten und ausführen zu lassen. Jedem dieser Prozesse (Subtasks) könnte man dynamisch einen Teil des taskprivaten Speicherplatzes zuordnen, über den er dann frei verfügen könnte. Diese BS2000-Subtasks (UNIX-Prozesse) würden dann vor dem Start an diese Speicherplätze dynamisch gebunden und geladen. Damit diese Speicherbereiche nicht überschritten und überschrieben werden, z.B. durch einen außer Kontrolle geratenen Pointer des eigenen Programms, müßen diese Bereiche auch entsprechend geschützt werden. Schwierigkeiten ergeben sich auch, wenn Subtasks kopiert und in anderen Speicherbereichen mit gleichem Text- und Datensegment fortgesetzt werden sollen. Hier-bei ist entweder ein nochmaliges dynamisches Binden und ein Wiederaufsetzen an einer ganz bestimmten Programmstelle (restart) notwendig oder ein BS2000 C-Compiler, der relokierbaren Code erzeugt und in dem Code- und Datensegment getrennt sind.

Diese Methode wurde (ebenso wie Methode 1) nicht weiter verfolgt, erstens wegen des restart Problems, zum zweiten, da das Überschreiten von Speicherbereichen eine der häufigsten Ursachen von fehlerhaften Programmbeendigungen darstellt und jedesmal zu einem Neustart der BS2000 UNIX Umgebung führen würde.

Das System EMOS

Die folgende Methode (III), die sowohl das restart Problem löst, als auch die Speicher-zugriffe der einzelnen Subtasks kontrollieren kann, ist in EMOS realisiert. Hier wird vor jedem Schreibzugriff auf den Speicher überprüft, ob der Zugriff erlaubt ist. Erreicht wird das dadurch, daß die Befehle der Subtask interpretiert werden und somit der Zugriff auf Adressen überprüft werden kann. Das restart-Problem wird dadurch gelöst, daß alle Adressen der Subtask relativ zur Adresse Null berechnet sind. Das gilt sowohl für Adressen des Programmsegments als auch des Datensegments. Die Idee ähnelt der vorangehenden

Methode. Die Images der Subtasks werden in den Adressraum einer BS2000-Task (Maintask) eingelagert, dort verwaltet und ausgeführt. Im Gegensatz zu obiger Methode wird also die Subtask nicht als BS2000-Objektcode-Programm geladen und von der BS2000 CPU ausgeführt, sondern als Objektcode Programm für eine abstrakte Maschine über die Ladefunktion des EMOS Systems in den Speicherbereich einer BS2000 Task (Maintask) gebracht. Die abstrakte Maschine, die durch einen eigenen Instruktionssatz definiert ist, wird 'physikalisch' durch einen Interpreter realisiert, also durch ein Softwarepaket, das die Befehle der abstrakten Maschine simuliert.

Damit sind wir nun in der Lage, alle Befehle mit schreibendem Speicherzugriff auf ihre Zulässigkeit zu überprüfen und das Anwenderprogramm über diese Ereignisse zu informieren, ohne daß bei einem auftretenden Speicherfehler oder sonstigen Programmfehler die Maintask neu gestartet werden muß.

Die für EMOS gewählte dritte Methode wird durch Bild 1 verdeutlicht.

Die interne Struktur von EMOS

Eine EMOS-Subtask wird aus einem normalen C-Programm erzeugt, z.B. auch die EMOS-Shell, das die bekannten Ein/Ausgabe Routinen *getchar()*, *putchar()*, *printf()*, *scanf()* usw. oder die UNIX Systemaufrufe *exec()*, *fork()*, *pipe()* etc. oder Ein/Ausgabe Systemaufrufe *read()*, *write()* u.a. aufrufen kann. Dieses C-Programm wird mit dem oben erwähnten Compiler, Assembler und Linker in ein ausführbares Programm übersetzt, das standardmäßig auf dem File e.out gespeichert wird (e.out wurde analog zu a.out bei UNIX gewählt). Das e.out File enthält also nun unser C-Programm, jedoch im Objektcode der experimentellen Maschine EM.

Der Arbeitsspeicher, in den dieses Programm zur Ausführung geladen wird, ist ein Teil des Programms, hier EMOS genannt, das im Kontext der BS2000 Task ausgeführt wird und oben als Maintask bezeichnet wurde. EMOS verwaltet jedoch nicht nur Arbeitsspeicher für ablauffähige Subtasks (Modul **EMOS MEMORY MANAGEMENT**), sondern enthält auch die entsprechenden Datenstrukturen zur Verwaltung der Subtasks, also die in Betriebssystemen als Prozeß-Kontrollblöcke bezeichneten Systemstrukturen (Modul **EMOS PROCESS MANAGEMENT**). Alle Ein/Ausgabe Operationen, die von Subtasks angestoßen werden, durchlaufen das Modul **EMOS I/O MANAGEMENT**. Die CPU, die schließlich die Subtask *abarbeitet* (im Sinne von *interpretieren*), befindet sich in dem Modul **EMOS HARDWARE SIMULATOR**. Außerdem gehört zu diesen genannten Moduln noch ein Monitor, Modul **EMOS MONITOR**, mit dem eine geladene und ablauffähige Subtask auf Instruktionsebene und auf C Ebene überwacht werden kann.

Struktur von EMOS

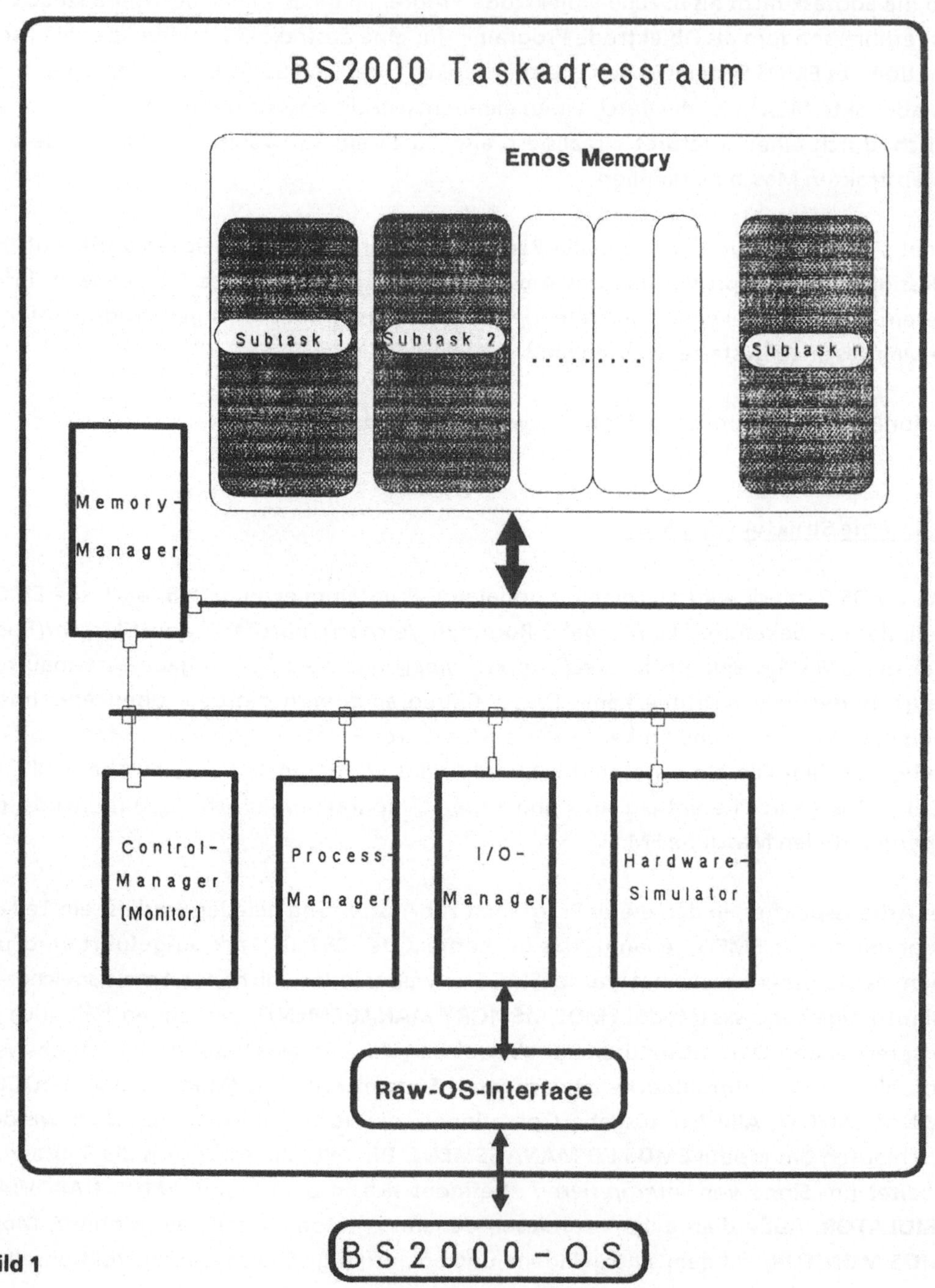

Bild 1

Der vom Host Betriebssystem abhängige Teil des EMOS Kerns, zu dem alle Routinen der BS2000 C-Laufzeitbibliotheken für Dateizugriffe, Bildschirm-Ein/Ausgabe-Routinen etc. und die Unterbrechungsroutine für die Maintask gehören, wird hier als **EMOS RAW-OS-FUNCTIONS** Modul bezeichnet. Die Unterbrechungsroutine ermöglicht es, eine Subtask zu unterbrechen, zum Beispiel dann, wenn sie im Vordergrund gestartet wurde und sich in einer Endlosschleife befindet, oder wenn unerwünschte Ausgaben erzeugt werden.

Zusammenfassung

Mit dem Programmsystem EMOS haben wir die Möglichkeit, für jedes task-orientierte Betriebssystem eines Mainframe-Computers eine UNIX-ähnliche Umgebung zu simulieren, allerdings unter der Voraussetzung, daß auf dem Host ein C-Compiler existiert, mit dem der EMOS eigene Compiler etc. einschließlich der EMOS Programmodule in den Objekt-code der Host-CPU übersetzt werden kann.

EMOS hat den Vorteil, daß neben den UNIX-Utilities wahlweise auch die BS2000 eigenen Dienstprogramme benutzt werden können. Da es **keinen** Unterschied zwischen den unter EMOS erzeugten Textfiles und den BS2000 Files gibt, können diese auch mit den BS2000 eigenen Dienstprogrammen bearbeitet werden. Benutzer können auch die Bedienober-fläche von häufig verwendeten BS2000-Utilities, z.B. Benutzung des Fortran- oder Pascal-Compilers etc. dadurch vereinfachen, daß sie sich ein Tool analog zu *cc* erzeugen und somit einen auf PC und BS2000 identischen Aufruf-Mechanismus schaffen. Jeder Benutzer, der über das CANTUS Netz mit dem BS2000-Rechner verbunden ist, hat die Möglichkeit, mehrere Dialoge gleichzeitig von einem Bildschirm mit dem BS2000-Rechner führen zu können. Dadurch kann er in der einen Task EMOS als Kommandointerpreter laufen zu lassen und in der anderen Task ein mit dem *cc2*-Kommando (cc2 ist das Kommando zum Aufruf des BS2000-C-Compilers) erstelltes und auf BS2000 direkt ablauffähiges Programm starten.

Der Start des Systems EMOS erfolgt mit dem BS2000 *EXECUTE*-Kommando. Für den jeweiligen Benutzer wird nach Eingabe einer *login:* Kennung anschließend eine EMOS-Shell gestartet mit benutzerspezifischen Umgebungsvariablen, z.B. PATH, CWD etc., was zur Folge hat, daß z.B. benutzereigene Subtasks zuerst im eigenen aktuellen directory gesucht werden. Will der Benutzer einen Programmtext erzeugen, kann er zwischen dem BS2000-Editor und dem UNIX-Editor wählen, mit dem Unterschied, daß der UNIX-Editor als Subtask abgearbeitet wird, während der BS2000-Editor als Unterprogramm des RAW-OS-FUNCTIONS Modul aufgerufen wird. Bei der Übersetzung eines C-Programms kann vom Benutzer wahlweise der BS2000 C-Compiler oder der EMOS C-Compiler spezifiziert wer-den, je nachdem, ob das ablauffähige Programm nachher im Kontext einer Task oder als EMOS Subtask ablaufen soll. Das Übersetzungskommando, von UNIX her *cc* genannt, erzeugt eine BS2000-Prozedurdatei, über die der ausgewählte Compiler anschließend in einer sogenannten BS2000-Batch-Task mit eigener Tasknummer direkt unter BS2000 geladen und gestartet wird. Der Benutzer kann im Anschluß an die Erstellung der Batch-Task weitere Shell-Kommandos eingeben, ohne auf die Beendigung des Übersetzungsjobs warten zu müssen. Über das Ergebnis eines Compilerlaufs kann sich der Benutzer mit Hilfe des Kommandos *inform* informieren, das auf vom Compiler benutzte Dateien zugreift, die im benutzereigenen ˜/tmp directory erzeugt werden.

Das EMOS Filesystem

EMOS benutzt das Filesystem des BS2000. Aus der Sicht der Benutzer besteht das BS2000 Dateisystem aus einem zweistufigen Katalogsystem, d.h. unter dem Systemkatalog "$." existieren die Kataloge der im BS2000 eingetragenen Benutzer und verschiedene Systemkataloge wie z.B. $do., $c., $pascal., $userid. etc.

EMOS soll den Benutzern das Arbeiten mit BS2000-Dateien erleichtern. Ein Benutzer kann analog zu den Möglichkeiten unter dem UNIX-Filesystem sein **'current working directory'** (**cwd**) ändern, so daß nachfolgende Kommandos und Operationen sich auf diesen **cwd** beziehen. Davon sind sowohl Kommandos wie *ls, mv, cp, pwd* etc. und Operationen wie die E/A-Umlenkung der Shell, Programmoperationen wie *open(), creat(), unlink()* und das Starten ausführbarer Programme betroffen.

Da erfahrungsgemäß *cd* eines der am häufigsten verwendeten UNIX-Kommandos ist, ist es als *built-in*-Kommando in die shell integriert. Die oben genannten Kommandos könnten also, da sie von der Shell gestartet werden, auf den aktuellen Katalog abgebildet werden. Wenn ein Programm die oben genannten Operationen verwendet, muß die Überprüfung der Dateinamen im EMOS-Kern stattfinden. Dazu ist es notwendig, daß zu jedem Prozeß der aktuelle Katalog vermerkt wird. Jeder 'cd' Aufruf bewirkt, daß der aktuelle Katalognamen in der entsprechenden Prozeßstruktur verändert wird, falls der entsprechende 'Katalog' existiert, d.h. beispielsweise, daß zwei verschiedene Shells mit verschiedenen cwd's existieren können.

Wie simuliert EMOS auf dem BS2000 Dateisystem ein hierarchisches Filesystem?

Die Hierarchie, die EMOS dem Benutzer anbietet, basiert auf der Dateinamensgebung. Im UNIX-Filesystem identifiziert der Schrägstrich '/' im Pfadnamen ein directory. Diese Syntax wird in EMOS ebenfalls verwendet, nur werden die Schrägstriche im Pfadnamen durch den EMOS-Kern in die Punktnotation überführt. Für das root directory '/' wird in EMOS der Benutzerkatalog der Userid C verwendet. Der Pfadname **/bin/sh** wird somit auf die BS2000

Datei **$c.bin.sh** abgebildet. Die hierarchische Struktur des Filesystems wird in EMOS durch Pseudodirectories simuliert. Pseudodirectories sind readonly BS2000-Dateien, deren Namen mit dem Suffix **.dir** enden. Ein Pseudodirectory enthält im Gegensatz zum UNIX-Filesystem keine Einträge, wie z.B. Dateinamen und den Verweis auf den Dateibeschreibungsblock, und dient hier nur als Kennzeichen dafür, daß es BS2000-Dateien gibt, deren Namen das Präfix **'directory Name'** haben. Auf die Einträge von Dateiname und Verweis in ein directory wurde verzichtet, da der Overhead für das Eintragen, Löschen und Umbenennen der Files mit allen dazugehörigen Attributen zu groß wäre. Das EMOS root directory enthält die subdirectories **/bin, /etc, /usr, /doc, /src** u.a. mit allen Utilities und den Systemkern von EMOS. Der Benutzer kann sein aktuelles Working directory mit dem *cd-Kommando* auf eines dieser genannten directories ändern, z.B. auf **/doc**, um sich die dort abgelegten Informationen über EMOS anzusehen. Um sich das File /doc/info anzuschauen, braucht er nur die letzte Pfadnamenkomponente anzugeben, also z. B. *more info*. Falls das home directory eines anderen Benutzers shareable ist, kann jeder auf dieses directory wechseln und z.B. shareable Dateien von dieser Benutzerkennung in seine Dateihierarchie kopieren.

EMOS Konventionen über die Dateinamensgebung

Das EMOS Filesystem erkennt folgende Dateinamen als gültige Pfadnamen:

1. temporäre Dateien, deren Namen mit dem #-Symbol beginnen, z.B. #test. Dies bedeutet, daß dieser Name sich immer auf die BS2000 Datei T.TSN.TEST bezieht, egal auf welchem subdirectory man sich gerade befindet. TSN ist die Tasknummer der jeweiligen Dialogtask des Benutzers. Temporär sind die Dateien, weil sie nach einem logoff automatisch gelöscht werden.

2. vollqualifizierte Dateinamen, die mit dem $-Symbol beginnen, z.B. $userid.test. Auch in diesem Fall versucht das EMOS Filesystem, direkt auf eine BS2000 Datei mit diesem Namen zuzugreifen.

3. Dateinamen, die mit dem Symbol ˜ beginnen, beziehen sich immer auf den Pfad, der durch das home directory angegeben wird.

Beispiel:

HOME = $userid
˜/test bezieht sich hier auf den Dateinamen $userid/test

4. Ein beliebiger, nach BS2000 Namenskonventionen auf gebauter Dateinamen, bezieht sich immer auf das aktuelle working directory.

Bild 2 zeigt die EMOS Filesystemstruktur.

Struktur des EMOS Filesystems

root Filesystem (Userid C)

(readable, executable)

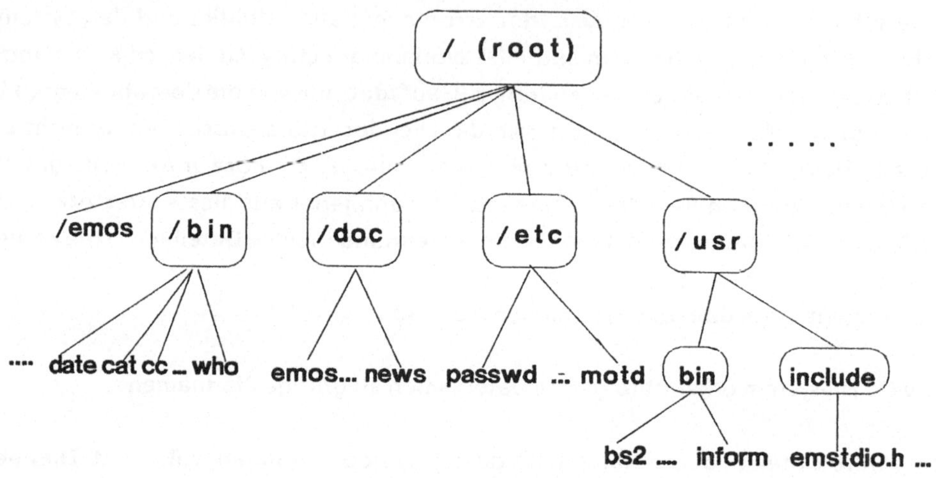

User Filesystem

(readable, writeable, executable)

Beispiel 1: Userid fopra

Beispiel 2: Userid fje

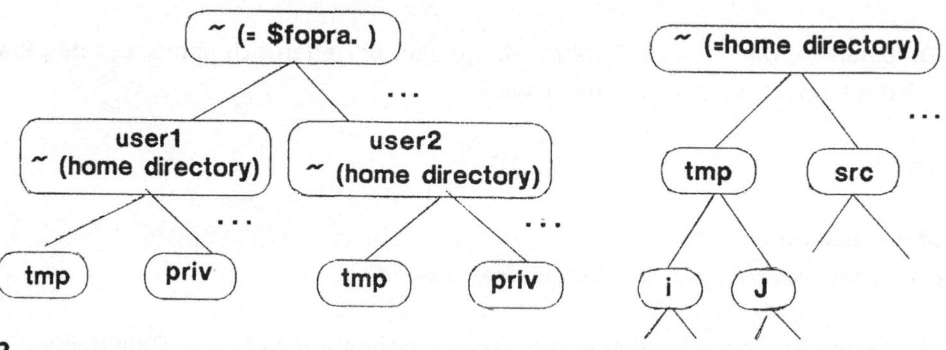

Bild 2

Die EMOS Programmierumgebung

Folgende Tools gehören zu dieser Umgebung:

1. Ein Interpreter für die experimentelle Maschine EM
2. Der C-Präprozessor
3. Der C-Compiler
4. Der Assembler und Binder
5. Der Archiver
6. Die EMOS-Shell
7. Das EMOS-Filesystem
8. Die Standard-Bibliotheken

1. Ein Interpreter für die experimentelle Maschine EM

Die 'virtuelle CPU' des Systems EMOS ist durch die Maschinensprache einer experimentellen oder auch hypothetischen Maschine (EM) definiert (siehe TA I). Der Interpretierer führt die in der Maschinensprache vorliegenden Befehle der EM aus. Die EM ist eine Stackmaschine mit einigen internen Registern. Alle arithmetischen und relationalen Operationen werden auf dem Stack ausgeführt. Der Interpreter wird von einem Monitorprogramm aufgerufen, der dem Benutzer auch das Tracing seines Programms während der Laufzeit ermöglicht. Der Benutzer wird informiert über den ausgeführten EM-Befehl. Über die EM-Befehle LIN und FIL erhält er Auskunft über den Namen und die Zeilennummer des gerade abgearbeiteten Moduls des C Quellprogramms. In den Trace-Modus bzw. Monitormodus gelangt der Benutzer, wenn er in der Shell das Kommando **'trace <Benutzerprogramm-Name>'** aufruft.

2. Der C-Präprozessor

Der C-Präprozessor ist die erste Phase des Dortmunder C-Compilers CCD (siehe CCD), der BS2000-Nativcode erzeugt. Einschränkungen, die dieses Utility für die EMOS-Umgebung aufweist, sind bisher nur bezüglich der Länge von Dateinamen (max 15 Zeichen) aufgefallen.

3. Der C-Compiler

Der C-Compiler ist eine Portierung des C-Compilers aus dem Amsterdamer Compiler Kit (siehe TA II). Er erzeugt aus einem C-Programm den lesbaren Assemblercode der experimentellen Maschine (EM). Die Wortgröße ist in EMOS auf 16 Bit festgelegt und entspricht damit der integer und pointer Größe.

4. Der Assembler und Binder

Assembler und Binder sind in einem Programm zusammengefaßt. Als Eingabefiles werden kompaktifizierte EM-Files erwartet. Der C Compiler erzeugt einen File mit lesbarem Assemblercode. Durch das Utility 'encode' (in cc integriert) wird der lesbare Code in eine kompakte Darstellung transformiert. Falls bei der Verarbeitung der kompaktifizierten Files keine Fehler aufgetreten sind, durchsucht der Assembler-Binder automatisch die Standardbibliotheken und befriedigt die noch offenen Referenzen. Als Ausgabefile erzeugt der Assembler-Binder ein ausführbares Objektcode-Programm im File e.out, falls nicht anders angegeben im aktuellen directory. Das Speicherlayout dieses EM Programms zeigt eine strikte Trennung von Instruktions- und Datensegment. Das Datensegment besteht aus initialisiertem Bereich, nicht initialisiertem Bereich, Heap und Stacksegment. Der Adressraum eines ausführbaren EMOS-Programms ist 128K Bytes, jeweils 64K Bytes für das Codesegment und Datensegment.

5. Der Archiver

Der Archiver ist eine Portierung des **UNIX ar** nach BS2000. Er kann dazu verwendet werden, sowohl ausführbare EM Programme als auch kompaktifizierte EM Files in einem Archivfile zu archivieren. Ein Archiv kann mit der Option -l<name> im cc Kommando für den Assembler-Binder mitgegeben werden.

Mit Hilfe des Archiver wurde auch das **online Manual** erstellt. Neue oder abgeänderte Beschreibungen können vom Systemverwalter mit dem Kommando ar in das Manual eingefügt werden.

6. Die EMOS-Shell

Die EMOS-Shell ist der Kommandozeilen- Interpreter des EMOS Systems. Analog zu UNIX ist die Shell ein Programm, das, wie andere EMOS Programme auch, parallel ablaufen kann. Nähere Informationen über die Möglichkeiten der EMOS-Shell findet man im Kapitel "Die EMOS-Shell".

7. Das EMOS-Filesystem

Das EMOS-Filesystem simuliert ein hierarchisches Filesystem auf dem zweistufigen File-system des BS2000. Der Benutzer kann subdirectories anlegen, löschen, umbenennen und dorthin verzweigen. Alle Kommandos der Kommandozeile werden stets zuerst im aktuellen Katalog gesucht, wobei der Benutzer nur den Namen des Kommandos und nicht den Pfadnamen angeben muß. Die unter EMOS angelegten Files können auch mit BS2000 Dienstprogrammen bearbeitet werden und umgekehrt.

8. Die Standard-Bibliotheken

Die Standard-Bibliotheken **stdio.a**, **stdgen.a** und **stdmon.a** befinden sich in der directory */lib*. Sie enthalten Ein-/Ausgabe-Funktionen, Stringfunktionen, Funktionen zur Speicher-allokierung, die Funktionen *popen()* und *system()* (siehe "Prozesse in EMOS"), Funktionen mit denen man auf die Umgebungsvariablen der Shell zugreifen kann, wie z. B. *getenv()*, eine *crypt()* Funktion, aber auch sehr viele UNIX spezifischen Funktionen (UNIX System-aufrufe) wie z.B. *fork()*, *exec()*, *pipe()*, *signal()*, *wait()*, *pause()*, *kill()*, *read()*, *write()* etc.

Die Benutzung der Systemaufruf- Schnittstelle von EMOS

Die in EMOS implementierten UNIX-Systemaufrufe (UNIX Version 7) haben nicht nur Namen und Syntax gemeinsam, sondern auch die gleiche Semantik wie in UNIX. Das bedeutet beispielsweise für den Systemaufruf *fork()*, daß für jedes Kommando zuerst eine Kopie der Shell angelegt wird und dann eine der Shells mittels des *exec()* Systemaufrufs mit dem Programm-Image des auszuführenden Kommandos überlagert wird.

Wenn eine Kopie des Shell-Images benötigt wird, wird nur das Datensegment der Shell kopiert. Da das Textsegment schreibgeschützt ist, wird an den Sohnprozeß nur eine Referenz auf das Textsegment der Shell übergeben und in der Speicher-Verwaltungs-routine des EMOS-Kerns der Referenzzähler für dieses Textsegment inkrementiert (shared Textsegmente). Erst durch ein nachfolgendes *exec()* wird ein neues Textsegement allokiert (näheres im Abschnitt "Prozesse in EMOS").

In der momentanen Implementierung von EMOS ist die Maximalzahl der gleichzeitig aktiven (parallelen) Prozesse auf 6 festgelegt. Durch eine dynamische Speicherverwaltung (d.h. es wird nur soviel Speicher allokiert, wie Textsegment und das 64K Datensegment benötigen) oder durch entsprechende statische Allokierung kann diese Zahl vergrößert werden. Nach einem erfolgreichen *login* existieren in EMOS standardmäßig zwei Prozesse, der *init*-Prozeß und die *Shell*. Der *init*-Prozeß ist der Urvater aller Prozesse. Falls der Vaterprozeß eines Sohnprozesses terminiert, bevor der Sohn terminiert, wird der *init*-Prozeß zum Vater des Sohnprozesses. Jeder Prozeß wird im EMOS-Kern in einem Prozeß-Control-Block verwaltet. Dieser enthält Informationen über und Speicherplatz für die aktuellen internen Registerstände, die Priorität, die Segmentadressen, die Signal- bzw Exception-Handling Routine, die Tabelle der geöffneten Files, die Prozess-Id, die Parent Prozess-Id, die aktuellen Parameter der zuletzt aufgerufenen Systemfunktion etc.

Wie schon oben erwähnt, haben die Systemaufrufe in EMOS die gleichen Namen und die gleiche Semantik wie in UNIX. Für die Ein- Ausgabefunktionen bedeutet diese Tatsache, daß ein *printf* Aufruf in den C-Laufzeitbibliotheken des EMOS Programms auf einen *write* Systemaufruf mit dem Filedescriptor 1 abgebildet wird und ein *scanf()* auf einen *read* Systemaufruf mit dem Filedescriptor 0. Das C Laufzeitsystem verwaltet also seine eigene Filedescriptortabelle. Die Einträge in dieser Tabelle beziehen sich auf integer Werte im Bereich von 0 bis 20, wie sie von einem *open* oder einem *creat* Systemaufruf zurückgeliefert werden. Um diese Semantik beizubehalten, muß jeder Prozeß seine eigene **open-File-Tabelle** haben. Der Eintrag in dieser Tabelle enthält eine Referenz auf die Tabelle der insgesamt für diesen Benutzer geöffneten Files (**system-open-File-Tabelle**). Erst dieser Systemtabelleneintrag ist der von der BS2000 Laufzeitbibliothek bzw. von der Pipe-Allokierungsroutine gelieferte Lese- bzw. Schreibpointer. Durch diese Zwischenschicht, die im Modul **"I/O-System"** realisiert ist, wird es auch ermöglicht, daß mehrere Programme gleichzeitig in einen File (oder in eine Pipe) schreiben oder von einem File (oder aus einer Pipe) lesen können, wobei beim Lesen und Schreiben jedoch nur ein einziger Lese- bzw. Schreibpointer in das File existiert.

Leistungsdaten des Systems EMOS

Wie oben schon erwähnt, wird auf einen Großrechner hauptsächlich wegen seines großen Adressraums, seiner Rechengeschwindigkeit und seiner regelmäßigen Backups von Benutzern zugegriffen. Hinsichtlich der beiden erstgenannten Aspekte kann man einem Benutzer nicht empfehlen, EMOS zu benutzen, denn jedes unter EMOS ausgeführte Programm verfügt nur über maximal 128K Programmadressraum und wird nicht direkt als BS2000 Nativcode ausgeführt, sondern interpretiert. Aus diesem Grunde ist der Vergleich der Rechenzeit eines auf EMOS ausgeführten Programms mit einem direkt auf BS2000 ausgeführten Programm indiskutabel. Das Ziel, das mit EMOS erreicht werden sollte, bestand darin, den Zugang zum BS2000 Großrechner für UNIX-Kenner mit Hilfe einer einheitlichen Benutzeroberfläche zu vereinfachen. Außerdem stehen die leistungsfähigen UNIX-Werkzeuge und Dienstprogramme für Dateibearbeitung usw. zur Verfügung. Und genau dieser Aspekt macht EMOS auch interessant für Benutzer, die nur aus den oben genannten Gründen mit ihren Programmen auf einen Großrechner gehen.

Trotzdem kann man für einige Teile des Systems Leistungsgrößen angeben. Z. B. für den EMOS C-Compiler, der direkt auf BS2000 als Stapelprozess gestartet wird und für den EM-Interpreter.

1. Die Zeit, die der Compiler benötigt, um ein 300 Zeilen großes C-Programm in lesbaren Assemblercode zu übersetzen, ist ungefähr gleich der des Dortmunder C-Compilers CCD, (ca. 5 Sec CPU Zeit).

2. Um aus diesem Assemblerprogramm ein ausführbares EMOS Programm zu erzeugen, benötigt der EMOS Assembler-Binder durchschnittlich 60 Sekunden CPU Zeit.

3. In einer Sekunde CPU-Zeit führt der EM-Interpreter auf einem BS2000-Rechner des Typs 7570 P, ca. 30 000 EM-Instruktionen aus.

Zu den Punkten 2. und 3. ist folgendes noch zu sagen: Der Aufruf des Assembler-Binder kann mit entsprechender Parametrisierung des *cc*-Kommandos vermieden werden. Wenn man bei Textverarbeitungsprogrammen mit den Systemaufrufen *read()* und *write()* arbeitet, kann man den Programmablauf beschleunigen, da die Standard-E/A-Formatierfunktionen sehr rechenintensiv sind. Bei der Initialisierung von Feldern mit Indizierung ist wegen der Adressberechnung der Zeitaufwand erheblich höher als mit Pointern.

Vorrangiges Ziel bei der Entwicklung von EMOS war nicht die Ausführungsgeschwindigkeit, sondern die Vereinheitlichung der Benutzeroberfläche von BS2000 und UNIX. Ein UNIX-Kenner, der auf einem Großrechner seine Programme ablaufen lassen will, braucht mit EMOS keinen Gedanken daran zu verschwenden, wie er z. B. auf BS2000 drucken kann, oder wie der C-Compiler unter BS2000 gestartet wird, wenn er das Kommando *cc* bzw. *cc2* kennt. Will er seine Dateien archivieren, dann stehen ihm mit dem *ar* bzw *ar2* Kommando zwei Werkzeuge zur Verfügung, die es ihm ermöglichen, sowohl ausführbare EMOS Programme als auch deren Quellen abzuspeichern. Will er den Inhalt seiner Dateien betrachten, muß er nicht den EDT starten, sondern kann *more, type* oder *cat* benutzen. Die Simulation eines hierarchischen Filesystems spart nicht nur Schreibarbeit, sondern erleichtert auch die Verwaltung von Files. Die Online Dokumentation der Kommandos erspart vor allem das lästige Beschaffen und Wälzen von Kommandotaschenbüchern. Auch ist EMOS ein Werkzeug, mit dem die Benutzung anderer BS2000-Dienstprogramme, z.B. der Aufruf anderer Compiler, das Senden von Mail etc., durch eine einheitliche Benutzeroberfläche erleichtert und vereinfacht werden kann.

Literaturverzeichnis

Brian W.Kernighan / Dennis M.Ritchie: The C Programming Language
Prentice-Hall SoftwareSeries
ISBN 0-13-110163-3

Thompson, K.: UNIX Implementation Bell System Technical Journal,
vol.57 pp 1931-1946,
 July-Aug 1978

TA I
Tanenbaum,A.S.,Van Staveren,H.,Keizer,E.G.,Stevenson,J.W.
Description of a machine architecture for use with block structured languages Informatica
Rapport IR-81
Vrije Universiteit Amsterdam

TA II
Tanenbaum,A.S.,Van Staveren,H.,Keizer,E.G.,Stevenson,J.W.
A Practical Tool Kit for Making Portable Compilers
Commun. of the ACM, vol. 26, pp 654-660, Sept 1983

Tanenbaum,A.S.
Operating Systems
Design and Implementation
Prentice-Hall International Editions
ISBN 0-13-637331-3 025

SC: Ein intelligentes Hilfesystem für SINIX

Wolfgang Wahlster   Matthias Hecking   Christel Kemke *

FB 10 Informatik IV

Abstract

The SINIX Consultant (SC) is an intelligent help system for the SINIX operating system. SC represents a help system which combines a passive and an active mode in order to aid the user. In the passive mode, SC answers natural language questions about SINIX objects and commands in a user-oriented tutorial manner. In the active mode, it gives unsolicited advice to the user by detecting and correcting inefficient plans he is using.

To fulfill these tasks, SC has to go beyond typical help system capabilities by providing natural language dialog facilities, a model of the user's knowledge, and a recognition of his actual plans and goals. The basis for performing the required problem solving and explanation tasks is a complex SINIX knowledge base describing commands and actions in the SINIX domain.

1   Intelligente Hilfesysteme

Ohne Hilfe bei der Bedienung ist ein Rechensystem für den Endbenutzer wertlos. Die Akzeptanz komplexer Systeme hängt beim Anwender daher entscheidend von der Qualität der Hilfen ab, die ihm zur Lösung seiner Aufgabenstellung während der Arbeit mit dem System angeboten werden.

Das Spektrum der verfügbaren Hilfeleistungen kann von Handbüchern mit Bedienungsanleitungen bis hin zur persönlichen Beratung durch einen Systemexperten reichen. Das Suchen in Handbüchern ist für den Anwender die aufwendigste Möglichkeit, sein Bedienungsproblem zu lösen, wobei das Ergebnis oft unbefriedigend bleibt, da die gefundenen Hinweise weder auf das individuelle Vorwissen des Benutzers noch auf dessen bisherige Interaktion mit dem System als dem Kontext des Bedienungsproblems abgestimmt sein können. Das andere Extrem ist der stets hilfsbereite Systemkenner, der dem Benutzer das Optimum an Hilfeleistungen bietet, indem er ihm gezielt Hinweise und Ratschläge erteilt, die dem jeweiligen Vorwissen und Problemlösungszustand angemessen sind. Bei der starken Verbreitung von PCs und Arbeitsplatzrechnern ist es die Ausnahme, daß jederzeit auf einen Systemberater zurückgegriffen werden kann, der die Zeit und Geduld hat, alle Fragen des Benutzers zu beantworten.

Schon frühzeitig kam man auf die Idee, das Rechensystem selbst für Hilfestellungen bei akuten Bedienungsproblemen zu nutzen. Für die meisten Rechner gibt es heute Hilfesysteme, die Textpassagen aus den jeweiligen Bedienungshandbüchern über Schlüsselwortsuche oder Menü-Auswahl im Dialogbetrieb zugänglich machen. Solche einfachen Hilfesysteme ersparen im besten Fall das Suchen in Handbüchern; sie sind aber weit entfernt von dem Nutzen und der Effizienz eines Beratungsgesprächs mit einem versierten Fachmann.

Mit *intelligenten Hilfesystemen* versucht man nun, die von Systemexperten erbrachten Beratungsleistungen möglichst weitgehend maschinell verfügbar zu machen. In diesem Beitrag wird das

---

*CSnet: <*name*>%sbsvax.uucp@germany.csnet

von uns entwickelte intelligente Hilfesystem SC (SINIX Consultant) für das Betriebssystem SINIX vorgestellt.

Der heutige Erkenntnisstand im Bereich der Künstlichen Intelligenz (KI) ermöglicht es nicht, die Breite und Tiefe der Hilfeleistungen eines menschlichen Beraters vollständig nachzuahmen. Ein intelligentes Hilfesystem wie SC leistet aber auch dann wertvolle Dienste, wenn es dem Benutzer nicht in allen Situationen weiterhelfen kann. Dem Benutzer bleiben in diesen Fällen aber immer noch die oben genannten konventionellen Informationsquellen.

Auf dem Gebiet der intelligenten Hilfesysteme wird z. Zt. intensiv geforscht. Die frühesten Arbeiten im Bereich der Hilfesysteme für die UNIX-Domäne wurden an der University of Berkeley im Rahmen des UNIX Consultant (UC) Projektes geleistet (vgl. [WMA*86]). Es folgten zahlreiche weitere Projekte, in denen intelligente Hilfesysteme für UNIX bzw. UNIX-Derivate entwickelt wurden: das AQUA-System (vgl. [QDF86]), das SUSI-System (vgl. [Jer85]), das UCC-System (vgl. [DH82]), das INTERIX-System (vgl. [DGS87]), das Yucca-II-System (vgl. [Heg88]), das OSCON-System (vgl. [MW88]) und das USCSH-System (vgl. [MP88]).

2 Der SINIX Consultant

SC ist ein *wissensbasiertes System*, da sein Verhalten wesentlich von den Einträgen in seiner Wissenbasis bestimmt ist (vgl. Fig. 1).

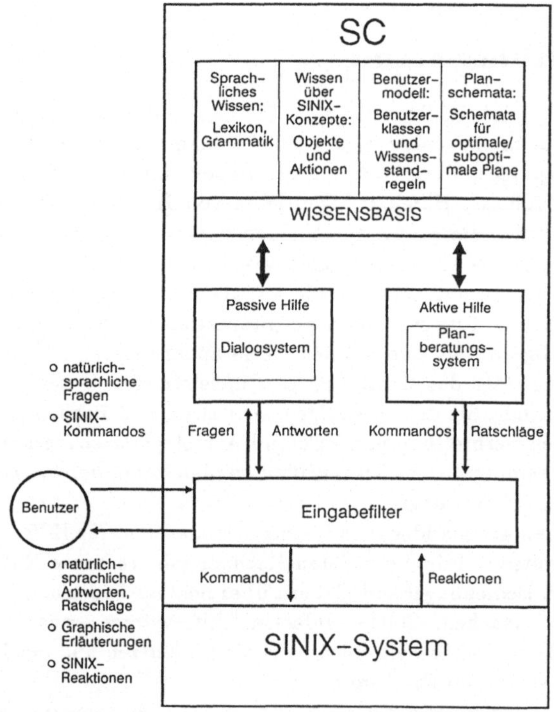

Figur 1: Die Gesamtstruktur des SC-Systems

Im Gegensatz zu den bisher üblichen Hilfesystemen ist die beratungsrelevante Information nicht in starren Textdokumenten gespeichert, sondern mithilfe einer Wissensrepräsentationssprache so codiert, daß SC Such- und Inferenzprozesse über den Wissenseinheiten ausführen kann, um ein Beratungsproblem zu lösen und dann seine Ratschläge in einer dem Dialogzustand und dem jeweiligen Benutzer angemessenen Weise zu präsentieren.

SC ist ein *natürlichsprachliches System* (vgl. [Wah86]), da Teile seiner Ein- und Ausgaben in deutscher Sprache codiert sind, für die im System Sprachanalyse und -generierungskomponenten existieren (vgl. Fig. 2). Der Zweck eines Hilfesystems wäre verfehlt, wenn der Benutzer wiederum eine neue Kommandosprache lernen müßte, um Hilfeleistungen des Systems in Anspruch nehmen zu können. Um ein 'Hilfesystem für die Bedienung des Hilfesystems' zu umgehen, wird von SC die deutsche Sprache als ein Kommunikationsmittel angeboten, das der Benutzer mühelos beherrscht.

SC ist ein *interaktives System mit gemischter Initiative*, in dem die Dialoginitiative wechselweise vom Benutzer oder vom System ausgehen kann. SC bietet sowohl *passive* als auch *aktive Hilfe* an. Das Planberatungssystem von SC (vgl. Fig. 3) realisiert eine aktive Hilfekomponente, indem es in Abhängigkeit von Kommandoeingaben des Benutzers unaufgefordert Ratschläge erteilt. Vorbild war hier der SINIX-Kenner, der dem Benutzer 'über die Schulter schaut' und ihm Ratschläge gibt, sobald er feststellt, daß der Benutzer sich fehlerhaft oder ungeschickt verhält, ohne dies selbst sofort zu bemerken. Aktive Hilfesysteme sind auch dann wichtig, wenn der Benutzer so wenig über den Problembereich weiß, daß er gar nicht dazu in der Lage ist, die richtige Frage zum richtigen Zeitpunkt zu stellen. Daneben bietet SC auch eine passive Hilfekomponente, die als natürlichsprachliches Dialogsystem realisiert ist und in der die Initiative vom Benutzer ausgeht (vgl. Fig. 2).

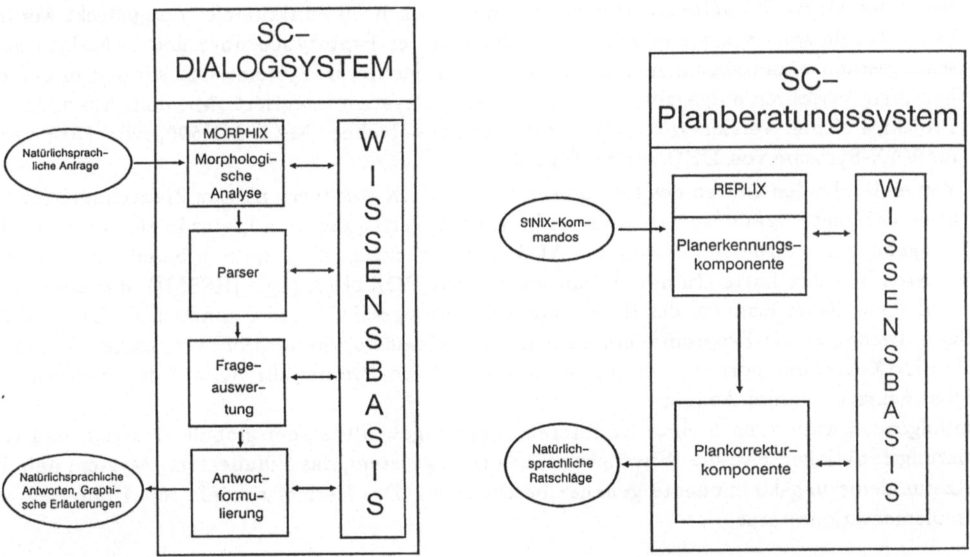

Figur 2: Das SC-Dialogsystem   Figur 3: Das SC-Planberatungssystem

SC ist auch ein *multimodales System*, da es auf der Ausgabeseite mehrere Präsentationsmedien kombiniert. Wie Fig. 1 zeigt, bietet SC neben natürlichsprachlichen Ausgaben auch Graphiken und formatierte SINIX-Reaktionen an. Viele Sachverhalte lassen sich übersichtlicher in Form einer Graphik erläutern und häufig kann ein Verständnis nur durch eine Kombination von Text und Graphik erreicht werden. Derzeit ist SC allerdings noch nicht in der Lage, abhängig vom Dialogkontext und der intendierten Hilfeleistung eine wissensbasierte Präsentationswahl vorzunehmen, sondern die jeweilige Darstellungsart ist für die verschiedenen Reaktionstypen fest vorgegeben.

SC kann auch als *kooperatives Zugangssystem* (vgl. [Wah84]) aufgefaßt werden, da es Fragen des Benutzers nicht nur wörtlich beantwortet, sondern in Form sogenannter *Überbeantwortungen* auch Zusatzinformation in seine Reaktionen aufnimmt, wenn dies aufgrund seines *Benutzermodells* (vgl. Fig. 1) angebracht zu sein scheint. Aufgrund des im Verlaufe der Interaktion aufgebauten individuellen Benutzermodells verfügt SC über Annahmen zum Wissensstand des Benutzers, die es dem System ermöglichen, seine Reaktionen so zu gestalten, daß der Benutzer nicht durch zuviel Information gelangweilt oder durch zu wenig Information überfordert wird. Das 1985 begonne SC-Projekt hatte von Anfang an zwei Zielrichtungen:

- Die *Grundlagenforschung* im Bereich der intelligenten Hilfesysteme sollte vorangetrieben werden. Durch den vorgegebenen Zeit- und Personalrahmen war von vorneherein eine Konzentration auf wenige Teilfragen wie die Planerkennung, die Repräsentation der Semantik und Pragmatik von Kommandos und die Benutzermodellierung notwendig, um wissenschaftlichen Fortschritt erzielen zu können. Offene Fragen etwa aus dem Bereich der expliziten Modellierung von Zielen und Plänen des Systems, der wissensbasierten Präsentationswahl, der Erkennung von Fehlkonzepten und Mißverständnissen beim Benutzer und der Plangenerierung zur Erfüllung komplexer Benutzerziele mußten ausgeklammert bleiben. Wesentliche Projektergebnisse wurden in einer Reihe von Veröffentlichungen dokumentiert (vgl. [BEG*88], [DGH87], [HKN*88], [Hec88a], [Hec88b], [Hec87], [HH87], [Jun87], [Kem88b], [Kem88a], [Kem87], [Kem86], [Kem85], [Nes87a], [Nes87b]).

- Die *Entwicklung und Implementation* eines einsatzfähigen Funktionsmusters des intelligenten Hilfesystems SC sollte so erfolgen, daß die wesentliche Funktionalität abgedeckt werden kann. Somit konnte nicht in allen Komponenten des Prototypen über den bisherigen Forschungsstand hinausgegangen werden, sondern in mehreren Systemteilen wurden in der KI bewährte Verfahren aufgegriffen und in das Gesamtsystem integriert. Mit dem Abschluß des Projektes stehen Versionen von SC für die Siemens-Rechner MX2, MX500, APS 5815 sowie für VAX-Systeme von DEC zur Verfügung.

Da in den ersten beiden Jahren des Projektes auf den SINIX-Rechnern als den Zielrechnern für SC noch keine geeignete Symbolverarbeitungssoftware zur Verfügung stand, wurde zunächst auf die LISP-Umgebung des Arbeitsplatzrechners APS 5815 zurückgegriffen, die sich bereits in mehreren KI-Projekten bewährt hatte. In dem parallelen Projekt PORTFIX (vgl. [HSS87]), das am selben Lehrstuhl ebenfalls im Rahmen der III-Kooperation durchgeführt wurde, konnten die für Projekte wie SC notwendigen KI-Programmiersprachen und Wissensrepräsentationswerkzeuge erfolgreich auf die SINIX-Rechner portiert werden, so daß im dritten Projektjahr SC auf den Zielrechnern verfügbar gemacht werden konnte.

Im folgenden werden nach einer Erläuterung des Eingabefilters, der globale Kontroll- und Koordinierungsfunktionen hat, die Wissensbasis, das Dialogsystem, das Planberatungssystem und die Benutzermodellierungskomponente genauer beschrieben. Der Bericht schließt mit Hinweisen auf den Implementationsstatus.

3 Der Eingabefilter

Die Entwicklung des SC-Gesamtsystems erfolgte auf einem Siemens APS 5815. Das komplette Softwaresystem wurde anschließend auf einen Siemens MX2 portiert. Die Funktionalität des SC-Kernsystems wurde hierbei vollständig erhalten. Der wesentliche Unterschied der beiden Implementierungen liegt in der Realisierung des Filter- und Kontrollmoduls. Diese Komponente stellt die Schnittstelle zwischen dem Benutzer, dem SC-Kernsystem und dem SINIX-System dar (vgl. Fig.1).

Der Filter hat daher folgende Aufgaben:

- Einlesen externer Eingaben und Erzeugen externer Ausgaben
- Trennung von natürlichsprachlichen Anfragen und Kommandoeingaben
- Anbindung an das SINIX-System zur Kommandoausführung
- Kontrolle des SC-Verarbeitungsprozesses

Das Filtermodul liest die Eingabe des Benutzers und entscheidet, ob es sich um eine natürlichsprachliche Anfrage oder ein SINIX-Kommando handelt. Im Fall eines natürlichsprachlichen Ausdrucks wird eine Verarbeitung der Eingabe durch die Komponenten des *Dialogsystems* durchgeführt. Kommandoeingaben werden zunächst vom *Planberatungssystem* verarbeitet und anschließend zur Ausführung an das SINIX-System weitergegeben. Vom Filter wird das Endergebnis des Verarbeitungsprozesses ausgegeben und gegebenenfalls Zwischenergebnisse der einzelnen Module, falls das System im Tracemodus betrieben wird, der zu Test- und Vorführzwecken eingerichtet wurde.

Wegen wesentlicher Unterschiede in den Eingabe- und Ausgabemöglichkeiten der beiden Maschinen - Graphik- und Window-Technik des APS 5815 sind auf dem MX2 nicht vorhanden - und des fehlenden Anschlusses an das SINIX-System auf dem APS 5815, das dort innerhalb des Filters emuliert wird, ist diese Komponente für die MX2-Version vollständig neu konzipiert worden (vgl. [BEG*88]).

In der momentanen SC-Implementierung auf dem MX2 werden Kommandos in einer jeweils neu erzeugten Subshell ausgeführt.[1] Diese Lösung führte zu Schwierigkeiten bei Kommandos, die auf Umgebungsvariablen zugreifen, die in der Subshell unterschiedlich zu den entsprechenden Variablen der eigentlichen Shell des Benutzers gesetzt worden sind. So ist z. B. die Wirkung eines cd-Kommandos, das in einer Subshell ausgeführt wurde, nach Verlassen dieser Subshell wieder aufgehoben. Diese Problematik konnte zumindest teilweise durch explizite Simulation der betreffenden Kommandos <u>ohne</u> Starten einer Subshell abgefangen werden. Hierzu wurde auf die in das FranzLisp-System eingebundene Betriebssystem-Schnittstelle zurückgegriffen. Außerdem wurden der Alias- und der History-Mechanismus und partiell auch der Set-Mechanismus nachgebildet. Zielsetzung bei diesem Lösungsweg ist eine Realisierung des Filters in Richtung einer vollständigen Shell.

4 Die SINIX-Wissensbasis

Die Aufgabe der SINIX-Wissenbasis ist die Bereitstellung terminologischer Beschreibungen von SINIX-Konzepten in einer deklarativen Form.

Die SINIX-Wissenbasis ist organisiert als eine taxonomische Hierarchie von Konzepten, die vom Wurzelknoten hin zu den Blattknoten konkreter werden (vgl. Fig. 4 und Fig. 5). Die abstraktesten Konzepte unterhalb des Wurzelkonzepts sind SINIX-Objekt und SINIX-Aktion, die konkretesten Konzepte, also die Blattkonzepte, sind spezifische SINIX-Kommandos, die bestimmt sind durch einen Kommandonamen und ggf. eine Liste von Parametern und einen Schalter - wie mail -r <Datei> - oder spezifische SINIX-Objekte - wie z. B. root-Dateiverzeichnis, relativ-Pfadname oder Schutzbit. Einzelne Konzepte in dieser Hierarchie sind beschrieben durch Angabe von Attributen, die Eigenschaften des Konzeptes oder Relationen zwischen dem betreffenden Konzept und anderen Konzepten bezeichnen, z. B. das Aenderungsdatum oder der Eigentuemer einer Datei oder der Parameter eines Kommandos. Diese Beschreibungen werden gemäß der hierarchischen Struktur der Wissenbasis von höherliegenden, abstrakteren Konzepten auf untergeordnete, konkretere Konzepte vererbt.

---

[1]Im Rahmen der Portierung wurden verschiedene Möglichkeiten der Anbindung des SC an das SINIX-System untersucht. Für eine detaillierte Beschreibung vgl. [BEG*88].

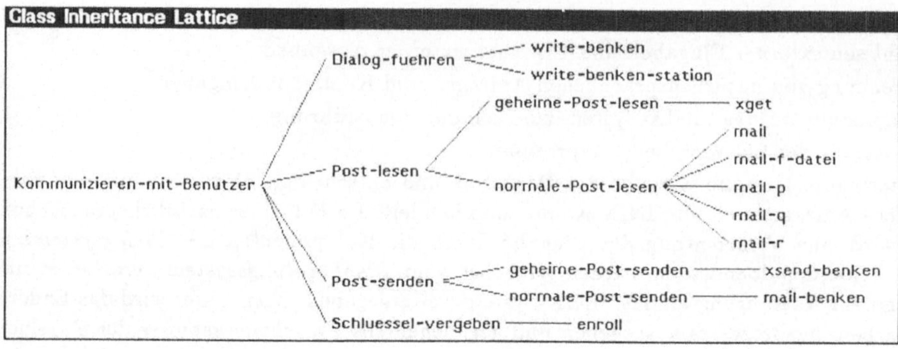

Figur 4: Der Themenbereich **kommunizieren-mit-Benutzer**

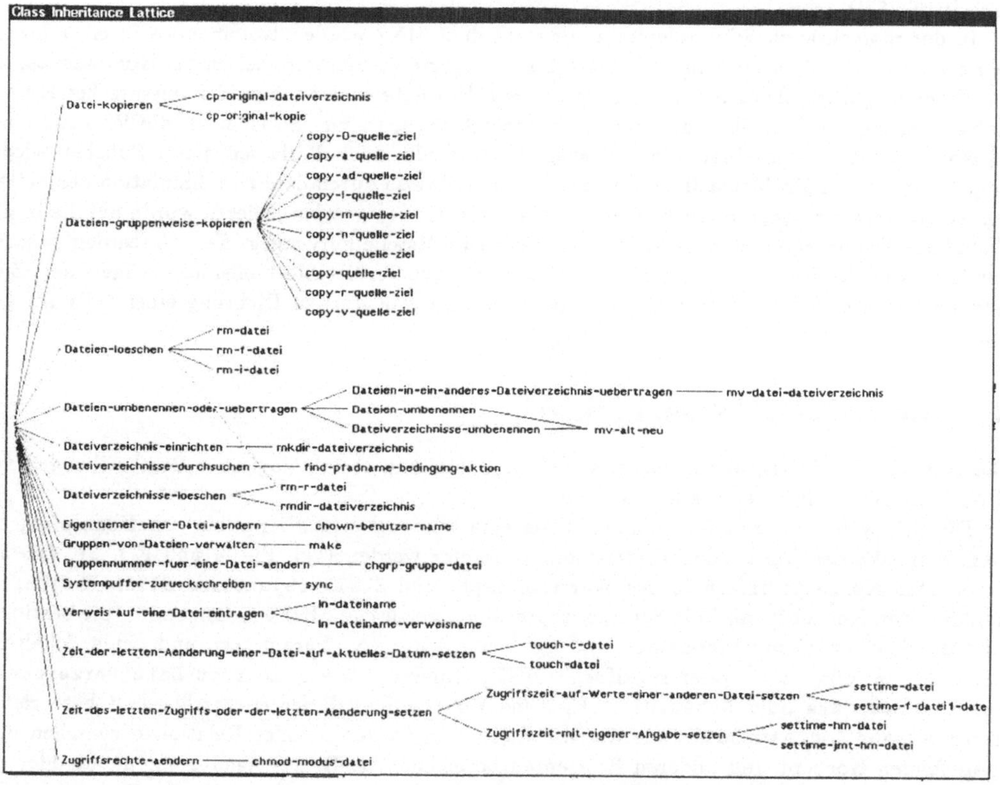

Figur 5: Spezialisierungen der Aktion **Dateisystem-organisieren-und-Dateieigenschaften-aendern**

Auf der letzten Hierarchiestufe werden diese abstrakten Kommandos zusammengefaßt zu den bereits erwähnten Themen.

Die hierarchische Anordnung von Konzepten in der SINIX-Wissenbasis unterstützt zum einen Suchprozesse, die einer Problemlösung im Fall einer natürlichsprachlichen Benutzerfrage entsprechen (vgl. Frageauswertung); zum anderen ist durch die Einführung 'abstrakter Konzepte', also der Ebenen über den konkreten SINIX-Objekten und -Kommandos, die Möglichkeit gegeben, auch unspezifische Fragen zu beantworten. Solche Fragen werden vom Benutzer aufgrund mangelnden Wissens über die Konzepte des SINIX-Systems gestellt oder sie zielen beabsichtigt darauf, globale übersichtsartige Informationen zu erhalten. Generell reflektieren diese höheren Konzepte mehr oder weniger abstrakte mentale Modelle vom SINIX-System, die sich ebenfalls im Sprachgebrauch niederschlagen, z. B. in dem Ausdruck "Post senden".

Die Betonung bei der Entwicklung der SINIX-Wissensbasis lag auf der Repräsentation von SINIX-Aktionen, da die meisten Fragen des Benutzers die Anwendung von Kommandos zur Durchführung einer bestimmten Aufgabe betreffen.

Es wurden im wesentlichen drei Klassen von Aktionen unterschiedlichen Abstraktionsgrades festgelegt:

- Aktionen auf Themenebene
- abstrakte Kommandos
- konkrete Kommandos

Die Zuordnung von Kommandos zu *Themen* oder *Aufgabenbereichen* wurde direkt aus den SINIX-Handbüchern übernommen; Aktionen auf Themenebene sind z. B. kommunizieren-mit-Benutzer (vgl. Fig. 4), Dateien-verwalten-und-bearbeiten oder Informieren-ueber-Systemdaten.

Die Klassifikation zu *abstrakten Kommandos*, die sich über mehrere Hierarchiestufen erstrekken kann, resultiert aus einer Zusammenfassung von Kommandos mit ähnlicher Funktion. Auf unterster Ebene handelt es sich hierbei um eine Zusammenfassung von Kommandos, die eventuell durch Schalter und zusätzliche optionale Parameter modifiziert sind, zu einem entsprechenden generischen Kommando, das durch einen Kommandonamen und Angabe obligatorischer Parameter festgelegt ist. Ein abstraktes generisches Kommando ist z. B. Dateien-loeschen, das durch den Kommandonamen rm und den obligatorischen Parameter Datei festgelegt ist und das die Kommandos rm-r-datei, rm-f-datei, rm-i-datei und rm-datei subsumiert (vgl. Fig. 5).

Auf den höheren Ebenen werden mehrere abstrakte Kommandos eventuell nochmals zu einer Gruppe zusammengefaßt, falls für diese Gruppe ein spezifischer natürlichsprachlicher Ausdruck existiert, durch den jedes dieser Kommandos referiert werden kann. Beispiele sind das abstrakte Kommando post-senden, das die generischen Kommandos geheime-post-senden (xsend) und normale-post-senden (mail) subsumiert (vgl. Fig. 4), und das abstrakte Kommando Dateisystem-organisieren-und-Dateieigenschaften-aendern, das weitere abstrakte Kommandos wie Dateien-umbenennen, Dateiverzeichnis-einrichten oder Zugriffsrechte-organisieren enthält (vgl. Fig. 5). Auf der letzten Hierarchiestufe werden diese abstrakten Kommandos zusammengefaßt zu den bereits erwähnten Themen.

Die Beschreibung einzelner Aktionskonzepte in dieser Hierarchie erfolgt durch eine Reihe von Attributen, die syntaktische, semantische und pragmatische Aspekte der jeweiligen Aktion charakterisieren (s. unten). Ein Teil dieser Attribute ist speziell für die Beschreibung abstrakter Kommandos bzw. Kommandos auf Themenebene vorgesehen, nämlich Standardkommando, wichtige-Kommandos, mögliche-Kommandos und mögliche-Schalter. Andere Attribute sind nur für generische abstrakte Kommandos und konkrete Kommandos definiert, z. B. Kommandoname, aehnliche-Kommandos und zugehoerige-Kommandos.

Die vollständigen Beschreibungen des Themen-Kommandos kommunizieren-mit-Benutzer, des abstrakten Kommandos Dialog-fuehren und des konkreten Kommandos write-benken-station[2] sehen folgendermaßen aus:[3]

<u>kommunizieren-mit-Benutzer</u>
```
Superkonzepte            SINIX-Aktionen
Parameter                <Parameter1>*    Benutzerkennung einfache-Datei
                         {<Parameter2>}   Datensichtstation
Schalter                 {Schalter}
Kommandoaufbau           <Kommandoname> {<Schalter>} <Parameter1>*
                         {<Parameter2>}
Funktionsbeschreibung    ...unter dem Konzept kommunizieren-mit-Benutzer sind
                         alle SINIX-Kommandos zu finden, die sich in irgendeiner
                         Weise mit der Kommunikation zwischen Systembenutzern
                         beschaeftigen.
moegliche-Kommandos      mail xsend xget write enroll
wichtige-Kommandos       mail write
Standardkommando         mail
Beispielkommando         mail gast
```

<u>Dialog-fuehren</u>
```
Superkonzept             kommunizieren-mit-Benutzer
Kommandoname             write
Parameter                <Empfaenger>   Benutzerkennung
                         {<Station>}    Datensichtstation
Schalter                 nil
Kommandoaufbau           write <Empfaenger> {<Station>}
Funktionsbeschreibung    ...Nachrichten direkt an einen anderen Benutzer senden.
                         Der Empfaenger muss aktuell angeschlossen sein.
vorausgesetzte-Konzepte  Benutzer
Beispielkommando         write gast
Standardkommando         write
zugehoerige-Kommandos    mesg who mail
aehnliche-Kommandos      mail
Subkommandos             (ENDE-Taste) (CR . CR)
graphische-Darstellung   BITMAP#...
```

<u>write-benken-station</u>
```
Superkonzept             Dialog-fuehren
Parameter                <Empfaenger>   Benutzerkennung
                         <Station>      Datensichstation
Kommandoaufbau           write <Empfanger> <Station>
Funktionsbeschreibung    ...Nachrichten direkt an einen Benutzer senden.  Wird
                         dieselbe Benutzerkennung von mehreren gleichzeitig be-
                         nutzt, so kann durch Angabe der Datensichtstation der
                         Benutzer eindeutig angesprochen werden.
Beispielkommando         write gast tty09
```

---

[2]Die Abkürzung 'benken' steht für 'Benutzerkennung'.

[3]Bei der Angabe von Parametern werden der Parametername und das Konzept, zu dem der Parameter gehört, angegeben.

Die Charakterisierung von Objekten in der SINIX-Wissenbasis erfolgt ebenfalls durch eine Menge von Attributen, die Merkmale des betreffenden Objektes darstellen, wobei diese Merkmale wiederum als Konzepte in der Wissenbasis beschrieben sind. Das spezielle Attribut `Aktionen` enthält Verweise zu den Kommandos, die auf dieses Objekt anwendbar sind; diese Verbindung zwischen Objekt- und Aktionshierarchie wurde eingerichtet, um die Suche nach einem bestimmten Kommando ausgehend von einem gegebenen Objekt, dessen Zustand verändert werden soll, zu ermöglichen und dadurch Problemlösungs- und Planungsprozesse zu unterstützen.
Die Beschreibung des Konzeptes `Datei` sieht folgendermaßen aus:

```
Datei
Superkonzept          Dateisystem
Objektbeschreibung    Alles im SINIX-System ist eine Datei.  Eine Datei ist
                      eine Folge von Bytes.  Das System gibt keine Struktur
                      fuer eine Datei vor und ihrem Inhalt wird keine
                      Bedeutung zugeschrieben.  Die Bedeutung der Bytes
                      haengt ausschliesslich von den Programmen ab, die
                      die Datei bearbeiten.
Aktionen              Dateien-verwalten-und-bearbeiten
                      informieren-ueber-Systemdaten
Identifikator         Pfadname Indexnummer
Schutzsystem          Eigentuemer
interne-Repraesent.   Indexnummer
externe-Repraesent.   Dateiname
Aenderungsdatum       Datum
Schutzsystem          Zugriffsschutz
Eigentuemer           Benutzer
```

Sowohl für Aktionen als auch Objekte sind sogenannte *Funktions-* bzw. *Objektbeschreibungen* angelegt, die kurz die Bedeutung des betreffenden Konzeptes umreißen, also Funktion, Struktur und Zweck eines Objektes oder Kommandos. Für Aktionen soll außerdem eine formalisierte Darstellung ihrer Funktion entwickelt werden. Grundlagen zu einer formalen Repräsentation der Semantik von (SINIX-) Aktionen wurden bereits geschaffen [Kem88a] [Kem88b], eine Implementation erfolgte jedoch noch nicht. Basis für diese formale Semantik-Beschreibung ist eine relativ umfassende Klassifikation von SINIX-Kommandos [Kem87] [Kem88b].

Die SINIX-Wissensbasis umfaßt derzeit ca. 360 Konzepte, davon knapp 300 im Aktionsteil. Die Menge der SINIX-Kommandos ist mit Ausnahme spezieller Systemverwalter-Kommandos vollständig erfaßt. Es sind ca. 180 konkrete SINIX-Kommandos, d.h. durch Kommandoname, Parameter und Schalter festgelegte Kommandos, spezifiziert, von denen ungefähr 130 vollständig beschrieben sind.

5   Das Dialogsystem

5.1   Der Parser

Die passive Hilfe des SC wird über das Dialogsystem realisiert (vgl. Fig. 1). Der Benutzer kann Fragen, die sich auf Konzepte (z. B. `Dateiverzeichnis`, `Post`) oder Kommandos (z. B. `mkdir`, `mail`) des SINIX-Systems beziehen, in deutscher Sprache eingeben. Die *natürlichsprachlichen Anfragen*, die an ein System wie SC gestellt werden, stellen nur einen Ausschnitt des deutschen Sprachumfangs dar. Die Fragen tauchen zumeist in W-Form auf, z. B. "Wie kann ich eine Datei löschen?" oder "Was ist ein Directory?". Darüber hinaus tauchen Standardphrasen wie "Ist es möglich ...", "Mit welchen Kommandos kann ich ..." oder "Ich möchte ..." auf. Diese Fragen und Phrasen werden von SC korrekt verarbeitet.

Außer wohlgeformten natürlichsprachlichen Ausdrücken werden auch elliptische Sätze verwendet, z. B. "Syntax von ls!". Obwohl diese Anfragen keine vollständigen Sätze darstellen, muß die natürlichsprachliche Schnittstelle sie verarbeiten können, um den Benutzer nicht zu stark in seinem Sprachverhalten einzuschränken.

Die Analyse der Anfragen gliedert sich in drei Phasen (vgl. Fig. 2):

1. die morphologische Analyse,
2. das Parsing,
3. die Instantiierung des Kasusrahmens.

Diese Verarbeitungsschritte werden nachfolgend beschrieben.

Die eingegebenen Fragen werden zuerst einer *morphologischen Analyse* unterzogen, in der syntaktische Merkmale (z. B. Genus, Numerus) und der Wortstamm der Wörter bestimmt werden (vgl. [FN86]). Die morphologische Analysekomponente MORPHIX arbeitet mit einem auf die SINIX-Terminologie zugeschnittenen Lexikon, das ca. 2000 Wörter umfaßt.

Nach der morphologischen Analyse wird eine Bedeutungsrepräsentation der Anfrage erstellt. Hierzu bildet der *Parser* mit Hilfe von Grammatikregeln die Anfrage auf *Kasusrahmen* (vgl. [Fil68]) ab. Die zugrundeliegende Grammatik verwendet zwei Typen von Regeln:

- Oberflächenregeln, die die zu erkennenden Satzmuster repräsentieren, und
- Ersetzungsregeln, die die Abbildung terminaler Symbole der Grammatik auf nichtterminale realisieren.

Die Anfrage "Ist es möglich geheime Post einem anderen Benutzer zu schicken?" wird mit Hilfe der folgenden Oberflächenregel verarbeitet:

$$(< QuestionBegin > \text{ to (verb=} < Send >) < SendAdjective > \text{ (object=} < SendObject >) *$$
$$\text{(address=} < AnotherUser >) ?)$$

In $< ... >$ eingeschlossene Namen bezeichnen Nichtterminale. Der String '(verb=$< Send >$)' drückt aus, daß das Wort, das auf das Nichtterminal $< Send >$ abgebildet werden kann, an die Variable 'verb' gebunden wird. Das Symbol '*' steht für eine beliebigen Anzahl von Wörtern. Die Strings 'to' und '?' sind terminale Symbole. Zu jeder Oberflächenregel gehört eine Routine zur Instantiierung des Kasusrahmens.

Kann ein Eingabesatz erfolgreich auf eine entsprechende Oberflächenregel abgebildet werden, wird unter Ausnutzung der abgespeicherten Wortstämme der zugehörige Kasusrahmen instantiiert.

Im Fall des obigen Satzes, der erfolgreich vom Parser verarbeitet werden kann, wird der nachfolgende Kasusrahmen kreiert.

```
( sentence    ( Content "Ist es möglich ...")
              ( Illocution    SyntacticQuestion
              (Verb           ( send (agent    user)
                              (object    (mail        secrete)
                              (address    (user        another)))))))
```

Außer der wörtlichen Wiedergabe des Inhalts nach dem Schlüsselwort 'Content' spielt die 'Illocution' eine wichtige Rolle. Sie bestimmt, um was für eine Art von Anfrage es sich handelt. 'SyntacticQuestion' ist der Marker für eine Frage nach der Realisierung einer Aktion durch ein Kommando (hier: Verschicken von Post). Über andere Illokutionen kann z. B. nach der Bedeutung eines bestimmten Objektes (z. B.: "Was ist ein Directory?") oder nach der Eigenschaft eines Objektes oder Kommandos (z. B.: "Welche Schalter hat ls?") gefragt werden.

Die verwendete Grammatik, alle Kasusrahmen und alle möglichen Illokutionen sind in [HKN*88] vollständig beschrieben.

Der vom den Parser aufgebaute Kasusrahmen wird an die *Frageauswertung* weitergereicht.

5.2 Die Frageauswertung

Die vom *Parser* erzeugte Repräsentation des Eingabesatzes, der instantiierte Kasusrahmen, wird von der *Frageauswertung* (Question Evaluator) weiterverarbeitet.

Die Aufgabe der Frageauswertung besteht darin, das Konzept der SINIX-Wissensbasis zu bestimmen, auf das sich die Anfrage des Benutzers bezieht. In dieser Komponente erfolgt also der wesentliche Teil des eigentlichen Problemlösungsprozesses. Bei der Bestimmung des gesuchten Konzeptes, das anschließend von der *Antwortformulierung* weiterverwendet wird, wird zunächst in Abhängigkeit von der 'Illocution', dem Typ der Anfrage, ein entsprechender Subprozeß der Frageauswertung angestoßen. Im wesentlichen können zwei Arten von Fragen unterschieden werden:

- Fragen, bei denen das SINIX-Konzept, über das der Benutzer Informationen möchte, bereits in der Frage angegeben ist, und

- Fragen, in denen das Konzept umschrieben wird.

Zur ersten Kategorie gehören z. B. 'ObjectQuestions', die Fragen nach der Erklärung eines Konzeptes bezeichnen wie "Was ist ein Dateiverzeichnis?" oder "Was macht das Kommando `fgrep`?", und 'AttributeValueQuestions', die Fragen nach einem speziellen Attributwert eines gegebenen Konzeptes bezeichnen, z. B. die Frage nach Schaltern eines Kommandos oder seiner Syntax. Probleme treten bei diesen Fragen dann auf, wenn der Benutzer aufgrund einer Fehlannahme Konzepte referiert, die nicht existieren, z. B. in der Frage "Was macht xsend -k?". In solchen Fällen wird in der aktuellen SC-Version als Lösung des Frageauswertungsprozesses das speziellste Konzept der SINIX-Wissensbasis angegeben, das mit der Anfrage konform ist. In dem genannten Beispiel wäre dieses das Konzept `geheime-Post-verschicken`, also das generische Kommando `xsend`.

Ein eigentlicher Suchprozeß setzt erst bei der zweiten Fragekategorie ein, in der das gesuchte Konzept nicht direkt referiert wird, sondern durch Angabe von Merkmalen spezifiziert ist. Diese Fragen beziehen sich auf die Durchführung von Aktionen, also letztendlich auf SINIX-Kommandos, und beinhalten eine natürlichsprachliche Umschreibung einer Aktion, die der Benutzer mithilfe des SINIX-Systems ausführen möchte. Ein Beispiel ist die Frage "Wie entferne ich ein Directory?". Der Problemlösungsprozeß orientiert sich in diesen Fällen zunächst am Wert des Kasus 'verb' in dem vom Parser aufgebauten Kasusrahmen, also am Repräsentanten der Verbklasse, auf den das Verb des Eingabesatzes, das die Aktion bezeichnet, abgebildet wird. In obigem Beispiel ist das Verb des Eingabesatzes 'entfernen' und der zugehörige Verbklassenrepräsentant und Wert des Kasus 'verb' wäre 'löschen'. Die Frageauswertung verfügt zu jedem Verbklassenrepräsentanten über eine Tabelle, mittels derer in Abhängigkeit von zusätzlichen Konstituenten des Eingabesatzes, wie Objekte und Attribute, das betreffende Konzept der SINIX-Wissensbasis bestimmt wird. In dem Beispiel "Wie entferne ich ein Directory?" würde in der Repräsentation des Eingabesatzes zusätzlich zum Verb 'löschen' noch das Objekt 'Dateiverzeichnis' vorkommen. Das Objekt 'Dateiverzeichnis' könnte wiederum durch Attribute näher spezifiziert sein, z. B. durch die Adjektive 'leer' oder 'voll'. Die Frageauswertung sucht zunächst nach dem passenden Verb, d.h. Einträgen für 'löschen', und versucht dann, das vorkommende Objekt und ggf. sein Attribut auf einen Objekteintrag der zum Verb 'löschen' gehörenden Konzepte abzubilden. In dem oben beschriebenen Fall würde die Frageauswertung das Konzept `Dateiverzeichnis-loeschen` liefern.

Wesentlich für den Problemlösungsprozeß sind zum einen die Vorarbeiten, die durch den Parser durchgeführt werden (Abbildung auf Repräsentanten von Wortklassen), und zum anderen die hierarchische Strukturierung der Wissensbasis, die einen Zugriff auch für abstraktere Objekte und Aktionen ermöglicht, die nicht eine direkte eins-zu-eins-Entsprechung in SINIX-Objekten und -Kommandos haben.

Das von der Frageauswertung gefundene Wissensbasis-Konzept und die Repräsentation des Eingabesatzes werden an die *Antwortformulierung* übergeben, die zuständig für die Konstruktion einer natürlichsprachlichen Antwort auf die Benutzerfrage ist.

5.3 Die Antwortformulierung

Die Aufgabe der *Antwortformulierung* ist die Erzeugung einer an den individuellen Benutzer angepaßten Antwort auf eine von ihm gestellte Frage, d.h. einer Antwort, die seinen individuellen Kenntnisstand bezüglich des SINIX-Systems berücksichtigt.

Die Generierung natürlichsprachlicher Ausgabesätze basiert auf einem einfachen Ausfüllen vorgegebener Satzmuster mit entsprechenden Inhalten der Wissensbasis, nämlich Attributwerten des betreffenden Konzeptes, das in der Antwort erläutert werden soll. Zu diesem Zweck ist jedem Attribut, das in einer Konzeptbeschreibung vorkommen kann, ein bestimmtes Satzmuster zugeordnet. Zum Beispiel ist dem Attribut Kommandoaufbau das Satzmuster "Die Syntax ist <Kommandoaufbau>" zugeordnet.

Die Hauptaufgabe der Antwortformulierung liegt darin, zu bestimmen, <u>welche</u> Attribute des Konzeptes in der Antwort verbalisiert werden sollen. Diese Auswahl erfolgt in Abhängigkeit vom *Konzept der Wissensbasis*, das die Frageauswertung bestimmt hat, dem *Fragetyp*, d.h der vom Parser festgestellten Illokution des Satzes, und dem *Wissensstand* des Benutzers bezüglich des SINIX-Systems, über den die Benutzermodellierungskomponente Auskunft gibt (s. Abschnitt 7). Die Liste der ausgewählten, zu verbalisierenden Attribute wird in einem sogenannten *Antwort-Rahmen* festgehalten, der anschließend mit den entsprechenden Attributwerten des Konzeptes aus der Wissenbasis aufgefüllt wird.

Die Entscheidung über die Menge der zu verbalisierenden Attribute basiert zunächst auf einer Klassifizierung von Antworten anhand

- des Konzepttyps, der aus der Position des Konzeptes in der Hierarchie der SINIX-Wissensbasis abgelesen werden kann und anhand dessen bestimmt werden kann, welche Attribute überhaupt für das Konzept definiert sind, und

- des Fragetyps, also der vom Parser gelieferten 'Illocution' des Eingabesatzes.

Die Frage "Wie verschicke ich verschlüsselte Nachrichten?" würde zum Beispiel abgebildet auf das Konzept geheime-post-verschicken, die Illokution wäre 'SyntacticQuestion', also eine Frage nach einem spezifischen SINIX-Kommando. Das Konzept geheime-post-verschicken ist innerhalb der SINIX-Wissensbasis ein abstraktes Kommando mit genau einem zugehörigen konkreten SINIX-Kommando, durch das es realisiert wird; der Antworttyp in diesem Fall ist *abstract-command-unique-name-unique-successor*. Bei abstrakten Kommandos, die i.a. mehrere konkrete SINIX-Kommandos in einer Gruppe zusammenfassen, gibt es eine Unterscheidung zwischen solchen, die Kommandos mit verschiedenen Kommandonamen subsumieren *(abstract-command-different-names)*, und solchen, zu denen mehrere Kommandos mit demselben Kommandonamen aber verschiedenen Schaltern gehören *(abstract-command-unique-names-different-options)*. Außerdem werden noch Antworten auf Themenebene behandelt, d.h. Antworten auf sehr unspezifische Fragen wie "Wie kann ich mit einem anderen Benutzer kommunizieren?" oder "Wie kann ich Dateien bearbeiten?" und Anworten, die ein konkretes SINIX-Kommando behandeln. In diesem letzten Fall wird noch anhand des Fragetyps unterschieden, ob in der Frage das Kommando selbst gesucht ist (SyntacticQuestion) oder eine Erklärung eines angegebenen Kommandos gefordert wird (ObjectQuestion).

Aus dem Satz möglicher Attribute zur Verbalisierung, der durch den Antworttyp bestimmt ist, werden nun unter Berücksichtigung des Benutzermodells diejenigen Attribute ausgewählt, die in der Antwortformulierung Verwendung finden sollen. Ausschlaggebend hierbei ist in erster Linie die Zuordnung des Benutzers zu einem der vier Prototypen (1=Experte,...,4=Neuling) und in zweiter Linie das spezifische Kommandowissen des Benutzers, das im individuellen Benutzermodell festgehalten ist. Die generelle Strategie der Antwortformulierung ist, einem Neuling möglichst wenig neue Information zu geben, aber die Erklärung möglichst konkret und verständlich zu halten, indem Beispiele gegeben und Bezüge zu bereits bekannten Konzepten aufgezeigt werden, z. B. Verweis auf ein Kommando mit ähnlicher Funktion. Im Fall eines fortgeschrittenen SINIX-Benutzers soll der erklärende Teil der Antwort möglichst knapp und prägnant ausfallen, dafür wird jedoch versucht, seine Kenntnisse bezüglich des SINIX-Systems zu erweitern, indem er auf ihm unbekannte Kommandos, die in enger Beziehung zu dem von ihm erfragten Kommando stehen, explizit hingewiesen wird.

Um dem Benutzer eine Kontrolle darüber zu ermöglichen, ob das System seine Anfrage richtig interpretiert hat, wird vor dem eigentlichen Erklärungstext eine Verbalisierung der vom Parser erzeugten Repräsentation des Eingabesatzes durchgeführt. Ein solcher *Klärungssatz* hat die Form[4]

"Wenn ich Ihre Frage richtig interpretiere, möchten Sie < *attribut* >< *objekt* >< *verb* >."

Im nachfolgenden werden einige Beispiele gegeben, die die Antwortformulierung illustrieren sollen.[5] Die Anwort auf die Frage

"Ich moechte Meldungen von anderen Benutzern am Bildschirm erlauben."

wäre im Fall eines Neulings

"Soweit ich Sie verstanden habe, moechten Sie *meldung erlauben*. Sie verwenden hierzu das Kommando **mesg**. Dic Syntax ist **mesg y**. Um das Kommando richtig anwenden zu koennen, sollten Ihnen die Konzepte: **meldung** bekannt sein."

Zu bemerken ist hierbei, daß der Benutzer explizit auf Konzepte hingewiesen wird, die ihm bekannt sein sollten, die er aber laut Eintrag im Benutzermodell nicht kennt. Es wäre ebenfalls möglich, dem Benutzer diese Konzepte unaufgefordert zu erklären oder ihm eine Erklärung anzubieten. Ein weiteres Beispiel ist die Frage

"Wie kann ich verschluesselte Nachrichten schicken."

auf die die Antwort

"Wenn ich Sie richtig verstanden habe, moechten Sie *verschluessel nachricht schicken*. Sie verwenden hierzu das Kommando **xsend**. Die Syntax ist **xsend** <Benutzerkennung>. Z.B. **xsend gast**. Kommandos, die aehnlich funktionieren, sind: **mail**."

gegeben wird. Hier wird zusätzlich zur Nennung des erfragten Kommandos **xsend** zum Schikken von geheimer Post noch auf das **mail**-Kommando hingewiesen, daß die gleiche Funktion für Standardpost erfüllt, falls dem Benutzer laut Eintrag im Benutzermodell das **mail**-Kommando bekannt ist.
Ein fortgeschrittener Benutzer wird im ersten Fall die Antwort

"Soweit ich Sie verstanden habe, moechten Sie *meldung erlauben*. Sie verwenden hierzu das Kommando **mesg**. Die Syntax ist **mesg y**."

erhalten. Die Antwort auf die zweite Frage wäre:

"Wenn ich Sie richtig verstanden habe, moechten Sie *verschluessel nachricht schicken*. Sie verwenden hierzu das Kommando **xsend**. Die Syntax ist **xsend** <Benutzerkennung>. Andere Kommandos in diesem Bereich sind: **xget, enroll, write**."

Der Benutzer wird in der zweiten Antwort nur auf solche Kommandos hingewiesen, die ihm laut Benutzermodell vermutlich <u>unbekannt</u> sind.
Eine Übersichtsfrage zu einem Thema ist z. B.

"Wie kann ich mit einem anderen Benutzer kommunizieren?"

---

[4]Das System unterscheidet in den internen Repräsentationen keine Groß-/Kleinschreibung und verfügt nicht über eine Flektionskomponente, was öfters zu holprigen, wenn auch verständlichen Ausgabesätzen führt.

[5]Ausdrücke, die der Repräsentation des Eingabesatzes entstammen, sind kursiv gedruckt; Einträge aus der Wissensbasis sind in Typewriter-Schrift.

Die Antwort auf diese Frage ist

> "Sie moechten *benutzer kommunizieren*. Die Syntax ist <Kommandoname> {<Schalter>} <Parameter1>* <Parameter2>. Das Standardkommando in diesem Bereich ist `mail`. Z.B. `mail gast`."

im Fall eines Neulings; im Fall eines fortgeschrittenen Benutzers wird ein Überblick über alle verfügbaren Kommandos gegeben, die die Kommunikation zwischen Benutzern betreffen:

> "Moegliche Kommandos in diesem Bereich sind: `mail, write, xsend, xget, enroll`."

6 Das Planberatungssystem

Außer der Fähigkeit, auf natürlichsprachliche Anfragen zu antworten, ist SC in der Lage, von sich aus aktiv zu werden und dem Benutzer individuell angepaßte Hilfeinformationen zu geben (vgl. Fig. 1). Um diese aktive Fähigkeit zu realisieren, besitzt das System ein *Planberatungssubsystem* (vgl. Fig. 3). Dieses Subsystem besteht aus der *Planerkennungskomponente REPLIX* und einer *Plankorrekturkomponente* (vgl. [DGH87], [Hec87] und [HKN*88]).

Gibt der Benutzer die beiden Kommandos:

```
mv Brief1 Rechnungen
mv Brief2 Rechnungen
```

ein, erkennt SC, daß es sich um eine suboptimale Befehlssequenz handelt, und schlägt einen besseren Plan vor:

Sie können das gleiche Ziel erreichen durch
```
mv Brief1 Brief2 Rechnungen
```

Hierzu werden die vom Benutzer verwendeten SINIX-Kommandos an REPLIX weitergereicht. Ausgehend von vorgegebenen Planschemata versucht REPLIX, die eingegebenen Kommandos auf einen oder mehrere Pläne abzubilden. Wurde ein Plan erfolgreich erkannt, wird angenommen, daß der Benutzer das mit dem Plan assoziierte Ziel verfolgt. Ist zur Erreichung des Ziels ein besserer Plan vorhanden, d.h. ein Plan mit weniger oder effizienteren Kommandos, so wird dieser dem Benutzer vorgeschlagen. Die Präsentation des neuen Plans erfolgt angepaßt an den Wissensstand des jeweiligen Benutzers. Die Bestimmung des besseren Plans und die Anpassung der Hilfeinformation an das Benutzerwissen erfolgt durch die *Plankorrekturkomponente*. Sie verwendet hierzu Annahmen über das SINIX-Wissen des Benutzers, die im Benutzermodell enthalten sind, und Wissen über das SINIX-System, das von der SINIX-Wissensbasis bereitgestellt wird. Zu beachten ist, daß die Planschemata abstrakte Pläne sind und nicht nur eine eins-zu-eins Abbildung durchgeführt wird, sondern auch eingeschobene Sub-Pläne und überlappende Pläne erkannt werden, über Ignore-Kommandos nicht zu den Plänen gehörige Kommandos ignoriert werden können und zur Fokussierung der Planerkennung Interrupt-Kommandos berücksichtigt werden. Informationen über den internen Zustand des Planerkennungsprozesses können in der APS 5815-Version graphisch präsentiert werden.

Die Planerkennungskomponente ist so realisiert worden, daß sie an andere Betriebssysteme angepaßt werden kann. Dies wurde über die Definition einer Kommando-Syntax erreicht, die zwischen Kommando-Wort, Flags und Parametern unterscheidet. Darüber hinaus ist es möglich, Wildcards und spezielle Zeichen (z. B. Anfangszeichen der Flags) anzugeben. Der Aufbau einzelner Planschemata - die in verschiedene Planpakete zusammengefaßt werden können - ist wie folgt:

```
[( NameOfPlan (GoalString)
    (CmdWord₁        Flags₁     ObjectList₁)
    (CmdWord₂        Flags₂     ObjectList₂)
                       ...
    (CmdWordₙ        Flagsₙ     ObjectListₙ)
    (ListOfIgnoreCommands)
    (ListOfInterruptCommands)
```

Jeder Plan hat einen eindeutigen Namen (NameOfPlan). Als Ziel (GoalString) kann ein beliebiger String angegeben werden. Über diesen Ziel-String findet die Anbindung von REPLIX an nachgeordnete Komponenten statt, die das Ergebnis des Planerkennungsprozesses verwenden. Jedes Kommando wird beschrieben durch:

- ein Kommandowort (z. B. `mv` oder `mkdir`),
- Schalter (z. B. `-la` oder `-f`) und
- eine Liste von Parametern (z. B. Name der Datei).

Drei verschiedene Typen von Parametern sind vorhanden:

- *fixer Parameter*, d.h. das zugehörige Kommando wird nur erfolgreich erkannt, wenn es mit diesem Parameter verwendet wird.
- *Schemaparameter* (beginnt mit ';'), d.h. das Kommando kann mit beliebigen aktuellen Parametern verwendet werden. Über diesen Parametertyp kann festgelegt werden, daß Parameter verschiedener Kommandos innerhalb eines Plans übereinstimmen müssen.
- *Mengenparameter* (beginnt mit einem '!'), d.h. eine Liste aktueller Parameter kann spezifiziert werden.

Beispiel: Das folgende Planschema, das aus vier Kommandos besteht, verfolgt das Ziel "delete a directory together with its content":

```
(1)            cd ;dir
(2)            rm *
(3)            cd ..
(4)            rmdir ;dir
```

Durch das erste Kommando wird in das angegebene Dateiverzeichnis gewechselt. Der verwendete aktuelle Parameter wird in der Schemavariablen ';dir' abgespeichert. Alle Dateien des angegebenen Dateiverzeichnisses werden gelöscht (Kommando 2) und es wird zum übergeordneten Dateiverzeichnis zurückgewechselt (Kommando 3). Durch das letzte Kommando wird das leere Dateiverzeichnis gelöscht.

In Kommando 1 und 4 ist derselbe Schemaparameter angegeben. Der Plan wird nur dann erfolgreich erkannt, wenn in beiden Kommandos derselbe aktuelle Parameter verwendet wird. Verwendet der Benutzer folgende Kommandosequenz:

```
(1)            cd Rechnungen
(2)            rm *
(3)            cd ..
(4)            rmdir Rechnungen
```

erkennt REPLIX den zugehörigen Plan und liefert die folgenden Informationen an die Plankorrekturkomponente:

```
(*4* (DeleteDir (delete a directory and its content))
     ((cd Rechnungen) (;dir (Rechnungen)))
     ((rm *) NIL)
     ((cd .. NIL)
     ((rmdir Rechnungen) (;dir (Rechnungen))))) 
```

Nach dem vierten Kommando wurde die Vervollständigung des Plans mit Namen 'DeleteDir' erkannt. Außer dem Plannamen und dem Ziel werden die Kommandos mit den verwendeten aktuellen Parametern an die Plankorrekturkomponente geliefert.

REPLIX ist nicht nur in der Lage, einfache Pläne einzeln oder in Folge zu erkennen, sondern kann auch Planunterbrechungen und eingeschobene Sub-Pläne erkennen.

Angenommen, der Benutzer verwendet die Kommandosequenz:

```
(1)        cd Rechnungen
(2)        lpr meyer
(3)        lpr neumann
(4)        rm *
(5)        cd ..
(6)        rmdir Rechnungen
```

Der oben genannte Plan wird nach dem ersten Kommando unterbrochen und ein anderer Plan, bestehend aus den Kommandos lpr meyer und lpr neumann, wird eingeschoben. Mit dem vierten Kommando wird der erste Plan wieder aufgenommen. Diese Einbettung wird erkannt und wie folgt an die Plankorrekturkomponente gemeldet:

```
(*3*     (PrintFiles (print two files)) ... )
(*6*     (DeleteDir (delete a directory and its content)) ... )
(*6*     (INSERTED (PrintFiles IN DeleteDir) 1 ))
```

Der vollständige Gebrauch beider Pläne und die Interaktion zwischen den Plänen wird gemeldet. Über den *branch counter* ist es möglich, die maximale Anzahl geschachtelter Einbettungen, die noch vom Planerkennungsprozeß akzeptiert wird, einzustellen.

Neben eingeschobenen Sub-Plänen ist REPLIX auch in der Lage, *Überlappungen* zwischen Plänen zu erkennen. Endet ein verwendeter Plan mit Kommandos, die zugleich Anfang eines nachfolgenden Plans sind, so meldet der Planerkenner zusätzlich zum Erkennen der Einzelpläne die Überlappung und die daran beteiligten Kommandos.

Da nicht jedes Kommando auf einen Plan abgebildet werden kann, muß ein Mechanismus vorhanden sein, der den Abbruch des Erkennungsprozesses bei solchen Kommandos verhindert. Das Konzept der *Ignore-Kommandos* realisiert dies. Hierbei kann zu jedem Plan eine Liste von Ignore-Kommandos angegeben werden. Beispiele für solche Kommandos sind date, pwd oder ps -a. Ob ein Kommando zu ignorieren ist oder nicht, hängt von der Verwendung der Planerkennung ab. Über den *Ignore-Counter* kann spezifiziert werden, wie oft die Ignorierung durchgeführt werden soll, bevor ein Abbruch der Planerkennung erfolgt.

Das Konzept der *Interrupt-Kommandos* wird zur Fokussierung der Planerkennung verwendet. Der Planerkennungsprozeß wird abgebrochen, sobald ein Kommando der Liste der Interrupt-Kommandos auftritt. So kann z. B. bei der Verwendung des Kommandos cc (Aufruf des C-Compilers) die Erkennung der Pläne abgebrochen werden, die den Bereich der Datei-Verwaltung abdecken.

Die Planerkennungskomponente ist in der Lage, beliebige Kombinationen aus Einbettung und Überlappung mit Ignore- und Interrupt-Kommandos zu verarbeiten.

Die vollständige Beschreibung der Planerkennungskomponente REPLIX findet sich in [DGH87]. Zusätzlich zur Planerkennungskomponente wurde für die APS 5815-Version ein Plan-Editor realisiert, der den Aufbau der Planbibliothek unterstützt. Eine umfassende Liste der verwendeten suboptimalen und optimalen Pläne sowie eine ausführliche Darstellung der Plankorrekturkomponente finden sich in [HKN*88].

7 Die Benutzermodellierungskomponente

Ein Benutzermodell ist derjenige Teilbereich der Wissensbasis eines KI-Systems, in dem explizite Annahmen über alle Aspekte des Benutzers enthalten sind, die für das Dialogverhalten des Systems relevant werden können (vgl. [WK86]). Eine Benutzermodellierungskomponente hat die Aufgabe:

- inkrementell ein individuelles Benutzermodell aufzubauen,
- Einträge im Benutzermodell zu speichern, zu löschen oder zu ändern,
- die Konsistenz des Modells zu erhalten und
- andere Systemkomponenten mit Annahmen über den Benutzer zu versorgen.

Die Benutzermodellierungskomponente SC-UM (vgl. [Nes87a]) kann auf Standardannahmen über Benutzer zurückgreifen, die in Prototypen für vier Benutzerklassen zusammengefaßt sind. In bezug auf SINIX-Kenntnisse werden die Benutzer von SC grob in die Klassen Neulinge, Anfänger, Fortgeschrittene und Experten eingeteilt. Das typische Wissen von Benutzern aus diesen Klassen wurde durch eine empirische Untersuchung ermittelt (vgl. [Nes87a]). Jeder Prototyp besteht aus einer Menge von Verweisen auf Wissen über bestimmte Kommando- und Objektnamen, die den Wissenstand eines Benutzers der entsprechenden Klasse charakterisieren. Von allen nicht im Prototyp aufgeführten Wissenselementen nimmt SC-UM solange an, daß ein Benutzer dieser Klasse sie nicht kennt, bis im individuellen Benutzermodell ein Eintrag erfolgt, der dieser Annahme widerspricht. So wird z. B. von einem Fortgeschrittenen im Gegensatz zu einem Anfänger angenommen, daß er das Konzept `Schalter` und das Kommando `mkdir` kennt, während Wissen über das Kommando `xget` nur bei SINIX-Experten vermutet wird.

Während der Interaktionen mit SC baut SC-UM inkrementell ein individuelles Benutzermodell auf. Die Annahmen in diesem Modell werden aus den Fragen und Kommandoeingaben des Benutzers sowie den Ratschlägen und Antworten von SC abgeleitet. Durch neu abgeleitete Annahmen im individuellen Benutzermodell kann die Zuordnung des Benutzers zu einer Klasse revidiert werden. Durch die Verwendung der Prototypen verfügt SC bereits nach wenigen Interaktionsschritten über ein grobes Benutzermodell, das im Verlauf der Dialogsitzung korrigiert oder immer weiter verfeinert werden kann.

Neben den Annahmen, die sich direkt aus der Beobachtung des Benutzerverhaltens ergeben, leitet SC-UM mit Hilfe einer Menge von Wissensstandregeln weitere Einträge für das individuelle Benutzermodell ab. Diese Inferenzkomponente von SC-UM geht von zwei Grundprinzipien aus:

- Aus der Annahme, daß der Benutzer ein Wissenselement kennt, läßt sich mit hoher Sicherheit folgern, daß er alle als Voraussetzung für die Kenntnis dieses Elementes geltenden Wissenselemente ebenfalls kennt.

- Aus der Annahme, daß der Benutzer ein Wissenselement nicht kennt, läßt sich folgern, daß er mit hoher Sicherheit nicht alle Wissenselemente kennt, die für die Kenntnis dieses Elementes vorausgesetzt werden.

Wenn das System annimmt, daß der Benutzer das spezielle Kommando `mail-q` kennt, schließt SC-UM mithilfe einer Wissensstandregel, daß er auch das allgemeine Kommando `mail` und das Konzept `Post` kennt. Hier können auch heuristische Regeln zum Einsatz kommen, wenn beispielsweise angenommen wird, daß ein Benutzer, der das Kommando `more` zum Lesen von Dateien verwendet, das im allgemeinen verfügbare `less` nicht kennt, da die meisten Benutzer das komfortablere `less` vorziehen würden.

Die Annahmen aus dem Benutzermodell werden vom Planberatungs- und vom Dialogsystem (vgl. Fig. 1) dazu verwendet, eine vom Benutzer angeforderte oder von SC für notwendig gehaltene Hilfe in einer dem Wissensstand des Benutzers angepaßten Form anzubieten. Einem wenig erfahrenen Benutzer wird eine ausführliche Hilfestellung in Verbindung mit einem Beispiel angeboten, während sich die Ausgabe für einen erfahrenen Benutzer auf eine kurze Beschreibung der wichtigsten Fakten, wie z. B. der Syntax eines Kommandos, beschränkt. Zusätzlich wird der Benutzer auf

Wissenselemente hingewiesen bzw. ihm wird eine Beschreibung der Wissenselemente vermittelt, die für eine angeforderte Hilfe als Voraussetzung für das Verstehen notwendig sind, für die aber im Benutzermodell verzeichnet ist, daß der Benutzer sie nicht kennt.

8 Implementationsstatus

Der SINIX Consultant wurde in Interlisp-D und dem darauf aufsetzenden Objekt-orientierten Programmiersystem LOOPS auf einem Siemens APS 5815 entwickelt und anschließend auf SINIX-Rechner unter FranzLisp und PMFS[6] portiert [BEG*88].

Die Interlisp-Version ist lauffähig auf dem APS 5815; die FranzLisp-Version ist in der gleichen Funktionalität verfügbar für den Siemens MX2 und den MX500 sowie DEC VAX-Rechner. Beide Versionen sind sowohl interpretiert als auch compiliert verfügbar; die Systemgröße zur Laufzeit beträgt interpretiert ca. 3 MB bei der Interlisp-Version und ca. 2.3 MB bei der FranzLisp-Version.

Es wurden Laufzeitmessungen für die Bearbeitung einzelner Anfragen und Kommandos auf den vier Implementierungsmaschinen durchgeführt. Die (handgemessenen) Antwortzeiten des SC-Systems lagen - je nach Rechnergröße - im Bereich von einigen Sekunden bis zu maximal ein bis zwei Minuten.[7] Diese Messungen wurden für die interpretierten Versionen durchgeführt; durch Compilation des Systems kann eine Verbesserung der Laufzeiten um den Faktor 2-3 erreicht werden. Somit bewegen sich die erzielbaren Antwortzeiten des SC durchaus im Rahmen der für den Einsatz eines intelligenten Hilfesystems akzeptablen Werte.

Die Entwicklung des SINIX Consultant wird im Rahmen folgender Diplomarbeiten weitergeführt:

1. Entwicklung eines kasusrahmenbasierten Parsers zur robusten Sprachanalyse.

2. Entwicklung eines Generators für die Konstruktion flexibler natürlichsprachlicher Antworten.

3. Entwicklung eines Plangenerators, der zu vorgegebenen Zielbeschreibungen Sequenzen von SINIX-Kommandos generiert.

4. Erweiterung des Dialogsystems um eine Komponente zur Behandlung spezieller Dialogphänomene.

Danksagung

An der erfolgreichen Durchführung des SC-Projektes waren neben den drei Autoren viele studentische Mitarbeiter beteiligt. Daher möchten wir an dieser Stelle nochmals namentlich den Diplomanden E.-J. Blum, D. Dengler, M. Gutmann, G. Hector, B. Jung, P. Neißer, E. Nessen und den Praktikanten F. Berger, J. Engelkamp, R. Gintz, B. Kipper, P. Sommer und M. Weichel für ihre Mitarbeit danken.

Außer den oben genannten Projektmitgliedern haben zum erfolgreichen Gelingen des Projektes seitens der Siemens AG Dr. Gollan und Herr Falk beigetragen. Darüberhinaus gilt den Kollegen an unserem Lehrstuhl ein besonderer Dank für ihre ständige Diskussionsbereitschaft.

---

[6]PMFS (Poor Man's Flavor System) ist ebenfalls eine Objekt-orientierte Programmiersprache, die allerdings wesentlich weniger Sprachkonstrukte zur Verfügung stellt als LOOPS.

[7]Genauere Angaben zu den Zeitmessungen finden sich in [BEG*88].

Literatur

[BEG*88]   F. Berger, J. Engelkamp, R. Gintz, B. Kipper, P. Sommer, and M. Weichel. *Eine SC-Version auf UNIX-Rechnern*. Memo, Dept. of Computer Science, University of Saarbrücken, W.Germany, 1988.

[DGH87]   D. Dengler, M. Gutmann, and G. Hector. *Der Planerkenner REPLIX*. Memo No. 16, Dept. of Computer Science, University of Saarbrücken, W.Germany, 1987.

[DGS87]   L. Danlos, S. Guez, and S. Sabbagh. INTERIX: An Intelligent Help System. In *(unpublished paper)*, Marcoussis, France, 1987.

[DH82]   R. Douglass and St. Hegner. An Expert Consultant for the UNIX Operating System: Bridging the Gap Between the User and Command Language Semantics. In *Proceedings CSCSI/SCEIO, Conference 1982, Saskatoon, Saskatchewan, 17-19 May 1982*, pages 92–96, 1982.

[Fil68]   C. J. Fillmore. The Case for Case. In E. Bach and R. T. Harms, editors, *Universals in Linguistic Theory*, pages 1–90, Holt, Rinehart and Winston, Chicago, 1968.

[FN86]   W. Finkler and G. Neumann. *MORPHIX - Ein hochportables Lemmatisierungsmodul für das Deutsche*. Memo No. 8, Dept. of Computer Science, University of Saarbrücken, W.Germany, 1986.

[Hec87]   M. Hecking. How to Use Plan Recognition to Improve the Abilities of the Intelligent Help System SINIX Consultant. In *Proceedings of the Second IFIP Conference on Human-Computer Interaction, held at the University of Stuttgart, Federal Republic of Germany, 1-4 September, 1987*, pages 657–662, 1987.

[Hec88a]   M. Hecking. The SINIX Consultant - Towards a Theoretical Treatment of Plan Recognition. In Norvig, Wahlster, and Wilensky, editors, *Intelligent Help Systems for UNIX - Case Studies in Artificial Intelligence*, Springer, Heidelberg, 1988. (forthcoming).

[Hec88b]   M. Hecking. *Towards a Belief-Oriented Theory of Plan Recognition*. Memo, Dept. of Computer Science, University of Saarbrücken, W.Germany, 1988. (forthcoming).

[Heg88]   St. J. Hegner. Knowledge Representation in Yucca-II: Exploiting the Formal Properties of Command Language Behavior. In Norvig, Wahlster, and Wilensky, editors, *Intelligent Help Systems for UNIX - Case Studies in Artificial Intelligence*, Springer, Heidelberg, 1988. (forthcoming).

[HH87]   M. Hecking and K. Harbusch. *Plan Recognition through Attribute Grammars*. Memo No. 17, Dept. of Computer Science, University of Saarbrücken, W.Germany, 1987.

[HKN*88]   M. Hecking, C. Kemke, E. Nessen, D. Dengler, M. Gutmann, and G. Hector. *The SINIX Consultant - A Progress Report*. Memo, Dept. of Computer Science, University of Saarbrücken, W.Germany, 1988. (forthcoming).

[HSS87]   C. Houy, A. Scheller, and K. Schifferer. PORTFIX - Eine Portierung von Franz Lisp unter SINIX. In *Kompendium zum I.I.I. Forum am 4./5.11.1987 in Saarbrücken*, pages 103–107, Universität des Saarlandes und Siemens AG, 1987.

[Jer85]   J. Jerrams-Smith. SUSI - a Smart User-System Interface. In P. Johnson and S. Cook, editors, *People and Computers: Designing the Interface*, Cambridge University Press, Cambridge, 1985.

[Jun87]   B. Jung. *Wissenrepräsentation für ein intelligentes Hilfesystem.* Diplomarbeit, Dept. of Computer Science, University of Saarbrücken, W.Germany, 1987.

[Kem85]   C. Kemke. Entwurf eines aktiven, wissensbasierten Hilfesystems für SINIX. *LDV-Forum,* 2:43–60, 1985.

[Kem86]   C. Kemke. *The SINIX Consultant - Requirements, Design, and Implementation of an Intelligent Help System for a UNIX Derivative.* Report 11, Dept. of Computer Science, University of Saarbrücken, W.Germany, 1986.

[Kem87]   C. Kemke. Representation of Domain Knowledge in an Intelligent Help System. In *Proceedings of the Second IFIP Conference on Human-Computer Interaction, held at the University of Stuttgart, Federal Republic of Germany, 1-4 September, 1987,* pages 215–220, 1987.

[Kem88a]   C. Kemke. Darstellung von Aktionen in Vererbungshierarchien. In W. Hoeppner, editor, *GWAI-88. 12th German Workshop on Artificial Intelligence,* Springer, Heidelberg, 1988.

[Kem88b]   C. Kemke. What Do You Know About Mail? Representation of Commands in the SINIX Consultant. In Norvig, Wahlster, and Wilensky, editors, *Intelligent Help Systems for UNIX - Case Studies in Artificial Intelligence,* Springer, Heidelberg, 1988. (forthcoming).

[MP88]   M. M. Matthews and W. Pharr. Knowledge Acquisition for Active Assistance. In Norvig, Wahlster, and Wilensky, editors, *Intelligent Help Systems for UNIX - Case Studies in Artificial Intelligence,* Springer, Heidelberg, 1988. (forthcoming).

[MW88]   P. McKevitt and Y. Wilks. Inference in an Operating System Consultant. In Norvig, Wahlster, and Wilensky, editors, *Intelligent Help Systems for UNIX - Case Studies in Artificial Intelligence,* Springer, Heidelberg, 1988. (forthcoming).

[Nes87a]   E. Nessen. *Benutzermodellierung in einem intelligenten Hilfesystem.* Diplomarbeit, Dept. of Computer Science, University of Saarbrücken, W.Germany, 1987.

[Nes87b]   E. Nessen. *SC-UM: User Modeling in the SINIX-Consultant.* Memo No. 18, Dept. of Computer Science, University of Saarbrücken, W.Germany, 1987.

[QDF86]   A. Quilici, M. Dyer, and M. Flowers. AQUA: AN INTELLIGENT UNIX ADVISOR. In *Proceedings of the 7th European Conference on Artificial Intelligence,* pages 33–38, 1986.

[Wah84]   W. Wahlster. Cooperative Access Systems. *Future Generations Computer Systems,* 1(2):103–111, 1984.

[Wah86]   W. Wahlster. The Role of Natural Language in Advanced Knowledge-Based Systems. In H. Winter, editor, *Artificial Intelligence and Man-Machine Systems,* pages 62–83, Springer, Heidelberg, 1986.

[WK86]   W. Wahlster and A. Kobsa. Dialog Based User Models. *IEEE Proceedings,* 74(7):948–960, 1986.

[WMA*86]   R. Wilensky, J. Mayfield, A. Albert, D. Chin, C. Cox, M. Luria, J. Martin, and D. Wu. *UC - A Progress Report.* Report No. UCB/CSD 87/303, Computer Science Division (EECS), University of California, Berkeley, 7 1986.

Das verteilte Hypertext-System DHS:

eine verteilte Anwendung auf Rechnernetzen

D. Meiser, S. Nilam, D. Prinz, H. Scheidig

1.   Einleitung

Der Begriff "Hypertext" als Umschreibung eines anspruchsvollen Dokumentverarbeitungssystems wurde Ende der sechziger Jahre von T.Nelson im Rahmen seiner Arbeiten an XANADU [NEL] geprägt. Seitdem wurden eine Reihe von Hypertext-Systemen entwickelt und zum Teil sogar kommerziell vertrieben; [DS] und [HYP] geben einen Überblick.

Im November 1987 wurde an der Universität von North Carolina eine Konferenz über Hypertext-Systeme abgehalten [HYP]; das rege Interesse an dieser Veranstaltung zeigte, daß Hypertext-Systeme in wachsendem Umfang eingesetzt werden.

Das Ziel dieses Projekts besteht darin, ein experimentelles verteiltes Hypertext-System (DHS) zu entwickeln und mit diesem Erfahrungen im praktischen Einsatz zu sammeln. Die Struktur und Arbeitsweise dieses Systems wird im folgenden kurz beschrieben.

1. Erläuterung der Begriffe "Hypertext" und "Hypertext-System"

Ein *Hypertext-Dokument* (kurz: *Hypertext*) ist ein gerichteter Graph, dessen

- Knoten textuelle Informationseinheiten (*Dokumente*) oder nontextuelle Informationseinheiten sind, und dessen

- Kanten Referenzen (Links) zwischen diesen Teileinheiten darstellen.

  Das folgende Bild zeigt ein Beispiel eines Hypertextes:

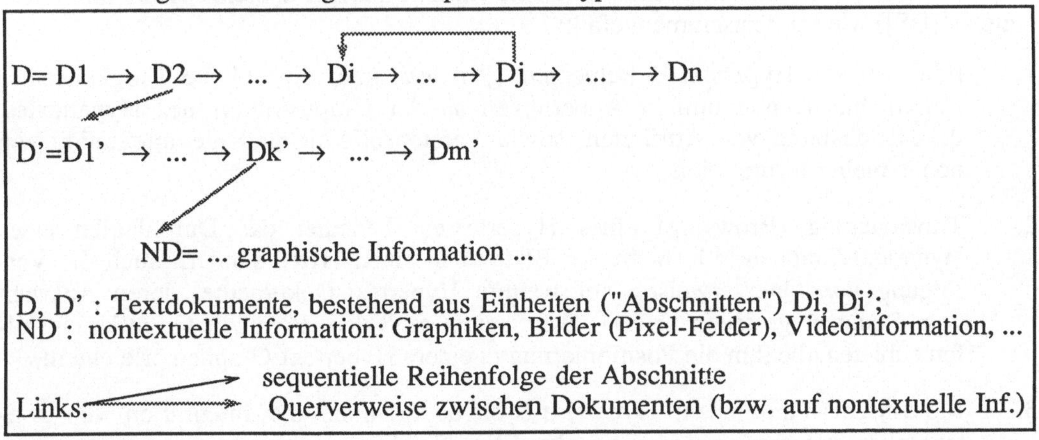

D= D1 → D2 → ... → Di → ... → Dj → ... → Dn

D'=D1' → ... → Dk' → ... → Dm'

ND= ... graphische Information ...

D, D' : Textdokumente, bestehend aus Einheiten ("Abschnitten") Di, Di';
ND : nontextuelle Information: Graphiken, Bilder (Pixel-Felder), Videoinformation, ...

Links: sequentielle Reihenfolge der Abschnitte
Links: Querverweise zwischen Dokumenten (bzw. auf nontextuelle Inf.)

Abb. 1.1

Links sind entweder *externe Referenzen*, das sind solche, die von einem Dokument D auf ein anderes Dokument D' (bzw. auf nontextuelle Information ND) führen, oder *interne Referenzen*, das sind Querverweise innerhalb eines bestimmten Dokuments D (z.B. $D_j \longrightarrow D_i$ in Bild 1.1 oben).

Ein *Abschnitt* bezeichnet eine Textseite; die Semantik dieses Begriffs hängt vom jeweiligen Hypertext-System ab: TEXNET [TW] versteht unter einem Abschnitt ein Textstück ("chunk of text"), dessen Länge implementierungsabhängig ist, während andere Systeme einen Abschnitt als eine logische Einheit (z.B. Seite) eines Dokuments verstehen (vergleiche etwa [BRO]).

Attributierter Hypertext: ein Hypertext heißt *attributiert*, wenn den Kanten des Hypertext-Graphen Attribute zugeordnet werden können. Diese Attribute können einerseits technischer Natur sein und so beispielsweise "kann"- oder "muß"-Pfade (Links im Graphen) unterscheiden, sie können aber auch andersartige semantische Angaben enthalten wie "Kommentar", "Kritik", "Zusammenfassung" oder ähnliche, die also nähere Auskunft über den Inhalt der über diese Kanten erreichbaren Hypertext-Elemente geben (siehe [TW]).

Wir sehen also, daß ein Hypertext Informationseinheiten mit einer Referenz-Struktur versieht; diese Struktur bildet die Grundlage für einen Traversierungsalgorithmus für Hypertexte (siehe 3.1).

Unter einem *Hypertext-System* verstehen wir ein anspruchsvolles Dokumentverwaltungssystem, das Tätigkeiten wie "Browsing" und "Editieren" von Hypertexten in einer komfortablen, interaktiven Arbeitsumgebung erlaubt.

Ein *verteiltes Hypertext-System* ist ein Hypertext-System, das einen Hypertext-Graphen auf mehrere Rechner verteilt; unter Verteilung verstehen wir dabei nicht nur die Verteilung von Hypertext-Dokumenten (also Daten), sondern auch von Hypertext-Funktionen. Die technische Basis für diese Verteilung bilden Berechnungsnetze (siehe unten), deren Struktur die Struktur von Hypertext-Graphen widerspiegeln.

Die wesentlichen funktionellen Eigenschaften eines Hypertext-Systems seien (in Anlehnung an [DS]) wie folgt zusammengefaßt:

1. Editieren von Hypertext-Dokumenten: geht weit über die übliche Tätigkeit eines Editors hinaus und umfaßt Änderungen an der Graphstruktur des Hypertextes, die Handhabung von Attributen, sowie Versionsbildung und die Integration von nontextueller Information

2. Traversierung (Browsing) eines Hypertextes: bedeutet das Durchlaufen eines Hypertext-Graphen, d.h. nicht nur Blättern in einem Text, sondern auch die Verfolgung von Querverweisen auf weitere Hypertext-Dokumente, deren Auswahl vom Benutzer gesteuert erfolgt. Das System muß dem Benutzer Orientierungshilfen anbieten, die ihm die Positionierung in einem Hypertext-Graphen erleichtern.

3. Multi-Media-Funktionen: Hypertext-Systeme erlauben die Integration von nontextueller Information und die einheitliche Handhabung von Informationen unterschiedlichen "Typs", also z.B. solche vom Typ TEXT, GRAPHIK, VIDEO, usw. .

4.   Verteilung von Hypertext-Dokumenten auf die Verarbeitungseinheiten eines Rechnernetzes, Zugriff auf Hypertext-Dokumente durch verschiedene Bearbeiter: infolge seiner allgemeinen und flexiblen Struktur lassen sich die Elemente eines Hypertextes den Verarbeitungseinheiten eines Rechnernetzes zuordnen und "verteilt" verarbeiten; darüber hinaus steht mehreren Bearbeitern der (gleichzeitige) Zugang zu Hypertext-Dokumenten offen. Beispielsweise stellen Hypertext-Systeme damit eine gute Basis für "joined editing" dar. Die angebotenen Mechanismen können darüber hinaus auch zur verteilten Programmentwicklung und zum (verteilten) Projektmanagement eingesetzt werden.

5.   Gleichzeitiger Zugriff eines Benutzers auf mehrere Hypertexte: dieser Spezialfall des unter 4 skizzierten allgemeinen Verfahrens ist für die Arbeit in verteilter Umgebung von Wichtigkeit. Beispielsweise etwa dann, wenn ein Benutzer ein Dokument erstellt und hierzu in Referenzdokumenten blättert (aus denen er zitieren will) oder Graphiken integrieren will, die getrennt erstellt wurden (siehe auch das Beispiel am Ende von Abschnitt 3.2).

6.   Interaktive Benutzerschnittstelle: ein Hypertext-System wird interaktiv benutzt. Ein Multi-Window Display bietet sich als Endgerät an. Ein Benutzer muß dann in der Lage sein, Fenster des Displays "wertliefernden Instanzen" zuzuordnen, das sind diejenigen Verarbeitungseinheiten, die Hypertext-Dokumente verwalten, mit denen der Benutzer zur Zeit arbeitet.

2. Berechnungsnetze

Berechnungsnetze erlauben die Verteilung von Hypertext auf die Komponenten eines Rechnernetzes unter Abstraktion von technischen Einzelheiten und speziellen Eigenschaften eines bestimmten Netzes. Unser Hypertext-System ist somit portabel und kann auf jeder Konfiguration zum Laufen gebracht werden, die Berechnungsnetze realisiert.

Ein *Berechnungsnetz* (computational network, siehe [LS], [KM]) Cnet ist ein gerichteter Graph Cnet=({Cnode}, N), wobei gilt:

- die Elemente Cnode sind *Berechnungsknoten* (computational nodes), und die Kanten sind definiert durch eine Relation N $\subset$ ({Cnode} x {Cnode}), die wir *Nachbarschaftsbeziehung* nennen.

Ein Berechnungsknoten

- bietet seinen Nachbarn bestimmte Leistungen über ein Standardinterface an; das Standardinterface besteht aus einer Anzahl (getypter) Eingänge e,

- realisiert die angebotenen Leistungen durch ein knoteninternes Programm, das quasiparallel arbeitet. Diese Quasiparallelität wird erreicht, indem

  - jeder Aufruf eines Eingangs ("Interknotenaufruf") durch einen zu diesem Zweck generierten Prozeß durchgeführt wird,

- die Synchronisation dieser generierten Prozesse durch die bedingte Selektion von Eingängen sogenannter permanenter Prozesse erfolgen kannn

- nimmt Leistungen anderer Berechnungknoten Cnode' durch Interknotenaufrufe in Anspruch. Interknotenaufrufe sind asynchrone, entfernte Aufrufe von Funktionen oder Prozeduren. Das folgende Beispiel möge diese Technik erläutern:

Die Relation N: Cnode1→ Cnode2 ist in folgender Weise zu interpretieren:

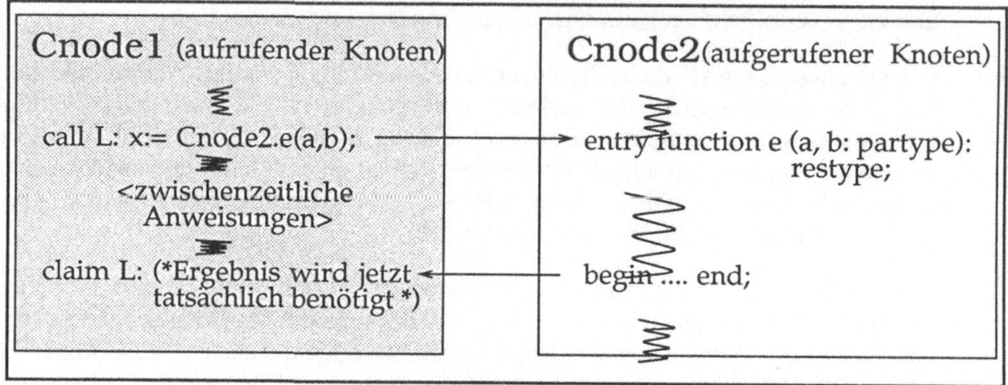

Abb. 2.1

Cnode1 kann Leistungen benutzen, die Cnode2 anbietet, indem Cnode1 diejenigen Eingänge von Cnode2 aufruft, die Zugang zu diesen Leistungen erlauben. Wir nennen dann Cnode1 *Auftraggeber* (Klient) und Cnode2 *Auftragnehmer* (Server).

Ein verteiltes Programm ist eine Operationsvorschrift für ein Berechnungsnetz, die aus zwei Teilen besteht:

- das eigentliche Programm definiert die Berechnungsknoten des Berechnungsnetzes und deren Interface;

- der Konfigurationsteil (Konfigurator) spezifiziert das Berechnungsnetz als Instantiierung seiner Knoten und der Nachbarschaftsbeziehungen zwischen ihnen.

3. Darstellung von Hypertext-Graphen durch Berechnungsnetze

Die Abbildung eines Hypertext-Graphen G auf ein Berechnungsnetz Cnet geschieht nun in einfacher Weise:

1. Wir ordnen jedem Dokument $D \subset G$ einen Berechnungsknoten $DM \subset Cnet$ zu; wir bezeichnen DM als Dokument-Verwalter.

   DM bietet alle Funktionen an, die wir

   - an den Benutzer des Hypertext-Systems weitergeben (siehe 3.1 unten), und

- solche, die wir zur internen Koordination des Berechnungsnetzes Cnet
  benötigen.

2. Die Relation N in Cnet entspricht den Querverweisen zwischen Dokumenten D
   aus G.

Damit ergibt sich für das Beispiel von Abschnitt 1, Bild 1.1, folgendes Berechnungsnetz:

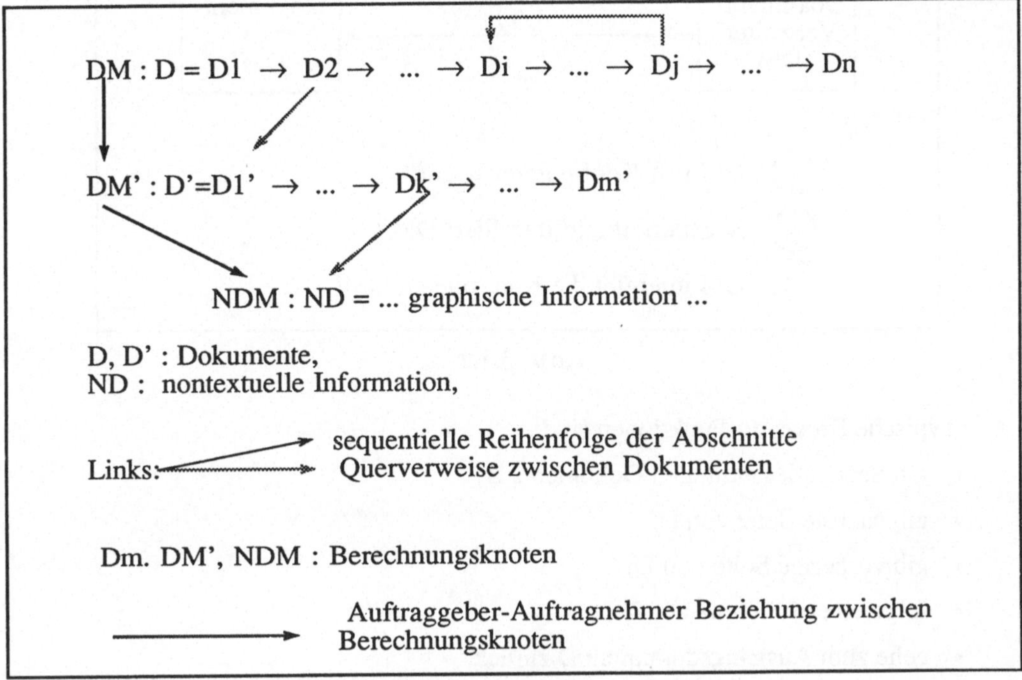

Abb. 3.1.1

Eine Traversierung des obigen Berechnungsnetzes wird von den Knoten DM, DM'
(NDM) gesteuert, und zwar so, daß beispielsweise beim Folgen des Querverweises
von D2 nach D' die Kontrolle von DM an DM' übergeben wird; dies geschieht in einer für den Benutzer transparenten Weise.

3.1 Dokument-Verwalter DM

Wir werden in diesem Anschnitt kurz einige Leistungen des Dokument-Verwalters
DM skizzieren.

1. Traversierung (Browsing): erlaubt dem Benutzer den Durchlauf durch einen
   Hypertext-Graphen. Der Benutzer wählt an Verzweigungen (interaktiv) zwischen den möglichen Wegalternativen aus; der Benutzer ist dafür verantwortlich,
   daß der Traversierungsvorgang azyklisch abläuft. Bei der Traversierung eines
   Hypertextes wird beim (erstmaligen) Antreffen eines Dokuments D' (in Folge

einer Pfadwahl, die vom Ausgangsdokument D nach D' führt) ein Dokument-Verwalter DM' generiert. DM' kann dann als "Sohninstanz" von DM angesehen werden:

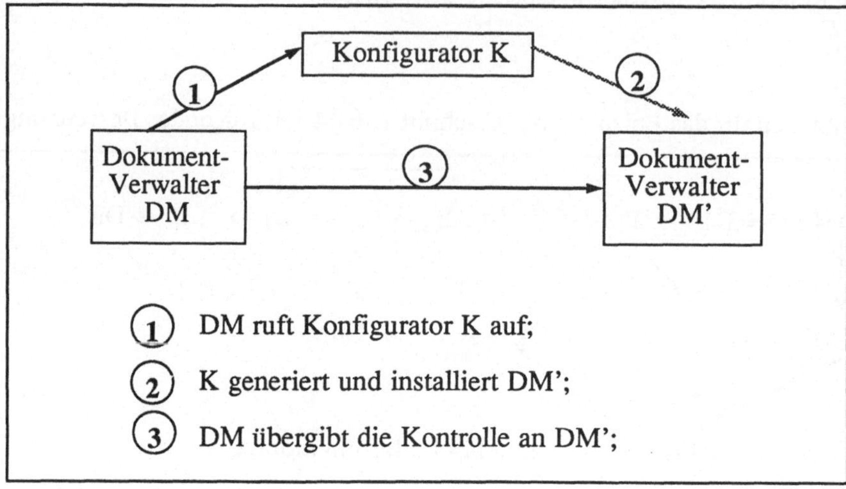

Abb. 3.1.2

Typische Browsing-Funktionen sind:

- gib Seite x des aktuellen Dokuments D;

- gib nächste Seite von D;

- gib vorherige Seite von D;

- folge einer Referenz auf D';

- gehe zum Ausgangsdokument D zurück.

Die Browsing-Funktion bezieht nontextuelle Information mit ein. Die augenblickliche Version von DHS unterscheidet Links auf:

- graphische Informationseinheiten

- Bilder (Pixel-Felder)

- Videoinformationen, und

- Anmerkungen ("Annotierungen"): diese enthalten Kommentare, die einen (weiteren) Benutzer des Hypertext-Systems adressieren. Der Adressat kann die an ihn gerichteten Anmerkungen lesen und beantworten. Damit steht eine (sehr einfache) Kommunikationsmöglichkeit zwischen den Benutzern eines Hypertext-Systems zur Verfügung.

2. Editing-Funktionen: Wir wollen hier keinen neuen Editor erfinden, sondern dem Benutzer die Bearbeitung von Hypertext mit existierenden Mitteln erlauben. Dabei muß die Vermeidung von Konflikten (ausgelöst durch gleichzeitige

Lese/Schreib-Zugriffe auf Dokumente) erreicht werden. Hierzu gilt folgende Regel:

Die eigentliche Bearbeitung eines Dokuments D muß außerhalb des Hypertext-Bereichs in einem lokalen Arbeitsbereich LDB eines Benutzers erfolgen. Eine geeignet gewählte Schnittstelle erlaubt dem Benutzer

- den Transport eines Dokuments D vom globalen Arbeitsbereich GDB in den lokalen Arbeitsbereich LDB des Benutzers (Funktion: copy);

- das "Einhängen" eines lokal erstellten Dokuments D aus LDB in einen Knoten des globalen Bereichs GDB (Funktion: include).

Die letztgenannte Funktion bewirkt ggf. ein temporäres "locking" von Knoten des globalen Bereichs während der Einfügungsphase. Das folgende Bild skizziert die Situation:

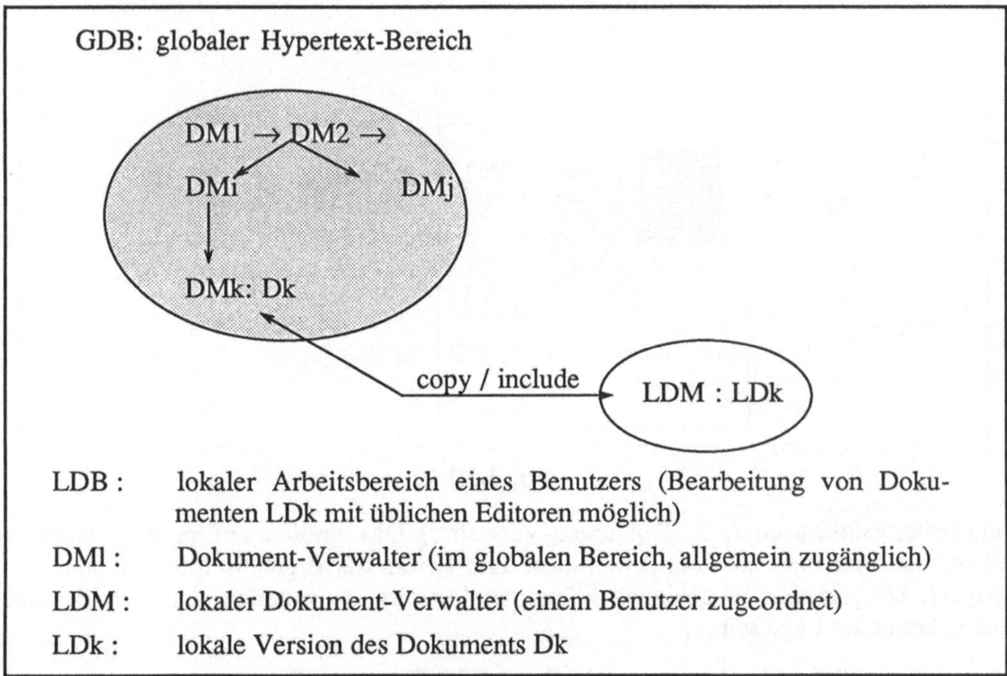

LDB :   lokaler Arbeitsbereich eines Benutzers (Bearbeitung von Doku-
           menten LDk mit üblichen Editoren möglich)

DMl :   Dokument-Verwalter (im globalen Bereich, allgemein zugänglich)

LDM :   lokaler Dokument-Verwalter (einem Benutzer zugeordnet)

LDk :   lokale Version des Dokuments Dk

Abb. 3.1.3

Weitere Funktionen erlauben das Einfügen/Lesen von Annotierungen. Für Einzelheiten siehe [MEI].

3.2   Präsentation von Informationen

Ein Benutzer, der von den in 3.1 beschriebenen Funktionen eines Hypertext-Systems Gebrauch macht, befindet sich in der im folgenden Bild beschriebenen Situation:

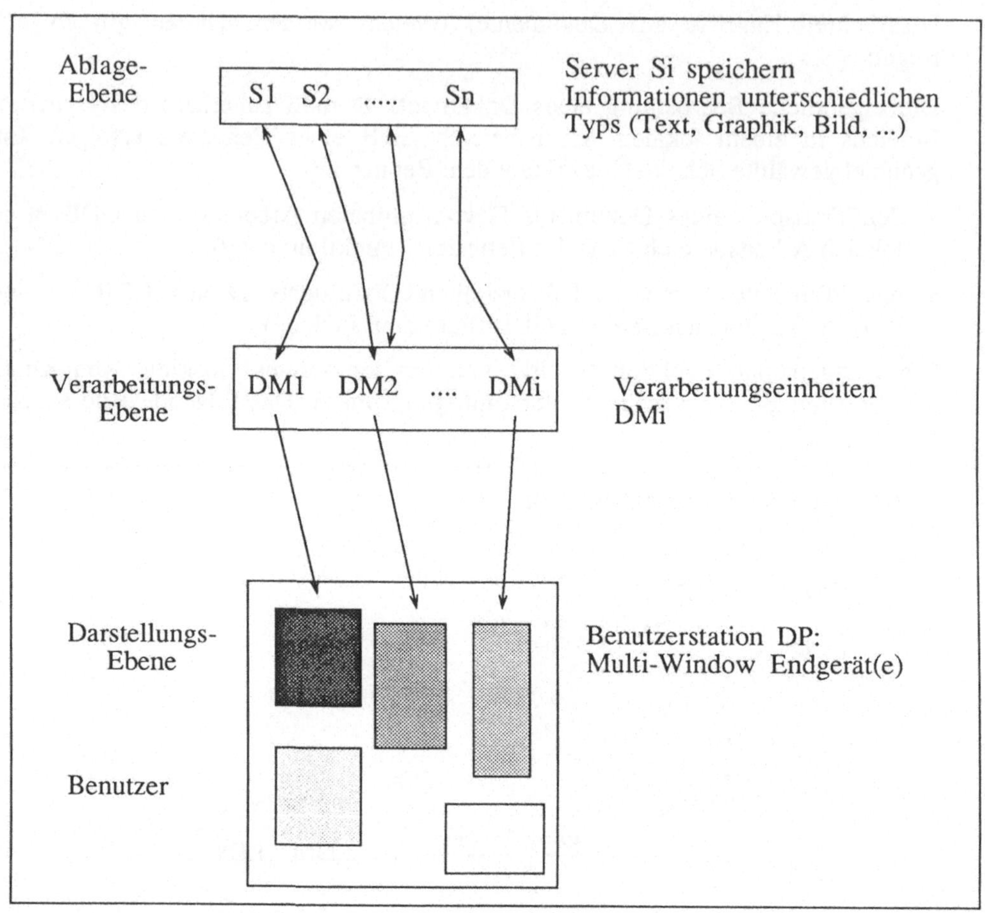

Abb. 3.2.1

Verarbeitungsinstanzen (z.B. Dokument-Verwalter) DM greifen auf in S gespeicherte Informationseinheiten zu, verarbeiten diese und liefern als Ergebnis Informationen zum Endgerät DP, die dort in geeignet definierten Fenstern darzustellen sind. Ein Benutzer muß daher in der Lage sein,

- den *wertliefernden* Instanzen DM Fenster der Endgeräte DP zuzuordnen, und

- den Informationsfluß zwischen DM und den Fenstern von DP entsprechend zu steuern.

Wir erreichen diese Ziele in folgender Weise:

1. Wir gehen zunächst davon aus, daß ein Endgerät DP mit einem Bitmapped-Bildschirm verfügbar ist, und ein Window-Manager existiert, der die Darstellungsfläche des Bildschirms in mehrere Teilbereiche (Windows) zu unterteilen erlaubt. In jedem Teilbereich können Texte, Graphiken oder Rasterbilder (Images) dargestellt werden. Workstations wie SUN oder Apollo erfüllen diese Vorausset-

zungen. Ggf. können auch mehrere Einzelgeräte zu einer Benutzerstation DP zusammengefaßt werden (beispielsweise ein Bitmappped-Gerät mit Window-Manager, ein alphanumerisches Terminal zur Steuerung, ein Monitor zur Darstellung von Video-Information).

2. Wir führen Datenfluß-Kontrollinstanzen DC ein. Eine solche Instanz ist ein Berechnungsknoten, der

- *Darstellungsflächen* (*Views*) und Teilbereiche von Darstellungsflächen (*Viewports*) spezifiziert, und

- Views (Viewports) einerseits den wertliefernden Instanzen DM, andererseits den Fenstern (Darstellungsflächen) eines realen Endgeräts DP zuordnet.

Bestandteile dieser Spezifikation sind auch (definierbare) Anpassungsfunktionen, die den von wertliefernden Instanzen ausgehenden Informationsstrom an die Gegebenheiten des Endgeräts anpassen.

Views (Viewports) sind abstrakte Objekte, die bezogen werden auf ein vom Benutzer gewähltes Koordinatensystem.

Damit ist das Bild 3.2.1 in folgender Weise abzuändern:

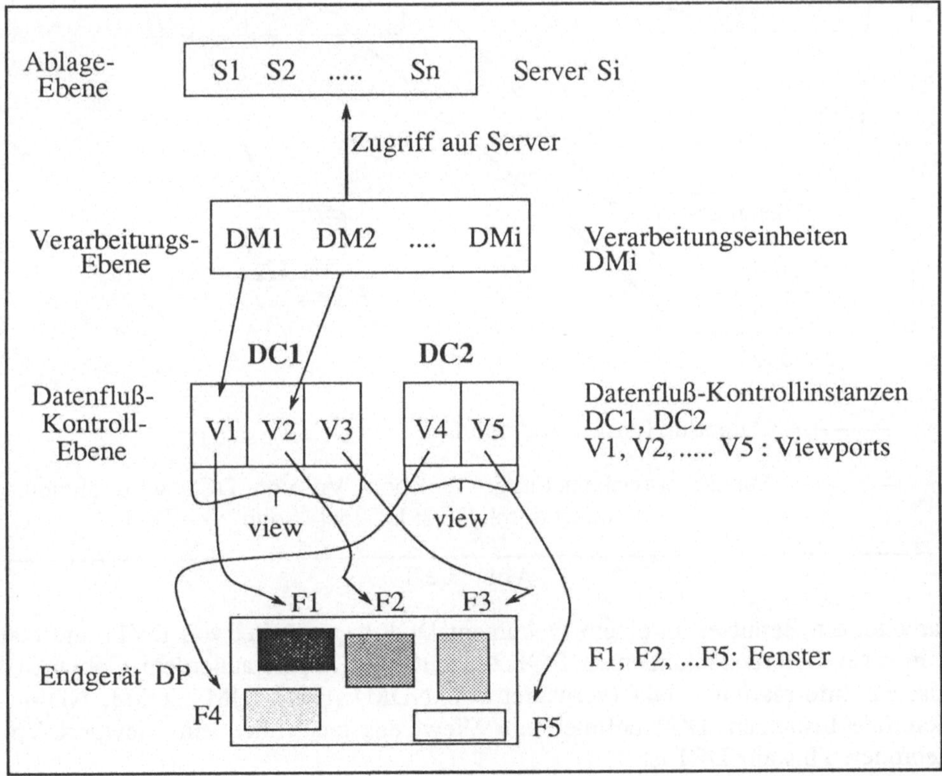

Abb. 3.2.2

Die Einbeziehung der Datenfluß-Kontrollebene erlaubt uns die Abstraktion von den technischen Einzelheiten spezieller Endgeräte.

Ein View ist nicht fest einer einzigen wertliefernden Instanz zugeordnet; vielmehr können mehrere Instanzen sich ein View teilen, bzw. Daten dorthin ablegen ("shared view"). In Verbindung mit den beschriebenen Hypertext-Funktionen bedeutet dies, daß die Dokument-Verwalter DMi unter Kontrolle der Instanzen DCl ihre Informationen auf denjenigen Darstellungsflächen (Fenstern) Fi der Benutzerstation DP ablegen, die den Views (Viewports) Vi von DCl entsprechen.

Ein Beispiel möge die beschriebene Methode verdeutlichen:

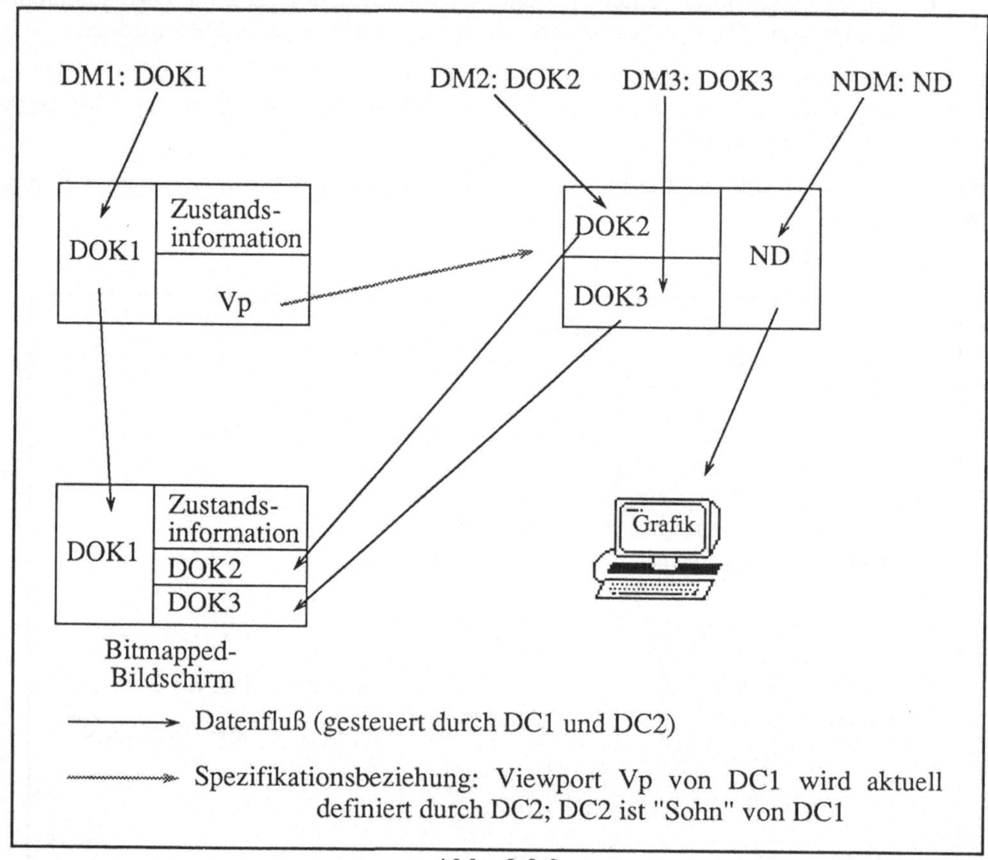

Abb. 3.2.3

Hier arbeitet ein Benutzer an einem Dokument DOK1 (verwaltet von DV1) und blättert dabei in zwei Referenzdokumenten DOK2, DOK3; er macht außerdem Gebrauch von graphischen Informationen ND (verwaltet von NDM). DM1, DM2, DM3, NDM sind wertliefernde Instanzen. DC2 definiert ein View, das tatsächlich ein Viewport Vp der übergeordneten Instanz DC1 ist.

Die Definition einer Datenfluß-Kontrollinstanz kann interaktiv oder programmgesteuert erfolgen. Für Einzelheiten siehe [NIL].

4. Implementierung

Die Implementierung von DHS geschieht auf folgender Konfiguration:

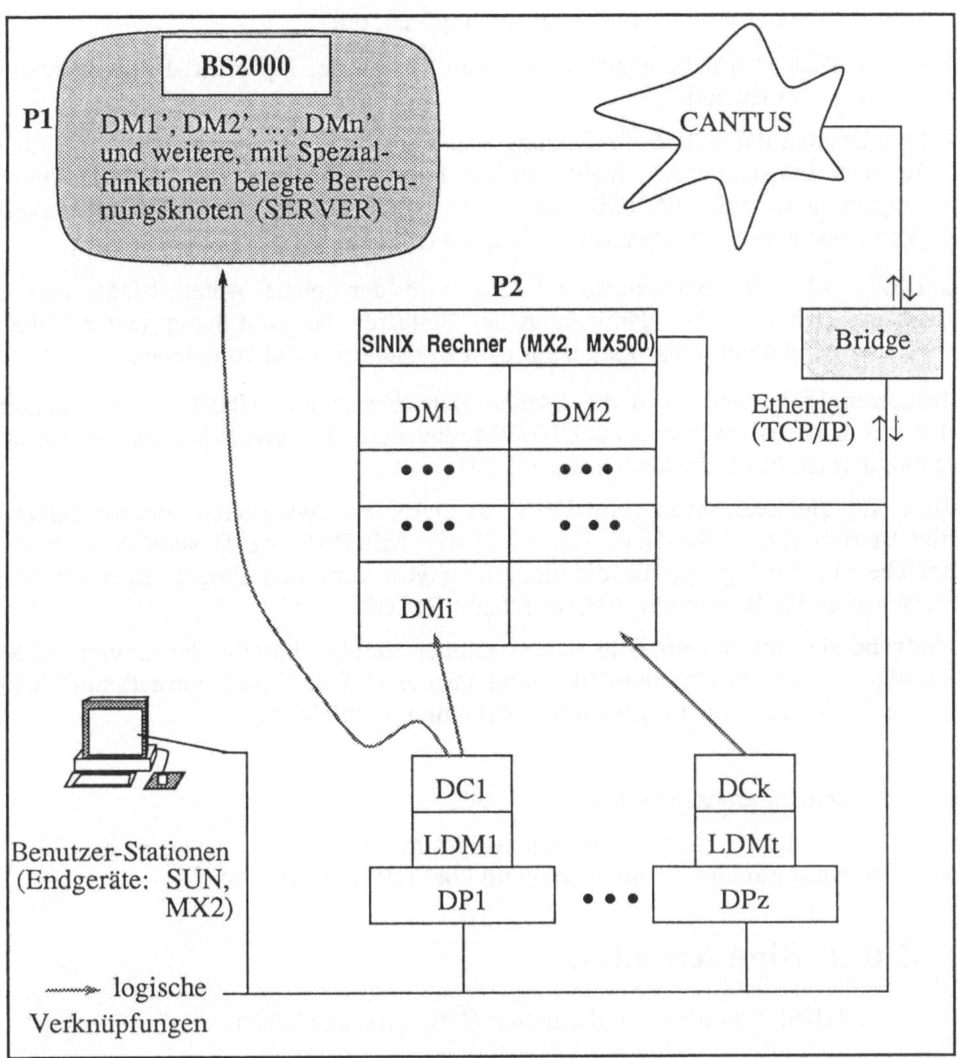

Abb. 4.1

Die Aufgabenverteilung zwischen den Komponenten P1, P2, DP1,.... DPz ist wie folgt:

P1: Stellt eine Menge von (virtuellen) Berechnungsknoten bereit. Einige von diesen sind durch spezielle Aufgaben belegt (stellen z.B. Server-Kapazität bereit, führen Konfigurationstätigkeiten durch, wickeln "login-Anweisungen" ab etc.); weitere stehen als Dokument-Verwalter zur Verfügung.

P2: Stellt eine Menge von Berechnungsknoten bereit, die ausschließlich als Dokument - Verwalter eingesetzt werden.

P1 und P2: Realisieren zusammen den "Prozessor-Pool"-Anteil GDB unseres Hypertext-Systems. Dabei werden virtuelle DM-Knoten auf BS2000 nur dann angefordert, wenn

- entweder der Pool P2 völlig ausgeschöpft ist, oder

- die BS2000-Anlage absichtlich in den Prozeß der Hypertext-Bildung miteinbezogen werden soll.

Man beachte dabei, daß die Bildung von Berechnungsknoten (auf P1, P2) für den Benutzer transparent geschieht; bei der Inanspruchnahme von virtuellen Berechnungsknoten auf BS2000 ist ggf. mit einem Geschwindigkeitsverlust (Verschlechterung der Reaktionszeiten) zu rechnen.

DP1,...DP2: Auf jeder Benutzerstation DPi wird der lokale Anteil LDMi und eine Instanz DCi realisiert; damit kann der Benutzer die Zuordnung seiner Daten zu Fenstern und deren Präsentation auf dem Bildschirm lokal vornehmen.

Die Instanzen LDM sind so in die lokalen Betriebssysteme (UNIX, SINIX) eingebettet, daß ein Umschalten zwischen UNIX-Modus und "Hypertext-Modus" in einfacher Weise möglich ist. Für Einzelheiten siehe [PRI].

Die Basis für die Realisierung von DHS auf dieser Hardware-Konfiguration bildet das verteilte Betriebssystem SA-DOS (siehe [GER]). Mit PASCAL-D steht eine Programmiersprache zur Verfügung, die die Erstellung von verteilten Programmen als Operationsvorschriften für Berechnungs-Netze erlaubt [NEU].

Die Aufgabe der im obigen Bild 4.1 erwähnten *Bridge* besteht darin, von BS2000-Knoten abgeschickte Nachrichten (das sind Pakete in CANTUS*-Format) auf TCP/IP-Pakete abzubilden bzw. die umgekehrte Abbildung vorzunehmen.

Stand der Implementierungsarbeiten:

Ein experimentelles verteiltes Hypertext-System, basierend auf der in Bild 4.1 angegebenen Konfiguration, wurde erstellt und befindet sich im Test.

5.   Zukünftige Arbeiten

Die weiteren Arbeiten werden vor allem zwei Ziele im Auge haben:

1.   Übergang von internen Schnittstellen auf genormte Schnittstellen (betrifft Dokument-Formate, Graphikformate, entsprechende Editoren, Kommunikationsschnittstellen).

2.   Gewährleistung der Konsistenz beim "joined editing": die mächtigen Werkzeuge (Berechnungsnetze, Annotierungen) lassen uns dieses Ziel in relativ einfacher Weise und mit relativ geringem Implementierungsaufwand erreichen.

---

* CANTUS: Rechnernetz der Universität des Saarlandes, siehe [SUH]

Literatur

[NEL]   T.H. Nelson: Literary Machines, T.H. Nelson, Swarthumore, PA; 1981

[TW]   R. Trigg, M. Weiser: TEXNET: A network-based approach to text handling, ACM Trans. Off. Inf. Syst. 4, 1 (Jan. 1986)

[DS]   N.M. Delisle, M.D. Schwartz: Context - A Partitioning Concept for Hypertext, ACM Trans. Off. Inf. Sept. 5,2 (April 1987)

[HYP]   Hypertext 87 Papers, University of North Carolina, Nov. 1987

[LS]   D.O. O'Leary, G.W. Stewart: Data-flow Algorithmus for Parallel Matrix Computations; CACM Vol. 28, No. 8, 1985

[KM]   R.Karp, R. Miller: Properties of a Model for Parallel Computations, SIAM J Appl. Math. 14, 1966

[MEI]   D. Meiser: "TEMA_DIS: Verteilte Textverarbeitung unter POOL", Diplomarbeit, Fachbereich 10 der Universität des Saarlandes.

[NIL]   S. Nilam: "DASCO_DIS: Datenstromkontrolle in einem verteilten System"; Diplomarbeit, Fachbereich 10 der Universität des Saarlandes.

[GER]   L. Gerlach et. al: The Distributed System POOL, in Worksphop on "Experiences with Distributed Systems", Fachbereich Informatik der Universität Kaiserslautern, Sept. 1987, in Druck

[NEU]   C.Neusius: PASCAL-D, eine Programmiersprache für verteilte Anwendungen, Konzepte und Implementierung; interner Bericht des Teilprojekts D3 des SFB 124, Fachbereich 10 der Universität des Saarlandes.

[PRI]   D. Prinz: "Implementierung von POOL-SINIX bzw. POOL-SINIX/LAN", Diplomarbeit, Fachbereich 10 der Universität des Saarlandes, in Vorbereitung.

[SUH]   Schuh, H. J. : CANTUS - ein paketvermittelndes Punkt-zu-Punkt-Netz, III-Kooperationsprojekt der Siemens AG und der Universität des Saarlandes, Projektbericht 1985

[BRO]   P.J. Brown: Turning Ideas into Products: The Guide System, Office Workstations Ltd. and The Univ. of Canterbury, in: Hypertext 87 Papers, University of North Carolina, Nov. 1987

Implementierung
der funktionalen Programmiersprache
HOPE
mit Hilfe von Kombinatoren

Fachbereich 10 – Informatik

M.Baston   H.-J.Bach   A.Lucks-Baus   F.Müller   R.Wilhelm

Abstract

A 'lazy' variant of the functional programming language HOPE was implemented for use
on the SIEMENS PC-MX2. HOPE offers considerable security to the programmer due to
the absence of side effects and its type concept which combines static type checking with the
advantages of a flexible typing scheme known as 'polymorphism'.
The language implementation is embedded in an interactive environment. Programs may be
built up from individual pieces in incremental fashion. For execution the functional program
is incrementally translated into term rewrite rules based on supercombinators introduced by
J.Hughes.

Zusammenfassung

Eine 'lazy' Variante der funktoinalen Programmiersprache HOPE wurde unter SINIX auf dem
Siemens PC-MX2 implementiert. Dank ihrer Seiteneffektfreiheit und eines Typkonzepts, das
statische Typüberprüfung mit den Vorteilen eines flexiblen Typkonzepts, 'Polymorphismus' genannt, kombiniert, bietet HOPE dem Programmierer ein beträchtliches Maß an Sicherheit.
Die Sprachimplementierung ist in eine interaktive Umgebung eingebettet. Programme werden
im Dialog aus einzelnen Teilen aufgebaut. Auf der Grundlage der von J.Hughes eingeführten Superkombinatoren wird das funktionale Programm inkrementell in Termersetzungsregeln
übersetzt und ausgeführt.

Das hier vorgestellte Projekt stellt eine Variante der funktionalen Programmiersprache HOPE
auf dem PC-MX2 zur Verfügung. HOPE, das an der Universität Edinburgh entwickelt wurde
[BMQS 80], zeichnet sich vor allem durch sein Typsystem aus, das statische (Übersetzungszeit)Typüberprüfung erlaubt und dem Programmierer neben Sicherheit große Flexibilität bietet.
Die implementierte Sprache weicht allerdings in einigen Punkten vom Original-Entwurf ab.

HOPE erlaubt dem Benutzer die Definition eigener Typen. Dabei dürfen Typspezifikationen
Platzhalter (Typvariablen) enthalten. Funktionen mit 'polymorphem' Typ können an verschiedenen Stellen im Programm auf Argumente unterschiedlichen Typs angewandt werden; es ist beispielsweise möglich, Funktionen zu definieren, die Listen beliebigen Typs verketten. Auch können
Funktionen selbst wieder Funktionen als Argumente haben.

Für lokale Größen braucht im Programmtext kein Typ angegeben zu werden. Er wird aus dem Kontext hergeleitet, in dem eine Variable auftritt.

Die Daten, mit denen HOPE arbeitet, haben (zumindest ideell) die Form von Termen. Daher können Funktionen mit Hilfe von Argument-Mustern definiert werden.

HOPE-Programme bestehen aus einer Folge einzelner 'Programmelemente', die eine globale Umgebung schaffen, in der Ausdrücke ausgewertet werden können. Da Typen und Funktionen vor der erstmaligen Verwendung deklariert werden müssen, ist ein inkrementeller Programmaufbau - allerdings auf Kosten einer globalen Optimierung - möglich. HOPE eignet sich also vor allem für den Programmentwurf und die Erstellung von Prototypen.

Herkömmliche HOPE-Implementierungen realisieren eine call-by-value Semantik (sieht man von 'lazy'-Listen ab), d.h. Argumente von Funktionen werden vor der Übergabe ausgewertet. Mit der hier vorgestellten Variante wird versucht, durch die Übersetzung von HOPE-Programmen in Superkombinator-Code [Hugh 82] eine vollständige Lazy-Auswertung zu erreichen: Argumente werden erst ausgewertet, wenn und soweit wie ihr Wert für die Abarbeitung des Funktionsrumpfes benötigt wird.

1 Programmieren in HOPE

Das folgende Beispiel soll einen Eindruck von HOPE vermitteln.

Nach Start zeigt HOPE durch den Prompt > an, daß es auf Eingabe wartet:

$$> \quad dec\ ggt,\ kgv\ :\ num\ \#\ num\ \rightarrow\ num;$$

Zwei Funktionen mit Namen ggt und kgv werden deklariert, die, angewandt auf ein Zahlenpaar, eine Zahl als Ergebnis liefern.

$$> \quad kgv\ ==\ lambda\ (x,y)\ \Rightarrow\ x\ *\ y\ div\ ggt(x,y);$$
$$> \quad ggt\ ==\ lambda\ (x,y)\ \Rightarrow\ if\ y\ =\ 0\ then\ x\ else\ ggt(y,x\ mod\ y);$$

kgv und ggt werden für Argumente der links des Pfeils angegebenen Form definiert; der Ausdruck rechts bestimmt den Funktionswert. Man beachte, daß ggt schon benutzt wird, ehe es definiert ist.

$$> \quad infix\ /\ :\ 8;$$

Der Bezeichner / wird als Infix mit Präzedenz 8 deklariert.

$$> \quad data\ bruch\ ==\ num\ /\ num;$$

Ein neuer Typ bruch wird eingeführt. Die Daten dieses Typs sind von der Form n/m, dh. ergeben sich durch Anwendung des zusammen mit dem Typ vereinbarten Konstruktors '/' auf ein Zahlenpaar.

$$> \quad dec\ kuerze\ :\ bruch\ \rightarrow\ bruch;$$
$$> \quad kuerze\ ==\ lambda\ a\ /\ b\ \Rightarrow\ let\ d\ ==\ ggt(a,b)\ in\ (a\ div\ d)\ /\ (b\ div\ d);$$

$kuerze$ liefert zu einem Bruch der Form a/b einen äquivalenten Bruch mit teilerfremden Komponenten. Man beachte, daß das Argument durch ein Muster repräsentiert ist: a und b werden, da sie keine Konstruktoren sind, vom System als Variablen angesehen.

$$> \quad infix \ < + >, < - > : 5;$$
$$> \quad dec \ < + >, < - >, < * >, < / > : bruch \ \| \ bruch \ \to \ bruch;$$
$$> \quad infix \ < * >, < / > : 6;$$

Weitere Infix-Operatoren werden eingeführt: die Infix-Vereinbarung kann dabei der Deklaration sowohl vorangehen wie nachfolgen.

$$> \ < + > \ ==$$
$$lambda \ (a \ / \ b, c \ / \ d)$$
$$\Rightarrow \ let \ k \ == \ kgv(b, d)$$
$$in \ kuerze(((k \ div \ b) * a + (k \ div \ d) * c) \ / \ k);$$
$$> \ < * > \ == \ lambda \ (a \ / \ b, c \ / \ d) \Rightarrow kuerze((a * c) \ / \ (b * d));$$

Nun kann mit Brüchen gerechnet werden:

$$> \quad kgv(4 \ / \ 3) ;$$
$$[error]kgv \ : \ num \ \| \ num \ \to \ num \ \longleftarrow \ Antwort \ des \ Systems$$
$$doesn't \ accept \ argument$$
$$4 \ / \ 3 \ : \ bruch$$
$$> \quad 4 \ / \ 3 \ < + > \ 1 \ / \ 6 ;$$
$$3 \ / \ 2 \ : \ bruch \ \longleftarrow \ Antwort \ des \ Systems$$

2 HOPE-Ausdrücke

Zentrales Sprachelement aller funktionalen Sprachen ist der Ausdruck. In HOPE sind die in Ausdrücken vorkommenden Namen an Ausdrücke bzw. deren Werte gebunden, nicht an Speicherzellen mit manipulierbarem Inhalt. Einmal etabliert, besteht die Bindung für einen Namen in dessen gesamten Gültigkeitsbereich.

Ausdrücke dienen in HOPE zweierlei Zweck: an einen Namen gebunden, liefern sie eine Definition für ihn, ungebunden werden sie ausgewertet und sind nach Anzeige ihres Werts verloren.

Einfachste Ausdrücke sind Bezeichner, Zahlen oder Zeichenkonstanten. Hinzu kommen Tupel und Listen von Ausdrücken. Tupel bestehen aus einer festen Anzahl von Komponenten beliebigen Typs, Listen aus beliebig vielen Elementen des gleichen Typs.

Die Anwendung eines (funktionswertigen) Ausdrucks auf einen Argument-Ausdruck wird durch Hintereinanderstellen ausgedrückt. HOPE kennt nur einstellige Funktionen: mehrere Argumente müssen entweder zu einem Tupel zusammengefaßt oder die Funktion in 'curried' Form deklariert werden.

Benannte Funktionen, deren Argument Paarform hat, können in HOPE zu Infix-Operatoren gemacht werden. Bei der Vereinbarung als Infix muß die Bindungsstärke festlegt werden.

Für bedingte Ausdrücke hat sich in Programmiersprachen die if-then-else-Notation eingebürgert. HOPE bietet hierfür eine eingebaute Funktion

$$if \; : \; truval \; \| \; bel\text{-}typ \; \| \; bel\text{-}typ \; \rightarrow \; bel\text{-}typ$$

an, deren Anwendung auf ein Argument-Tripel in der Form

$$if \; bed \; then \; true\text{-}ausdruck \; else \; false\text{-}ausdruck$$

geschrieben wird.

Gegenstück zur Funktionsanwendung ist die Bildung von Funktionen. Klassisches Mittel hierfür sind lambda-Ausdrücke, die unter Angabe der formalen Parameter und der Funktionsvorschrift unbenannte Funktionen konstruieren. Dieser Mechanismus ist in HOPE verallgemeinert.

Da die von HOPE-Programmen manipulierten Daten die Form von Konstruktortermen haben, kann bei der Funktionsdefinition zwischen den verschiedenen Argumentformen differenziert werden. Lambda-Ausdrücke sind in HOPE von folgender Form:

$$lambda \; muster_1 \; \Rightarrow \; vorschrift_1 \; | \; ... \; | \; muster_n \; \Rightarrow \; vorschrift_n$$

Dabei sollte zu jedem möglichen Argument (genau) eines der Muster passen. Die Muster gleichen Daten, in denen Teile - jene Stellen, an denen Variablen stehen - unspezifiziert sind. Als Variablen werden alle Namen in einem Muster aufgefaßt, die keinen Konstruktor bezeichnen.

Zu jedem Muster gehört eine Vorschrift, die benutzt wird, wenn das Argument die Form des Musters hat. Darin sind all die Namen gültig, die im Kontext des lambda-Ausdrucks gültig sind oder im Muster neu eingeführt werden. Letztere werden bei Anwendung der Funktion an die entsprechenden Argumentteile gebunden, wobei die neue Bindung eine aus dem äußeren Kontext stammende verdeckt.

Oft möchte man in einem Programm einen mehrfach benötigten Wert an einen Namen binden. Solche lokalen Bindungen können durch

$$let \; muster \; == \; def\text{-}ausdruck \; in \; ben\text{-}ausdruck$$
$$ben\text{-}ausdruck \; where \; muster \; == \; def\text{-}ausdruck$$

eingeführt werden.

Unsere HOPE-Version kennt abweichend von Standard-HOPE auch ein letrec-Konstrukt:

$$letrec \; id \; == \; def\text{-}ausdruck \; in \; ben\text{-}ausdruck$$

mit dessen Hilfe lokale rekursive Funktionen eingeführt werden können.

3 Typen

HOPE erlaubt benutzerdefinierte Typen und polymorph getypte Operationen. Typen werden in HOPE aus Typvariablen, Typbenennungen und Typkonstruktoren gebildet und umfassen Mengen von Werten mit 'ähnlicher' Darstellung.

Typvariablen dienen zur Bezeichnung frei wählbarer Typen.

$$typevar \; alpha$$

Typbenennungen schaffen die Möglichkeit, für komplexe Typen einen Namen zu vergeben.

$$type\ string\ ==\ list(char)$$

Typkonstruktoren bezeichnen Grundtypen oder erlauben es, mit gegebenen Typen neue Typen zu konstruieren. Zu einem Typkonstruktor gehören stets entsprechende (Daten-)Konstruktoren, die die Konstanten des Typs darstellen oder seine Werte aus denen anderer Typen konstruieren;

$$data\ tree(alpha)\ ==\ empty\ +\!+\ node(tree(alpha)\ \sharp\ alpha\ \sharp\ tree(alpha))$$

etwa ist der Typ eines binären Baumes, wobei der Typ des Knoteninhalts offengelassen ist.

Grundlegende Konstruktionsprinzipien für Typen wie die Bildung von Funktionstypen $\rightarrow$ und kartesischen Produkten $\sharp$ sind in die Syntax integriert.

4 Programme

HOPE-Programme gleichen im Aufbau den Programmen anderer streng getypter Programmiersprachen wie PASCAL. Zunächst vereinbart der Benutzer die Typvariablen, -benennungen und -konstruktoren sowie die Funktionen, die er benutzen will. Bei letzteren erfolgen Deklaration (= Einführung und Festlegung des Typs) und Definition (= Beschreibung der Arbeitsweise durch einen Ausdruck) getrennt, wodurch der Benutzer weitgehend frei ist in der Gliederung seines Programms.

Nach solchen Vereinbarungen folgt die Vorschrift, deren Auswertung das gewünschte Ergebnis produziert. Sie besteht in HOPE einfach aus einem Ausdruck.

5 Das Programmiersystem

Dem Programmiersystem liegt das gleiche Konzept zugrunde wie etwa den bekannten LISP-Implementierungen. Ausgehend von einer Standardumgebung - HOPE stellt die üblichen Basistypen wie integer, character und boolean, dazu Listen sowie die grundlegenden Operationen auf diesen Typen zur Verfügung -, kann der Benutzer sein Programm Schritt für Schritt ausbauen. Bereits eingegebene Teile können sofort ausgetestet werden. Neben dem Hinzufügen neuer Programmteile gestattet der Dialog auch Kommandos, etwa zum Sichern des Programms auf einer Datei. Modifikationen des bestehenden Programms sind ebenfalls möglich.

6 Die Implementierung durch Kombinatoren

Eine Alternative zu den üblichen Lambda-Kalkül-Interpretern stellt die Implementierung durch Kombinatoren dar. Unsere Implementierung durch Kombinatoren entspricht dem neuesten Stand der Technik und ist durch Erweiterungen an die hohe Ebene der Eingabesprache angepaßt. Während Lambda-Terme Variablen enthalten, deren Bindungen in einer sogenannten Umgebung verwaltet werden, sind Kombinatorterme variablenfrei und werden durch Termersetzung in ihre Normalform überführt. Das Eintragen und Suchen in Umgebungen ist sehr teuer. Im Gegensatz dazu wird in Kombinatorimplemetierungen zur Übersetzungszeit das funktionale Programm in variablenfreie Form überführt. Jede Lambda-Abstraktion wird in einen Kombinatorterm ohne Variablenbindungen übersetzt. Die Aufgabe, Argumente an die Anwendungsstellen zu transportieren, wird jetzt von den Kombinatoren übernommen. Kombinatoren sind eine spezielle Art von Lambda-Ausdrücken, die alternativ durch Termersetzungsregeln implementiert werden können. Die Übersetzung liefert zu jeder Funktionsdefinition (bzw. HOPE-Term) einen äquivalenten Kombinator-Term und eine Menge von termspezifischen Ersetzungsregeln. Der erzeugte Code ist genau auf das spezifische Programm zugeschnitten.

Ein Nachteil solcher Implementierungen stellte bisher die Unleserlichkeit des Kombinatorcodes dar. Für die Ausgabe von Ergebnissen und für Testzwecke sollte jedoch eine lesbare Form des Kombinatorterms zu Verfügung stehen. Um dies zu ermöglichen, wurde ein Verfahren entwikkelt, das unter Ausnutzung spezieller Übersetzungszeitinformation Kombinatorterme in Terme der Sprache zurücküberführt. Diese Terme entsprechen der Auswertung durch einen üblichen Interpreter. Es können sowohl Berechnungsschritte (Testhilfe) als auch funktionale Ergebnisse in einen HOPE-Term ohne Kombinatoren übersetzt werden.

In der Literatur werden unterschiedliche Kombinatorsysteme zur Implementierung funktionaler Sprachen behandelt. Die einfachsten Systeme wie der S-K-I-Kalkül beschränken sich auf eine feste Zahl von Kombinatoren mit einfachen Reduktionsregeln. Leider hat sich gezeigt, daß die Beschränkung auf wenige feste Kombinatoren vielfach dazu führt, daß der Kombinatorterm gegenüber dem Lambda-Term erheblich anwächst.

Neuere Ansätze, wie der von uns verfolgte, zielen darauf ab, durch geeignete Übersetzungsverfahren Kombinatoren mit programmspezifischen Reduktionsregeln zu gewinnen. So bilden die verwendeten Kombinatoren kein festes System, sondern werden individuell zu jedem Programm berechnet. Im speziellen haben wir das System der Superkombinatoren [HUGH 82] auf die Behandlung strukturierter Argumente, deren Definition zu den höheren Sprachmitteln von HOPE gehört, ausgedehnt. Die erweiterten Superkombinatoren werden als R-Kombinatoren [LUCK 86] bezeichnet. Unsere Erweiterungen ermöglichen es, Argumentmuster wie sie HOPE in Lambda-, let- und letrec-Ausdrücken zuläßt, direkt in den Kombinatorcode zu übertragen.

Da die grundlegende Operation unserer Implementierung das Bilden eines Exemplars eines Lambda-Ausdrucks ist, in dem die formalen Parameter ersetzt werden, soll anhand eines Beispiels gezeigt werden, wie diese Operation effizient implementiert werden kann. Superkombinatoren sind Lambda-Ausdrücke, die keine freien Variablen enthalten. Ihre Erzeugung wird in der Literatur [JONE 87] als Lambda-Lifting bezeichnet.

Beispiel

Betrachte die Funktion *intlist*, die die ersten n natürlichen Zahlen in umgekehrter Reihenfolge vor eine Liste l einfügt

$$> intlist == fix\ lambda\ intlist$$
$$\Rightarrow lambda\ n$$
$$\Rightarrow lambda\ l$$
$$\Rightarrow if\ (\ n\ =\ 1\ )$$
$$then\ 1\ ::\ l$$
$$else\ n\ ::\ intlist\ (\ n\ -\ 1\ )\ l\ ;$$

fix bezeichnet den üblichen Fixpunktoperator.

$$K_1\ ==\ lambda\ intlist$$
$$\Rightarrow lambda\ n$$
$$\Rightarrow lambda\ l$$
$$\Rightarrow if\ (\ n\ =\ 1\ )$$
$$then\ 1\ ::\ l$$
$$else\ n\ ::\ intlist\ (\ n\ -\ 1\ )\ l\ ;$$

ist ein geschlossener Lambda-Ausdruck und somit ein Superkombinator; also können wir die Definition von intlist ersetzen durch

$$> intlist\ ==\ fix\ lambda\ intlist\ \Rightarrow\ lambda\ n\ \Rightarrow\ K_1\ intlist\ n$$

und für K_1 die folgende Ersetzungsregel benutzen

$$K_1\ intlist\ n\ \rightarrow\ if\ (\ n\ =\ 1\ )$$
$$then\ 1\ ::\ l$$
$$else\ n\ ::\ intlist\ (\ n\ -\ 1\ )\ l.$$

Führen wir diesen Prozeß auf den entstehenden innersten Lambda-Ausdrücken fort, so erhalten wir für *intlist* die Definition

$$> intlist\ ==\ fix K_3$$

und eine Menge von Termersetzungsregeln

$$fix\ K_3\ \rightarrow\ K_3\ (fix\ K_3)$$
$$K_3\ intlist\ \rightarrow\ K_2\ intlist$$
$$K_2\ intlist\ n\ \rightarrow\ K_1\ intlist\ n$$
$$K_1\ intlist\ n\ l\ \rightarrow\ if\ (\ n\ =\ 1\ )\ then\ 1\ ::\ l\ else\ n\ ::\ intlist\ (\ n\ -\ 1\ )\ l$$

6.1 Die Eigenschaft der 'vollständigen laziness'

Der Implementierung durch Superkombinatoren liegt eine lazy Semantik zugrunde. Durch 'lazy evaluation' wird das Rechnen mit potentiell unendlichen Objekten möglich. Laziness wird üblicherweise durch "call-by-need" Parameterübergabe realisiert und besagt, daß Argumente nur ausgewertet werden, wenn sie tatsächlich benötigt werden, und daß einmal berechnete Werte allen anderen Anwendungsstellen zu Verfügung gestellt werden. Eine Implementierung von 'vollständiger' laziness zielt darauf ab, gleiche Teilterme zu erkennen und miteinander zu identifizieren. Betrachte hierzu eine Funktion *sum-of-squares*

$$> \ sum\text{-}of\text{-}squares \ == \ lambda \, n \ \Rightarrow \ lambda \, m \ \Rightarrow \ n * n + m + n * n$$

Der Term $n * n$ wird in Bezug auf den innersten Lambda-Ausdruck als maximal frei bezeichnet, da er weder die gebundene Variable enthält, noch Teil eines größeren freien Ausdrucks ist. Für solche Ausdrücke werden symbolische Namen eingeführt und diese in den Superkombinatoren gebunden. Zu der Funktion *sum-of-squares* erhalten wir die Definition

$$> \ sum\text{-}of\text{-}squares \ == \ K_2$$

und die Regeln

$$K_2 \, n \ \rightarrow \ K_1 \, (n * n)$$
$$K_1 \, p_1 \, m \ \rightarrow \ p_1 + m + p_1 .$$

Während die von Hughes eingeführten Superkombinatoren auf den klassischen Lambda-Ausdrücken basieren, werden unsere Kombinatoren durch in HOPE gebräuchliche Lambda-Ausdrücke mit Differenzierung über mehreren Mustern definiert.

Betrachte hierzu die Definition der Funktion *append*

$$> \ append \ == \ lambda \, (nil, \, l) \ \Rightarrow \ l$$
$$| \, (x \ :: \ y, \, l) \ \Rightarrow \ x \ :: \ append \, (y, \, l) .$$

Die Funktion wird implementiert druch

$$> \ append \ == \ K_1$$

und den Regeln

$$K_1 \, (nil, \, l) \ \rightarrow \ l$$
$$K_1 \, (x \ :: \ y, \, l) \ \rightarrow \ x \ :: \ append \, (y, \, l)$$

6.2 Die Rückübersetzung

Wie wir im letzten Abschnitt gesehen heben, sind Kombinatoren Operatoren, die sich sowohl durch Termersetzungsregeln, als auch durch geschlossene Lambda-Ausdrücke definieren lassen. Diese Zweigleisigkeit nutzen wir aus, um zum einen HOPE durch Graphreduktion zu implementieren, zum anderen aber beliebige Kombinatorterme, die während einer Berechnung entstehen, in HOPE-Terme zurück zu übersetzen. Jedem Kombinatorterm wird in natürlicher Weise seine Definition durch einen Lambda-Ausdruck zugeordnet.

Für die Rückübersetzung stellen sich die zwei folgenden Probleme

- Da der Implementierung Graphreduktion zugrunde liegt, müssen wir beliebige zyklische Graphen behandeln (Rekursion).

- Durch Lambda-Lifting und Extrahieren maximal freier Ausdrücke sind die Kombinatordefinitionen teilweise erheblich gegenüber dem Ausgangsprogramm verändert.

Betrachten wir zuerst die Kombinatorterme, die aus Effizienzgründen nicht als Bäume, sondern als gerichtete zyklische Graphen implementiert sind. Zyklen entstehen durch die Auswertung des Fixpunktoperators $(fix\ f) \rightarrow (f\ (fix\ f))$

wobei ein Term der Form

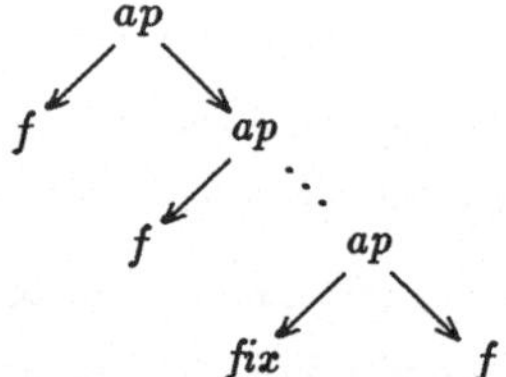

simuliert wird. Die Zyklen können sich durch anschließende Reduktionen vergrößern und beliebig über den Term verteilen. Ein zweites Merkmal der Implementierung ist Sharing. Sharing bedeutet, daß Teilterme von mehreren Stellen des Graphen referenziert werden können, und Reduktionen in einen Teilgraphen sich folglich in mehreren Teilgraphen auswirken.

Ein solcher Graph soll zu einem äquivalenten endlichen Baum aufgespannt werden. Für Zyklen werden Namen eingeführt, die statt der Verweise auf den Eintrittsknoten eingesetzt werden. Aus dem Graphen wird ein äquivalenter Baum und eine Menge von den Namen zugeordneten Bäumen (Funktionsdefinitionen) gebildet. Anschließend werden in den Bäumen alle Kombinatornamen durch die entsprechenden Lambda-Terme ersetzt.

Die den Kombinatornamen zugeordneten Lambda-Terme zeichnen sich durch extra Parameterbindungen aus, die während des Lambda-Lifting eingeführt wurden. Diese Bindungen werden durch Beta-Reduktionen ausgewertet und somit die bei der Übersetzung entstandenen Programmtransformationen vor dem Benutzer verborgen.

Beispiel

Der Reduzierer wendet unsere Beispielfunktion *intlist* auf die Werte 3 und *nil* an

1. *intlist* 3 *nil*

2. $\leq$ *fix* K_3 3 *nil*

3. $\leq$ K_3 *intlist* 3 *nil*

4. $\leq$ K_1 (3 $=$ 1) 3 (*intlist* (3 $-$ 1)) *nil*

5. $\leq$ ...

Die rückübersetzten Terme haben folgende Gestalt

1. *intlist* 3 *nil*

2. $\leq$ *fix* (*lambda intlist* $< -$ *lambda n* $< -$ &) 3 *nil*

3. $\leq$ (*lambda intlist* $< -$ *lambda n* $< -$ &) (*fix* &) 3 *nil*

4. $\leq$ *lambda l* $< -$ *if* (3 $=$ 1)

$$then\ (\ 1\ ::\ l\ )$$

$$else\ (\ 3\ ::\ intlist\ (\ 3\ -\ 1\ )\ l\ )$$

    nil

5. $\leq$ ...

wobei '&' ein Metasymbol für aus Platzgründen nicht aufgeführte Terme ist. Übersetzen wir Term 4 zurück, so wird der Kombinator K_1 durch seine Definition

$$lambda\ p_1\ \Rightarrow\ lambda\ p_2\ \Rightarrow\ lambda\ p_3\ \Rightarrow\ lambda\ l\ \Rightarrow\ if\ p_1$$

$$then\ (\ 1\ ::\ l\ ),$$

$$else\ (\ p_2\ ::\ p_3\ l\ )$$

ersetzt. Durch Beta-Reduktion werden p_1, p_2, p_3 durch die Werte (3 $=$ 1), 3 und ($intlist\ (3 - 1)$) ersetzt.

Eine Besonderheit des Verfahrens ist, daß Beta-Reduktionen ohne Closure-Bildung durchgeführt werden. Üblicherweise werden funktionale Argumente zu einer Closure ausgewertet, die die Bindungen der Definitionsstelle bewahrt und Namenskonflikte an der Anwendungsstelle löst. Das benutzte Verfahren dringt im Gegensatz dazu in den Rumpf des funktionalen Objekts ein und führt alle Substitutionen sofort aus; die Closure-Bildung entfällt.

7   Implementierung des HOPE-Laufzeitsystems durch Graphreduktion für Superkombinator-Terme

7.1 Einleitung

Nach der Übersetzung liegt ein HOPE-Programm in Form eines applikativen Terms und einer endlichen Menge von Superkombinator-Ersetzungsregeln vor. Während des Programmablaufs wird der Startterm durch Anwendung der Ersetzungsregeln in eine Normalform reduziert. (D.h. keine Regel ist mehr anwendbar.) Dabei kann der Term durch "sharing" gemeinsamer Teilterme und Anwendung der "Fixpunkt-Operator-Regel" in einen zyklischen Graph transformiert werden. Der

Term in Normalform ist das Ergebnis der Berechnung eines HOPE-Programms.

Die Reduktion wird durch einen tabellengesteuerten "top-down"-Graph-Transformator ausgeführt. Im allgemeinen besitzt ein Term mehrere Redexstellen (Stellen, an denen eine Regel angewandt werden kann). Die Reihenfolge der Reduktionen muß gewährleisten, daß die Normalform eines Terms erreicht wird, falls eine solche existiert.

Die Struktur der Ersetzungsregeln eines HOPE-Programms (konsistent, linkslinear, nicht überlappend) garantiert die Eindeutigkeit der Normalform (Church-Rosser-Eigenschaft) und sichert, daß ein Reduktionsverfahren, das an den "äußeren" Redexstellen angreift (parallel outermost) die Normalform sicher findet. Um die Anzahl der nötigen Reduktionsschritte möglichst klein zu halten, wird eine Strategie bei ihrer Auswahl angewandt, die gewährleistet, daß nur solche Reduktionen durchgeführt werden, die zum Erreichen der Normalform unbedingt nötig sind.

Die "strenge Sequentialität" (non ambiguous strongly sequential) der HOPE-Superkombinatorregeln sichert die Möglichkeit dieser Auswahl und erlaubt eine Vorberechnung der Adressen möglicher Redexstellen.

Der zu reduzierende Term wird als Graph repräsentiert, dessen Knoten Applikationen, Tupelkonstrukte, Konstruktoren oder Evaluatoren als Markierung enthalten. Applikationen und Tupel-Konstrukte sind die einzigen Knoten mit Nachfolgern, wobei Applikationen immer nur zwei, Tupel-Konstrukte beliebig viele Nachfolger haben. Konstruktoren bauen die Datenstruktur von HOPE-Termen auf. Superkombinatoren und Funktionssymbole bilden die Menge der Evaluatoren.

Der "pattern-matcher" des Graph-Transformators arbeitet nach einem Verfahren von Huet und Levy [HuLe 79] als "endlicher Stack-Automat", der eine Redexstelle in linearer Zeit, abhängig von der Größe des zu analysierenden Terms, erkennt. Gestartet an der Wurzel läuft er "top-down" durch den Graphen, kellert die Adressen der besuchten Knoten und die dazugehörigen Automatenzustände und liest die Markierung. Besuchte Knoten können nur direkte Nachfolger von schon zuvor gekellerten sein. Gesteuert wird er durch eine Transformatortabelle, die für die einzelnen Zustände die Stack-Adressen der Vorgänger der zu besuchenden Knoten und die Übergangsfunktion in die Folgezustände enthält. Befindet sich der Graph-Transformator in einem Endzustand, hat er eine Redexstelle erkannt. Die Steuerungstabelle beinhaltet für Endzustände, welche Regel angewendet werden muß, wie die Datenstruktur für die Ersetzung der Regel aufzubauen ist, die Stack-Adressen der Vorgänger der rechts einzusetzenden Variablen, und um wieviele Positionen der Stack nach einer Reduktion bereinigt werden muß (Anzahl der zum Erkennen der Redexstelle nötigen besuchten Knoten). Nach dieser Bereinigung setzt der Graph-Transformator zur weiteren Analyse im entsprechenden gekellerten Zustand auf der ersetzten rechten Regelseite auf.

Angetrieben wird der Transformator durch eine Funktion, die die reduzierten Teile des Startterms rückübersetzt und ausgibt. Ist der reduzierte Term ein Konstruktor, ist die Normalform erreicht. Bei einer Konstruktor-Applikation wird der Automat auf dem Argument neu gestartet. Bei einem Tupel-Konstrukt werden die einzelnen Argumente von links nach rechts reduziert.

Alle sonstigen Formen bedeuten ein funktionales Ergebnis des Programmlaufs (zB. eine Funktion, die mit Argumenten unterversorgt ist). Der Reduktionsvorgang wird dann zur Vermeidung von Endlosschleifen gestoppt (Reduktionen im Funktionsrumpf).

7.2 Der "pattern-matcher"

Die Funktionsweise des "pattern-matchers" wurde in der Einleitung schon grob erklärt. Hier soll der Algorithmus zur Berechnung der Steuerungstabelle beschrieben werden.
Im allgemeinen haben die HOPE-Superkombinatorregeln folgendes Aussehen:

Für jeden Evaluator E existiert eine Menge von Ersetzungsregeln der Form :

$$E \rightarrow R$$

oder der Form :

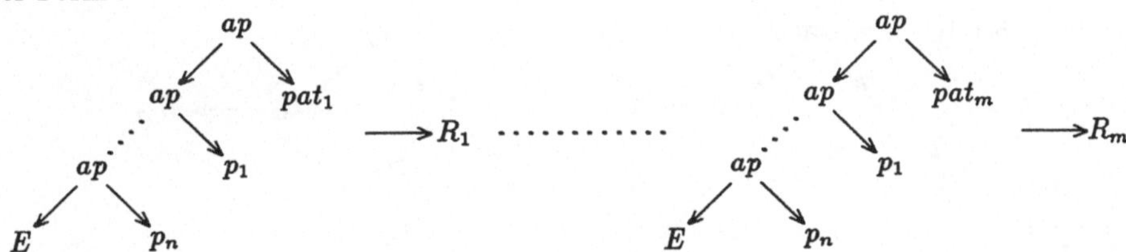

P_i sind Parameter; R, R_i rechte Regelseiten; pat_i HOPE-Pattern.

Die Anzahl der Parameter eines Evaluators kann Null sein, ist aber für jede seiner Regeln gleich.

Die Transformator-Tabelle läßt sich in zwei Teile gliedern :

- Informationen für die Steuerung der Analyse der applikativen Struktur des Terms und der Erkennung des Evaluators.

- Teiltabellen für jeden Evaluator, die Informationen für die Steuerung des "pattern-matching" der "pattern" in den linken Regelseiten enthalten.

Der Algorithmus zur Berechnung des ersten Teils der Tabelle ergibt sich aus der Struktur der linken Superkombinatorregelseiten. Der Transformator soll so gesteuert werden, daß er bei der Analyse des Terms das Applikationsrückgrat hinabläuft, bis er links unten einen Evaluator findet. Besucht er einen Applikations-Knoten, muß er als nächsten Knoten den linken Nachfolger wählen. Ist links unten der Evaluator erreicht, wird analysiert, welches seiner "pattern" im Term "matcht". Dazu muß der Graphtransformator auf dem rechten Nachfolger des Applikationsknotens an der möglichen Redexstelle aufsetzen. Die Adresse dieses Knotens im Stack gehört zu den

Tabelleneinträgen des Zustands, den der Automat nach dem Lesen des Evaluators erreicht hat. Die Steuerungsinformationen für die weiteren Automatenzustände bis zum Endzustand befinden sich im zweiten Teil der Tabelle, deren Aufbau später behandelt wird.

Das Verfahren soll anhand des folgenden Beispiels mit Hilfe eines "matching dags" [HuLe 79] erklärt werden :

Regelmenge :

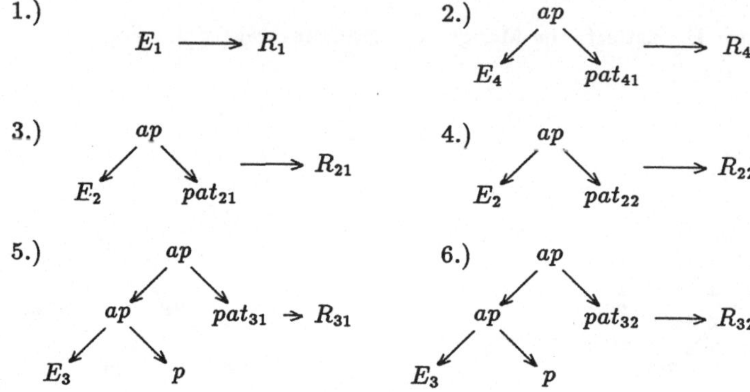

"matching dag" :

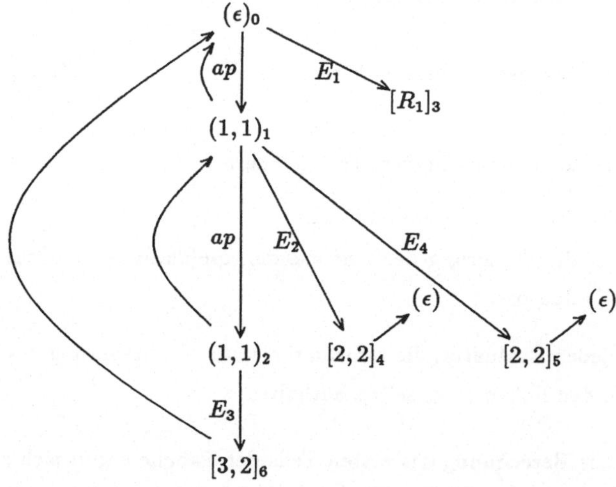

Das "matching dag" enthält die Informationen, die in den linken Regelseiten stecken, wobei die "pattern" erst im 2. Teil der Tabelle berücksichtigt werden. Die Knoten entsprechen den Zuständen des Graphtransformators. Die abwärts gerichteten Kanten repräsentieren die Übergänge in die Folgezustände. Die Markierung der Knoten enthält die Adresse des nächsten zu besuchenden Graphknotens.

Wenn *top* die aktuelle Position im Stack ist, adressiert die Markierung (i,j) den j-ten Nachfolger der $(top - i)$-ten Stackposition. Aus dem "matching dag" berechnet sich also folgende Tabelle :

Zustand	Adresse	Symbol	Folgezustand
0	(1,1)	ap	1
		E_1	3
1	(1,1)	ap	2
		E_2	4
		E_4	5
2	(1,1)	E_3	6
3	—	—	—
4	(2,2)	===	===
5	(2,2)	===	===
6	(3,2)	===	===

Befindet sich der Automat im Endzustand 3, hat er die Anwendbarkeit von Regel 1 erkannt. In den Zuständen 4, 5, 6 hat er den entsprechenden Evaluator und sein Applikations-Rückgrat erkannt. Die weitere Steuerungsinformation des Transformators befindet sich für jeden Evaluator im 2. Teil der Tabelle und ergibt sich aus der Struktur seiner "pattern".

Hat der Automat beim Analysieren eines Termes keinen Folgezustand unter dem gelesenen Symbol, soll die bereits berechnete Information nicht verloren gehen. Weitere mögliche Redexstellen können sich unterhalb der Wurzel befinden. Deshalb wird die Tabelle um die Übergänge erweitert, die sich an den Knoten entlang der aufwärts gerichteten Kanten ("fail"-Kanten) befinden.
Es ergibt sich für die ersten drei Zustände des Automaten folgende Tabelle :

Zustand	Adresse	Symbol	Folgezustand
0	(1,1)	ap	1
		E_1	3
1	(1,1)	ap	2
		E_1	3
		E_2	4
		E_4	5
2	(1,1)	ap	2
		E_1	3
		E_2	4
		E_3	6
		E_4	5

Somit können auch Redexstellen unterhalb der Termwurzel erkannt werden. Die Information, wo sich die Redexstelle befindet, entnimmt der Automat den Tabelleneinträgen für die Endzustände.

Der zweite Teil der Steuerungstabelle setzt sich aus Teiltabellen zusammen, die für jeden Evaluator durch Analyse der "pattern" seiner linken Regelseiten gewonnen werden. Wie schon erwähnt, soll der Graphtransformator so gesteuert werden, daß Reduktionen nur an den für das Erreichen der Normalform nötigen Stellen durchgeführt werden. Dh. die Adresse des nächsten Knotens, der vom Transformator besucht wird, muß geschickt aus den möglichen Adressen ausgewählt werden.

In [HuLe 79] wird ein Verfahren angegeben, das diese Auswahl zur Tabellengenerierungszeit trifft. Es soll anhand eines Beispiels demonstriert werden. Die Berechnung der Adressen wird hauptsächlich dadurch beeinflußt, wie kompliziert sich Präfixe von "pattern" eines Evaluators überlappen, und läßt sich für jeden Evaluator unabhängig von den anderen durchführen.

Beispiel:

if sei ein Evaluator; $true$, $false$ Konstruktoren; x, y Variablen;
Regelmenge :

"matching dag" :

Die Terme neben den "matching-dag"-Knoten geben den im entsprechenden Zustand erkannten "pattern"-Präfix an.

Im Zustand 2 bieten sich als mögliche Adressen (2,1), (2,2) und (2,3) an. (2,1) wird ausgewählt, da sie bei keinem Präfix eines "pattern" auf eine Variable fällt. Wäre das der Fall, würde an dieser Stelle bei der Transformation eines Termes evtl. eine unnötige Reduktion vorgenommen. 3 und 4 sind Endzustände des Automaten. Die Tabelle enthält für sie die Information, welche Regel erkannt wurde und um wieviele Positionen der Stack "gepopt" werden muß, um die Redexstelle zu finden.

Die Tabelleneinträge werden aus dem "matching dag" wie schon gezeigt berechnet. Da in "pattern" höchstens einstufige Applikationen und keine Evaluatoren vorkommen können, führen die "fail"-Kanten nur in die Zustände 0 oder 1 des ersten Teils der Tabelle.

Für alle Nichtendzustände des zweiten Teils der Tabelle gilt also :

- Führt eine "ap-Transition" in den Zustand, wird die Transitionstabelle um die Übergänge von Zustand 1 des ersten Teils der Transformatortabelle erweitert.

- Sonst wird die Erweiterung mit den Übergängen von Zustand 0 vorgenommen.

Wird in HOPE eine neue Funktion definiert, so muß für jeden hinzugekommenen Evaluator eine Teiltabelle erstellt werden. Außerdem wird der erste Teil der Tabelle inkrementell um die entsprechenden Übergänge unter diesen Evaluatoren erweitert.

7.3   Der Graph-Transformator

Die Arbeitsweise des Graph-Transformators wurde in der Einleitung schon teilweise erklärt. Nach dem "pattern-matching" müssen die Datenstruktur für die rechte Seite der erkannten Regel aufgebaut, die Variablen durch die entsprechenden Terme ersetzt und die ersetzte Regelseite an die Redexstelle eingesetzt werden.

Die Information, wo sich die Redexstelle im Stack befindet, wie die Datenstuktur konstruiert wird, und die Stackadressen der Terme, die Variablen ersetzen, sind in der Transformatortabelle in den Endzuständen eingetragen. Bei einer Implementierung des Stacks als "array" sind die Zugriffszeiten auf gekellerte Knoten konstant und der Zeitaufwand für eine Reduktion linear abhängig von der Größe der rechten Regelseiten.

Für Teilterme in rechten Regelseiten, die keine Variablen enthalten, wird schon zur Tabellengenerierungszeit Code erzeugt. Dieser muß während des Reduziervorgangs nur noch in die ersetzte Regel eingesetzt werden.

Zur "garbage-collection" wird ein auf zwei Speicherebenen arbeitender kopierender Algorithmus verwendet. Gestartet an der Wurzel des zu reduzierenden Terms durchläuft er die Termstruktur, kopiert jeden Termknoten in die freie Speicherhälfte und markiert die besuchten Knoten. Auch der

Stack wird "bottom up" durchlaufen und die gekellerten Knotenadressen entsprechend geändert. Auf gekellerten Knoten, die noch nicht aufgesammelt wurden, wird die "garbage-collection" wieder gestartet.

Termknoten, deren Code schon vor der Laufzeit des Transformators erzeugt wurden (Teilterme rechter Regelseiten ohne Variablen) und an denen Reduktionen vorgenommen wurden, werden nach der "garbage-collection" mit der ursprünglichen Version überschrieben, falls sie nicht vom "garbage-collector" markiert wurden. Diese Markierung bedeutet, daß sie während des weiteren Reduktionsvorgangs noch in der reduzierten Form benötigt werden. In diesem Fall wird auch für die an den Redexstellen eingesetzten Terme eine "garbage-collection" durchgeführt. Im anderen Fall weiß man nicht, ob die Terme noch benötigt werden. Eine "garbage-collection" in ihnen würde unter Umständen zu einem unverhältnismäßig hohen unnötigen Speicherverbrauch führen.

Ein Laufzeitvergleich mit dem IMPERIAL COLLEGE - HOPE-Interpreter auf der VAX 11/780 ergab für fast alle Programme eine weitaus kürzere Ausführungszeit für die Superkombinator-Reduzierer-Version. Insbesondere führen dabei die Ausnutzung der "lazy evaluation" und das Programmieren von Fallunterscheidungen über Ersetzungsregeln mit "pattern" zu einer Beschleunigung der Programmausführung.

Literatur:

[BBHL 85] Bach,H.J.; Baston,M.; Hickel,G.; Lucks,A.; Müller,F.:
Ein interaktives Programmiersystem für eine getype
funktionale Programmiersprache, implementiert durch
Superkombinatoren und Baumtransformatoren
SFB 124, Report 31/1985.

[BMQS 80] Burstall,R.M.; MacQueen,D.B.; Sanella,D.T.:
HOPE: An Experimental Applicative Language
Univ. of Edinburgh, Rep. CSR-62-80, 1980.

[Hugh 82] Hughes,R.J.M.:
Super Combinators: A New Implementation Method for
Applicative Languages
ACM Symp. on LISP and Functional Programming, 1982.

[HuLe 79] Huet, G.; Levy, J.-J.:
Call by need computations in non-ambiguous linear
term rewriting systems.
IRIA Rapport No. 359, 1979.

[Jone 87] Jones S.L.P.
The Implementation of Functional Programming Languages
Prentice Hall, 1987

[Luck 86] Lucks A.
Übersetzung in Kombinatoren und Rückübersetzung
in Implementierung funktionaler und logischer Programmiersprachen
Bericht Nr. 8603, Uni Kiel, Mai 1986

[Turn 79] Turner,D.A.:
A New Implementation Technique for Applicative Languages
Software Practice and Experience, vol.9, 1979.

Das OBSCURE-Projekt[1]

Jacques Loeckx und Joachim Philippi

Fachbereich 10 — Informatik

Zusammenfassung

Ziel des *OBSCURE*-Projekts ist die Herstellung einiger Software-Werkzeuge für die Programmentwicklung. Diese Werkzeuge beruhen insbesondere auf der Spezifikation abstrakter Datentypen sowie auf der formalen Verifikation von Programmen. Der vorliegende Artikel stellt das Projekt in groben Zügen dar.

1   Einleitung

1.1   Software-Entwicklung: Stand der Technik

Wenigstens nach dem derzeitigen Stand der Technik ist es nicht möglich, komplexe Programme "fehlerfrei" zu entwickeln (vgl. [MT86]). Dabei bezieht sich der Begriff "Fehler" auf folgende Situationen:

- Fehlen von Funktionen;

- Falscherfüllung von Funktionen (fehlerhafte Berechnungen);

- Schlechterfüllung von Funktionen (ineffiziente Berechnungen).

Ursachen für solche Fehler sind u.a.:

- Mangelnde Spezifikation der Sollbeschaffenheit der Software;

- Unsystematisches Vorgehen bei der Software-Entwicklung;

- Zeit- und Kostenbeschränkungen für die Software-Entwicklung.

Die Erstellung korrekter (d.h. fehlerfreier) Programme setzt also insbesondere voraus, daß man:

1.   exakt ausdrückt, was das Programm leisten soll ("Spezifikation").

2.   das Programm gegen seine Spezifikation abgleicht ("Verifikation").

---

[1]Dieses Projekt wird teilweise von der Deutschen Forschungsgemeinschaft unterstützt

Diese Problemstellung wurde schon sehr früh erkannt. So wurden seit Anfang der 70-er Jahre verschiedene Methoden zur Verifikation von Programmen vorgeschlagen, darunter der automatische *program verifier* von [Kin71]. Den meisten Methoden ist gemeinsam, daß die Verifikation *nach* der Erstellung des Programms erfolgt. Die Erfahrung hat aber gezeigt, daß der Aufwand, der mit einer solchen Verifikation verbunden ist, den praktischen Einsatz undurchführbar macht.

Die Praxis der Programmentwicklung sieht heute so aus, daß außer ausgeklügelten Testmethoden keine Verfahren zur Überprüfung der Korrektheit eines Programms eingesetzt werden. Nun können Tests höchstens das Vorhandensein eines Fehlers aufdecken, nicht aber die Fehlerfreiheit eines Programms gewährleisten. Als Ausweg versucht man, durch "Fehlermanagement" Programmfehler zu analysieren beziehungsweise zu beseitigen. Unter dem Schlagwort CASE (Computer Aided Software Engineering) z. B. werden Software-Entwicklungsumgebungen entworfen, die die Erstellung von Programmen unterstützen .

Das Ziel des *OBSCURE*-Projekts besteht darin, Werkzeuge zu konzipieren und zu realisieren, mit denen man *formale* Methoden der Spezifikation und Verifikation in den Software-Entwicklungsprozeß einbezieht — statt, wie in den 70-er Jahren, die Verifikation nachträglich durchzuführen. Im *OBSCURE*-System (vgl. Kapitel 2) kann mit Hilfe formaler Spezifikationen die "Sollbeschaffenheit" der Software präzise formuliert und in einem *verify-while-develop*-Prozeß die Korrektheit des Programms während seiner Entwicklung bewiesen werden. In den letzten Jahren wurde eine Anzahl von Systemen entwickelt bzw. vorgeschlagen, denen vergleichbare Ansätze zugrunde liegen, u.a. [lg85], [BCV85], [FGJ*85], [LG86], [Olt87].

1.2 Software-Entwicklungsumgebungen

Der Prozeß der Software-Entwicklung wird vielfach in mehrere, zeitlich getrennte Phasen eingeteilt. Zum Beispiel ist folgende Einteilung möglich:

- Grobentwurf, Erstellung eines Pflichtenhefts;

- Feinentwurf;

- Modul-Entwurf;

- Implementierung;

- Test / Debugging / Verifikation;

- Dokumentation;

- Wartung.

Inzwischen wurden auch verschiedene Werkzeuge zur Software-Entwicklung im Rahmen von Software-Entwicklungsumgebungen erstellt, wie z.B. das C-Entwicklungs-System (CES) unter *SINIX*. Solche Umgebungen umfassen in der Regel folgende Komponenten:

- Editor;

- Übersetzer;

- Werkzeuge zur Verwaltung von Dateien (z.B. Source Code Control System);

- Debugger;

- Programme zum Generieren von "scanner", "parser", usw.;

- Testhilfen (in der vorliegenden CES-Version nicht vorhanden).

Im Rahmen des *OBSCURE*-Projekts werden Werkzeuge entwickelt, die eine solche "klassische" Software-Entwicklungsumgebung dahingehend ergänzen, daß Methoden formaler Spezifikations- und Verifikations-Techniken in den Software-Entwicklungsprozeß eingebunden werden.

1.3 Die Rolle formaler Spezifikationen

Die Verwendung von Spezifikation und Verifikation bei der Software- Entwicklung soll dem Programmierer helfen, Programme von hoher Qualität zu erstellen, d.h. Programme, die

- zuverlässig sind,

- möglichst einfach zu verstehen, zu modifizieren und zu handhaben sind und

- die Benutzeranforderungen exakt erfüllen.

Die Verwendung *informaler* Spezifikationen ist weitgehend akzeptiert als Methode, Ideen zu organisieren, Entwicklungsentscheidungen zu dokumentieren und informal über die Korrektheit von Programmen zu argumentieren.

Die Verwendung *formaler* Spezifikationen im Software-Entwicklungsprozeß ist dagegen nicht unumstritten. Einerseits besteht allgemein Übereinstimmung darüber, daß die Genauigkeit formaler Spezifikationen dazu beitragen kann, Zweideutigkeiten bei der Aufgabenstellung sowie Fehler im Programmentwurf aufzudecken. Zudem kann eine formale Spezifikation als gemeinsame Sprachregelung (Terminologie) bei Projekten mit mehreren Mitarbeitern dienen. Sie stellt ein Stück der Programmdokumentation dar und bildet eine Basis zur formalen Verifikation. Andererseits haben sich formale Spezifikationen in der Praxis aus mehreren Gründen noch nicht durchgesetzt. So sind viele der vorgeschlagenen Spezifikationssprachen zu elementar, um im praktischen Einsatz sinnvolle Verwendung zu finden. Weiter ist die Erstellung von Spezifikationen ohne passenden Formalismus und ohne Rechnerunterstützung genauso fehlerträchtig und mühselig wie das Schreiben von Programmen. Entscheidend für die Verwendung formaler Spezifikationen ist letztendlich die "Schere" zwischen Aufwand und Ertrag: sollen formale Spezifikationen wirtschaftlich eingesetzt werden, so muß das Spezifizieren als solches einfach, die Anwendung der erstellten Spezifikationen vielfältig sein.

> "Unless theoretical computer scientists develop data specification methods, that produce simple yet powerful logical theories, formal approaches to program documentation and correctness, (data specification methods) will never realize their potential as practical programming tools." [Car80]

Der Rest dieses Artikels ist wie folgt organisiert. In Kapitel 2 wird die Spezifikationssprache *OBSCURE* kurz skizziert. Es wird bei der Darstellung auf mathematische Präzision verzichtet; stattdessen werden die Konzepte der Spezifikationssprache an Beispielen erläutert. In Kapitel 3 wird das *OBSCURE*-System vorgestellt.

2 Die Spezifikationssprache OBSCURE

2.1 Einleitung

Ein *abstrakter Datentyp* wird üblicherweise definiert als eine mehrsortige Algebra, bestehend aus einer Familie von Trägermengen — genauer: aus einer Trägermenge für jede Sorte — und einer Menge von Operationen auf diesen Trägermengen.

Eine *Spezifikationssprache* ist ein Formalismus zum Beschreiben abstrakter Datentypen. Durch ihre Struktur ermöglicht sie es, Spezifikationen modular zu entwickeln. Den Kern einer Spezifikationssprache bilden die *atomaren Spezifikationen*. Ihre Konstruktion ist abhängig von der benutzten *Spezifikationsmethode* (vgl. nächster Abschnitt). Diese atomaren Spezifikationen können dann mit Hilfe der Spezifikationssprache parametrisiert und zu größeren Spezifikationen zusammengefügt werden.

OBSCURE ist eine Spezifikationssprache, die unabhängig von einer spezifischen Spezifikationsmethode ist: *OBSCURE* kann sowohl mit einer operationellen, einer algebraischen als auch mit der algorithmischen Spezifikationsmethode (vgl. Abschnitt 2.2) benutzt werden. Im *OBSCURE*-System (vgl. Kapitel

3) ist aber zur Zeit erst eine Spezifikationsumgebung für die algorithmische Spezifikationsmethode realisiert. Eine Erweiterung des Systems auf eine algebraische Spezifikationsmethode ist in Vorbereitung (siehe Kapitel 4).

In Abschnitt 2.2 werden die wichtigsten Spezifikationsmethoden kurz beschrieben. In Abschnitt 2.3 wird die algorithmische Spezifikationsmethode und in Abschnitt 2.4 die Spezifikationssprache *OBSCURE* eingeführt.

2.2 Spezifikationsmethoden

Die Spezifikationsmethoden, die in den letzten Jahren vorgeschlagen wurden, können in drei Klassen eingeteilt werden:

1. die operationellen Spezifikationsmethoden (z.B. [Hoa72])

2. die algebraischen Spezifikationsmethoden (z.B. [GTW78])

3. die konstruktiven Spezifikationsmethoden (z.B. [Loe87]).

Eine *operationelle Spezifikationsmethode* ist üblicherweise in eine Algol-ähnliche Programmiersprache eingebettet. Die Trägermengen der Daten werden mit Hilfe der Datenkonstrukte der Programmiersprache gebildet, und die Operationen auf diesen Daten sind als Funktionen und Prozeduren der Programmiersprache definiert. Ein Nachteil dieser Spezifikationsmethode besteht darin, daß eine operationelle Spezifikation eine Implementierung des Datentyps darstellt. Dies birgt die Gefahr der "Überspezifikation" in sich (d.h. man legt Details in der Spezifikation fest, die konzeptuell irrelevant sind), schadet der Transparenz und macht die Verifikation umständlich.

Bei einer *algebraischen Spezifikationsmethode* definiert man die Trägermengen und die Semantik der Operationen durch Gleichungen. Die Semantik einer Spezifikation — eine mehrsortige Algebra — wird dann als ein spezielles Modell dieser Formelmenge definiert (z.B. das initiale Modell [GTW78], ein finales Modell [Wan79]). Vorteil dieser Spezifikationsmethode ist, daß die Spezifikationen "abstrakter" sind als operationelle Spezifikationen. Gleichzeitig ergeben sich daraus theoretische und praktische Probleme, z.B. Probleme der Persistenz bei Erweiterungen einer Spezifikation, Probleme bei der Behandlung von Ausnahmen ("exception handling"), ineffiziente operationale Semantik.

Eine konstruktive Spezifikationsmethode und insbesondere die *algorithmische Spezifikationsmethode* versucht nun, die Nachteile der beiden vorigen Methoden zu vermeiden, dabei aber ihre Vorteile auf sich zu vereinen: sie ist sowohl konstruktiv als auch abstrakt. Die Trägermengen werden definiert als formale Sprachen, die Operationen sind durch rekursive Programme definiert. Nachteil der algorithmischen Spezifikationsmethode ist, daß eine algorithmische Spezifikation eine Implementierung des zu spezifizierenden Datentyps darstellt, was wieder die Gefahr einer Überspezifizierung in sich birgt. Im Gegensatz zur operationellen Methode sind die Konstrukte zur Definition der Daten (Induktion) und zur Definition der Operationen (Rekursion) aber so allgemein, daß keine Implementierung in einer imperativen Programmiersprache präjudiziert wird. Ein weiterer Vorteil der konstruktiven Spezifikationsmethode besteht darin, daß eine Spezifikation einfach "ausgeführt" werden kann ("rapid prototyping").

2.3 Die algorithmische Spezifikationsmethode

In diesem Abschnitt wird ein Abriß der Syntax und Semantik von algorithmischen Spezifikationen definiert. Die Darstellung wird bewußt informal gehalten. Eine formale Definition findet man in [Loe81], [Loe87].

Eine atomare Spezifikation, die entsprechend der algorithmischen Spezifikationsmethode aufgestellt ist, hat die folgende Form:

module ⟨*module name*⟩

create new

> **sorts** ⟨*list of new sorts*⟩
>
> > **constructors** ⟨*list of sort definitions*⟩
>
> **opns** ⟨*list of new operations*⟩
>
> > **defined by** ⟨*list of operation definitions*⟩

endcreate

imports

> **sorts** ⟨*list of imported sorts*⟩
>
> **opns** ⟨*list of imported operations*⟩

end ⟨*module name*⟩

Dabei sind **create, new, sorts,**... reservierte Worte, während ⟨*listofnewsorts*⟩, ⟨*listofsortdefinitions*⟩,... für syntaktische Einheiten stehen, die nun definiert werden.

Eine ⟨*listofnewsorts*⟩ und eine ⟨*listofimportedsorts*⟩ bestehen jeweils aus einer Liste von Sortennamen, getrennt durch Kommata. Die erste Liste nennt die Sorten, die in der Spezifikation definiert werden, die zweite Liste nennt die Sorten, die "importiert" werden, d.h. die außerhalb der Spezifikation definiert werden bzw. schon definiert sind.

Eine ⟨*listofnewoperations*⟩ ist eine Liste von Operationsnamen zusammen mit ihrer Stelligkeit, etwa

$$F : \sigma_1 \times \sigma_2 \times \ldots \times \sigma_n \to \sigma_{n+1}$$

wobei $\sigma_1,\ldots,\sigma_{n+1}$ Sorten sind, $n \geq 0$. Die ⟨*listofimportedoperations*⟩ ist ähnlich — mit der Einschränkung, daß in der Stelligkeit der Operationen ausschließlich importierte Sorten vorkommen.

Die ⟨*listofsortdefinitions*⟩ besteht aus einer Sortendefinition für jede neue Sorte. Eine Sortendefinition für die Sorte σ hat die Form

$$\sigma : \langle listofconstructors \rangle,$$

wobei ⟨*listofconstructors*⟩ für eine nicht-leere Menge von (neuen) Operationen von der oben angegebenen Form mit $\sigma_{n+1} = \sigma$ steht. Die Trägermenge der Sorte σ ist dann die (formale) Termsprache, die durch diese Konstruktoren erzeugt wird.

Die ⟨*listofoperationdefinitions*⟩ besteht aus einem rekursiven Programm für jede neue Operation, die kein Konstruktor ist. In diesen rekursiven Programmen dürfen zwei Sprachkonstrukte benutzt werden: **if-then-else-fi** und **case-esac**. Die Bedeutung von **if-then-else-fi** ist wie üblich; **case-esac** wird benutzt, um Operationen per strukturelle Induktion über die Konstruktoren der Sorten der Argumente zu definieren.

Im Beispiel 1 (**module LISTE**) ist der Datentyp "endliche Listen von ganzen Zahlen" spezifiziert. Aufgebaut werden die Elemente der Trägermenge der Sorte **liste** über den Konstruktoren 'ε' und '$\_.\_$'. Beispiele von Elementen dieser Trägermenge sind die Zeichenfolgen

$$\varepsilon, (\varepsilon.1), ((\varepsilon.5).2)$$

Als Operationen auf dem Datentyp **liste** werden '$\_ \in \_$', Isord und '$\_ \odot \_$' eingeführt. Die Operation '$e \in l$' überprüft, ob ein gegebenes Element e in einer Liste l vorkommt. Isord(l) ergibt $T(d.h.\,true)$, genau dann, wenn je zwei "benachbarte" Elemente in l in der Relation '$\_ \leq \_$' zueinander stehen. '$l \odot e$' realisiert das Einfügen von e in l, unter Berücksichtigung der Relation '$\_ \leq \_$'. Bei der Interpretation der Operatoren wird unterschieden zwischen den Konstruktoren und den anderen Operatoren:

- der Wert eines Konstruktorterms ist der Term selbst ("Herbrand-Interpretation"), d.h. der Wert von $((\varepsilon.1).2)$ zum Beispiel ist die Zeichenfolge

$$((\varepsilon.1).2)$$

- der Wert der anderen Terme wird durch die zugehörigen rekursiven Programme definiert. Der Wert des Terms

$$1 \in ((\varepsilon.1).2)$$

zum Beispiel, ist T (d.h. *true*) — gemäß der Definition der Operation "$\_ \in \_$".

Abbildung 1: Spezifikation LISTE

module LISTE

    create new

        sorts liste

          constructors liste: ε, _._

       opns ε : $\to$ liste

        _._ : liste $\times$ int $\to$ liste

        _ $\in$ _ : int $\times$ liste $\to$ bool

        Isord: liste $\to$ bool

        _ $\odot$ _ : liste $\times$ int $\to$ bool

       defined by

$$(e \in l) \Leftarrow \textbf{case } l \textbf{ of}$$
$$\varepsilon : F$$
$$(l'.e') : \textbf{if } (e = e') \textbf{ then } T \textbf{ else } (e \in l') \textbf{ fi}$$
$$\textbf{esac}$$

$$\text{Isord}(l) \Leftarrow \textbf{case } l \textbf{ of}$$
$$\varepsilon : T$$
$$(l'.e) : \textbf{case } l' \textbf{ of}$$
$$\varepsilon : T$$
$$(l''.e') : \textbf{if } e' \le e \textbf{ then } \text{Isord}(l')$$
$$\textbf{else } F \textbf{ fi}$$
$$\textbf{esac}$$
$$\textbf{esac}$$

$$(l \odot e) \Leftarrow \textbf{case } l \textbf{ of}$$
$$\varepsilon : (\varepsilon.e)$$
$$(l'.e') : \textbf{if } e' \le e \textbf{ then } (l.e) \textbf{ else } ((l' \odot e).\, e') \textbf{ fi}$$
$$\textbf{esac}$$

    endcreate

    imports sorts int

       opns _=_ : int $\times$ int $\to$ bool

        _$\le$_ : int $\times$ int $\to$ bool

end LISTE.

2.4 Die Spezifikationssprache OBSCURE

Ziel einer Spezifikationssprache ist es, modulares Spezifizieren zu unterstützen. Einerseits soll die Sprache es ermöglichen, einzelne Komponenten einer komplexen Spezifikation als wiederverwendbare Teile in einer Moduldatenbank abzulegen. Andererseits soll sie Werkzeuge zur Verfügung stellen, mit denen einzelne Komponenten zu einer Gesamtspezifikation zusammengefügt werden können.

Die Verwendung von parametrisierten Spezifikationen erhöht die Möglichkeiten der Wiederverwendbarkeit. Anstatt zu spezifizieren, was eine liste von int ist, spezifiziert man eine liste von (nicht näher spezifizierten) Elementen und erzeugt daraus nach Bedarf zum Beispiel eine liste von int oder eine liste von string.

Eine parameterisierte Spezifikation hat in $OBSCURE$ die Form

$$\text{module } n(lso) \text{ is } m \text{ end}$$

wobei n ein frei gewählter Name für die parametrisierte Spezifikation ist und lso eine Liste von Sorten- und Operationen-Namen, die die formalen Parameter darstellen. Eine Kontextbedingung fordert, daß die Sorten und Operationen aus lso zu den importierten Sorten und Operationen gehören. Ein Beispiel ist

$$\text{module LISTE(el) is } m \text{ end}$$

Dabei ist m die Spezifikation LISTE aus Abbildung 1 , aber mit int durch el ersetzt.

Ein Aufruf der parametrisierten Spezifikation mit Namen n hat die Form

$$n(lso')$$

wobei lso' eine Liste von Sorten- und Operationen-Namen ist, die die aktuellen Parameter darstellen. Das Beispiel von oben fortführend kann man schreiben:

$$\text{LISTE (string).}$$

Dieser Aufruf erzeugt die Spezifikation, die man durch Substitution von el durch string in dem "Prozedurrumpf" m erhält. Entsprechend besteht dann die Trägermenge der exportierten Sorte liste aus einer Menge von strings.

Ein weiteres Sprachelement erlaubt es, semantische Bedingungen ("Semantic Constraints") an die Parameter zu knüpfen: in der parametrisierten Spezifikation

$$\text{module } n(lso) \text{ is } m \text{ import-axioms } w \text{ end}$$

wird festgelegt, daß beim Aufruf von n die aktuellen Parameter die prädikatenlogische Formel w erfüllen müssen. Die parametrisierte Spezifikation TOTALE-ORDNUNG von Abbildung 2 z.B. führt keine neue Sorte oder Operation ein, sondern stellt lediglich Bedingungen an ihre Parameter el und '$\_ \leq \_$'. Die Axiome drücken aus, daß die Operation '$\_ \leq \_$' eine totale Ordnung auf der Sorte el darstellt, d.h. '$\_ \leq \_$' ist reflexiv, antisymmetrisch, transitiv und total.

Umbenennungen von importierten und exportierten Sorten und Operationen können mit den Sprachkonstrukten **input-rename** und **export-rename** realisiert werden. Zum Beispiel stellt die Spezifikation

$$\text{LISTE (int) export-rename liste as liste-von-int}$$

die Instantiierung der parametrisierten Spezifikation LISTE(el) mit der Sorte int und die anschließende Umbenennung der exportierten Sorte liste in liste-von-int dar.

Zur Verknüpfung von Modulen stehen die Konstrukte "+" und "o" zur Verfügung. Ihre Wirkung wird am einfachsten graphisch illustriert. Dabei wird eine Spezifikation durch einen Kasten dargestellt. Pfeile, die in den Kasten hineingehen, stehen für importierte Sorten und Operationen,

Abbildung 2: Spezifikation TOTALE-ORDNUNG

module TOTALE-ORDNUNG (el; $\_\leq\_$: el $\times$ el $\to$ bool) **is**
    imports sorts el
              opns $\_\leq\_$: el$\times$ el$\to$ bool
    import-axioms
              vars $u,\ v,\ w$: el.
$$(u \leq u) = T$$
$$(u \leq v) = T \wedge (v \leq u) = T \supset u = v$$
$$(u \leq v) = T \wedge (v \leq w) = T \supset (u \leq w) = T$$
$$(u \leq v) = T \vee (v \leq u) = T$$
end TOTALE-ORDNUNG

Pfeile, die aus dem Kasten herausgehen, stehen für exportierte Sorten und Operationen. Eine gestrichelte Linie deutet an, daß die Sorte oder Operation sowohl importiert als auch exportiert wird (*vererbte* Sorte bzw. Operation). Die Zeichen $a, b, \ldots, f$ stehen jeweils für eine Sorte oder eine Operation.

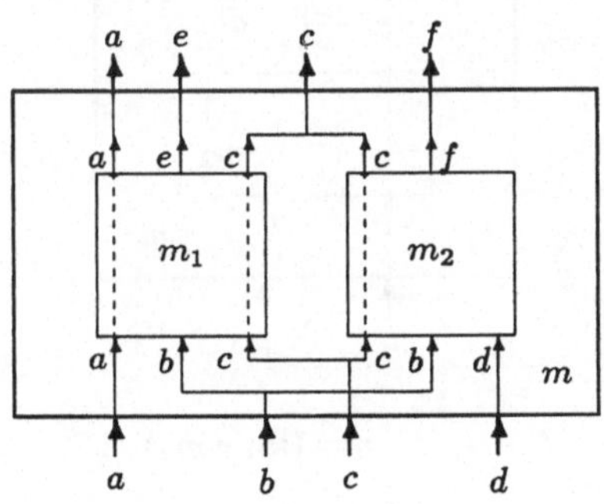

$$m = (m_1 + m_2)$$

Das Konstrukt "+" vereinigt zwei Spezifikationen. Es ist an verschiedene Kontextbedingungen gebunden, die z.B. die Disjunktheit der exportierten Sorten und Operationen (bis auf die vererbten Sorten und Operationen) gewährleisten. Nähere Einzelheiten findet der Leser in [LL88].

Abbildung 3: Spezifikation GEORDNETE-LISTE

module GEORDNETE-LISTE (el ; $\_\leq\_$: el $\times$ el $\rightarrow$ bool)
    (LISTE(el) + TOTALE-ORDNUNG(el; $\_\leq\_$: el $\times$ el $\rightarrow$ bool))
    forget ($\_\cdot\_$)
    subset liste by (**vars** l : liste. Isord(l) $= T$)
    export-rename (liste ; ε : $\rightarrow$ liste) **as** (oliste ; o-ε : $\rightarrow$ oliste)
end GEORDNETE-LISTE

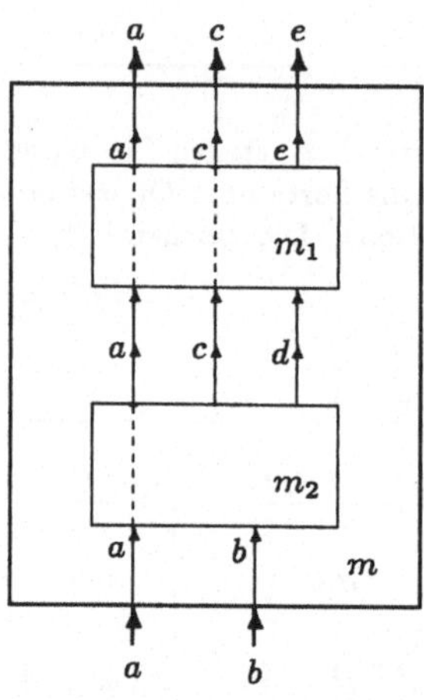

$$m = (m_1 \circ m_2)$$

Das Konstrukt "o" verbindet zwei Spezifikationen wie im Bild gezeigt: Geht man von einer "top-down" Entwicklung aus, so stellt die Spezifikation $(m_1 \circ m_2)$ eine Verfeinerung der Spezifikation m_1 durch die Spezifikation m_2 dar.

Weitere Konstrukte der Spezifikationssprache *OBSCURE* sind **forget, subset** und **quotient**. Sie erlauben es, Sorten und Operationen zu "vergessen", eine Teilalgebra oder eine Quotientalgebra zu konstruieren, und werden im folgenden Beispiel illustriert:

Die parametrisierte Spezifikation von Abbildung 3 führt geordnete Listen (von Elementen) ein. Dazu werden zuerst mit dem Konstrukt "+" die parametrisierten Spezifikationen

LISTE(el)

(abgeleitet aus Abbildung 1) und

GEORDNETE-LISTE (el ; $\_ \leq \_$: el $\times$ el $\rightarrow$ bool)

(aus Abbildung 2) vereinigt. Mit dem Konstrukt

forget ($\_\cdot\_$)

wird die Operation "$\_\cdot\_$: liste $\times$ el $\rightarrow$ liste" entfernt. Dies ist notwendig, weil diese Operation mit der nachfolgenden Bildung einer Teilalgebra unverträglich ist: im Gegensatz zur Operation "$\_\odot\_$" ermöglicht die Operation "$\_\cdot\_$" die Konstruktion nicht-geordneter Listen (siehe Abbildung 1). Das Konstrukt

$$\textbf{subset liste by (vars } l : \texttt{liste}.\ \textbf{Isord}(l) = T)$$

bildet eine Teilalgebra, indem es alle Elemente l der Trägermenge der Sorte `liste` entfernt, die die Bedingung $\texttt{Isord}(l) = T$ nicht erfüllen, d.h. alle Listen l, die nicht geordnet sind. Schließlich werden die Sorte `liste` in `oliste` und die leere Liste ε in $o-\varepsilon$ umbenannt.

3 Das OBSCURE-System

Das OBSCURE-System besteht aus folgenden vier Komponenten:

- einer Spezifikationsumgebung, die es erlaubt, schnell und effizient Spezifikationen in *OBSCURE* zu erstellen: siehe Abschnitt 3.1.

- einer Komponente, die *OBSCURE*-Spezifikationen in die Programmiersprache C++ übersetzt: siehe Abschnitt 3.2.

- ein interaktives Beweissystem zur Verifikation von Programmen auf der Basis der Hoare-Logik: siehe Abschnitt 3.3.

- einer Komponente, die *OBSCURE*-Spezifikationen in Formeln der Prädikatenlogik abbildet: siehe Abschnitt 3.4.

Das *OBSCURE*-System begleitet also die wichtigsten Phasen der Software-Entwicklung und zwar von der Problembeschreibung über die Implementierung bis hin zur Verifikation. Charakteristisch ist dabei die durchgängige Verwendung von Spezifikationen. Diese Spezifikationen, die in der Spezifikationssprache *OBSCURE* geschrieben werden, sind

- *formal* und können deshalb als Basis für formale Verifikation benutzt werden;

- *konstruktiv* und könnnen deshalb automatisch in Programme übersetzt werden;

- *transparent* und können deshalb von Anfang an als Terminologie des Projekts fungieren und in der Dokumentation zur Beschreibung der Systemkomponenten verwendet werden.

3.1 Das OBSCURE-Spezifikationssystem

Zu der Spezifikationssprache *OBSCURE* wurde eine Spezifikationsumgebung "maßgeschneidert" — das *OBSCURE-Spezifikationssystem*. In diesem System sind Werkzeuge zum Erstellen, Verwalten, Testen und Verifizieren von Spezifikationen zusammengefaßt. Es erlaubt dem Benutzer, ohne genaue Kenntnisse der Syntax und Kontextbedingungen der Spezifikationssprache aus Kapitel 2, schnell und sicher Spezifikationen zu erstellen, zu modifizieren und auszuführen ("rapid prototyping"). Abbildung 4 gibt einen Überblick über die Komponenten des Systems und deren Verknüpfung.

Die Systemkomponenten werden nun im einzelnen kurz beschrieben:

(1) **Der Editor.** Der *OBSCURE*-Editor ist in zwei Modi ablauffähig: ein Generator- und ein Analysatormodus. Der Benutzer kann jederzeit zwischen den beiden Modi wechseln. Der *Generatormodus* erlaubt es, ohne genauere Kenntnis der Syntax menügesteuert Spezifikationen in der Spezifikationssprache *OBSCURE* zu erstellen. Um dem Benutzer, der mit der Syntax der Spezifikationssprache *OBSCURE* genügend vertraut ist, das zum Teil zeitraubende Generieren zu ersparen, bietet das System die Möglichkeit, im *Analysatormodus* Teile der Spezifikation als Text einzugeben. Dieser Text wird sofort auf syntaktische Korrektheit überprüft. Der Benutzer hat so die Möglichkeit, eventuelle Syntaxfehler umgehend zu korrigieren.

Eine Spezifikation wird intern als abstrakter attributierter Syntaxbaum dargestellt. Der Benutzer hat die Möglichkeit, mittels einer ganzen Reihe von Kommandos in diesem Syntaxbaum zu "wandern" bzw. ihn zu verändern.

Abbildung 4: OBSCURE: ein Spezifikationssystem

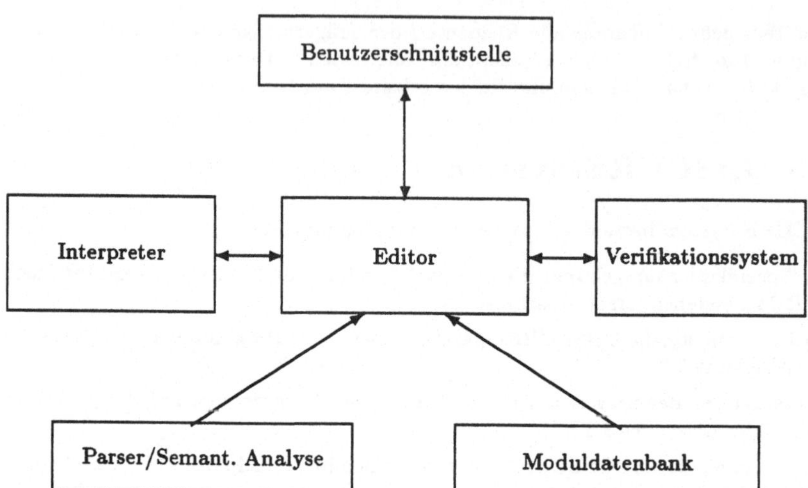

(2) Der Parser. Der Parser überprüft die Texte, die im Analysatormodus des Editors eingegeben werden, auf syntaktische Korrektheit. Darüber hinaus besteht die Möglichkeit, Texte zu überprüfen, die mit einem anderen (Text-)Editor erstellt wurden und die in das *OBSCURE*-System geladen werden. Falls korrekt, wird dieser Text oder genauer, die entsprechende Spezifikation, dem Benutzer zur weiteren Verwendung im System bereitgestellt.

(3) Der Pretty-Printer. Die Interndarstellung einer *OBSCURE*-Spezifikation im System ist — wie erwähnt — ein abstrakter attributierter Syntaxbaum. Diese Interndarstellung wieder in eine Textdarstellung umzuwandeln ("deparser") und gleichzeitig dem Benutzer Informationen über die aktuelle Baumstruktur zu vermitteln, ist Aufgabe des Pretty-Printers. Das *OBSCURE*-System ermöglicht es dem Benutzer, den Pretty-Printer zu beeinflussen und so die Darstellung des Textes auf dem Bildschirm zu ändern. Zum Beispiel können Textteile hervorgehoben werden, um die Lesbarkeit zu erleichtern.

(4) Die semantische Analyse. Dieser Teil des Systems überprüft automatisch die zahlreichen Kontextbedingungen der Spezifikationssprache *OBSCURE*. Während die meisten Systeme, in denen Editor und syntaktische/semantische Analyse getrennt sind, es dabei belassen, dem Benutzer Verstöße gegen eine bestimmte Bedingung mitzuteilen, meldet das *OBSCURE*-System nicht nur den Fehler, sondern hilft, ihn zu korrigieren. Wird ein Verstoß gegen die Kontextbedingung festgestellt, so wird dem Benutzer mitgeteilt, *was* er falsch gemacht hat und *wie* er es korrigieren kann. Dazu listet das System einige mögliche Maßnahmen auf, die den Fehler beheben können. Wenn der Benutzer sich für eine dieser Möglichkeiten entscheidet, führt das System die Korrektur selbsttätig aus.

Eine weitere Aufgabe dieses Systemteils besteht in der automatischen Erzeugung von Formeln, die die Persistenz der Spezifikationen gewährleisten (sog. Subset- oder Quotient-Bedingungen) oder aktuelle "semantics constraints" ausdrücken (cf. [LL88]). Die Gültigkeit dieser Formeln ist in dem angegliederten Verifikationssystem zu beweisen. Eine weitere "Dienstleistung" dieses Systemteils ist das Anzeigen der aktuell verfügbaren Sorten, Konstruktoren und Operationen.

(5) Der Interpreter. Algorithmische Spezifikationen können in einem gewissen Sinn als Prozedurdeklarationen in einer streng getypten funktionalen Programmiersprache betrachtet werden. *OBSCURE*-Spezifikationen können deshalb "ausgeführt" werden. Etwas genauer: der Interpreter berechnet den Wert eines Terms bzgl. einer Spezifikation. Dabei können Haltepunkte in den rekursiven Programmen eingefügt werden, bei deren Erreichen die Ausführung unterbrochen wird und Belegungen von Variablen abgefragt werden können. Dem Benutzer wird durch diesen Systemteil die Möglichkeit geboten, auf einfache Weise zu prüfen, ob die Spezifikation sich "richtig verhält".

(6) Die Moduldatenbank. *OBSCURE*-Spezifikationen sind durch ihren modularen Aufbau gut geeignet zur Erstellung einer "Spezifikationsdatenbank". In dieser Datenbank können — möglicherweise parametrisierte — Spezifikationen abgelegt werden. Benutzer des *OBSCURE*-Systems können durch Anfragen an diese Datenbank Informationen über die vorhandenen Spezifikationen erhalten.

(7) Das Verifikationssystem. Im Rahmen des *OBSCURE*-Systems wird ein automatisches Beweissystem für Formeln der Prädikatenlogik erster Stufe entwickelt. Der Beweiser soll vollautomatisch, d.h. ohne Unterstützung des Benutzers, arbeiten. Falls der Beweis fehlschlägt, soll der Benutzer Hinweise auf die Fehlerursache (z.B. ein Gegenbeispiel, wenn eine Bedingung verletzt ist) erhalten. Der Beweiser basiert auf der Weiterentwicklung des Resolutions-Kalküls von Robinson und der Konnektionsgraphmethode von Kowalski. Dabei ist nach den Erfahrungen mit dem ebenfalls auf diesem Prinzip beruhenden Markgraf Karl Beweissystem [Rap84] eine effiziente Methode zur Behandlung von Gleichungen notwendig. Da die Trägermengen induktiv aufgebaut sind, bzw. da nur "erzeugte" Algebren betrachtet werden, ist es notwendig, auch Induktionsbeweise durchzuführen. Hierbei sollen als Erweiterung bestehender Induktionssysteme (z.B. [BHHW86]) nicht nur totale Funktionen, sondern allgemeine rekursive Funktionen behandelt werden können. Eine Übersicht über diese Beweisverfahren und weiterführende Literaturhinweise finden sich in [BB87].

3.2   SOTOSOTRA: Übersetzung von OBSCURE in C++

Das Programm SOTOSOTRA übersetzt Spezifikationen der Sprache *OBSCURE* "source-to-source" in die Programmiersprache C++ [Str86]. Es erlaubt, Datentypen, die in einem C++-Programm zur Anwendung kommen sollen, zuerst (abstrakt) in *OBSCURE* zu spezifizieren und dann in C++ übersetzen zu lassen. Die erzeugten Programmteile stellen eine korrekte — wenn auch nicht unbedingt effiziente — Implementierung der Spezifikation dar. Sie können während der Entwicklungsphase eines (C++)-Programms zusammen mit den — direkt in C++ geschriebenen — Routinen benutzt werden.

3.3   LUNA: Ein Beweissystem für Hoare-Logik

Das LUNA-System ist ein interaktives Beweissystem für eine einfache imperative Programmiersprache auf der Basis der Hoare-Logik. Es erzeugt Formeln der Prädikatenlogik, deren Gültigkeit die partielle Korrektheit eines Programms impliziert ("Verification Condition Generator"). Damit die Anwendung eines solchen Systems nicht auf die Verifikation von "Spielzeugprogrammen" beschränkt bleibt, muß es möglich sein, in den Vor- und Nachbedingungen der Hoare-Formeln "abstraktere" Prädikate ("mnemonic predicates") zu benutzen.

> "The use of mnemonic predicates proved very helpful and the author believes that
> this is in fact the key to successful verification of large programs." [Pol79]

Klassischerweise wird die Semantik dieser zusätzlichen Prädikate in einer dem verfügbaren Verifikationssystem angepaßten Sprache ("rule language") definiert (z.B. [Sta79]). Stattdessen sollen nun diese Prädikate als Operationen mit Hilfe des *OBSCURE*-Spezifikationssystems eingeführt werden. Die Eigenschaften dieser Operationen, die in der Verifikation benötigt werden, können u.a. mit Hilfe des ASPLO-Programms erhalten werden (siehe Abschnitt 3.4).

3.4 ASPLO: Übersetzung von OBSCURE in Prädikatenlogik

Das Programm ASPLO (Algorithmische Spezifikation nach Prädikaten-Logik) bildet *OBSCURE*-Spezifikationen in Mengen prädikatenlogischer Formeln ab. Die so für eine Spezifikation erhaltenen Formeln drücken die Semantik der in der Spezifikation eingeführten Operationen aus. Diese Formeln können dann vom Verifikationssystem benutzt werden.

4 Schlußbemerkungen

Von großen Teilen des in Kapitel 3 beschriebenen Systems existiert zur Zeit ein Prototyp [FHL*87]. Er wurde implementiert auf einem Siemens MX2-Rechner unter SINIX.

Zur Zeit wird eine endgültige Implementierung des *OBSCURE*- Systems entwickelt. Die Benutzeroberfläche wird dabei wesentlich freundlicher gestaltet, was angesichts der starken Interaktivität des Systems seiner Akzeptanz zugute kommen soll. Das System wird u.a. mit Fenstertechniken und Graphikapplikationen ausgestattet und auf eine SUN-Workstation portiert.

Ein weiterer Schwerpunkt bei der endgültigen Implementierung ist die Entwicklung des Verifikationssystems. Eine Erweiterung für die algebraische Spezifikationsmethode und eine Einbindung des Termersetzungssystems REVE [Les86] ist ebenfalls vorgesehen.

Das *OBSCURE*-Projekt wird mit Unterstützung der Deutschen Forschungsgemeinschaft im Rahmen des I.I.I.-Projekts realisiert. Am Projekt sind außer den beiden Autoren u.a. Jürgen Fuchs, Annette Hoffmann, Thomas Lehmann, Liane Meiss, Ralf Treinen, Stefan Uhrig und Jörg Zeyer beteiligt.

Literatur

[BB87]   K. H. Bläsius and H.-J. Bürckert, editors.
            Deduktions-Systeme.
            Oldenbourg, 1987.

[BCV85]   M. Bidoit, C. Choppy, and F. Voisin.
            The ASSPEGIQUE specification environment — Motivations and design.
            Int. Rep., Univ. Paris-Sud, October 1985.

[BHHW86]   S. Biundo, B. Hummel, D. Hutter, and C. Walther.
            The Karlsruhe induction theorem proving system.
            In Jörg H. Siekmann, editor, *8th International Conference on Automated Deduction*,
                LNCS 230, Oxford, England, 1986.

[Car80]   R. Cartwright.
            A constructive alternative to abstract data type definitions.
            Proc. 1980 LISP Conf., Stanford Univ., 46 – 55, 1980.

[FGJ*85]   K. Futatsugi, J.A. Goguen, J.P. Jouannaud, J. Meseguer.
            Principles of OBJ2.
            Proc. 12th ACM POPL-Conf., 1985.

[FHL*87]   J. Fuchs, A. Hoffmann, J. Loeckx, L. Meiss, J. Philippi, and J. Zeyer.
            Benutzerhandbuch des OBSCURE-Systems — Teil 1: Der Editor.
            Int. Rep. (WP) 88/05, Univ. Saarbrücken, 1987.

[GTW78]   J.A. Goguen, J.W. Thatcher, and E.G. Wagner.
            An initial algebra approach to the specification, correctness and implementation of
                abstract data types.
            In R. Yeh, editor, *Current Trends in Programming Methodology IV*, pages 80 – 149,
                Prentice-Hall, 1978.

[Hoa72]   C.A.R. Hoare.
            Proof of correctness of data representations.
            Acta Informatica, 1(4):271 – 281, 1972.

[Kin71]   J.C. King.
A program verifier.
In *Information processing 71*, pages 234–249, IFIP, 1971.

[Les86]   P. Lescanne.
REVE a rewrite rule laboratory.
In *8th International Conference on Automated Deduction*, pages 695–696, LNCS 230, 1986.

[lg85]   The CIP language group.
The Munich Project CIP - Vol. I: The wide spectrum language CIP-L.
LNCS 183, 1985.

[LG86]   B. Liskov and J. Guttag.
Abstraction and specification in program development.
The MIT Electrical Engin. and Comp. Sc. Series, McGraw-Hill, 1986.

[LL88]   J. Loeckx and T. Lehmann.
The specification language of OBSCURE.
In D. Sannella, A. Tarlecki (eds.), *Recent Trends in Abstract Data Type Specifications.*
LNCS, to appear.

[Loe81]   J. Loeckx.
Algorithmic specifications of abstract data types.
In *Proceedings ICALP 81*, pages 129–147, LNCS 115, 1981.

[Loe87]   J. Loeckx.
Algorithmic specifications: a constructive specification method for abstract data types.
ACM Transactions on Programming Languages and Systems, 9(4):646 – 685, 1987.

[MT86]   H.-W. Moritz and B. Tybussek.
Computersoftware: Rechtsschutz und Vertragsgestaltung.
Verlag C.H. Beck, München, 1986.

[Olt87]   W. Olthoff.
The connection between applicative and procedural languages in an integrated software development and verification system.
PhD thesis, Univers. Kaiserslautern, January 1987.

[Pol79]   W. Polak.
An exercise in automatic program verification.
IEEE Transactions on Software Engineering, 5(5), 1979.

[Rap84]   Karl Mark G. Raph.
The Markgraf Karl Refutation Procedure.
SEKI MEMO MK–84–01, Universität Kaiserslautern, 1984.

[Sta79]   *Stanford PASCAL Verifier User Manual.*
Stanford Verification Group, Computer Science Department Stanford University, report no. 11 edition, 1979.

[Str86]   B. Stroustrup.
The C++ programming language.
Addison Wesley, 1986.

[Wan79]   M. Wand.
Final algebra semantics and data type expressions.
Journal of Computer and System Sciences, 19(1), 1979.

S$_{i}$A$\TeX$

eine interaktive Arbeitsumgebung für $\TeX$[1]

Fachbereich 10 – Informatik

Gerhard Becker   Brigitte Kuhn   Dieter Maurer   Reinhard Wilhelm

1. EINLEITUNG:

Systeme zur Dokumenterstellung gehören mittlerweile zur Softwaregrundausstattung fast jedes Rechners. Solche Systeme erlauben die mehr oder weniger komfortable Erstellung von Dokumenten verschiedener Klassen wie Büchern, Artikeln, Dokumentationen, Briefen oder Programmen. In Kombination mit einem hochauflösenden Drucker liefern sie reproduktionsfähige Originale sehr guter Qualität.

Zwei Typen von Systemen konkurrieren auf diesem Markt. Batch-orientierte Systeme verarbeiten eine mittels eines Editors erstellte Textdatei, die außer dem Manuskript noch Umbruchanweisungen und/oder Strukturinformationen enthält. Integrierte Editor-Formatierer, sogenannte WYSIWYG-Systeme ("what you see is what you get"), zeigen nach jedem Tastendruck oder Mausklick den aktuellen Zustand des Dokuments so, wie es auf dem Ausgabemedium erscheinen würde.

Der Markt des Desktop-Publishing hat zu einem großen Teil das WYSIWYG-Konzept als Grundlage für professionelle Systeme akzeptiert. Deshalb stellt sich die Frage, weshalb in dem S$_{i}$A$\TeX$[2]-Projekt ein batch-orientiertes System gewählt wurde. Dazu muß man die Stärken und Schwächen dieser beiden Konzepte näher betrachten.

Die Stärken der WYSIWYG-Systeme sind die folgenden:

– das Ergebnis einer Benutzeraktion wird unmittelbar auf dem Bildschirm sichtbar;

– Fehlerentdeckung und Korrektur zumindest im sichtbaren Teil des Dokuments können ohne Verzögerung erfolgen;

– mit einem Zeigeinstrument, z.B. einer Maus, lassen sich Objekte konstruieren, für die es keine adäquate, leicht zu erstellende textuelle Spezifikation gibt, etwa Zeichnungen oder Tabellen.

Die Stärken batch-orientierter Systeme dagegen sind die folgenden:

– Das Ergebnis der Formatierung kann besser sein als bei WYSIWYG-Systemen, da ein batch-orientiertes System jede Umbruchentscheidung in einem größeren Kontext treffen

---

[1] $\TeX$ is a trademark of the American Mathematical Society

[2] Saarbrücker interaktive Arbeitsumgebung für $\TeX$

kann; während ein WYSIWYG-System nach jeder Zeicheneinfügung oder -löschung einen Zeilenumbruch vornehmen oder rückgängig machen muß, nimmt z.B. das im batch-Modus arbeitende System TEX den Zeilenumbruch paragraphenweise vor und erzielt damit hervorragende Ergebnisse. Ähnliches gilt für den Satz von mathematischen Formeln.

- Die batch-orientierten Systeme verfügen meist über eine Möglichkeit, für (parametrisierte) Objekte Namen einzuführen. Damit kann der Benutzer sich eine Umgebung definieren, in der er sein Dokument oder bestimmte Teile daraus formatieren will. Dieses Konzept erlaubt es ihm, die Umbruchentscheidungen, die mit bestimmten Objekttypen verbunden sind, über sein ganzes Dokument konsistent zu treffen. Das WYSIWYG-System verlangt i.a. vom Benutzer bei jedem Vorkommen eines Objekts von diesem Typ eine neuerliche Entscheidung. Eine weitere Konsequenz daraus ist die Möglichkeit, bei der Änderung einer Umbruchentscheidung dies durch eine Umdefinition zu realisieren. Beim Fehlen einer solchen Möglichkeit müßten alle Vorkommen von betroffenen Objekten gesucht und einzeln modifiziert werden.

- Batch-orientierte Systeme erlauben bisher ein besseres Arbeiten mit der Dokumentstruktur.

Diese Abwägung zwischen den Stärken und Schwächen der beiden Formatierertypen haben uns dazu bewogen, ein batch-orientiertes System als Ausgangspunkt zu wählen und es durch eine Umgebung zu unterstützen, die einige der Vorteile von WYSIWYG-Systemen anbietet. Zu den ausgefeiltesten batch-orientierten Systemen gehört das von D. E. Knuth entwickelte universelle Textformatierprogramm TEX. TEX kann durch Wahl verschiedener Formatbeschreibungen zum Satz unterschiedlichster Dokumentarten benutzt werden. Verfügbare Standardformate, z.B. *PLAIN* oder LATEX, machen den Satz von Büchern, Briefen, wissenschaftlichen Berichten, Tabellen und Programmen einfach. TEX benutzt ausgefeilte Regeln und Algorithmen zur Silbentrennung, zum Zeilen- und Seitenumbruch und zum Satz mathematischer Formeln. Selbst für komplexe mathematische Texte gewährt dies eine hohe Satzqualität bei einem Minimum an Benutzerintervention.

Aber auch die Regeln von TEX sind nicht vollkommen. So hat beispielsweise sein Trennalgorithmus Schwierigkeiten mit Umlauten, in den Text eingestreute Graphiken werden nicht immer optimal positioniert, und beim Seitenumbruch ist gelegentlich Benutzeranleitung notwendig. Neben Fehlern des Benutzers im Manuskript machen diese Unzulänglichkeiten ein Korrekturlesen der formatierten Ausgabe und gegebenenfalls eine Korrektur des Manuskriptes erforderlich.

Das Projekt SiATEX hat die Entwicklung von Programmen zum Ziel, die den Benutzer bei der Erstellung seiner TEX-Manuskripte, dem Korrekturlesen und der Korrektur unterstützen. Das Projekt wird in zwei aufeinander aufbauenden Phasen realisiert. Ihre Aufgaben können schlagwortartig folgendermaßen zusammengefaßt werden:

Phase 1: Entwicklung eines interaktiven Preview-Programms ([1]-Terminal-Treiber) zur Darstellung vom Benutzer ausgewählter Teile des formatierten Dokumentes auf einem Graphikterminal,

Phase 2: Koordination der Arbeit des Texteditors und des Preview-Programms zur Unterstützung eventuell notwendiger Korrekturen im Manuskript; Integration von TeX, Texteditor und Preview-Programm, um schrittweises (inkrementelles, interaktives) Erstellen und Formatieren von Dokumenten zu unterstützen.

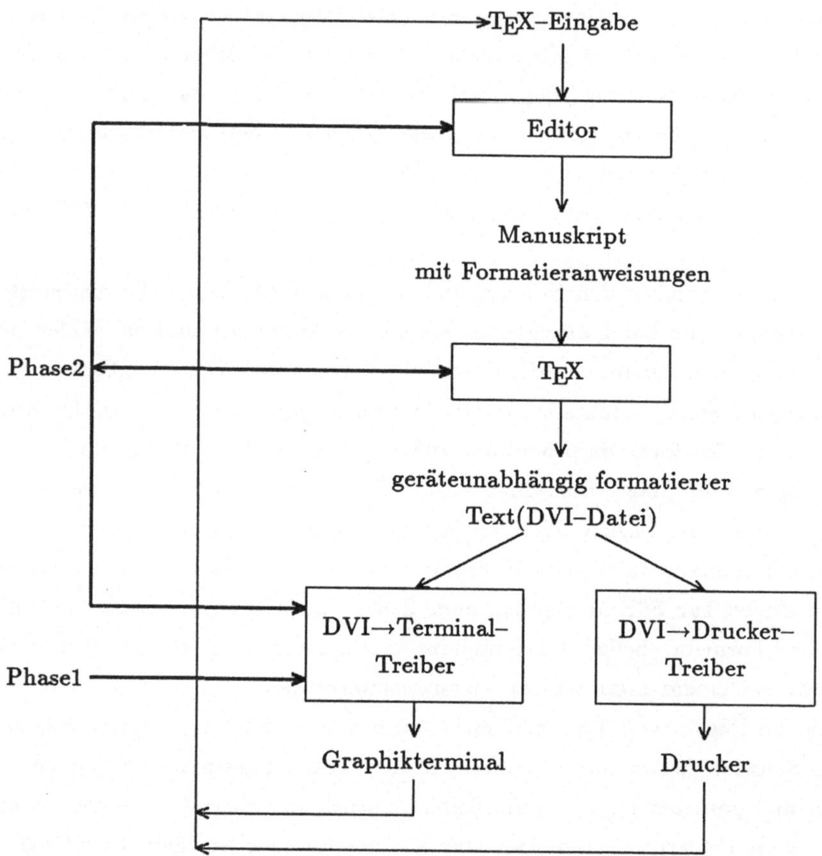

Diese Graphik zeigt den Ablauf der Dokumentaufbereitung mit TeX. Der Benutzer erstellt mit Hilfe eines Texteditors ein Manuskript mit Formatieranweisungen. TeX bereitet das Manuskript auf und erstellt eine geräteunabhängige Darstellung des formatierten Dokumentes. Mit speziellen Treibern kann das Dokument nun auf verschiedenen Ausgabegeräten, etwa einem Drucker oder Graphikterminal, sichtbar gemacht werden.

---

[1] Bei der TeX–Aufbereitung wird eine geräteunabhängige Datei (*DVI*–Datei) erstellt, die alle Informationen über den Satz des Dokumentes enthält

Nach dem Korrekturlesen muß das Manuskript gegebenenfalls korrigiert und der Vorgang wiederholt werden.

Die Pfeile kennzeichnen, welche Programme in den einzelnen Phasen des S¡ATEX-Projektes erweitert bzw. integriert werden.

Entwickelt und installiert wurde/wird S¡ATEX im Gegensatz zu vergleichbaren Systemen nicht auf einer Workstation, sondern auf einem Mehrplatz–Grafiksystem. Uns steht ein Siemens MX2–Grafik zur Verfügung. Das Programm ist aber auch (mit besserer Performance) auf allen neueren Grafiksystemen der MX–Reihe der Fa. Siemens ablauffähig.

Diese Systeme sind mit "Blitgraf 15–Zoll" Grafikterminals ausgestattet, welche nicht groß genug sind, um eine komplette DIN A4 Seite darzustellen. Dies begründet die Arbeit, die wir in exaktes Positionieren auf dem Dokument sowie in verschiedene Darstellungsarten der Dokumente auf dem Bildschirm investiert haben.

2. DER SICHTER (Previewer):

Die batchorientierte Arbeitsweise von TEX läßt im Gegensatz zu WYSIWYG–Systemen keine Kontrolle des formatierten Textes parallel zur Eingabe zu. Auch müssen bei der Erstellung umfangreicher Dokumente mit TEX häufig mehrere Versionen erstellt werden, bevor das Druckergebnis zufriedenstellt.

Gerade für den Satz von so komplexen Gebilden wie Tabellen und Graphiken ist nach Aussage von D.E.Knuth ein TEX–Experte für die exakte Spezifikation der Eingabe notwendig. Die abstrakte Beschreibung einer Tabelle wie

Year	World Population
8000 B.C	5,000,000
50 A.D	200,000,000
1650 A.D	500,000,000
1850 A.D	1,000,000,000
1945 A.D	2,300,000,000
1980 A.D	4,400,000,000

[The TEXbook, D.E.Knuth, S.246]

ist sehr komplex. Die korrekte Eingabe für die Tabelle ist

```
\vbox{\offinterlineskip \hrule
\halign{&\vrule#&
\strut\quad\hfil{\bf #}\quad\cr
height2pt&\omit&&\omit&\cr
&Year\hfil&&World Population&\cr
height2pt&\omit&&\omit&\cr
```

```
\noalign{\hrule}
height2pt&\omit&&\omit&\cr
&8000 B.C&&5,000,000&\cr
&50 A.D&&200,000,000&\cr
&1650 A.D&&500,000,000&\cr
&1850 A.D&&1,000,000,000&\cr
&1945 A.D&&2,300,000,000&\cr
&1980 A.D&&4,400,000,000&\cr
height2pt&\omit&&\omit&\cr} \hrule}
```

Fehlerhafte Eingaben sind daher zunächst sehr häufig.

Zu unterscheiden sind dabei :

– syntaktische Fehler, die während der TEX–Aufbereitung gemeldet werden,
z.B. Fehlen von &, \$, einer Klammer { oder }, ...

– Schönheitsfehler, die auf Eingaben beruhen, die zwar syntaktisch in Ordnung sind, aber
nicht das gewünschte Bild ergeben, z.B. falsche Positionierung einzelner Objekte, falsch
gruppierte Indizes ...

Eine schnelle Aufbereitung und Darstellung des Textes auf einem Ausgabegerät ist daher
wünschenswert. Lange war man bei der Kontrolle von TEX–Dokumenten auf hochauflösende
Drucker (Laserdrucker) angewiesen. Wegen der hohen Anschaffungs- und Betriebskosten für
ein derartiges Gerät gibt es fast immer nur **wenige** solche Geräte pro Firma, Institut
oder Universität; daher können die mit TEX aufbereiteten Dokumente zur Zeit meist nicht
am Arbeitsplatz des Texterstellers ausgegeben werden. Dies ist jedoch wünschenswert, um
Wartezeiten und Wege zu vermeiden. Darüber hinaus erlauben die meisten Treiberprogramme zur Wiedergabe von TEX–Dokumenten auf einem Drucker dem Anwender nur, die
auszugebende Seitenzahl festzulegen oder Seiten zu überspringen. Zudem ist die Ausgabe
auf Druckern langsam und teuer. Die Wiedergabe von Dokumentausschnitten auf einem
Graphikbildschirm ist dagegen billiger und schneller.

In der ersten Phase der Entwicklung von S$_i$ATEX haben wir daher einen komfortablen
interaktiven $DVI{\rightarrow}$Terminal–Treiber bzw. $DVI{\rightarrow}$Drucker–Treiber zur Darstellung von DVI-
Dateien auf einem Graphikterminal bzw. einem Drucker entwickelt.

Üblicherweise steht bei der Kontrolle eines aufbereiteten TEX–Dokumentes ein alter, nicht
mehr ganz aktueller Ausdruck zur Verfügung. Zur Überprüfung des neu übersetzten TEX–
Textes will der Anwender oft nicht die gesamte Ausgabe, sondern nur ausgewählte Teile
sehen. Wie Erfahrungen mit Texteditoren gezeigt haben, ist es für die Benutzerfreundlichkeit
bei der Auswahl eines Ausschnitts vor allem wichtig, blättern und eventuell nach Kontext
suchen zu können. Diese Möglichkeit bietet das von uns entwickelte Programm.

2.1 Anforderungen an einen TEX–Previewer

Ein TEX–Previewer stellt eine große Hilfe für den Anwender bei der Erstellung eines Dokumentes mit TEX dar, da durch ihn dem Anwender die Ansicht einzelner Dokumentausschnitte auf dem Bildschirm (oder auf einem Drucker) ermöglicht wird.

Ein guter Previewer erlaubt einen benutzerfreundlichen Dialog zwischen Benutzer und System, während dessen der Anwender ein Fenster nach Belieben über die Seiten des Dokumentes bewegen und sich die darunterliegenden Textausschnitte auf dem Ausgabemedium ansehen kann. Eine schnelle Realisierung der vom Anwender geforderten Prozesse ist eine wichtige Voraussetzung für die Benutzerfreundlichkeit des Preview–Systems.

Bei der Erstellung des SiATEX–Systems haben wir folgende Kriterien hinsichtlich der Auswahl der Kommandos und der ablaufenden Prozesse beachtet:
- um dem Benutzer einen unkomplizierten Umgang mit dem System zu ermöglichen, wurde die Anzahl der Kommandos möglichst gering gehalten;
- mit den Kommandos muß ein Benutzer jeden beliebigen Ausschnitt aus dem Dokument zur Ansicht auf dem Bildschirm spezifizieren können;
- die Kommandos sind einheitlich aufgebaut aus einem Schlüsselwort, das die Funktion charakterisiert, und ein oder mehreren Parametern;
- für alle Parameter stehen *default*–Werte zur Verfügung, die dann benutzt werden, wenn Kommandoparameter nicht explizit angegeben werden;
- zu jedem Zeitpunkt werden dem Anwender vom System die aktuelle Position und evtl. weitere Angaben (Anzahl der Seiten, aktuelle Seite, ...) mitgeteilt;
- die Operationen werden effizient realisiert;
- bei der Projektion eines Textausschnitts auf den Bildschirm kann zwischen verschiedenen Darstellungsarten gewählt werden;
- die Ausführung eines Kommandos kann zu jedem Zeitpunkt abgebrochen werden.

2.2 Anforderungen an die Benutzeroberfläche
2.2.1 Benutzerschnittstelle in Form einer flexiblen Dialogsprache
Das Programm erlaubt eine schnelle Auswahl einzelner Textausschnitte im interaktiven Benutzer–Computer–Dialog. Die Dialogsprache unterscheidet hierbei Sicht– und Positionskommandos. Die Positionskommandos erlauben es, ein Fenster variabler Größe nach verschiedenen Kriterien über das Dokument zu bewegen:
- **relativ oder absolut;**
  Eine absolute Plazierung des Fensters ist die Bestimmung einer neuen linken oberen Ecke unabhängig von der aktuellen Position.
  Beispiel: Neue aktuelle Dokumentseite wird das Blatt mit der Nummer 2.
  Eine relative Plazierung des Fensters ist abhängig von der aktuellen Position.
  Beispiel: Positioniere das Fenster 5 Zeilen zurück.

- **in logischen Einheiten;**

Jedes Dokument stellt eine geordnete Folge von Zeilen, Paragraphen und Seiten dar. Diese logischen Gliederungskomponenten können zur Positionierung im Text ausgenutzt werden. Unsere Dialogsprache bietet dem Benutzer Kommandos zur Positionierung auf **Zeilen, Seiten, Blätter** und **Paragraphen** an.

Positionieren auf Zeilen:

Das Fenster wird dabei so auf dem Text plaziert, daß die gewünschte Zeile am oberen Rand des Sichtfensters erscheint. Das Preview–Programm kann jedoch nicht auf die von TEX berechneten Informationen über die logische Gliederung einer Seite in Wörter, Zeilen, usw. zurückgreifen, da die DVI–Information über den Aufbau einer Seite aus einer Folge von Zeichen (Code, Font, Position) in beliebiger Reihenfolge, also nicht nach logischen Strukturen sortiert, besteht.

Information über die Einteilung einer Seite in Zeilen kann nur dadurch gewonnen werden, daß die DVI–Seite vom Anfang bis zum Ende gelesen wird, und die Zeichen anhand der Koordinaten und der Größe zu "Zeilen" zusammengefaßt werden. Hierzu wird, ausgehend von der DVI–Information über Position (horizontale und vertikale Koordinate) und Zeichensatzzugehörigkeit, über jedes Zeichen auf der Seite ein waagerechtes Band gelegt, das die Höhe[1] des Zeichens und die Breite der konkreten TEX–Seite hat. Überlappende Bänder werden zu einem **Zeilenband** zusammengefaßt. Die von einem Zeilenband überdeckten Zeichen bilden eine **Zeile**.

Positionieren auf Seiten bzw Blätter :

Eine Seite kann auf zwei Arten aufgerufen werden:

— durch Angabe der konkreten Seitennummer

— durch Angabe der DVI–internen Blattnummer, falls die Seitennummer nicht vorhanden, zusammengesetzt oder nicht aussagekräftig ist.

Die Struktur der DVI–Datei unterstützt die Suche nach dem gewünschten Blatt, indem die Informationen über den Satz der einzelnen Zeichen des Dokumentes in der Datei seitenweise sortiert mit expliziter Markierung von Seitenanfang und –ende (bop–begin-of-page, eop–end-of-page) abgespeichert sind.

Positionieren auf Paragraphen:

Die logische Gliederung des Dokumentes in Paragraphen, die auf abstrakter Ebene durch Paragraphentrenner spezifiziert wird, ist in der konkreten Beschreibung (DVI-Datei) nicht mehr erkennbar, da das Bild des abstrakten Objekts "Paragraph" innerhalb des konkreten Objekts Seite nicht gekennzeichnet ist.

Die während der TEX–Aufbereitung erstellte DVI–Datei enthält als einzige Information über den Satz einer konkreten Seite des Dokumentes eine Aufzählung aller auf ihr vorkommenden Zeichen mit den entsprechenden Positionen, bietet aber keine explizite Angabe der Paragraphenstrukturierung (Parameter und Gliederung) des Textes.

---

[1] Die Information über die Höhe eines Zeichens ist in der zugehörigen Fontdatei abgespeichert

Um die Positionierung auf Paragraphen verwirklichen zu können, muß das Preview-Programm in die Lage versetzt werden, anhand der Informationen aus der *DVI*-Datei Paragraphen zu erkennen und ihre Position auf der Seite zu bestimmen.

Der Benutzer fügt in die Formatdefinition oder das Macropaket, das bei der Dokumentaufbereitung eingelesen wird, eine Macrodefinition ein, die bewirkt, daß beim Aufruf der Paragraphen Markierungen in die *DVI*-Datei eingetragen werden. Somit wird \par so umdefiniert, daß die ursprüngliche Bedeutung — Ende des aktuellen Paragraphen, mehr Abstand zur nächsten Zeile, Einrücken der nächsten Zeile — erhalten bleibt, beim Aufruf aber zusätzlich eine Markierung an die laufende Position in der *DVI*-Datei eingetragen wird (hier: previewpar). Die Informationen über die Paragraphengliederung des Textes auf abstrakter Ebene werden nun über den TEX-Lauf hinweggerettet. Die Paragraphenmarkierungen erlauben dem Preview-Programm eine vom Benutzer unabhängige Berechnung der Paragraphenadressen. Die Suche nach den Paragraphenmarkierungen in der *DVI*-Datei ist leicht und effizient zu realisieren.

Ein Nachteil dieser Lösung ist, daß der Benutzer auf der abstrakten Ebene die vorgegebene Paragraphendefinition verändern muß.

Eine Erweiterung zur Positionierung auf "Kapiteln/Unterkapiteln/..." ist möglich.

- **in physikalischen Einheiten (cm, mm, pt, in);**

neben der Positionierung nach Seiten, Paragraphen oder Zeilen ist auch die Wahl der aktuellen Position auf der Dokumentseite in physikalischen Maßen möglich, d.h. die Plazierung des Fensters durch explizite Angabe einer horizontalen und vertikalen Koordinate, absolut oder relativ. Weiterhin stellt das Preview-Programm Positionierkommandos zum "Blättern im Dokument" zur Verfügung, welche auch durch Mausaktionen ausgelöst werden können.

- **sowohl vorwärts als auch rückwärts.**

Vom Benutzer modifizierbare Register nehmen *default*-Werte an, die benutzt werden, wenn wesentliche Angaben in Kommandos nicht explizit gemacht werden.

2.2.2 Kontextsuche auf der Basis von DVI–Markierungen

Die Informationen über den Satz eines Dokumentes sind in der *DVI*-Datei so kompakt abgespeichert, daß außer der Seitenaufteilung keine weitere Textstrukturierung erkennbar ist. Um Kontextsuche auf Strukturen wie Kapiteln, Paragraphen oder Abschnitten durchführen zu können, muß TEX bei der Formatierung Vorarbeiten leisten. Werden im TEX-Eingabetext spezielle Macros für diese Strukturen verwendet, trägt das TEX-Programm bei deren Auftreten Markierungen in die *DVI*-Datei ein. Das Treiberprogramm sucht auf Wunsch diese Marken.

Viele Schwierigkeiten, die sich bei der Entwicklung des Previewers ergaben, sind auf die Darstellung der Satz-Information in der *DVI*-Datei zurückzuführen. Die Angaben darin reichen zwar für die Aufbereitung des druckfertigen Textes aus. Über die logische Struktur des Dokumentes sind jedoch kaum Daten abgespeichert, um die *DVI*-Datei möglichst kompakt und klein zu halten.

So werden beispielsweise Informationen über

— die Zeileneinteilung, die das T_EX–Programm anhand des Boxes- and Glue–Modells berechnet,

— die Paragrapheneinteilung, die anhand der Spezifikation in der Eingabedatei vorgenommen wird,

— die Plazierung von Figuren, Tabellen, Bildern,

— die Gliederung des Dokumentes in Kapitel, Abschnitte

nicht in der *DVI*-Datei aufgeführt und stehen damit dem Preview–Programm nicht explizit zur Verfügung. Zur Realisierung der Positionierung auf Zeilen, Paragraphen oder anderen logischen Objekten wie Kapiteln, Abschnitten und Figuren sowie zur Kontextsuche muß daher zunächst die logische Strukturierung des T_EX–Textes anhand der *DVI*–Informationen rekonstruiert werden. Die Zeichen einer Seite werden hierfür zu Zeilen zusammengefaßt, diese zu Paragraphen, und so fort.

Die zusätzliche Berechnung von logischen Strukturdaten durch das Preview–Programm könnte durch Modifikationen im T_EX–Programm zur Erstellung einer erweiterten *DVI*–Datei vermieden werden. Diese Änderungen würden jedoch einen tiefen Eingriff in T_EX bedeuten, wofür eine Einwilligung von D.E. Knuth erforderlich wäre. Eine weitere Möglichkeit besteht darin, durch Verwendung spezieller T_EX–Macros bei der Spezifikation des Dokumentes Markierungen in die *DVI*-Datei einzutragen. Dies setzt allerdings voraus, daß dem Benutzer die entsprechenden Macros bei der Eingabe des Textes zur Verfügung stehen.

2.2.3 Darstellung von Textausschnitten

Ausgehend von der aktuellen Position im Dokument kann das Sichtfenster aufgebaut und auf dem Bildschirm ausgegeben werden.

Der Benutzer kann hierbei

(a) die Größe des Sichtfensters

(b) die Art der Darstellung

vorgeben. Eine Trennung von Positionierung und Ausgabe wurde vorgenommen, um bei Positionierungen, die sich aus mehreren Kommandos zusammensetzen – z.B. Positioniere das Fenster auf der 4.Zeile der 5.Seite –, einen unnötigen zeitaufwendigen Bildschirmaufbau zu vermeiden.

ad a: Das Preview–System gestattet dem Benutzer, den Umfang des Textausschnitts, der auf dem Bildschirm wiedergegeben werden soll, festzulegen. Durch horizontales Verschieben der Maus wird die Breite verändert, vertikales Verschieben ändert die Höhe und diagonales Verschieben ändert beides. In dem so dimensionierten Sichtfenster kann ein Textausschnitt mit einer Breite von `fensterbreite` Einheiten und einer Höhe von `fensterhöhe` Einheiten

155

aufgebaut werden.

ad b: Das Programm unterstützt vier Darstellungsmodi.

Der Grundmodus stellt den Ausschnitt des Dokumentes genauso dar, wie er auf einem Drucker erscheinen würde. Dieser Modus ist besonders geeignet, um den Satz von Graphiken, Tabellen oder komplexen mathematischen Formeln zu überprüfen.

Die physikalische Höhe des Bereichs des TEX-Textes, der im Sichtfenster aufgebaut wird, stimmt mit der Höhe des Fensters überein. Leerraum bleibt erhalten und der Benutzer sieht, aufgrund des lediglich 15 Zoll großen Bildschirmes, meist nur Zeilenausschnitte. Dies ändert sich bei Darstellungsarten, die den von TEX berechneten Satz in abgewandelter Form zeigen. Beispielsweise ermöglicht das System die Darstellung

— kompaktierter Textauschnitte

— vollständiger Zeilen durch Falten

— der Seitengrenzen

— des Seitenlayouts.

Kompaktierung :

Um eine bessere Ausnutzung der Sichtfensterfläche zu ermöglichen, bietet das Preview-System ein Kommando an, mit dem der Benutzer die Kompaktierung eines Textausschnitts im Sichtfenster ein- und abschaltet. Bei eingestellter Kompaktierung werden unbeschriebene Streifen auf der Seite, die ein TEX-Anwender beispielsweise für ein späteres Einfügen von Bildern oder Figuren in der Eingabedatei vorgesehen hat, ab einer bestimmten Mindesthöhe nicht explizit im Ausgabefenster aufgebaut, sondern durch Markierungen der Form

$\updownarrow \ \ldots \ pt(cm, inches)$

ersetzt.

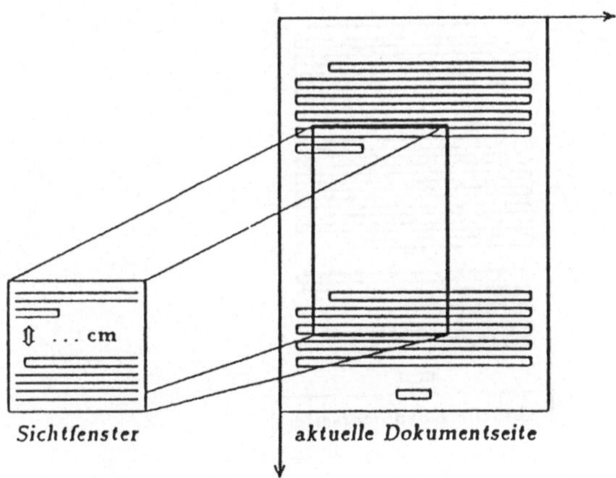

So kann mehr Textinformation im Sichtfenster aufgenommen werden.

Bei ausgeschalteter Kompaktierung sähe das Sichtfenster hingegen so aus:

Sichtfenster

Zeilenumbruch :

Zur Kontrolle von Dokumentteilen auf Tippfehler sowie zur Überprüfung der Silbentrennung wünscht man sich gelegentlich, Zeilen auf dem Bildschirm zusammenhängend lesen zu können. Die Breite des Bildschirms, die die maximale Größe eines Fensters bestimmt, reicht aber üblicherweise nicht aus, um eine ganze Textzeile in lesbarer Form darzustellen.

Daher wird in der Dialogsprache ein Kommando zur Verfügung gestellt, das einen "bildschirmspezifischen Zeilenumbruch" bewirkt. Bei eingeschaltetem Zeilenumbruch wird der Referenzpunkt einer Zeile bzw. des ersten Teilabschnitt einer Zeile an den linken Fensterrand projiziert. Horizontale Positionierungen werden ignoriert.

Zum Aufbau der Informationen im Sichtfenster bei eingestelltem Zeilenumbruch–Modus werden die Textzeilen unterhalb der aktuellen Position nacheinander umgebrochen und die entsprechenden Zeilenabschnitte auf das Sichtfenster übertragen. Dieser Vorgang findet solange statt, bis die Ausgabe die vorgegebene Höhe des Fensters erreicht. Zeilen, die oberhalb der aktuellen Fensterposition (linke obere Ecke) liegen oder deren umgebrochene Darstellung nicht vollständig ins Sichtfenster paßt, werden ausgeblendet.

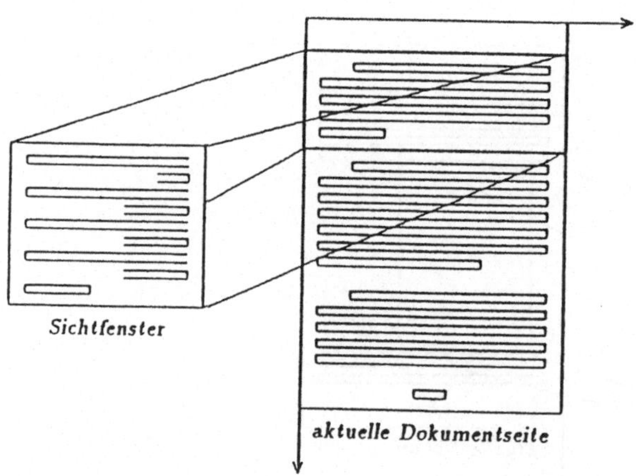

Sichtfenster

aktuelle Dokumentseite

Die Berechnung des Umbruchs findet auf der physikalischen Ebene statt. Die Faltung einer Zeile wird also unabhängig von ihrer logischen Strukturierung in Wörter und Zeichen vorgenommen. Ziel des Preview–System ist es, durch den Zeilenumbruch dem Anwender ein kontinuierliches Lesen des Textes zu ermöglichen, um Inhalt- oder Schreibfehler zu erkennen. Layoutinformationen wie die Indentierung der Zeilen oder deren Abstände können dabei vernachlässigt werden. Unter Beachtung des Prinzips, das Ausgabefenster möglichst kompakt aufzubauen, werden die Zeilen eng aneinandergereiht.

Seitenumbruch :

Durch geeignete Plazierung des Sichtfensters über der Textrolle aus den vertikal aneinandergereihten Dokumentseiten ist auch eine Kontrolle des Seitenumbruchs – Ende der aktuellen und Anfang der folgenden Seite – möglich. Beim Übergang zur nächsten Seite wird zur Markierung der Seitengrenze im Sichtfenster an die entsprechende Stelle ein horizontaler Balken eingefügt.

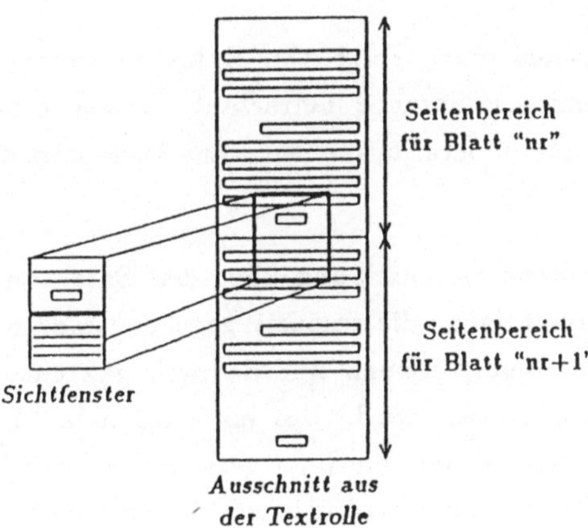

In diesem Fall ist während des Sichtfenster–Aufbaus die Aufbereitung einer neuen Seite notwendig.

Seitenlayout :

Wie schon erwähnt ist die Größe des Bildschirmes nicht ausreichend um eine DIN A4 Seite komplett darstellen zu können. Um zu überprüfen ob der Aufbau des Dokumentes gefällig, die Proportionen der einzelnen Abschnitte richtig gewählt, Zeichnungen an passender Stelle usw. sind, bietet S₁ᴬTₑX als 4.Darstellungsmodus den Layoutmodus an. Dabei wird eine ganze Dokumentseite auf dem Bildschirm gezeigt, also die zugrundeliegende Bitmap proportional so verkleinert, daß sie auf dem Bildschirm abbildbar ist.

2.3   Zur Implementierung des Sichters

2.3.1 Überführung von Informationen der DVI–Datei in geeignete Datenstrukturen

Das TEX–Programm erzeugt anhand der Informationen aus der abstrakten Dokumentspezifikation eine Datei, die *DVI*–Datei (device–independent–File). Ihr Inhalt stellt das formatierte Dokument in einer geräteunabhängigen Form dar. Dadurch wird erreicht, daß das konkrete Dokument nicht nur auf ein Ausgabegerät, sondern mit Hilfe verschiedener Treiberprogramme auf unterschiedliche Geräte projiziert werden kann. In der *DVI*–Datei werden für jedes Zeichen, das zum Inhalt des Dokuments gehört, sein interner Zeichencode, der Name des zugehörigen Fonts und seine Position auf der konkreten Seite abgespeichert. Diese für den Satz des Textes ausreichende Information wird seitenweise sortiert abgelegt, d.h. die Daten der Zeichen einer Seite werden gesammelt (aber nicht untereinander geordnet) abgelegt.

Die *DVI*–Datei setzt sich aus einer Folge von Bytes zusammen, die als eine Folge von Kommandos in maschinennaher Sprache betrachtet werden kann. Das erste Byte eines Kommandos stellt dabei den Operationsnamen dar. Dieser wird gefolgt von einem oder mehreren Parametern.

Die in *DVI*–Dateien enthaltene Beschreibung über den Satz von Dokumenten ist äußerst kompakt. Sehr viele Informationen, die implizit gegeben sind, wie die Anzahl der Zeilen und Paragraphen auf einer Seite, können nur dadurch gewonnen werden, daß eine Seite vom Anfang bis zum Ende gelesen wird. Um ein effizientes Blättern und eine effiziente Kontextsuche zu gewährleisten, werden die Informationen aus der *DVI*–Datei von S$_i$ATEX in eine geeignete explizitere Darstellung überführt und abgespeichert. Insbesondere gehört dazu das Sortieren des Inhalts nach horizontalen und vertikalen Koordinaten, um einfach feststellen zu können, welche Teile in einem bestimmten Textausschnitt liegen.

3. INTEGRATION VON EDITOR – SICHTER UND TEX

Ein weiterer Schritt hin zu einer interaktiven, inkrementellen TEX–Umgebung ist die direkte Verbindung von TEX–Eingabe und TEX–Ausgabe. Sowohl zur Verbesserung syntaktischer Fehler, die von TEX erkannt werden, als auch zur Verbesserung von Schönheitsfehlern im Dokument ist es wünschenswert, daß parallel zum TEX–Lauf im Fehlerfall bzw. parallel zur TEX–Ausgabe durch den Sichter die entsprechende TEX–Eingabe in einem anderen Fenster dargestellt wird.

3.1 Verbindung von Editor und TEX

TEX gestattet eine interaktive Korrektur syntaktischer Fehler. Diese Korrektur rettet aber im besten Fall den gegenwärtigen Aufbereitungsgang. In der Eingabedatei muß der Fehler für spätere Aufbereitungen getrennt berichtigt werden. Um dies zu erleichtern, werden alle von TeX während eines Laufes erkannten Fehler und Warnungen in einem LOG–File protokolliert. Zur Korrektur der Fehler in der Eingabedatei stehen dem Benutzer folgende Möglichkeiten zur Verfügung: Ausdrucken des LOG–Files, Notieren seines Inhaltes oder häufiges Wechseln zwichen LOG–File und Eingabedatei. Keine der Möglichkeiten ist besonders benutzerfreundlich. In Zukunft wird die Korrektur für den Benutzer weitaus einfacher und komfortabler realisierbar sein. Auf dem Bildschirm werden zwei Fenster eröffnet. Fenster I. zeigt einen Ausschnitt aus der etwas modifizierten LOG–Datei (die Fehlermeldungen werden abhängig von den Dateien, in welchen sie auftreten, geordnet, so daß nicht eine Datei mehrfach in den Editor geladen werden muß). Der gezeigte Ausschnitt ist etwa eine Fehlermeldung (in dem Fall, daß die Fehlermeldung sehr groß ist, wird lediglich der Anfang gezeigt und der Benutzer muß sich über die Fehlermeldung bewegen). In Fenster II. ist der Editor gerade auf die Stelle positioniert, welche zu der Fehlermeldung in Fenster I. korrespondiert. Der Benutzer arbeitet nur im Editor. Er korrigiert den entsprechenden Fehler, drückt eine Funktionstaste und bewirkt damit, daß im Fenster eins der nächste Fehler angezeigt, im Fenster zwei auf die entsprechende Eingabestelle positioniert wird. So können alle Fehler abgearbeitet werden.

3.2 Verbindung von Sichter und Editor

Zur Verbesserung von Schönheitsfehlern wäre es wünschenswert, gleichzeitig einen Ausschnitt des aufbereiteten Textes und die zugehörige Eingabe in zwei verschiedenen Fenstern auf dem Bildschirm darzustellen. Dabei soll der Editor auf den Teil der Eingabe positioniert werden, der zur aktuellen Ausgabe gehört. Es ergeben sich mehrere Probleme:

1. Während des TeX–Laufes geht jede Verbindung zwischen Eingabe und aufbereitetem Text verloren. Soll die Synchronisation zwischen Ein- und Ausgabe exakt sein, so müßte dafür gesorgt werden, daß während des TeX–Laufes eine Verbindung von jedem Punkt der Ausgabe zu entsprechenden Stellen der Eingabe protokolliert wird. Dazu sind große Änderungen im TeX–Quellcode und großer Verwaltungsaufwand nötig. Als vertretbare Lösung erscheint es uns, eine nicht so exakte Verbindung von Aus- zu Eingabe zu realisieren. Ziel dabei ist es u.a., die Änderungen in TeX minimal zu halten. So werden dem Benutzer zwei neue Kontrollsequenzen angeboten, die dafür sorgen, daß Informationen über die aktuelle Eingabedatei und die aktuelle Zeilennummer in die *DVI*–Datei eingetragen werden. Damit kann der Benutzer selbst ein grobes Netz von Referenzpunkten anlegen. Je dichter dieses Netz ist, desto exakter kann ausgehend von der TeX–Ausgabe im Sichtfenster die zugehörige Eingabe dargestellt werden. Darüberhinaus werden an ”interessanten” Stellen ebenfalls die Informationen über Eingabedatei und Zeilennummer in die *DVI*–Datei übernommen. Interessante Stellen sind dabei mathematische Formeln, Tabellen und Zeichnungen. Zusätzlich wird eine Verbindung auf logischer Ebene mittels elementarer TeX–Macros geschaffen. Diese ordnen Paragraphen- und Kapitelanfängen der Ausgabe die entsprechenden Eingabestellen zu.

2. Editor und Sichter müssen beide Unterprogramme eines Programmes sein und schnell miteinander kommunizieren können. Dies ist nicht mit jedem Editor problemlos möglich. Insbesondere unterstützt der Standard–Unix–Editor "vi" einen hier notwendigen Pipe-mechanismus leider nicht. Somit kann es möglich sein, daß die "vi"–Quellen geändert, ein Umweg über Pufferdateien oder Pseudoterminals gemacht, oder ein anderer Editor (z.B. EMACS) verwendet werden muß.

3. Über die gesamte Ausgabe verstreut liegen Punkte, die direkt der zugehörigen Eingabe zugeordnet sind. Ausgehend vom Anfang des im Sichtfenster dargestellten Textausschnittes wird der nächste bekannte Punkt gesucht und in einem zweiten Fenster auf die zugehörige Eingabe positioniert. Falls ein Teil der Ausgabe, die im Sichtfenster dargestellt ist, aus einer anderen Eingabedatei stammt, so ermöglicht $S_i\!A\!T_E\!X$ dem Benutzer einen schnellen Wechsel in diese Datei.

Grundsätzlich ist eine exakte Verbindung von $T_E\!X$–Ausgabe durch den Sichter und $T_E\!X$–Eingabe im Editor nur mit unverhältnismässig großem Aufwand möglich. Die von uns realisierte "kleine" Lösung dürfte dem Benutzer in mehr als 90% der Fälle ausreichen.

4. INTERAKIVE UND INKREMENTELLE TEXTAUFBEREITUNG

Zur voll interaktiven und inkrementellen Textaufbereitung müßte ein Bibliothekssystem geschaffen werden, welches Ein- und Ausgabe verwaltet, also Informationen über Zuordnungen zwischen Ein- und Ausgabe beinhaltet, Gültigkeitsbereiche von Macros merkt, Werte aller wichtiger Statusvariablen kennt usw. Dies wäre nur mit einem großen Verwaltungs- und Speicheraufwand und mit tiefen Eingriffen in $T_E\!X$ realisierbar. Daher haben wir uns entschieden, auf volle Interaktivität und Inkrementalität zu verzichten und stattdessen ein System zur interaktiven und inkrementellen $T_E\!X$–Neuerstellung zu erarbeiten. Der Benutzer arbeitet im Editor und sendet ausgewählte Teile an einen im Hintergrund wartenden $T_E\!X$–Prozess, der inkrementell das Teilstück aufbreitet und im Sichtfenster darstellt. Ausgewählte Teile können dabei sowohl einzelne Tabellen, Formeln, Zeichnungen als auch einfach der bisher editierte Teil des Dokumentes sein. $S_i\!A\!T_E\!X$ bereitet das ausgewählte Teilstück so auf, daß es für $T_E\!X$ ein fertiges, abgeschlossenes Dokument darstellt. Dazu legt unser Programm gewissermaßen einen Rahmen um das Stück $T_E\!X$–Eingabe, welcher für den Benutzer offen ist, also von ihm verändert werden kann. $T_E\!X$ erzeugt eine temporäre *DVI*–Datei für das ausgewählte Teilstück. Der Benutzer kann jetzt die Eingabe modifizieren, sich den aufbereiteten Text im Sichtfenster anschauen, erneut die Eingabe modifizieren, anschauen usw., bis er mit dem Layout zufrieden ist.

5. GEGENWÄRTIGER STAND

Der unter 2. beschriebene Sichter mit Dialogsystem und verschiedenen Treibern ist fertig implementiert, getestet und wurde von uns auf der CeBIT 88 in Hannover vorgestellt. Die unter 3. beschriebenen Verbindungen zwichen Editor, Sichter und TeX, sowie die unter 4. beschriebene interaktive Textaufbereitung sind zur Zeit noch in Entwicklung und werden etwa Mitte 1989 fertiggestellt sein.

Ein Graphiksystem
für das Textsatzsystem TeX

T. Hagerup   M. Müller   B. Weinelt

Mit Don Knuth's TeX steht seit einigen Jahren ein professionelles Satzsystem zur allgemeinen Verfügung. Seine Stärke liegt in der Möglichkeit, mathematische Formeln nahezu optimal zu setzen, ohne daß sich der Benutzer um die Plazierung der einzelnen Zeichen Gedanken machen muß. Jedoch sind seine Graphikmöglichkeiten stark beschränkt. Da wissenschaftliche Texte zum besseren Verständnis oft der Illustration bedürfen, entstand der Wunsch nach einer Möglichkeit, Grafiken zu erstellen und in die Texte einzubinden. Ferner möchte man die Abbildungen nicht mit Schere und Klebstoff in die Dokumente einfügen, nicht zuletzt, weil diese Praxis eine häufig unterschätzte Fehlerquelle ist. Bei der Korrektur der Manuskripte liegen die Abbildungen, wenn überhaupt, vom Text getrennt vor. Dies hat zur Folge, daß Fehler in Illustrationen nicht entdeckt werden. Es ist bereits vorgekommen, daß Abbildungen beim Einkleben in die Ausdrucke, die zum Verlag geschickt wurden, vertauscht wurden.

Aus diesen Gründen wurde von Torben Hagerup zunächst ein Makropaket entwickelt, das mit den Möglichkeiten von TeX einfache Zeichnungen erlaubt. Man kann gerade Linien von einem beliebigen Punkt zu einem anderen ziehen (also auch schräg), Pfeile und Pfeilspitzen, Kreise und Kreisscheiben zeichnen. Die Fähigkeiten dieser Makros sind jedoch durch die hierfür zu geringe Speicherkapazität von TeX stark eingeschränkt. Ein einfaches Beispiel stellt die folgende Abbildung dar:

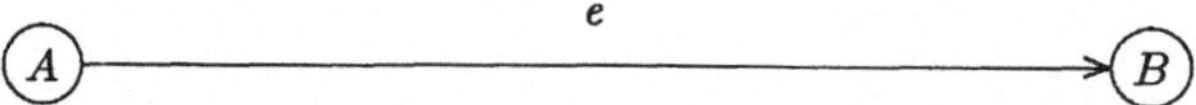

Um nicht dieser Speicherplatz-Beschränkung zu unterliegen, entwickelte er ferner eine Bibliothek **Tdrawlib** von Pascalroutinen, mit der man unabhängig von TeX Zeichnungen erstellt, die dann von den Ausgabetreibern in die Texte eingegliedert werden. Darauf aufbauend gibt es einen Interpreter **Ttex**, der aus einer Folge von Befehlen, die Aufrufen von TeX-Makros gleichen, eine Beschreibung einer Zeichnung berechnet. Die Befehle von Ttex und die Funktionen von Tdrawlib sind im wesentlichen gleich.

Wir haben dieses von T. Hagerup unter UNIX entwickelte System auf den Siemens PC-MX2 übertragen und mehrere Ausgabetreiber entwickelt.

Beschreibung der Möglichkeiten von Tdrawlib und Ttex

Die Beschreibung der Bilder erfolgt algorithmisch, d.h., man gibt eine Folge von Zeichenbefehlen an, die sich auf ein zugrundeliegendes kartesisches Koordinatensystem (Gitter) beziehen, dessen Einheitenlänge frei wählbar ist.

Wir charakterisieren zunächst die verschiedenen Befehlsarten.

• Befehle zum Plazieren von Text in Zeichnungen

Eine wesentliche Eigenschaft unsers Systems ist die Plazierbarkeit von Text an beliebiger Stelle in einer Zeichnung. Dieser Text wird dann von TEX gesetzt. Damit hat man das breite Spektrum der TEX-Makros und TEX-Fonts zur Verfügung. Der von TEX in eine 'Box' gesetzte Text kann das Graphiksystem bezüglich des Referenzpunktes der Box, bezüglich des Mittelpunktes der Box, bezüglich einer beliebigen Ecke der Box oder aber bezüglich einer Seitenmitte der Box plaziert werden. Beispiele zeigt Abbildung 1, in der die Plazierungsbefehle verwendet werden. Der Bezugspunkt ist schwarz eingezeichnet. Neben dem Punkt steht der Befehl, der nötig ist, um den Text an die relativ zum Punkt gelegene Stelle zu plazieren. Die Zahl gibt dabei den Abstand (im aktuellen Gitter) vom Punkt an. So setzt Tnetext(0.2,Text) z.B. den Text 0.2 Einheiten "nord-östlich" der aktuellen Position. Ttext setzt den TEX-Referenzpunkt der Box an die aktuelle Position und Tctext zentriert die Box.

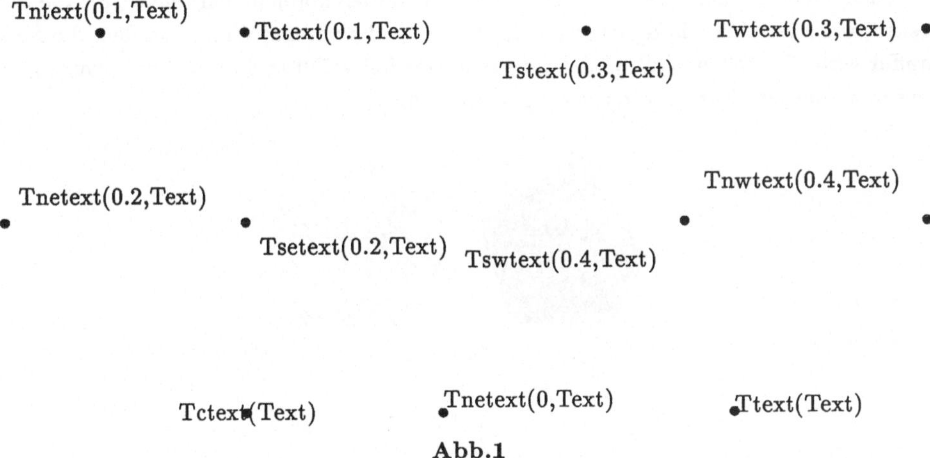

Abb.1

• Befehle zum Ändern der aktuellen Position und Richtung

Ein Großteil der Befehle bezieht sich auf eine sogenannte aktuelle Position bzw. eine aktuelle Richtung. Diese Größen kann man explizit setzten, jedoch werden sie von vielen Befehlen implizit so geändert, daß man gleich an der aktuellen Position weitermalen kann. Damit existiert die Möglichkeit, vom Gitter zu abstrahieren und Bewegungen nicht mehr absolut in Zahlenwerten anzugeben, sondern relativ zu den vorangegangen Bewegungen, wie z.B "Ziehe eine gerade Linie 2cm lang, drehe Dich dann um 30° nach rechts und ziehe dann eine 5cm lange geschlängelte Linie".

• Befehle zum Zeichnen von Linien

Verfügbar sind durchgezogene, gestrichelte, gepunktete und geschlängelte Linien. Deren Aussehen wird von Parametern wie Liniendicke, Strichabstand und Strichlänge, Punktabstand und Punktdicke, Schlangenamplitude und Schlangenweite beeinflußt. Diese Parameter sind vom Benutzer frei setzbar und können für jede Linie anders gewählt werden. Eine Parametereinstellung bleibt solange gültig, bis sie widerrufen wird. Beispiele zeigt die Abbildung 2.

Linien mit voreingestellten Parametern

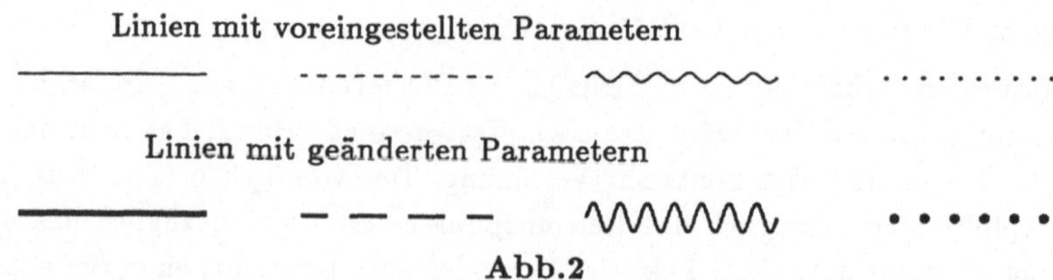

Linien mit geänderten Parametern

Abb.2

● **Befehle zum Zeichnen von Polygonen und Kreisen**

Kreise können mit einfachen Befehlen an jeder Stelle gesetzt werden, indem man lediglich Position und Radius angibt.

Polygone werden durch die Folge der Eckpunkte beschrieben. Die von Polygonen eigeschlossenen Gebiete und Kreisflächen können leer bleiben, schraffiert werden oder auch schwarz ausgefüllt werden. Die Umrandung der zu schraffierenden Gebiete muß dabei separat angegeben werden, damit auch offene Gebiete (z.B. Winkel) schraffiert werden können. Parameter, die die Schraffur betreffen, wie z.B. Liniendicke, Abstand der Linien und auch der Winkel, in dem die Linien der Schraffur verlaufen sollen, sind wieder vom Benutzer frei wählbar und bleiben solange gültig, bis sie geändert werden. Zur Erläuterung dient Abbildung 3.

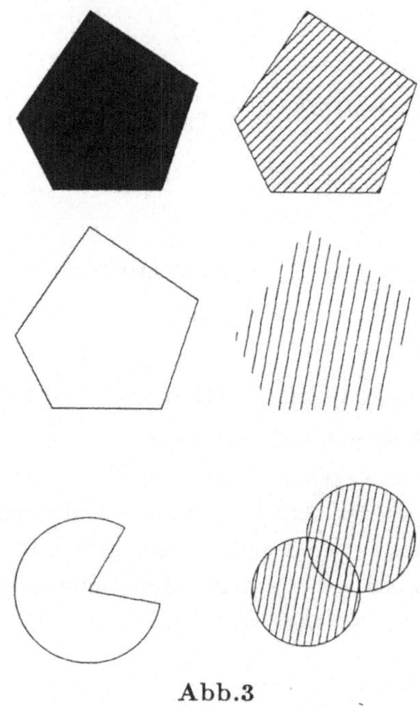

Abb.3

● **Befehle zum Zeichnen von Pfeilen und Pfeilspitzen**

Das Aussehen der Pfeilspitzen wird von Parametern bestimmt, die wiederum vom Benutzer wählbar sind. Sie betreffen Größe und Form der Pfeile. Die Befehle zum Zeichnen von Pfeilen ähneln denen für gerade Linien, lediglich wird am Ende der Linie die Pfeilspitze aufgesetzt. Eine Pfeilspitze kann aber auch auf das Ende der zuletzt gemalten Kurve gesetzt werden; weiter-

hin ist das Setzen auf die aktuelle Position in aktueller Richtung möglich. In Abbildung 4 sind
einige Pfeilformen dargestellt.

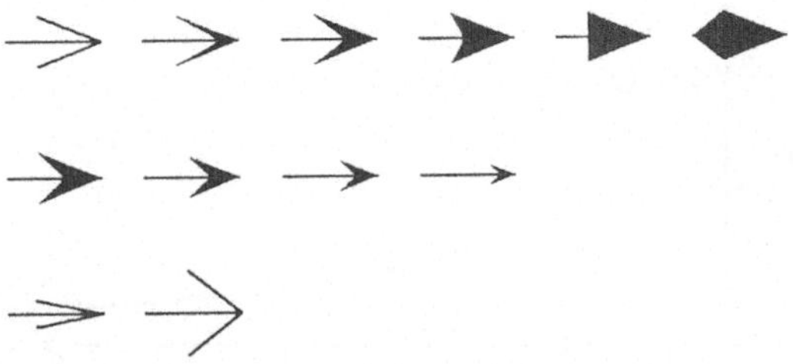

Abb.4

• Befehle zum Zeichnen von Kurven

Das System ist in der Lage, durch eine angegebene Menge von Punkten eine Spline-Interpolation
durchzuführen und die berechnete Kurve darzustellen. Für den Anfangs- bzw. Endpunkt des Spli-
nes kann auch noch die gewünschte Steigung der Tangente angegeben werden. Dies ist nützlich,
um z.B. geschwungene Pfeile in ein Diagramm zu zeichnen.
Desweiteren kann das System eine beliebige Funktion darstellen. Dazu muß die Funktion definiert und der Ausschnitt angegeben werden, in dem sie gezeichnet werden soll. Das berechnete
Kurvenstück wird dann ausgegeben. Abbildung 5 zeigt oben die Funktion $y = 1/x$, darunter eine
Interpolationskurve durch 4 vorgegebene Punkte.

• Befehle für beliebige affine Transformationen

Eine bereits erstellte Zeichnung kann beliebig "verformt" werden. Die einfachste Form stellt die
Translation dar, bei der die komplette Zeichnung horizontal wie vertikal um bestimmte Werte
verschoben wird. Dies entspricht der Transformation

$$\begin{pmatrix} x \\ y \end{pmatrix} \mapsto \begin{pmatrix} x + a \\ y + b \end{pmatrix}$$

Weiterhin kann die Zeichnung als ganzes um einen beliebigen Punkt in einem beliebigen Winkel
gedreht werden. Ferner kann ein Bild "gestreckt" werden, indem die Längenausdehnung in horizontaler und/oder vertikaler Richtung vergrößert wird. Der "Fixpunkt", dessen Koordinaten vor
und nach der Streckung gleich sind, kann dabei beliebig gewählt werden. Eine beliebige affine
Transformation kann ebenfalls angegeben werden, gemäß der Form

$$\begin{pmatrix} x \\ y \end{pmatrix} \mapsto \begin{pmatrix} t_{11} & t_{12} \\ t_{21} & t_{22} \end{pmatrix} \begin{pmatrix} x \\ y \end{pmatrix} + \begin{pmatrix} a \\ b \end{pmatrix}$$

Nach all diesen Transformationen kann auf dem ursprünglichen Gitter weiter neu gezeichnet
werden; auf diesen neu eingefügten Teilen werden dann die Transformationen nicht ausgeführt.
Ein illustrierendes Beispiel zeigt Abbildung 6.

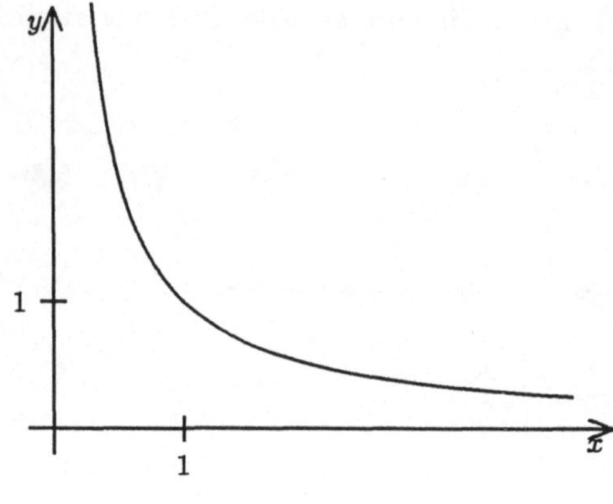

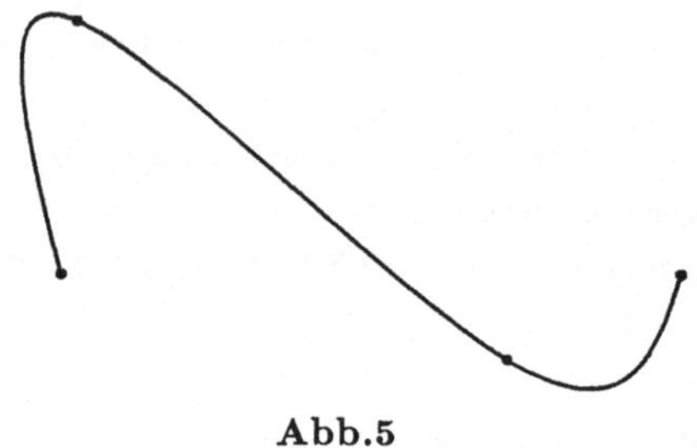

Abb.5

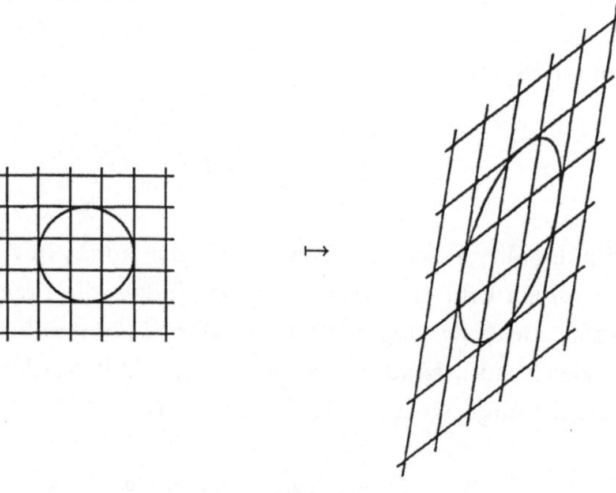

Abb.6

• Befehle für Hintergrundzeichnungen

Komplette Kopien der aktuellen (Vordergrund-) Zeichnung können mit einem Namen benannt
werden und in einen (virtuellen) Hintergrund kopiert werden. Aus diesem können sie dann
wieder unter Angabe des Namens jederzeit in den (möglicherweise geänderten) Vordergrund

zurückkopiert werden.

Die Befehle für Hintergrundzeichnungen und die voran beschriebenen Transformationen ergänzen sich ideal. Die Transformationen werden nämlich nur auf den im Vordergrund befindlichen Objekten durchgeführt, die Hintergrundzeichnungen bleiben unverändert. Eine einfache Anwendung könnte z.B. darin bestehen, daß ein bestimmter Bildteil im endgültigen Bild mehrfach, aber in verschiedener Größe, vorkommt. Dazu muß dieser Bildteil nur einmal algorithmisch beschrieben werden: er wird dann z.B. in ein Hintergrundbild 'Original' kopiert. Der im Vordergrund befindliche Teil wird dann nach Belieben verändert (vergrößert, verkleinert, verschoben, gedreht usw.) und dann zu einem (am Anfang noch leeren) Hintergrundbild 'komplett' hinzugemischt; dies wiederholt sich so oft, bis im Hintergrund das komplette Bild zusammengesetzt wurde. Auch die Abbildung 6 wurde auf diese Weise zusammengesetzt.

Arbeitsweise von Ttex und Tdrawlib

Die Arbeitsweise von Ttex, einem Interpreter, besteht darin, aus einem File eine Folge von Ttex-Kommandos zu lesen, die dann direkt ausgeführt werden.

Um die Routinen der Tdrawlib zu benutzen, muß man ein Pascalprogramm schreiben, in dem die Benutzung der Routinen angekündigt wird (extern-Deklarationen) und in dem dann die Zeichenroutinen verwendet werden. Der Ablauf des übersetzten Programmes erzeugt dann die gleiche Ausgabe wie der Lauf des äquivalenten Ttex-Programmes.

Beide, Ttex und das ausführbare Programm, erzeugen 2 Ausgabedateien. Die eine dieser Ausgabedateien ist, ähnlich wie von TEX erzeugt, eine geräteunabhängige Graphikdatei, ein "device independent file" (.dvi-file). Der Aufbau dieser Dateien wurde 1979 von D.R. Fuchs entwickelt. Vereinfacht gesagt bestehen diese Dateien aus Angaben zur Positionsveränderung, zum Setzen von Buchstaben aus einem ausgewählten Font und zum Setzen von Linien, deren Ausdehnung angegeben werden muß, an die aktuelle Position. Dazu gibt es natürlich noch einige Befehle zur sonstigen Steuerung. Die von Ttex bzw. dem ablauffähigem Program direkt erzeugte, geräteunabhängige Datei enthält allerdings nur die Bildinformation. Die Textinformation steht zu diesem Zeitpunkt in einer eigenen Datei, einem TEX-Source. Ein Lauf von TEX erzeugt dann auch aus diesem Source ein .dvi-File. Die beiden .dvi-Files (eines mit Bild-, eines mit Textinformationen) werden dann "gemischt" und zu einem Raster-File (bit image) zusammengesetzt, das jetzt natürlich von der Auflösung des Ausgabegerätes abhängig ist. Diese Aufgaben werden von dem Programm Tgratex übernommen.

Die Bildinformationen werden also wie die Ausgabe von TEX in eine geräteunabhängige Datei geschrieben. Es ist dann die Aufgabe von speziellen Treibern, diese für ein bestimmtes Ausgabegerät aufzubereiten. Diese Treiber sind aber leicht auf verschiedene Hardware anpaßbar. An unserem Lehrstuhl existieren Treiber für die höchstauflösenden Laserdrucker und Graphikbildschirme bis hinunter zum 9-Punkt-Matrix Tintenstrahldrucker. Auf letzterem ist die Ausgabequalität natürlich etwas dürftig.

Das Rasterfile kann dann in TEX-Dokumente eingebunden werden. In dem TEX-Dokument muß nur ein Makro mit einem Argument aufgerufen werden, das den Namen des Bildes angibt. Das Einbinden erfolgt dann automatisch.

Für größere Zeichnungen benutzt man besser die Pascalprogramme, die mittels Tdrawpc übersetzt werden und die dann die Zeichenroutinen aus der Bibliothek Tdrawlib benutzen. Dadurch hat man die von Pascal gewohnten Kontrollstrukturen zur Hand und kann Variablen benutzen, was bei Ttex nicht der Fall ist.

Der wirklich große Vorteil bei der Arbeit mit Tdrawpc ist, daß man sich eigene Routinen schreiben kann. So existiert beispielsweise ein Modul für binäre Bäume, mit dem man die diesen innewohnende rekursive Struktur adäquat beschreiben kann. Ein Beispiel hierfür zeigt die Abbildung 7. Das Programm berechnet die Plazierung der Knoten in Abhängigkeit von 4 Parametern.

Die Benutzung von Ttex ist durch den einfachen Aufbau etwas schneller als die Verwendung von Tdrawpc, aber auch nicht so universell handhabbar.

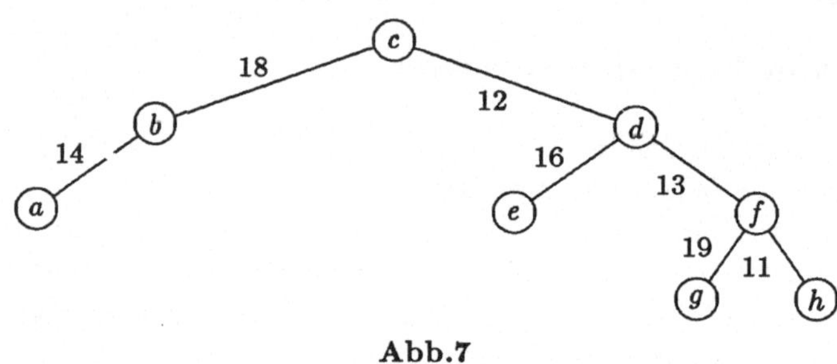

Abb.7

Auch regelmäßige Bilder und mathematische Zeichnungen (z.B. Voronoi-Diagramme) können auf diese Weise exakt angefertigt werden So kann man die "Zufälligkeit" von am Grafikschirm entworfenen Zeichnungen vermeiden.

Spezielle Anwendungen

Eine spezielle Anwendung stellt die graphische Ausgabe von Programmen dar, die bei uns am Lehrstuhl benutzt wird. Oft werden Graphikbildschirme direkt angesteuert, von denen dann ein Hardcopy gemacht werden muß. Die Ausgabe ist damit an eine ganz bestimmte Hardware gebunden; die Hardcopyeinheiten selbst sind sehr teuer.

Die große Befehlsvielfalt der Tdrawlib und die Tatsache, daß die erzeugten Bilder nicht von einer bestimmten Hardware abhängen (sie sind geräteunabhängig), hat uns bewogen, die Ausgabe z.B. eines Verdrahters (das ist ein Programm, das die Lage von Leiterbahnen auf integrierten Schaltkreisen berechnet) ebenfalls mittels Tdrawlib zu generieren. Da das Programm ebenfalls in Pascal geschrieben ist, genügt es, die Graphikbefehle zu benutzen und die dazugehörigen Routinen aus der Tdrawlib hinzuzubinden. Das Programm berechnet dann eine Verdrahtung und erzeugt wieder eine geräteunabhängige Graphikdatei. In die Programmdokumentation kann dann auch leicht ein Beispiellauf mit Ausdruck hinzugefügt werden (ohne Schere und Klebstoff zu bemühen). Eine Beispielausgabe des Verdrahters zeigt Abbildung 8.

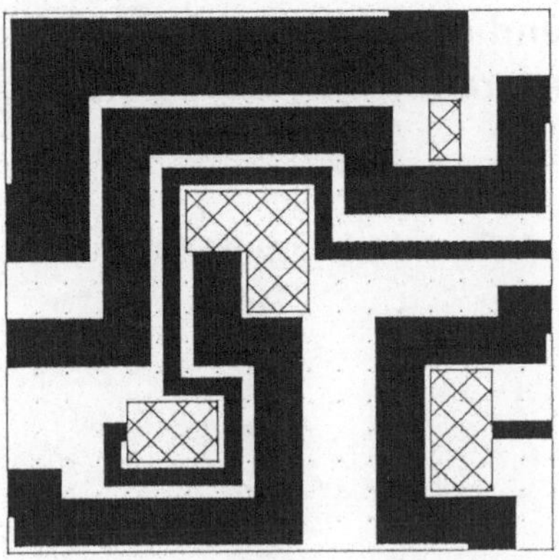

Abb.8

Ein letztes Beispiel, nur um die grapischen Möglichkeiten zu zeigen, stellt das unmögliche Dreieck dar, das den Graphiken von M.C. Escher nachempfunden ist (Abb. 9).

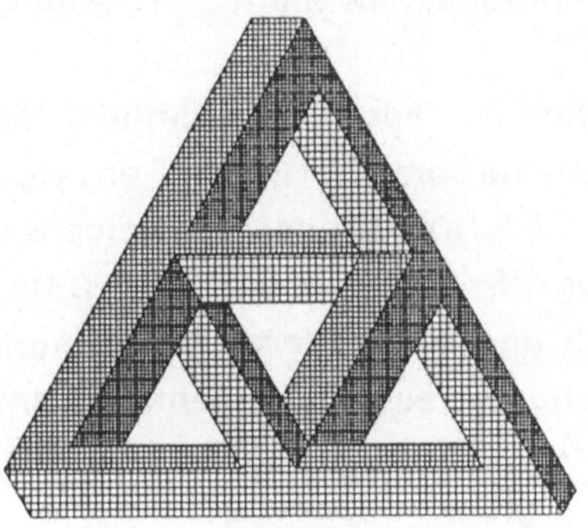

Abb.9

Anwendungen und Portierungen der
Programmiersprache Comskee

G.Hotz, T.Burch, W.Dorndorf, J.Messerschmidt, M.Ries, T.Schäfer

Zusammenfassung:

Comskee ist eine in der ALGOL-Pascal-Tradition stehende Programmiersprache mit zahlreichen Kontrollstrukturen. Das Besondere an der Sprache sind die an der Sprachverarbeitung orientierten Datentypen. Eine besondere Hervorhebung verdient der Datentyp *Wörterbuch*, der die Sprache für Datenbankanwendungen geeignet macht.

Comskee wurde im wesentlichen im Teilprojekt E des inzwischen ausgelaufenen Sonder-
forschungsbereiches "Elektronische Sprachforschung" entwickelt. Im Rahmen des I.I.I.-Pro-
jektes wurde die Sprache auf die SINIX-Rechner von Siemens portiert und durch die Möglichkeit des konkurrenten Zugriffs auch auf entfernte Datenbanken ergänzt (Anwendungen im Bibliotheksbereich und in der Verwaltung). Außerdem wurde am Lehrstuhl
Prof. Hachmann und Prof. Lichardus eine Datenbank zur Unterstützung archäologischer
Forschungen eingerichtet (Datenbanksystem DEZENT [Do], [Na]).

Weitere Implementierungen der Sprache Comskee existieren für Siemens Großrechner
unter dem Betriebssystem BS2000, für VAX-Modelle von Digital Equipment unter UNIX und
für Atari ST.

1. Eine zusammenfassende Charakterisierung von Comskee

Comskee ist eine Block- und Modul-orientierte prozedurale Programmiersprache, ausgestattet mit einem eigenen Dynamik-Konzept und funktionalen Komponenten (womit eine
Verwandschaft zu der klassischen KI-Sprache LISP besteht). Sie besitzt einen großen Satz
von Standard-Prozeduren und -Funktionen, mit denen etwa auf spezielle Betriebssystem-
resourcen (wie z.B. Interprozeßkommunikation) oder besondere Algorithmen (wie z.B.
schnelle, intelligente Umkodierroutinen) zugegriffen werden kann. Daß es zu diesen Diensten einen solch einfachen Zugang gibt, liegt zu einem guten Teil wieder an den Comskee-
Datentypen, die es leicht machen, mit dynamischen Objekten in transparenter Weise um-

zugehen. Wir erläutern im folgenden Überblick nur die Datentypen *String, Sentence* und *Wörterbuch*.

Die Datentypen String und Sentence

Der Datentyp *String* repräsentiert beliebig lange, dynamische Folgen von Zeichen (aus dem Maschinenalphabet). Die Elementaroperationen sind Konkatenation, Abschneidung (truncation), Replikation, Positionsberechnung, Spiegelung und Ersetzungen sowie positioneller und kontextueller Teilstringzugriff (auch gemischt, mit automatischer Längenanpassung bei schreibendem Teilstringzugriff). Es werden die Relationen (un)gleich, lexikographische Reihenfolge, Präfix, Suffix und Infix unterstützt. An sich partielle Operationen werden durch ein transparentes recovery-Konzept ergänzt.

Ein *Sentence* ist in erster Näherung eine Folge von Strings, wobei auch hier das Prinzip der Dynamik gilt. Dennoch stellt der Datentyp *Sentence* keine Untermenge des Datentyps List aus LISP dar. Die Idee beim Entwurf bestand darin, einen Datentyp zur Verfügung zu stellen, der es in einfacher Weise erlaubt, Sätze in gewünschter Weise in Wörter und Satzzeichen zu gliedern. Diese Gliederung sollte nicht starr sein, sondern vom Benutzer eingestellt werden können. Es kommt so ein Datentyp zustande, wie er in spezieller Weise in Textsystemen realisiert wird. Es handelt sich hierbei also nicht um Strings von Strings. Zwar ist die Darstellung der Trägermenge eine Liste von Strings, doch können verschiedene *Sentence-String*- und *String-Sentence*-Konvertierungen vom Benutzer spezifiziert werden (*compose*- und *decompose*-Funktion). Bei geeigneter Spezifikation werden z.B. alle Strings, die man durch die Anwendung der Relationen

$$\_\_ = \_ \qquad | \qquad \_, = , \qquad | \qquad \_; = ; \qquad\qquad (\_ \text{ steht für Blank})$$

ineinander überführen kann, in den gleichen *Sentence* konvertiert. Man kann in diesem Sinne also den Datentyp *Sentence* als einen Quotienten von *String* nach einer einfachen Relationenmenge bezeichnen.

Jedes Textsystem verwendet solche Relationen; das besondere bei Comskee ist die Möglichkeit der indirekten Spezifikation solcher Relationen. Die Elementaroperationen für den Datentyp *Sentence* sind so von dem Datentyp *String* übertragen worden, daß sie gegenüber der Anwendung von Relationen, wie sie oben angegeben wurden, invariant sind. Diese Beschreibung des Konzeptes ist ungenau. Für präzise Definitionen verweisen wir auf [Me2], [Com1], [Com2] und bezüglich der relationellen Auffassung auf [Ho].

Das Wörterbuchkonzept

In linguistischen (Datenbank-) Anwendungen spielt die langfristige, inhaltsorientierte Abspeicherung von textlichen Daten eine besondere Rolle. Der Archetypus hierfür ist das Wörterbuch, also etwa ein Übersetzungswörterbuch, in dem sich bei gegebenem Schlüssel ein entsprechender Eintrag (die Übersetzung des Schlüssels, etwa von Deutsch nach Englisch) finden läßt. Die Einträge sind demnach nicht nur Strings. Ein Wort hat i.a. mehrere Übersetzungen und zu jedem dieser Wörter gehören Zusatzinformationen (z.B. über Wortart, Flexionsformen und Ausnahmen). Der Eintrag ist also i.a. ein größeres, strukturiertes Gebilde.

Der in Comskee für solche Aufgaben geschaffene Datentyp

array string <ident> **[string]**

erfüllt die an Textdatenbanken üblicherweise gestellten Anforderungen bis hin zum Mehrbenutzer-Zugriff, Wiederanlauf, Rücksetzbarkeit etc.

Der Vorteil gegenüber konventionellen Datenbanken besteht in der Integration der Datenbankfunktionen in eine mächtige, angepaßte Programmiersprache, so daß die üblichen Schnittstellenprobleme nicht auftreten. Das gesamte Konzept ist einfach und auch von Laien erlernbar.

Ein Beispiel soll dies erläutern:

```
WfWUeber: begin                                /* Wort-fuer-Wort-Uebersetzung */
    string Eingabezeile, Uebersetzung;
    sentence Wortliste;
    number I;
    array string UebWb [string] extern;        /* Übersetzungswörterbuch */

    write 'Gib den Namen des Wörterbuches';
    read Eingabezeile;
    connect Eingabezeile to UebWb;


    loop                        /* Kontrolle der Schleife im Inneren (if-Abfrage) */
        read Eingabezeile;                      /* nächster zu übersetzender Satz */
        if Eingabezeile = '' then
            return,                             /* Programmende bei leerer Eingabe */
        fi;
        Wortliste : = decompose(Eingabezeile, '', ' .,:;!?''"');

        for I from 1 to #Wortliste
```

```
  loop
    Uebersetzung : = UebWb [Wortliste[I]];
    if Uebersetzung \ = * then                    /* Wörterbucheintrag vorhanden */
      Wortliste[I] : = Uebersetzung;              /* dann wird ersetzt */
    fi;
  pool;
  write compose(Wortliste, '');
  pool;
end
```

Wir haben im Programm ein Übersetzungswörterbuch UebWb, durch das alle Wörter der Eingabe geschleust werden, bevor sie (mittels *compose*) wieder zu einem gemeinsamen String zusammengesetzt und ausgegeben werden. Wir betrachten die Deklaration des Wörterbuches. Diese ähnelt einer *array*-Deklaration mit dem wesentlichen Unterschied, daß zwischen den eckigen Klammern, wo man etwa ein Bereichspaar erwarten würde, lediglich das Schlüsselwort *string* steht, das andeutet, daß als Indizes beliebige (und auch beliebig lange) Strings stehen dürfen. Das zusätzliche Attribut *extern* besagt, daß diese Variable den Zugriff auf externe Daten ermöglicht, in diesem Fall auf eine Datei, deren Name in der nachfolgenden *connect*-Anweisung dem Comskee-Laufzeitsystem mitgeteilt wird.

Die Funktionen *decompose* und *compose* sind parametrisiert:
der zweite Parameter von *decompose* (der Leerstring) besagt, daß keine irrelevanten Trenner (d.h. solche, die beim Zerlegen wegfallen) existieren, der dritte Parameter, die Liste der relevanten Trenner, die beim Zerlegungsvorgang jeweils zu einem eigenen "Wort" umgesetzt werden, enthält neben dem Leerzeichen alle üblichen Satzzeichen. Zu bemerken ist dabei, daß der Apostroph verdoppelt werden mußte, um ihn von dem String-Literal-Begrenzer zu unterscheiden. Wenn wir davon ausgehen, daß die Satzzeichen nicht als Schlüssel in unserem Übersetzungswörterbuch vorkommen, so werden sie im Übersetzungsvorgang nicht berührt, und wieder so ausgegeben, wie sie eingegeben wurden. Die Funktion *compose* hat als zweiten Parameter den Leerstring; an dieser Stelle wird ein zwischen je zwei Wörter einzuschiebender Trennstring erwartet. Da wir im *decompose*-Vorgang auch Leerzeichen zu einzelnen Wörtern machen, erhalten wir diese auch wieder im Ausgabestring, ohne daß sie im *compose*-Vorgang hinzugefügt werden müßten.

2. Konkurrenter und entfernter Wörterbuchzugriff

Das Comskee-Wörterbuchkonzept erlaubt in den BS2000- und SINIX-Implementierungen sowohl mehrfachen, schreibenden wie lesenden Zugriff als auch Zugriff auf Wörterbücher auf anderen Rechnern. In der *connect*-Anweisung wird dazu im wesentlichen Zugriffsmodus und Rechnername festgelegt. In den Zugriffen auf das Wörterbuch sieht der Benutzer keinen Unterschied zwischen einem lokalen Zugriff und einem Zugriff über ein Rechnernetz, das aus unterschiedlichen WAN- oder LAN-Komponenten (Weit- bzw. Lokal-Datenübertragungsnetz) bestehen kann. Somit ist es möglich, vollkommen transparent auf entfernte Datenbanken zuzugreifen, wobei der entfernte Rechner nur minimal belastet wird und die Aufbereitung der Daten im lokalen Rechner vorgenommen werden kann.

Funktionsumfang

Zur Unterstützung der Datenbankfähigkeit wurde der Funktionsumfang des Datentyps *Wörterbuch* erweitert um ereignisgesteuerten Zugriff, Zugriffsschutz, Synchronisations- und Protokollmechanismen sowie Zugriffsabrechnung.

Mit Hilfe des bedingten Zugriffs kann ein Prozeß auf das Eintreten eines Ereignisses eine spezifizierbare Zeit warten. Damit lassen sich Semaphore implementieren, etwa um Einträge in der Datenbank kurzfristig zu sperren und so transaktionsorientierte Verarbeitung zu realisieren.

Zugriffsschutzmechanismen des zugrundeliegenden Betriebssystems (Dateipasswörter bei BS2000, Berechtigungstabellen bei SINIX) sowie diverse andere Schutzmechanismen sind in das Konzept integriert.

Rücksetzbarkeit und Wiederanlauf werden unterstützt durch die Möglichkeit der Protokollierung von Schreibvorgängen, wobei ein before-image- oder ein after-image-Modus eingestellt werden kann.

Ebenfalls der Datensicherheit dient die Möglichkeit der automatischen Synchronisation der Datenbank, d.h. der Herstellung eines konsistenten Zustandes in der Datei (auf Platte), nach spezifizierbaren Zeitintervallen.

Um bei mehrfachem Zugriff eine Aufwandsabrechnung für die Benutzer zu erhalten, kann die Anzahl der Zugriffe pro Benutzer mitprotokolliert werden.

Syntax und Semantik der connect-Anweisung

Die Serialisierung der Zugriffe geschieht über einen eigenen Serverprozeß. Die connect-Anweisung bewirkt bei geeigneter Parametrisierung die Anmeldung des laufenden Programmes bei diesem Prozeß bzw. das Starten des Serverprozesses.

Notwendig für den konkurrenten Zugriff ist in der *connect*-Anweisung neben dem Dateinamen nur die Spezifikation des Serverprozesses. Weitere Angaben sind optional und beginnen jeweils mit einem abkürzbaren Schlüsselwort. Der erste Benutzer (Programm) startet den Serverprozeß und stellt quasi den Administrator dar. Er kann Angaben über Zugriffsberechtigungen und Protokollierung machen.

Beispiel:

    connect 'wbdatei,server = wbserver,enter = yes,access = read' **to** wbname;

Wir beschreiben im folgenden nur einige wesentliche Parameter der *connect*-Anweisung:

SERVER:	Name des Serverprozesses.
HOST:	Name des Rechners, auf dem die Datenbank liegt. Auf diesem Rechner läuft auch der Serverprozeß. Der eigene Rechner ist voreingestellt.
ENTER:	Start des Server-Prozesses durch einen Administrator.
ACCESS:	Steuerung nur-lesender bzw. schreibender Zugriff.
RDPASS:	Lesepasswort der Wörterbuchdatei (unter BS2000).
WRPASS:	Schreibpasswort der Wörterbuchdatei (unter BS2000).
PASSWORD:	Passwort zum Schutz des Serverprozesses vor unberechtigter Ankopplung.
USERID:	Logon-Angaben für den Serverprozeß (Benutzer- bzw. Abrechnungsnummer, evtl. Passwort).
VALID:	Liste zugriffsberechtigter Anwendungsprozesse.
LOGFILE:	Protokolldatei für before- bzw. after-image.
FASTMODE:	Beschleunigung der Kommunikation durch asynchrone Quittierung von Schreiboperationen.

Bedingtes Schreiben

Um auf einfache Weise bedingtes Schreiben und Warten auf ein Ereignis zu ermöglichen, stehen Anweisungen zur Verfügung, die an folgenden Beispielen erläutert werden:

Wb [Key] | Entry__old : = Entry__new;

Der Prozess wartet (evtl. unendlich lange), bis der zu Key gehörige Eintrag identisch zu Entry__old ist. Sobald das Ereignis eintritt, wird der Eintrag überschrieben mit Entry__new.

Wb [Key] | Entry__old : = Entry__new **success** B;

Die *bits*-Variable B ist genau dann "1", wenn die Bedingung erfüllt war und der neue Eintrag geschrieben wurde. Der Prozess wartet nicht, bis das Ereignis eintritt.

Wb [Key] | Entry__old : = Entry__new **success** B **wait** N;

Die *number*-Variable N gibt die Zeit in Sekunden an, während der auf das spezifizierte Ereignis gewartet wird; falls das Ereignis innerhalb dieser Zeit eintritt, so wird der neue Eintrag geschrieben; die *bits*-Variable B liefert die Erfolgsmeldung (siehe oben).

Realisierung

Vom Prinzip her sind verschiedene Ansätze denkbar, mit denen ein konkurrenter Zugriff auf Dateien (und solche verbergen sich hinter Wörterbüchern) möglich ist:
a) Sequentialisierung durch kurzzeitiges Sperren der Datei.
b) Benutzung von gemeinsamen Speicherbereichen.
c) Sequentialisierung durch einen Hintergrundprozeß.

Der vorliegenden Implementierung wurde das Prinzip der Sequentialisierung durch einen Hintergrundprozeß zugrunde gelegt. Dieser Server führt allein die Zugriffe auf die Datei aus, alle Anwenderprozesse kommunizieren mit dem Server. Das folgende Beispiel illustriert, wie ein typischer Dialog zwischen einem Anwender- und dem Serverprozeß aussehen kann:

Anwenderprozess	Serverprozess HPG
	wartet auf Befehle.
connect Datname + ',server = HPG' **to** Wb;	
sendet Connect-Befehl und Dateinamen,	
wartet auf Antwort.	eröffnet Datei, falls noch nicht in Bearbeitung,
	sendet Kurzkennung,
	wartet auf Befehle.
Wb[Key] : = Entry;	
sendet Schreibe-Befehl, Kurzkennung,	
Key und Entry,	
wartet auf Antwort.	führt Schreibeoperation aus,
	sendet Erfolgsmeldung,
	wartet auf Befehle.
connect * **to** Wb;	
sendet Close-Befehl und Kurzkennung,	
wartet auf Antwort.	schließt evtl. Datei,

sendet Erfolgsmeldung,
beendet evtl. Verbindung.

Der Serverprozeß bedient i.a. mehrere Anwenderprozesse und hält mehrere Dateien geöffnet. Zur Optimierung der Plattenzugriffe benutzt er einen eigenen Cache-Mechanismus.

Die Schnittstelle zwischen dem Server und den Anwendungsprogrammen wird realisiert durch Interprozeßkommunikation. Es werden dazu Kommunikationsmethoden des zugrundeliegenden Betriebssystemes verwendet (DCAM unter BS2000, CMX und "named pipes" unter SINIX), die für den Benutzer bzw. Programmierer nicht sichtbar sind.

Da die im konkreten Falle zugrundeliegenden unterschiedlichen Rechnernetze auch Unterschiede in der logischen Paketgröße der übertragenen Nachrichten aufweisen können, wurde bei der Implementierung auch dafür ein dynamisches Konzept bereitgestellt. Außerdem wurde durch asynchrone Sende- und Empfangssteuerung gewährleistet, daß nicht eine "langsame" Komponente (die evtl. über ein Modem angeschlossen ist), den Serverprozeß zu Lasten der anderen Teilnehmer bremst.

Im folgenden Abschnitt wird ein Aspekt aus dem Bereich der Implementierung des Comskee-Systems beschrieben.

3. Portierung des Comskee-Systems auf Siemens-MX2

Das Comskee-System setzt sich zusammen aus den Komponenten Compiler und Laufzeitsystem. Der Compiler besteht aus drei Teilprogrammen für

- lexikalische Analyse (Scanner),
- semantische und syntaktische Analyse (Parser) und
- maschinenabhängige Codeerzeugung.

Das Laufzeitsystem wird gebildet aus den Prozeduren und Funktionen zur Verwaltung der Comskee-Datentypen *String*, *Sentence*, *Set* und *Wörterbuch*.

Eine Portierung des Systems umfaßt alle diese Komponenten. Als Vorlage für die Installation auf dem MX2 wurde die zuvor realisierte UNIX-Version für VAX benutzt. In dieser Version sind sämtliche Komponenten in der Programmiersprache C implementiert. Trotz unterschiedlicher Maschinenarchitekturen konnte das gesamte System mit relativ geringem Aufwand portiert werden.

Portierung von Scanner und Parser

Scanner und Parser erzeugen als Ausgabe einen maschinenunabhängigen Zwischencode, den CIL-Code (Comskee-Intermediate-Language). Aufgrund der Maschinenunabhängigkeit dieser Ausgabe konnten Scanner und Parser unverändert von der VAX-Implementierung übernommen werden.

Portierung der Codeerzeugung

Hier war die Hauptarbeit zu leisten, da die Ausgabe dieses Teils vom Zielrechner abhängt. Von der VAX-Version konnte nur die Grobstruktur des Programmes übernommen werden.

Zu jedem Befehlstyp innerhalb des CIL-Codes existiert eine Prozedur, die eine Sequenz von Maschinenbefehlen erzeugt, die diesen Befehl realisiert. Diese Befehlssequenzen hängen naturgemäß von dem Befehlssatz und der Architektur des Prozessors ab.

Die für unsere Ziele wesentlichsten Unterschiede zwischen VAX und MX2 (Prozessorfamilie National Semiconductor NSC 32xxx) liegen in
- Registeranzahl (16 bei VAX, 8 bei MX2) und
- Operandenzahl der Maschinenbefehle (3-Operandenbefehle bei VAX, 2-Operandenbefehle bei MX2).

Dazu kommt, daß die Menge der Maschinenbefehle auf MX2 wesentlich kleiner ist als auf der VAX. Weiterhin gibt es Unterschiede in der Stackverwaltung beim Funktionsaufruf.

Es waren also im wesentlichen drei Teilaufgaben zu erledigen:
1. Anpassung der Registerverwaltung,
2. Simulation von VAX-Befehlen durch eine Folge von MX2-Befehlen,
3. Verwaltung des Stacks bei Funktionsaufrufen.

Registerverwaltung

Die Registerverwaltung hat zur Aufgabe, die zur Verfügung stehenden Register auf die einzelnen Operanden zu verteilen. Dabei sollen natürlich möglichst wenig Zwischenspeicherschritte erzeugt werden. Dieser Teil ist im wesentlichen maschinenunabhängig und konnte übernommen werden. Es mußte lediglich eine Anpassung an die Zahl der Register vorgenommen werden.

Simulation von Befehlen

Der MX2 besitzt im Gegensatz zur VAX keine 3-Operanden-Befehle. Diese wurden auf MX2 durch zwei Befehle simuliert.

Beispiel:

Maschine	Befehl	Bedeutung
VAX	addl3 r1,r2,r3	$r3 <-- r1 + r2$
MX2	movd r1,r3	$r3 <-- r1$
	addd r2,r3	$r3 <-- r3 + r2$

Desweiteren wurden auf der VAX Maschinenbefehle verwendet, für die es auf MX2 keine Entsprechung gibt und die individuell durch eine Folge von MX2-Befehlen simuliert werden müssen.

Stackverwaltung

Weitere Unterschiede zwischen VAX und MX2 existieren in der Stackverwaltung beim Aufruf von Funktionen und Prozeduren. Beide Maschinen besitzen einen Framepointer (fp) und einen Stackpointer (sp). Dabei zeigt der fp stets auf die erste lokale Variable in der aktiven Prozedur. Die Adressierung der lokalen Variablen erfolgt dann mit negativem Offset über den fp.

Die VAX besitzt zusätzlich einen Argumentpointer (ap), der auf den ersten Parameter der aktiven Prozedur zeigt. Beim MX2 werden die Parameter ausschließlich über den fp adressiert (mit positivem Offset), was möglich ist, da zwischen fp und erstem Parameter stets eine konstante Anzahl von Stackworten liegt.

Portierung des Laufzeitsystems

Analog zu Scanner und Parser konnten die in C programmierten Laufzeitprozeduren nach Anpassung an den C-Compiler und geringfügigen Änderungen übernommen werden.

Eine gewisse Einschränkung durch das Betriebssystem des MX2 besteht in der maximalen Zahl gleichzeitig zur Bearbeitung offener Dateien. Ein Comskee-Programm auf dem MX2 kann gleichzeitig 20 Dateien und externe Wörterbücher bearbeiten. Bei der Installation des Systems auf einen konkreten Zielrechner ist der jeweilige Speicherausbau - etwa für den Stringspeicher - zu berücksichtigen.

Basierend auf der Comskee-Implementierung für SINIX, wurde das Datenbanksystem DEZENT entwickelt, dessen Realisierung wesentlich von den Datentypen und der Datenbankfähigkeit von Comskee profitiert.

4. Ein Datenbanksystem zur dezentralen Erfassung und Auswertung bei zentraler Speicherung

Das ursprüngliche Projekt ARCHAEOS, das auf Anregung von Prof. Hachmann entstand, umfasste den Entwurf und die Implementierung eines Datenbanksystems für archäologische Funde, in welches zusätzlich spezielle Auswertungskomponenten, wie sie für die Arbeiten zur Vor- und Frühgeschichte benötigt werden, zu integrieren waren. Da letztendlich nicht von einer statischen Struktur der zu einem Fund gehörenden Daten ausgegangen werden konnte, wurde aufbauend auf einer ersten Testversion ein variableres Programm entwickelt : DEZENT. Hierbei handelt es sich im Kern um einen Programmrahmen, der schon alle Prozeduren für das Betreiben einer Datenbank enthält, in dessen Menübaum aber nach Belieben weitere Unterprogramme eingebaut werden können.

Als Programmiersprache hierfür eignet sich Comskee in besonderen Maße, da sich wegen der komfortablen Stringverarbeitung eine ebensolche Dialogschnittstelle einfach realisieren läßt und das Wörterbuchkonzept für effiziente Datenspeicherung und -zugriff optimal geeignet ist.

Datenmodell

Das zugrundeliegende Datenmodell ist relational, d.h. ein Entity (Eintrag in der Datenbank) ist ein Tupel aus dem kartesischen Produkt der zugehörigen Attributmengen. Von der Datenbank wird aber nur ein einziger Entitytyp verwaltet, der im folgenden Objekt genannt wird. Eine konkrete Ausprägung dieses Typs heißt der Einfachheit halber ebenso Objekt. Attribute haben meist keine eigene Datenstruktur. Im Moment werden sieben verschiedene Attributtypen unterschieden (siehe Beispiel). Die (beim Systemstart frei definierbare) Struktur eines Objektes setzt sich also aus verschiedenen Attributen zusammen, deren speicherbare Information je nach ihrem Typ unterschiedlich aussieht. Um die Gesamtheit aller erfaßten Objekte überschaubar zu halten, teilt sie der Benutzer durch die Angabe zu einem speziellen Attribut in Untermengen auf.

Beispiel aus der archäologischen Datenbank :

Objekte heißen hier entsprechend "Fund". In Klammern steht eine Kennzeichnung des Attributtyps.

Nummer: eindeutiges, alphanumerisches Ordungskriterium innerhalb einer Funduntermenge.

Verzeichnis: (E) kennzeichnet eindeutig die Untermenge,
z.B. "Ausgrabungen 1980".

Land: (e) ihm sind mehrere Orte zugeordnet; z.B. "Italien".

Fundort: (E) eingetragen als Name, z.B. "Pompeji".

Gegenstand: (B) baumartige Hierarchie,
z.B. "0102": 0100 = Werkzeug
0102 = aus Metall

Fundeinheit: (S) einfache Zeichenkette, z.B. "Grab 112".

Beschreibung: (K) Klartext mit Zeilenstruktur,
z.B. "Griff der Axt schlecht erhalten.....".

und speziell für die archäologischen Belange:

Analyse: (A) Prozentangaben, z.B. "Fe > 80.2300".

Metallgruppenzugehörigkeit:
(M) entsprechend chemischem Aufbau frei definierbar.

Die korrekten Ausprägungen zu den Attributtypen E, e, B und M müssen gesondert erfaßt werden. Sie werden in eigenen Dateien abgespeichert. Angaben zu einem Objekt können somit in gewissem Rahmen auf sachliche Richtigkeit geprüft werden. Nur beim Typ E ist es möglich, beim Einlesen eines Objektes eine neue Ausprägung für das System als bekannt und richtig zu erklären. Aber auch Synonyme bzw. Abkürzungen lassen sich für diesen Typ definieren. Dies ist z.B. für in verschiedenen Sprachen anderslautende Bezeichnungen bzw. eine schnelle Bearbeitung wünschenswert. Für die meisten Attributtypen werden (intern) invertierte Listen geführt, die das Suchen nach Objekten mit bestimmten Merkmalen (Recherche) wesentlich beschleunigen. Die Definition dieser allgemeinen Datenstruktur wird von einem Systemverwalter vorgenommen.

Gesamtsystem

Das DEZENT-System besteht aus zwei Programmen. Mit Hilfe des einen wird die ZENTrale Speicherung und Verwaltung der Daten durchgeführt, die im Prinzip für alle Benutzer der Datenbank von Interesse sind, also sämtliche Objekte und Attributmengen. Dies ermöglicht es, eine umfassende Datenintegrität einfach aufrecht zu erhalten; u.a. kann eine Korrektur der erfaßten Daten nur hier erfolgen. Da aufgrund des möglichen sehr großen Datenvolumens hier keine invertierten Listen geführt werden, sind auf dem zentralen Datenbestand direkt keine Auswertungen durchführbar.

Aus diesem zentralen Datenpool kann sich nun jeder Benutzer diejenigen Objekte vollständig herausgreifen, die er für sein speziell zu bearbeitendes Problem braucht. Eine Auswertung erfolgt also DEZENTral mit dem zweiten Typ Programm. Da die so entstehenden "Datenbank-Teilkopien" i.a. ein geringeres Datenvolumen als die zentrale "Originaldatenbank" umfassen, lassen sich hier auch Auswertungen schneller durchführen: die invertierten Listen sind kleiner.

Entsprechend den individuellen Bedürfnissen können diese Programme hinsichtlich ihrer Auswertungskomponenten recht unterschiedlich ausfallen. Speziell programmierte Prozeduren lassen sich bequem in ein kompaktes System einbinden. Hierzu ist nur eine einfache Editierung der Menüdatei und das Einbinden eines entsprechenden Prozeduraufrufs in den Programmrahmen notwendig. Die archäologische Datenbank liefert z.B. Überblicke über den chemischen Aufbau mehrerer Funde und unterstützt die Spezifikation von Fundklassen nach Metallgruppen. Auf den privaten Systemen können die allgemeinen Objektangaben mit weiteren, neu definierten Attributen, ergänzt werden. Diese Daten stehen dann aber nicht mehr allen Benutzern zur Verfügung.

Die reine Erfassung von Objektdaten kann auf beiden Systemen erfolgen. Eine Weiterverarbeitung ist aber erst möglich, wenn diese bloßen Erfassungsdaten auf dem zentralen System eingespielt (und dabei geprüft) worden sind und danach auf das private System zurücktransferiert wurden.

Besonders zu beachten ist bei dieser räumlichen Trennung, daß z.B. die Datenstruktur eines Objektes im Laufe der Zeit auf dem zentralen und den privaten Systemen Unterschiede aufweisen kann, etwa nach Löschung oder Neudefinition eines Attributes. Hier wird dann automatisch eine entsprechende Anpassung vorgenommen und der Benutzer auf den Informationsverlust hingewiesen. Anhand dieser Meldung kann er sein System bei Bedarf auf den neuesten Stand bringen.

Dialogschnittstelle

Bei der Dialogschnittstelle zwischem dem Benutzer und dem System wurde vor allem auf ergonomische Gesichtspunkte Wert gelegt. Der Benutzer weiß zu jedem Zeitpunkt, was er jetzt gerade tun kann; er hat immer die Möglichkeit, den weiteren Teildialog und damit letztendlich die Ausführung einer Systemaktion zu beenden bzw. zu früheren Dialogschritten zurückzukehren. Auf Möglichkeiten der grafischen Ein- und Ausgabe von Fundskizzen gehen wir hier nicht ein und verweisen dazu auf [Na].

Durch den Programmrahmen führt ein Menüsystem. In einem Menü (-knoten) werden die unmittelbar folgenden möglichen Aktivitäten (Menüunterpunkte), der im hierarchischen Menübaum zuletzt durchwanderte Menüknoten und die aktuelle Datenbank angezeigt; außerdem eine Kennung, ob es sich um das zentrale oder ein privates System handelt. Zu den einzelnen Menüpunkten können erklärende Informationen abgerufen werden, so daß eine Einarbeitung in das System direkt am Bildschirm erfolgen kann. Die Menüpunkte sind durchnumeriert, können aber auch durch Eingabe eines eindeutigen Infixes ausgewählt werden.

Gelangt der Benutzer aus dem Menü in eines der Unterprogramme, so steht jeder Eingabeaufforderung ein kurzes Prompt voran. Einem Dialogschritt folgt entweder der nächste zur weiteren Vervollständigung der benötigten Information oder es wird eine entsprechende Meldung über Beginn oder Abbruch der eigentlichen Aktion ausgegeben. Da die meisten Dialogschritte als ineinandergeschachtelte Schleifen organisiert sind, kann leicht, auch aktiv durch den Benutzer durch Eingabe eines speziellen Fluchtsymbols, zu den vorangehenden Abfragen zurückgekehrt werden, um eine erneute Aktion einzuleiten oder eine Angabe korrigieren zu können. Soll zwischen mehreren Alternativen eine Auswahl getroffen werden, so geschieht dies über einen dem Menü ähnlichen Bildschirm.

Inkorrekte Eingaben werden unterschiedlich behandelt. Eine entsprechende Fehlermeldung mit Aufforderung zur erneuten Eingabe oder Akzeptieren der formal richtigen Teileingabe sind die häufigsten Reaktionen. Bei Attributen vom Typ E versucht das System anhand eines heuristischen Verfahrens syntaktisch inkorrekte bzw. abgekürzte Eingaben zu interpretieren.

Mit Hilfe des konkurrenten Wörterbuchzugriffes wurde erreicht, daß gleichzeitig mehrere Benutzer mit dem System arbeiten können. Hierzu wird ein Teil der Datenbank für kurze Zeit gesperrt. Semaphore für kleinere Einheiten einzuführen schien hier wenig sinnvoll, da sich die Gesamtzahl der Benutzer auf mehrere Systeme verteilt. Bei bestimmten Tätigkeiten kann der Systemverwalter auch ein gesamtes System für jeglichen Zugang sperren.

Information über Benutzertätigkeiten

Änderungen am System bzw. Korrekturen an den Daten werden in einer speziellen Liste vermerkt. Die jeweils jüngsten Einträge erscheinen beim Programmstart auf dem Bildschirm. Sie sind mit Namen und Datum versehen.

Datenschutz

Für Anlage- und Änderungsoperationen von Objekt-, Attribut- und Systemdaten kann der Systemverwalter Passwörter vergeben. Die Unterprogramme erfragen diese dann vom Benutzer. So könnte beispielsweise das Anlegen von Objekten auf dem zentralen System in der Zuständigkeit einer autorisierten Person liegen.

Systemumgebung

Die Programme laufen derzeit unter den Betriebssystemen Siemens BS2000 (auf Siemens 7.xxx) und SINIX (auf Siemens MX2). Gedacht ist hierbei an eine Konfiguration, bei der die zentrale Datenhaltung auf dem Großrechner, die Auswertung dagegen auf MX2 erfolgt. Da die betriebssystemspezifischen Angaben aus einer besonderen Datei eingelesen werden, ist eine Anpassung an andere Systeme recht einfach. Ebenso werden Eigenschaften der eingesetzten Bildschirme, Tastaturen und Drucker berücksichtigt, wie etwa Blattgröße oder Zeichencodes. Das Datenbanksystem kann per Dateitransfer auch Objektdaten für andere Programme zur Verfügung stellen, z.B. für Statistik-Programmpakete.

Weitere Einsatzmöglichkeiten

Die Programme können recht unterschiedliche Datenbestände verwalten. Nach einfachen Menübaum- und Namensänderungen in der Menüdatei könnte das archäologische System mit gewissen Einschränkungen auch als Universitäts-Bibliotheks-Datenbank fungieren. Im zentralen Datenbestand sind etwa Hinweise auf die in sämtlichen Fachbereichsbibliotheken vorhandenen Bücher abgelegt. Für allgemeine Recherchen ist ein zentrales Auswertungssystem eingerichtet. Die einzelnen Fachbibliotheken können daraus private Systeme erstellen, die nur die Hinweise auf die am jeweiligen Standort vorhandenen Bücher zur Recherche bereithalten. Nacherfassungen können hier getätigt und bei Bedarf in das zentrale System eingespielt werden. Die Ausleihe ist mit vorliegendem System nur schwer zu unterstützen, da ein Aktualitätsrückstand in Kauf genommen werden muß.

5. Resumee

Im ersten Teil dieses Artikels wurden die wichtigsten Datentypen von Comskee, das sind *String, Sentence* und *Wörterbuch*, erläutert. Im zweiten wurde näher auf den Aspekt des konkurrenten Schreibzugriffes bei ggf. verteilten Wörterbüchern eingegangen. Im 3. Teil wurde die Portierung von Comskee auf MX2 beschrieben. Im 4. Teil schließlich wurde eine Comskee-Anwendung vorgestellt, nämlich eine DEZENTrale Datenbank zur Verwaltung komplexer Daten mit hohem Textanteil. Hier wurden auch die Punkte aufgeführt, die die besondere Eignung von Comskee für ein solches Vorhaben illustrieren.

Das Comskee-System auf MX2 ist seit April 1987 lauffähig. Eine weitere Anwendung ist das Programm CELSIT (5.000 Zeilen Comskee-Quellcode), das im Fachbereich Romanistik der Universität des Saarlandes zur Analyse französischer Texte benutzt wird. Eine vorläufige Version des Programmsystems DEZENT (siehe Abschnitt 4) ist für den MX2 nahezu fertiggestellt. Hier existieren noch Schwierigkeiten mit dem Binder. Geplant ist eine Installation des im SFB 124 entwickelten CADIC-Systems (Entwurfssystem für große reguläre Schaltungen [CAD]) mit ca. 60.000 Zeilen Comskee-Quellcode.

Literatur

[CAD]   Becker, B.; Hotz, G.; Kolla, R.; Molitor, P.; Osthof, H.G.:
          "Hierarchical Design of Integrated Circuits"
          Proceedings of the 24th Design Automation Conference,
          Miami 1987, pp 649-653.

[Com1]   Mueller-von Brochowski,A.; Kretschmer,T.; Messerschmidt,J.; Ries,M.; Schütz,J.:
          "The Programming Language Comskee - 3rd Revised Report",
          Linguistische Arbeiten, Heft 10, Sonderforschungsbereich 100,
          Universität des Saarlandes, Saarbrücken 1984 ISBN 3-923435-09-6

[Com2]   Kretschmer,T.; Ries,M.; Schäfer,T.:
          "Die Programmiersprache Comskee",
          Fachbereich 10-Informatik, Lehrstuhl Prof. Dr. G. Hotz,
          Universität des Saarlandes, Saarbrücken 1988

[Do]   Dorndorf,W.:
          "Ein Datenbanksystem zur dezentralen Erfassung und Auswertung bei zentraler
          Speicherung"
          Diplomarbeit, Fachbereich 10 - Informatik, Lehrstuhl Prof. Dr. G. Hotz,
          Universität des Saarlandes, Saarbrücken (erscheint in 1988)

[Ho]   Hotz,G.:
           "Informatik - Rechenanlagen, 2. Auflage",
           Teubner Verlag, Stuttgart (erscheint Frühjahr 1989)

[Me1]   Messerschmidt,J.:
           "Linguistische Datenverarbeitung mit Comskee",
           Teubner Verlag, Stuttgart 1984, ISBN 3-519-02252-4

[Me2]   Messerschmidt,J.:
           "Natural Language Processing with Comskee",
           in: Proceedings of the 4th Jerusalem Conference on Information Technology
           (JCIT), 1984
           IEEE Computer Society Press, Silver Spring 1984

[Na]   Nagel,R.:
           "Implementierung einer grafischen Schnittstelle und von Auswertungs-
           komponenten einer archäologischen Datenbank"
           Diplomarbeit, Fachbereich 10 - Informatik, Lehrstuhl Prof. Dr. G. Hotz,
           Universität des Saarlandes, Saarbrücken (erscheint in 1988)

Implementierung eines informationstheoretischen
Ansatzes zur Bilderkennung

P. Bergmann[+], J. Keller[+], T. Malter[+], S. M. Müller[+], W. J. Paul[+], T. Pöschel[++],
O. Schlüter[+] und L. Thiele[+++]

+ : Fachbereich Informatik, Universität des Saarlandes
+ + : Sektion Physik, Humboldt-Universität zu Berlin
+ + + : Fachbereich Elektrotechnik, Universität des Saarlandes

Abstract:

In [BPT] wurde ein informationstheoretischer Ansatz für Systeme zur Bilderkennung vorgestellt. Es wird eine erste Implementierung dieses Ansatzes mit vernetzten SINIX-MX2-Rech-
nern beschrieben.

1. Informationstheorie und Verständnis von Bildern

Wir fassen den Ansatz aus [BPT] zusammen. Occam's Razor besagt, daß von zwei Theorien,
welche die gleichen Phänomene beschrieben, diejenige vorzuziehen ist, welche die ein-
facheren Beschreibungen liefert.

Nach Kolmogorov und Solomonov [K], [S] ist Theoriebildung sogar nichts weiter als die
Suche von kurzen Beschreibungen für große Mengen von beobachteten Daten. Beispielsweise beschreibt das einfache Newton'sche Gesetz "Kraft = Masse $*$ Beschleunigung" aus
der Theorie "Physik" die Meßergebnisse aus einer unglaublich großen Anzahl von Beob-
achtungen (Experimenten). Formal sind nach Kolmogorov und Solomonov Beschreibungen
binär kodierte Programme in irgendeiner universellen Programmiersprache L, und die
Kompliziertheit eines Programms ist seine Länge. Kolmogorov und Solomonov interes-
sieren sich nur für das asymptotische Wachstum der Länge von unendlichen Folgen von
Programmen. Deswegen ist für sie die spezielle Wahl der Sprache L nicht von Bedeutung
(denn ist B' eine Beschreibung in Sprache L', so erhält man eine äquivalente Beschreibung
in Sprache L, indem man einen in Sprache L geschriebenen Interpreter für L' auf B'
anwendet; kürzeste Beschreibungen in Sprache L sind also höchstens um die Länge dieses

Interpreters länger als äquivalente kürzeste Beschreibungen in L'). Laufzeit und Speicherplatzbedarf von Programmen werden ignoriert.

In [BPT] werden Rechnersysteme vorgeschlagen, welche im obigen Sinne Theorien über die für sie beobachtbare Welt bilden. Geht es um das Verständnis unbewegter Schwarz/Weiß-Bilder, so ist die Welt einfach ein Feld von N∗N Pixeln mit Werten 1 oder 0. Die Systeme erzeugen einen Vorrat V von Programmen, die irgendwann einmal kurze Beschreibungen für große Teile der Welt geliefert haben. Anfangs ist dieser Vorrat leer. Konfrontiert mit einer Beobachtung der Welt (in unserem Fall einem Bild) versucht das System ein möglichst kurzes Programm zu finden, das die Beobachtung reproduziert. Dabei stehen dem System folgende Mittel zur Verfügung:

- das Durchprobieren ganz einfacher Programme,

- das Mutieren von Programmen aus dem Vorrat V durch Probieren,

- das hierarchische Zusammenbauen von Programmen aus V durch sehr einfache Programme. Auch hier wird systematisch probiert.

Beispiel 1:
Ein völlig zufälliges Schwarz/Weiß-Bild mit N∗N Pixeln kann man beschreiben durch "Die Pixel von rechts oben nach links unten haben die Werte p(1,1),..., p(N,N)" mit p(i,j) ∈ 0,1 für alle i,j. Die Beschreibung hat N^2 + O(1) bits. Es liegt keine Erkenntnis vor.

Beispiel 2:
Ein ganz weißes Bild kann man etwa in der Programmiersprache PASCAL beschreiben als

    for i = 1 to N do for j = 1 to N do p(i,j) = 0 od od

Man braucht nur noch log N + O(1) bits. Dies zeugt von erheblich höherem Verständnis als bei Beispiel 1, und das Programm für ein weißes Quadrat wird in den Vorrat V aufgenommen.

Beispiel 3:
Durch Mutation der Grenzen der Laufindizes des Programms aus Beispiel 2 erhält man Rechtecke. Mutation von p(i,j) = 0 in p(i,j) = 1 liefert schwarze Quadrate und Rechtecke.

Beispiel 4:
Durch Hintereinanderhängen des Programms aus Beispiel 2 und von zwei Programmen aus Beispiel 3 erhält man zwei Rechtecke auf weißem Hintergrund.

Beispiel 5:

Die Beobachtung bestehe aus zwei schwarzen Punkten $P_1 = (x_1, y_1)$ und $P_2 = (x_2, y_2)$ auf weißem Hintergrund. Der Hintergrund wird durch das Programm aus Beispiel 2 kurz beschrieben. Die Punkte werden in trivialer Weise beschrieben durch

$$p(x_1, y_1) = 1 \; ; \; p(x_2, y_2) = 1$$

Letzteres erfordert $4* \log N + O(1)$ bits. Liegen die Punkte nahe beieinander (und N ist groß), so ist die folgende Beschreibung kürzer:

$$a := x_1; \; b := y_1; \; p(a,b) := 1; \; a := a + x_2 - x_1 \; ; \; b := b + y_2 - y_1 \; ; \; p(a,b) := 1$$

Liegen nämlich P_1 und P_2 nahe beieinander, so sind die Binärdarstellungen der Konstanten $x_2 - x_1$ und $y_2 - y_1$ kurz.

Ein System der oben beschriebenen Art würde also Konzepte wie "Rechteck" und "Nähe" selbständig finden und speichern.

Für das Durchprobieren aller ganz kurzen Programme einer Programmiersprache L oder das Durchprobieren von Mutationen wird der Einsatz von Parallelität vorgeschlagen. Die Wahl der Sprache L wird nun wesentlich. Ebenso müssen Rechenzeit und Speicherplatz in die Bewertung der Kompliziertheit eines Programms eingehen.

Da der Vorrat V im Laufe der Zeit groß wird, ist die Auswahl von Programmen aus V, die man auf einer Hierachiestufe s zusammenzubauen versucht, ein Problem. Es wird folgendes vorgeschlagen:

Man gehe aus von "aktiven Programmen" aus Stufen $< s$; das sind Programme, die bereits große Teile der aktuellen Beobachtung kurz beschreiben. Nun probiere man

i) solche Programme auf Stufe s in einer Weise zu kombinieren, die neu ist oder die früher erfolgreich war (bottom up).

ii) solche Programme in Stufen $< s$ zu aktivieren, deren Kombination auf Stufe s mit bereits aktiven Programmen aus Stufen $< s$ früher erfolgreich war (top down).

Als Datenstruktur zur Unterstützung hiervon wird ein gewichteter Graph vorgeschlagen. Die Knoten sind Programme aus V. Erfolgreiches Kombinieren von zwei Programmen erhöht das Gewicht der Kante zwischen diesen Programmen. (Wird die Kante lange nicht benutzt, diffundiert das Gewicht langsam).

2. Ziel der aktuellen Implementierung

Mit der Implementierung, die hier beschreiben wird, sollte möglichst schnell ein System der oben beschriebenen Art implementiert werden. Das System sollte zumindest in der Lage sein, die obigen Beispiele nachzuvollziehen. Ziel der Implementierung war es, sich ein erstes Vehikel für Experimente über die Leistungsfähigkeit und den Bedarf an Rechenleistung (real, nicht asymptotisch) solcher Systeme zu schaffen. Die verwendete Programmiersprache L wurde auf 2-dimensionale Graphik-Anwendungen hingetrimmt und extrem einfach gehalten. Sie ist insbesondere nicht universell.

3. Die Sprache L

Programme der Sprache L erzeugen quadratische Bilder B mit N∗N Pixeln. Die Pixel können schwarz, weiß oder grau sein. N kann auf Werte zwischen 1 und 64 eingestellt werden.

Es gibt 2 Gruppen von je 8 Variablen: die gewöhnlichen Variablen $V0, ..., V7$ und die Laufvariablen $L0, ..., L7$. Die Variablen $V1, ..., V7$ und $L1, ..., L7$ können Werte aus $W = \{0, ..., N-1\}^2 \cup \{\Omega\}$ annehmen. Sie haben anfangs den Wert Ω. Die speziellen Variablen $V0$ und $L0$ haben stets den Wert $(0, 0)$.

Es gibt ein Pixel-Array B[0:N-1;0:N-1]. Pixelelemente B[i,j] können Werte aus {SCHWARZ, WEISS, GRAU} annehmen. Anfangs haben alle Pixelelemente den Wert GRAU.

Programme aus L bestehen aus einem Initialisierungsteil gefolgt von einem Anweisungsteil. Ein Initialisierungsteil hat die Form

SETA $X_1 Y_1$

    ...

    $X_i Y_i$

mit $1 \leq i \leq 7$ und $X_j, Y_j \in \{0, ..., N-1\}$ für $1 \leq j \leq i$. Dadurch wird für alle j mit $1 \leq j \leq i$ der gewöhnlichen Variablen Vj der Wert (X_j, Y_j) zugewiesen. Ein Initialisierungsteil für i Variablen trägt zur Länge und Laufzeit eines Programms jeweils den Wert i bei.

Der Anweisungsteil besteht aus einer Folge von Anweisungen. Es gibt 4 Sorten von Anweisungen: Zuweisung, Addition, Pixel setzen und For-Loop.

Zuweisungen haben die Form

SETV Vj X Y

mit $1 \leqq j \leqq 7$ und X, Y $\in$ {0, ..., N-1}. Dadurch wird der gewöhnlichen Variablen Vj der Wert (X,Y) zugewiesen. Zuweisungen haben Länge 2 und Laufzeit 1.

Additions-Anweisungen haben die Form

ADDV Vj D E

mit $1 \leqq j \leqq 7$ und D, E $\in$ { -3, ..., 3}. Der aktuelle Wert von Variable Vj wird um (D, E) erhöht. Generell bricht ein Programm ohne Output ab, falls eine Variable mit aktuellem Wert Ω ausgewertet wird oder falls ihr ein Wert außerhalb ihres Wertebereichs zugewiesen wird. Additions-Anweisungen haben Länge 1 und Laufzeit 1.

Pixel werden durch den Befehl

SETP U F

gesetzt, wobei U eine Variable und F $\in$ {SCHWARZ, WEISS} eine Farbe ist. Ist (X, Y) der aktuelle Wert von Variable U, so wird Pixel B[X, Y] Farbe F zugewiesen. Diese Anweisungen haben Länge 1 und Laufzeit 1.

Laufanweisungen sind speziell auf 2-dimensionale geometrische Anwendungen zugeschnitten. Untergrenze und Obergrenze der Laufvariablen sind Punkte P1 und P2. Die Laufvariable variiert auf der Geraden von P1 nach P2. Laufanweisungen haben die Form

FOR Li = Vj + Lk TO Vl   Rumpf   END

oder

FOR Li = Vj + Lk TO Vl + Lk   Rumpf   END.

Hierbei sind Li und Lk Laufvariable mit $i \neq 0$ und Vj und Vl gewöhnliche Variable. Li heißt die Laufvariable dieser Anweisung. Der Rumpf ist eine Folge von Anweisungen. Laufanweisungen des Rumpfes haben Laufvariablen $\neq$ Li. Die Länge von Laufanweisungen ist 2 + Länge des Rumpfs. Die Laufzeit ist 1 + #Durchläufe * (Laufzeit des Rumpfs + 2)

Programme für die Beispiele des ersten Abschnitts sind:

Beispiel 1:
SETA 0 0
SETP V1 F(0. 0)
ADDV V1 0 1
SETP V1 F(0,1) ...

Triviales Spezifizieren von n zusammenhängenden Pixeln ist also stets durch ein Programm der Länge ungefähr 2n möglich.

Beispiel 2:

```
SETA   0 0
       0 N-1
       N-1 0
FOR L1 = V1 + L0 TO V2
FOR L2 = V0 + L1 TO V3 + L1
SETP L2 WEISS
END
END
```

Beispiel 5:
- Programm aus Beispiel 2 -

```
SETV V1 X1 Y1
SETP V1 SCHWARZ
ADDV V1 X2-X1 Y2-Y1
SETP V1 SCHWARZ
```

4. Systemarchitektur

Eingaben für das System sind sog. Muster; das sind Felder M[0: N-1 ; 0: N-1] mit Werten aus SCHWARZ und WEISS. Beim Versuch, einfache Beschreibungen für ein gegebenes Muster M zu finden, arbeitet das System in Runden. Jede Runde R hat 4 Teile:

1) Erstellen eines Programms P.
2) Ausführen und Anpassen des Programms P an Muster M.
3) Bewerten des Programms.
4) Vergleich von P mit anderen Programmen aus Vorrat V und ggf. Aufnahme von P in V.

Zu 1) Es wird eine von 5 möglichen Strategien gewürfelt. Die Wahrscheinlichkeiten beim Würfeln werden generell dynamisch bestimmt, wobei statistisch erfolgreiche Strategien bevorzugt werden. Der Mechanismus hierfür wird später beschrieben.

1.1) Aufzählen. Sei P' das letzte Programm, das in einer früheren Runde bei Strategie 1 erstellt wurde. P ist der Nachfolger von P' in der Ordnung, in der Programme ihrer Länge nach und bei gleicher Länge lexikographisch geordnet sind.

1.2) Würfeln. Die Länge $\lambda \in \{2, ..., 50\}$ von P wird gewürfelt. Die Befehle von P werden der Reihe nach gewürfelt. Die Wahrscheinlichkeit beim Würfeln jedes Befehls hängt vom vorigen Befehl ab.

1.3) Konkatenation. Zwei Programme P' und P" aus V werden gewürfelt. P = P';P".

1.4) Einsetzen. Zwei Programme P' und P" aus V sowie eine Anweisung A aus P' werden gewürfelt. P erhält man durch Ersetzen von Anweisung A in Programm P' durch Programm P".

1.5) Modifikation. Ein Programm P aus V und eine von 6 Unterstrategien werden gewürfelt. Zwischen Alternativen innerhalb der Unterstrategien wird ebenfalls durch Würfeln entschieden.

1.5.1) In einem SETP-Befehl in P wird die Farbe geändert.

1.5.2) In einer Anweisung in P wird eine Variable durch eine andere Variable gleichen Typs ersetzt.

1.5.3) Eine Anweisung in P wird durch eine andere Anweisung ersetzt

1.5.4) Eine Anweisung aus P wird gestrichen.

1.5.5) Eine Anweisung aus P wird an eine andere Stelle verschoben.

1.5.6) Eine neue Anweisung wird in P eingefügt.

Zu 2) Das Programm P wird einem einfachen Syntaxtest unterzogen und dann interpretiert. Ist das Programm syntaktisch korrekt und erzeugt es überhaupt einen output $B_{P'}$, so setzt der Anpassungsmechanismus ein. Dieser Mechanismus versucht durch Variation der in Programm P vorkommenden Konstanten eine Zielfunktion $Z(M, B_P)$ zu maximieren, welche das Ausmaß der Übereinstimmung von M und B_P mißt. Im folgenden werden die Zielfunktion Z und die verwendeten Optimierungsstrategien beschrieben.

2.1) Sei F eine Farbe, M ein Muster und $Q \in \{0, ..., N-1\}^2$ ein Punkt. Sei $D(F, M, Q)$ der Abstand von Q zum am nächsten liegenden Punkt in Muster M mit Farbe F. Das Potential $POT(F, M, Q)$ von Muster M bezüglich Farbe F an Punkt Q wird definiert durch

$$POT(F, M, Q) = \begin{cases} 1 & \text{falls } D(F, M, Q) = 0 \\ 1/(1 + D(F, M, Q)) - 1 & \text{sonst.} \end{cases}$$

Sei B ein output. Dann ist die Zielfunktion Z(M, B, F) bezüglich Farbe F definiert durch

$$Z(M, B, F) = \sum_{B(Q)=F} POT(F, M, Q)$$

Die Zielfunktion Z(M, B) ist definiert durch

$$Z(M, B) = Z(M, B, SCHWARZ) + Z(M, B, WEISS).$$

Zur Berechnung der Abstände D(F, M, Q) werden mit Hilfe des Bresenham-Algorithmus [B] immer weitere konzentrische Kreise um Q abgesucht, bis man zum erstenmal einen Punkt von Muster M mit Farbe F findet.

2.2) Die Optimierung verwendet eine Kombination aus Gradientenverfahren und Simulated Annealing [KGV], wobei sich 4 Runden Gradientenverfahren durch 3 Runden Simulated Annealing abwechseln.

Beim Gradientenverfahren wird versucht, die Zielfunktion dadurch zu vergrößern, daß eine oder beide Komponenten einer Konstanten in Programm P um eine Schrittweite s erhöht oder erniedrigt werden. Die erste solche Änderung, die gefunden wird, wird auch ausgeführt. Man steigt also nicht notwendig in Richtung des steilsten Aufstiegs auf. Man beginnt mit Schrittweite N/4. Erhöht keine Änderung mit Schrittweite s die Zielfunktion, wird die Schrittweite halbiert.

Gradientenverfahren können in lokale Maxima laufen. Aus diesen kann man mit Hilfe des Simulated Annealing-Verfahrens entkommen. Es wird eine Veränderung einer Konstanten gewürfelt. Schrittweite und Richtungen sind dabei beliebig. Erhöht die Veränderung die Zielfunktion, so wird sie durchgeführt. Erniedrigt sie die Zielfunktion um ΔZ, so wird sie abhängig von einem Parameter T (Temperatur) nur mit einer Wahrscheinlichkeit p = exp $(-\Delta Z/T)$ ausgeführt. Die Temperatur T wird gemäß einem "Annealing Schedule" zwischen sukzessiven Annealing Schritten von einer hohen Anfangstemperatur (hohe Wahrscheinlichkeit, aus lokalen Maxima zu entkommen) zu einer niedrigen Endtemperatur (niedrige Wahrscheinlichkeit) erniedrigt.

Ist das Maximum, welches in der nächsten Runde des Gradientenverfahrens gefunden wird, schlechter als das Maximum der vorausgehenden Runde des Gradientenverfahrens, so wird die nächste Runde des Annealing-Verfahrens im besseren der beiden Maxima gestartet.

Zu 3) Sei P ein Programm aus L, das gefunden wurde beim Versuch, Muster M zu beschreiben. Sei B der Output von P. Sei b die Anzahl von Werten W, so daß B[W] $\in$ {SCHWARZ, WEISS} . Programm P beschreibt also b Pixel. Sei e die Anzahl von Werten W mit B[W] =

M[W]. Dies ist die Anzahl der korrekt beschriebenen Pixel. Sei λ die Länge und τ die Laufzeit von Programm P. Dann wird die Güte G(P) definiert durch

$$
\begin{array}{llll}
G(P) & = & \alpha*(2b-\lambda) & \text{(Informationskompression)} \\
     & + & \beta*(2b-\tau) & \text{(i. A. negativ; Strafe für Laufzeit)} \\
     & + & \gamma*b & \text{(Belohnung für Beschreibung von etwas Großem)} \\
     & + & \delta*e & \text{(Belohnung für korrekte Beschreibung).}
\end{array}
$$

Die Gewichte α, β, γ und δ können eingestellt werden.

Zu 4) Ist G(P) positiv, so wird P in Vorrat V aufgenommen, sofern es nicht ein äquivalentes Programm höherer Güte bereits in V gibt. Zunächst wird P durch Umbenennen von Variablen in eine Form gebracht, so daß die ersten Vorkommen der Variablen in P in der Reihenfolge V1, V2,... bzw. L1, L2, ... erscheinen. Ist P bereits in V, geschieht weiter nichts.

Ist P noch nicht in V, so wird für alle Programme P' in V versucht, mit Hilfe des Anpassungsmechanismus den Output B_P von Programm P zu erzeugen. Dabei wird B_P als Muster für P' benutzt. Die obige Definition des Potentials funktioniert auch dann, wenn das Muster graue Pixel hat. Produziert ein Programm P' den gleichen Output wie P, so wird P' durch P ersetzt, falls G(P) > G(P'). Produziert kein Programm P' den gleichen Output wie P, wird P in den Vorrat V aufgenommen.

Die Wahrscheinlichkeiten beim Würfeln werden in Abhängigkeit von einer einstellbaren Konstanten ρ wie folgt modifiziert. Der einfachste Fall liegt vor, wenn die Anzahl a der Alternativen für alle Zeiten fest bleibt. Jede Alternative A erhält eine Zählvariable Z_A . Wurde Alternative A gewählt beim Erzeugen eines Programms P, das in Vorrat V aufgenommen wurde, so wird Z_A um 1 erhöht. Nach jedem ρ-ten Programm P, das in Vorrat V aufgenommen wurde, werden die Wahrscheinlichkeiten für Alternativen A im wesentlichen auf $Z_A/(\Sigma\ Z_B)$ gesetzt (zusätzlich werden gewisse Untergrenzen nicht unterschritten).

Für die Auswahl von Programmen P aus V sei

$$
G(V) = \sum_{P\ in\ V} G(P)
$$

Programm P wird mit Wahrscheinlichkeit G(P)/G(V) gewählt.

Die Auswahl einer Anweisung aus einem Programm P, das beliebig lang werden kann, geschieht in zwei Schritten. Im ersten wird ein Typ von Anweisung gewählt. Die Anzahl der Alternativen ist 4. Unter Anweisungen gleichen Typs wird mit Gleichverteilung gewürfelt.

5. Parallelarbeit

Das System läuft auf mehreren SINIX-MX2-Rechnern, die über das CANTUS-Netz kommunizieren. Von diesen ist einer als Master ausgezeichnet. Der Master verfügt über graphische Ein-/Ausgabe (z. Zt. realisiert über einen Atari 1040ST). Der Master kann prinzipiell allein arbeiten. Er verwaltet den Vorrat V und führt die Statistik. Periodisch prüft er, ob andere Rechner (Slaves) bereit sind, mitzuarbeiten. Bei der Anmeldung erhält jeder Slave einen individuellen Startwert für seinen Pseudozufallszahlengenerator. Dadurch wird verhindert, daß Slaves, die gemeinsam die gleiche Aufgabe behandeln, ständig identische Alternativen wählen. An die Slaves, welche mitarbeiten, schickt der Master periodisch Updates des Vorrats V und der Statistik.

Die Standardaufgabe, welche die Slaves zu bearbeiten haben, besteht darin, zu gegebenem Muster M und Güte g ein Programm zu suchen, das bezüglich M eine Güte $> g$ hat. Muster M und Güte g werden vom Master verteilt. Hat ein Slave ein solches Programm P' mit Güte g' gefunden, wird dies dem Master gemeldet.

6. Ausblick

Zunächst ist beabsichtigt, das System mit vielen Mustern laufen zu lassen und sich von den produzierten Beschreibungen überraschen zu lassen. Darüber hinaus sind im wesentlichen alle Komponenten des Systems zu verbessern. Die Größe der Muster soll auf die Größe guter Monitore (N = 1000) erhöht werden. Die Eingabe soll über eine Kamera erfolgen. Die Sprache L muß durch eine universelle Sprache ersetzt werden. Die Definition der Länge λ von Programmen sollte in etwa gleich der Anzahl der verwendeten Bits sein. Die Schrittzahl τ wird durch Timer gemessen werden. Die im ersten Abschnitt genannte Hierarchie von Programmen muß implementiert werden.

Die folgenden Ausdehnungen auf weitere Aufgaben bieten sich an:

1) Input über 2 Kameras (Stereovision)
2) Input über Mikrophone
3) Folgen von Mustern als Input.

Eine wesentliche Erweiterung wäre es, dem System die Möglichkeit zu geben, seine Inputs selbst zu beeinflussen (auf angetriebene Räder montieren, Robotarm, Lautsprecher). In diesem Fall muß sich das System nicht nur Programme zum Beschreiben des Inputs auswürfeln, sondern auch Programme zum Betreiben der Antriebe der Räder, des Robotarms und des Lautsprechers. Es müssen die Wahrscheinlichkeiten für solche Alternativen verstärkt werden, in Folge derer ein Input M generiert wurde, für den ein Programm P hoher Güte gefunden wurde.

7. Literatur

[BPT] Bergmann P, Paul W. J. and Thiele L:
An Information Theoretic Approach to Computer Vision. To appear in Proc. Workshop on Dynamical Networks, Eisenach, 1988.

[B] Bresenhamm J. E.:
A linear algorithm for incremental digital display of circular area.
Communications of the ACM 20(2), Feb. 77, pp. 100-106.

[KGV] Kirkpatrik S., Gelott C. D., Vecchi M. P.:
Optimization by simulated annealing.
Science 220, 1983, Number 1598.

[K] Kolmogorov, A. N.:
Three approaches to the quantitative definition of information problems.
information transmission vol. 1, No. 1, pp. 1-7, 1965.

[S] Solomonoff R. J.:
A formal theory of inducture inference Part 1 & 2.
Information and Control, Vol. 7, pp. 1-22, 224-254, 1964.

LARS: Ein objektbasiertes System für die fast-natürlichsprachliche Unterstützung von benutzerentwickelten Lernsystemen

Mark P. Line

Anglistisches Institut

1. Motivation und Ziele

Die verschiedenen Faktoren, die zu der hier berichteten Forschungs- und Entwicklungsarbeit motivierten -- eine Arbeit, die noch keineswegs abgeschlossen ist -- konzentrieren
sich auf die Begriffe, die auch in der Formulierung des Titels dieses Beitrags bereits Verwendung fanden: Lernsysteme, vom Endbenutzer entwickelte Anwendungen, fast-
natürlichsprachliche Schnittstellen und objektbasiertes Systemdesign. Die Hintergrund-
faktoren in jedem dieser Bereiche werden im folgenden kurz umrissen.

1.1. Werkzeuge zur Unterstützung von Lernsystemen

Während der Entwicklung von LARS bestand der zentrale integrierende Faktor in der
Anwendbarkeit des Systems als Autorenwerkzeug, d.h. als ein Werkzeug für die Erstellung
computerbasierter Lernmaterialien. Im Zeitraum von Oktober 1985 bis Juli 1987 lag der
Schwerpunkt auf der Unterstützung der Materialienentwicklung im Bereich des computer-
gestützten Fremdsprachenerwerbs (CALL, Computer-Assisted Language Learning). Die
Forschung sowie die Entwicklung von Prototypen auf diesem Gebiet wurde im Rahmen des
Projekts ALEC am Lehrstuhl für englische Philologie von Prof. Dr. Peter Erdmann,
Anglistisches Institut der Universität des Saarlandes, durchgeführt. In der Zwischenzeit
wurde eine interdisziplinäre Kooperation mit dem Projekt APOLL der Arbeitseinheit von
Prof. Dr. Ludwig Kötter, Erziehungswissenschaftliches Institut der Universität des Saar-
landes, ins Leben gerufen. Dieses interdisziplinäre Gemeinschaftsprojekt erhielt den
Namen ENAS (Entwicklung eines natürlichsprachlichen Autorensystems).

1.2. Entwicklung von Lernsystemen durch den Endbenutzer

Eine wesentliche Randbedingung für den Einsatz von Werkzeugen zur Entwicklung von
Lernsoftware ('Courseware') in einem universitären Fremdspracheninstitut liegt in der
Tatsache, daß sowohl Lerner als auch Lehrer gewöhnlich nicht technisch orientiert sind und
entweder wenig oder gar keine Vorerfahrung im Umgang mit Computern besitzen.
Autorenwerkzeuge, die das Erlernen mehr oder weniger abstrakter Formalismen erfor-
dern, finden daher unter solchen Benutzern nur geringen Zuspruch. Außerdem ist das

Dokumentationsniveau von Anwendungen, die vom Endbenutzer selbst entwickelt wurden (im folgenden bezeichnet als 'end-user computing'), eher noch geringer als in der berufsmäßigen Software-Entwicklung -- eine Tatsache, die unter Experten auf dem Gebiet des end-user computing wohlbekannt ist (Pierson/Forcht/Moser 88). Da die Werkzeuge zur Unterstützung von end-user computing immer komplexer werden (ein Trend, der schon in der kurzen Geschichte der PC-Standard-Software leicht erkennbar ist), müssen auch die Dokumentationsanforderungen für benutzerentwickelte Anwendungen (wie z.B. Datenbankanwendungen und Spreadsheet-Modelle ebenso wie Lernsoftware) in Zukunft ernster genommen werden. Obwohl end-user computing in der Vergangenheit oft nach dem Schema 'ein Benutzer -- ein Computer -- eine Anwendung' durchgeführt wurde, wird der verstärkte Einsatz von Workstations und Mehrbenutzersystemen auf breiter Ebene die gemeinsame Nutzung nicht nur von Hardware, sondern auch von Anwendungen erforderlich machen (siehe auch Martin 82). Dies wiederum verlangt eine bessere Qualität und einen größeren Umfang der Dokumentation solcher benutzerentwickelter Anwendungen. Ein erfolgreiches Autorenwerkzeug muß daher (a) konkret hinsichtlich der Problemdomäne, (b) so wenig formalistisch wie möglich und (c) in größtmöglichem Maß selbstdokumentierend sein.

1.3. Fast-Natürlichsprachliche Schnittstellen

Die herkömmliche Antwort auf das obige Kriterium (a) ist die Entwicklung ständig neuer very-high-level-Programmiersprachen oder Programmiersprachen der vierten Generation (VHLLs bzw. 4GLs). Die klassische Antwort auf (b) bestand in der Verwendung natürlichsprachlicher Schnittstellen. Kriterium (c) wird von natürlichsprachlichen Schnittstellen je nach dem Grad ihrer Habitabilität erfüllt.

Die Entwicklung einer hoch-habitablen natürlichsprachlichen Schnittstelle wird im allgemeinen nicht als eine Aktivität angesehen, die als Nebenaufgabe innerhalb eines primär anwendungsorientierten Entwicklungsprojekts durchgeführt werden kann. Diese Auffassung wird begründet mit der häufig unreflektierten Gleichsetzung von natürlichsprachlichem Verstehen und der Gestaltung natürlichsprachlicher Schnittstellen. Unserer Ansicht nach muß eine hoch-habitable natürlichsprachliche Schnittstelle jedoch nicht notwendigerweise eine verstehensorientierte Auffassung von Sprachverarbeitung zugrunde legen. Letztendlich wird die Validierung des LARS-Systems durch die Benutzer zeigen, ob dies der Fall ist oder nicht.

Wenn also eine hoch-habitable natürlichsprachliche Schnittstelle mit den gleichen Mitteln entwickelt werden kann wie jede andere VHLL (wobei der Terminus 'VHLL' an sich schon sehr vage ist -- Budde 84), kann es durchaus der Fall sein, daß konventionelle Werkzeuge und Begriffsapparate für den Compilerbau für die Prototypisierung einer solchen Schnittstelle ausreichen. Diese Möglichkeit wird durch neuere formale Ergebnisse der theoretischen Linguistik unterstützt, denen zufolge viele seit Chomsky 65 für zumindest kontext-sensitiv gehaltene Phänomene der natürlichen Sprache tatsächlich wahrscheinlich kontext-frei sind (e.g. Gazdar 83).

Der bei der Entwicklung von LARS eingeschlagene Weg bestand von daher im Einsatz von unter UNIX verfügbaren Werkzeugen für den Compilerbau (Schreiner/Friedman 85) bei der Prototypisierung der Parser-Komponente der natürlichsprachlichen Schnittstelle. Da wir aber der Auffassung sind, daß einige Phänomene natürlicher Sprache (z.B. Anaphora, Ellipse und Skopusambiguität) nur innerhalb eines kognitiven, verstehensbasierten Verar-beitungsparadigmas adäquat behandelt werden können, bezeichnen wir die Benutzer-oberfläche von LARS als eine 'fast-natürlichsprachliche Schnittstelle'. In jüngster Zeit wurde die Validität dieses Ansatzes auch im Bereich von Lernsystemen durch die unabhängige Verwendung dieser Bezeichnung in der aktuellen Fassung des offiziellen Arbeitsplans des neuen DELTA-Programms (Developing European Learning through Technological Advance) der EG bestätigt, welches die Entwicklung von Werkzeugen für hochtechno-logische Lernsysteme schwerpunktmäßig fördert.

1.4. Objektbasiertes Systemdesign

Wegen des höchst explorativen Charakters von LARS wie auch wegen der extrem divergierenden Anforderungen an ein künftiges integriertes Werkzeug zur Unterstützung der Entwicklung von Lernsystemen durch den Benutzer haben wir für das Design von LARS ein objektbasiertes Paradigma gewählt. Obwohl an dieser Stelle keine breite Einführung in objektbasiertes oder objektorientiertes Software-Design gegeben werden kann, erscheint es uns dennoch notwendig, auf bestimmte Design-Entscheidungen im Hinblick auf dieses Paradigma hinzuweisen.

Es sollte von Anfang an festgehalten werden, daß wir eine deutliche Unterscheidung treffen zwischen Software-<u>Design</u> und Software-<u>Implementierung</u> -- eine Differenzierung, die in der jüngeren Literatur zu objektbasierten und objektorientierten Systemen offenbar (wieder) vergessen wurde. Wie die Entwicklung von LARS und anderen Systemen zeigt, ist es möglich, ein objektbasiertes oder objektorientiertes Design unter Verwendung konven-tioneller Programmiersprachen zu implementieren -- eine objektbasierte oder objekt-orientierte Programmiersprache ist hierfür keine Vorbedingung.

1.4.1. Objekte

Generell bezeichnet man als 'Objekt' jede Entität, die ein Verhalten (eine Anzahl von Operationen) zeigt und einen Zustand besitzt. Operationen eines Empfängerobjekts wer-den von einem Senderobjekt mit Hilfe eines message-passing-Mechanismus angefordert. Die Spezifizierung der durch ein Objekt interpretierbaren Messages stellt das Interface dieses Objektes dar und ist der einzige Teil des Objektes, der für andere Objekte sichtbar ist. Die Semantik der Operationen dieses Objektes ergibt sich aus der Implementierung dieser Operationen, die natürlich für andere Objekte nicht sichtbar sind.

1.4.2. Objektbasiertes vs. objektorientiertes Design

Die hier zugrundegelegte Sichtweise folgt der Analyse objektbasierter und objektorientierter Systeme in Wegner 87. Wegner schreibt durchgängig metaphorisch von 'Sprachen' bei der Beschreibung aller von ihm behandelten Systeme; dieser Begriff ist im aktuellen Kontext durch den Begriff 'System' ersetzt worden, um diese 'pars-pro-toto-Metapher' zu vermeiden. Diese Abwandlung des Begriffs wird noch bekräftigt durch neuere Versuche, objektorientierte Sprachen mit Datenbank-Management-Technologie und mit Multimediensystemen (das 'Telesophy'-System, Caplinger 87) zu kombinieren -- ein Unterfangen, das eine Spezifikation von Systemverhalten ausschließlich in der Semantik einer Sprache zwangsläufig fehlleitet.

Außerdem differieren die Ansichten in Wegner 87 in vielen Einzelheiten von dem, was man als die allgemein akzeptierte Betrachtungsweise von Objekten bezeichnen kann. Da aber dieser de-facto-Konsens ohnehin nicht in sich konsistent zu sein scheint, soll das in Wegner 87 vorgestellte Modell an dieser Stelle als erster expliziter Versuch, alle Aspekte des Objektdesigns zu integrieren, ohne weitere Diskussion verwendet werden. Der interessierte Leser sei zur Information über Wegners Argumentation auf die ursprüngliche Quelle verwiesen.

In Wegners Taxonomie ist ein objektbasiertes System einfach jedes System, das überhaupt Objekte unterstützt. Beispiele für objektbasierte Systeme sind Ada -- hier werden Objekte im Wegnerschen Sinn als 'packages' bezeichnet -- und Modula -- hier werden die Objekte 'Module' genannt. Ein objektorientiertes System ist dagegen definiert als ein objektbasiertes System, in dem Objektklassen durch einen Vererbungsmechanismus zueinander in Beziehung gesetzt werden. Beispiele für objektorientierte Systeme sind C++ und Smalltalk.

1.4.3. Typen

Obschon die Unterstützung von Typen häufig als ein Kriterium sine qua non objektorientierter Systeme angesehen wird, scheint dies in objektbasierten Systemen nicht erforderlich zu sein. Obwohl z.B. Ada sowohl Objekte als auch Typen unterstützt, gibt es dort keine 'typed objects' -- was aber in den meisten der schon realisierten objektorientierten Systemen der Fall zu sein scheint. Alternativen zu 'strong typing' (d.h. die statische Determiniertheit aller Ausdruckstypen zur Kompilierzeit) sind 'weak typing' (dynamische Feststellung der Ausdruckstypen zur Laufzeit) und 'typelessness' (die Nichtunterstützung von

Typen). SNOBOL4 ist ein Beispiel für ein 'weakly typed system'; LISP ist ein Beispiel für ein typenloses System.

1.4.4. Klassen

Da Klassen <u>und</u> eine Form der Vererbung erforderlich sind, um ein objektbasiertes System auch als objektorientiert zu qualifizieren, muß es folglich möglich sein (unter der Voraussetzung, daß der gewählte Klassenbegriff und ein ausreichend breiter Vererbungsbegriff orthogonal sind), objektbasierte Systeme mit Klassen, aber ohne Vererbung zu haben und umgekehrt. Die Verwendung von Klassen in einer Design-Methodologie ist daher ein Constraint, über das im Hinblick auf die jeweilige Anwendung entschieden werden muß. Wie in Wegner 87 angesprochen, kann ein klassenloses Design vorteilhaft sein, besonders wenn (a) einige Operationen Objekte verschiedener Klassen als Argumente erfordern oder (b) einige Operationen auf mehr als eine Klasse anwendbar sind ('friends' in C++, 'overloading' von Funktionen in Ada). Weitere Argumente gegen die weit verbreitete Verwendung von Klassen sind u.a. die Tatsachen, daß viele Klassen letztendlich aus nur einer einzigen Instanz bestehen und daß Klassen, wie sie typischerweise in objektorientierten Designs aufgelöst werden, oftmals keine Extension in der vom System modellierten wahrnehmbaren Realität haben.

1.4.5. Delegierung und Vererbung

Da Vererbung die Existenz einer Klassenhierarchie voraussetzt, innerhalb derer ein 'sharing' von Objektverhalten stattfindet, folgt notwendigerweise, daß ein klassenloses System mit dieser Art von Vererbung nicht operieren kann. Eine andere Methode des 'behavior sharing', genannt 'Delegierung' und ursprünglich Lieberman 86 zugeschrieben, setzt die Existenz von Klassen nicht voraus. Delegierung kann von daher in klassenlosen Systemen verwendet werden, um 'behavior sharing' innerhalb einer Instanzhierarchie zu ermöglichen -- im Gegensatz zur Vererbung innerhalb einer Klassenhierarchie. Nach Wegners Auffassung ist die Delegierung taxonomisch höher angesiedelt und kann zu Vererbung spezialisiert werden durch die Hinzufügung von Klassen und die Reduzierung des 'sharing' auf die Ebene der Klassen.

1.4.6. Objektbeständigkeit

Objektbeständigkeit, wie auch Objektidentität (s. unten), werden gewöhnlich im Hinblick auf sog. objektorientierte Datenbanken (s. z.B. auch Wegner 87) diskutiert. Indem wir 'Beständigkeit' explizit als abstraktes Merkmal unabhängig von konkreten Anwendungen wie etwa OODBs (object oriented database systems) ansehen, weichen wir von der üblichen Auffassung ab. Ebenso wie konventionelle Datenbanken ein zugrundeliegendes

Dateisystem normalerweise erfordern, aber nicht unbedingt rechtfertigen, erfordern auch OODBs zugrundeliegende beständige Objekte -- ohne sie jedoch zu rechtfertigen.

Die Gründe für diesen Unterschied in der Perspektive sind einfach: Forscher, die sich mit OODBs befassen, sind im allgemeinen entweder in Richtung objektorientierte Programmierung oder konventionelle Datenbanktechnologie orientiert und kombinieren diese beiden Gebiete in ihrer OODB-Forschung. Erstere werden natürlich 'Beständigkeit' als ein tertium comparationes von OODBs bezüglich ihrer früheren objektorientierten Systeme ansehen; letztere werden dagegen 'Beständigkeit' als ein Hauptmerkmal von Datenbanksystemen an sich definieren. Andererseits liegt bei der Entwicklung von LARS, wie im folgenden noch detaillierter zu sehen sein wird, das Hauptaugenmerk eher auf beständigem <u>Verhalten</u> als auf temporären oder beständigen <u>Daten</u>. Die wichtigsten Objekte in einer LARS-Konfiguration gleichen eher Ada-packages als Objekten relationaler Datenbanken. Man kann deshalb feststellen, daß die Vorgehensweise bei der Inkrementierung von LARS-Prototypen darin besteht, mit beständigem Verhalten zu beginnen und danach die Dimension der 'Zeitweiligkeit' ('temporariness') hinzuzufügen, um temporäre Objekte ebenfalls unterstützen zu können.

1.4.7. Objektidentität

Objektidentität ist eine Eigenschaft jedes Objekts, die es erlaubt, dieses Objekt von jedem anderen einem bestimmten System gegenwärtig bekannten Objekt zu unterscheiden. Khoshafian/Copeland 86 gliedern den Begriff der Objektidentität in zwei Dimensionen auf: die repräsentationale und die zeitliche Dimension. Die repräsentationale Dimension hat mit der genauen Art und Weise, wie Objekte voneinander unterschieden werden, zu tun, d.h. wie Objektidentität repräsentiert wird. Mögliche alternative Repräsentationen erfolgen im großen und ganzen (a) durch einen Wert, (b) durch einen benutzerdefinierten Namen und (c) als eingebauter Identifier. Die zeitliche Dimension hat mit der Beständigkeit von Objektidentität zu tun (dies darf nicht verwechselt werden mit der Beständigkeit des Objektes selbst, s. oben). Im allgemeinen kann die Behandlung der Objektidentität in der zeitlichen Dimension danach unterschieden werden, ob Objektidentität über Transaktions- oder Programminstanzen hinweg aufrechterhalten wird oder nicht. Systeme, die beständige Objekte unterstützen, müssen natürlich auch Objektidentität über Transaktionen oder Programme hinweg unterstützen, während Systeme, die nur temporäre Objekte unterstützen, dies nicht zu tun brauchen.

Khoshafian/Copeland 86 präsentieren auch eine Taxonomie unterschiedlicher Möglichkeiten, Objektidentität in konkreten Systemen zu implementieren. Der interessierte Leser möge sich über Details der verschiedenen Möglichkeiten im Originalartikel informieren; an dieser Stelle sei nur ein solches Konzept vorgestellt, welches laut Khoshafian/ Copeland das mächtigste der von ihnen untersuchten Verfahren ist. Dieses Konzept verwendet sog. 'Surrogate' und wurde wahrscheinlich hauptsächlich durch die Arbeit von Codd 79 bekannt. Surrogate sind vom System selbst generierte Objektbezeichner, die jedes dem System bekannte Objekt eindeutig identifizieren (was bei stark heterogenen Systemen eine nichttriviale Aufgabe sein kann).

1.4.8. Parallele Objekte

Die meisten objektbasierten Systeme verwenden eine Form des Remote-Procedure-Call-Verfahrens (RPC) zur 'message-passing', indem der Sender einer Aufrufmessage darauf warten muß, daß der Empfänger eine Rücksprungmessage schickt, bevor er mit seinem eigenen Ablauf fortfahren darf (Hogg/Weiser 87). Dieses Verfahren kann die parallele Ausführung von Objekten offensichtlich nicht unterstützen. Parallelität setzt die Fähigkeit voraus, eine Message zu schicken und mit dem eigenen Ablauf fortzufahren, ohne auf eine Antwortmessage zu warten.

Es scheint zwei verschiedene Ansätze zu geben, dies zu erreichen: durch die Realisierung parallel auszuführender Objekte als asynchrone Tasks oder durch die Verwendung einer explizit parallelen Message. Die erste Methode hat den Vorteil, in einer Multitasking-Umgebung relativ leicht implementierbar zu sein, kann aber Probleme mit sich bringen, wenn das Verhalten parallel ablaufender Objekte synchronisiert werden muß. Die zweite Methode erledigt die Synchronisierung der Objektverhalten in jedem Fall, erfordert aber die Implementierung einer expliziten Parallelitätssemantik über die Multitasking-Fähigkeiten des zugrundeliegenden Betriebssystems hinaus. Es steht außerdem noch zur Debatte, ob die explizite Formulierung paralleler Ausführung immer von Vorteil ist, da parallele Prozesse nahe der Benutzeroberfläche oft von vorne herein keiner Synchronisierung bedürfen.

Hogg/Weiser 87 weisen darauf hin, daß die parallele Ausführung von Objekten auf zwei Granularitätsebenen gesehen werden kann: die der Objekte und die der Objektoperationen. Objektparallelität wurde oben schon diskutiert und bezieht sich auf die gleichzeitige Ausführung verschiedener Objekte. Diese Version kann als 'externe' Parallelität bezeichnet werden und ist die in parallelen Objektsystemen im allgemeinen implementierte Form. Unter der Annahme, daß ein Objekt mehr als eine Operation (entry point) aufweisen kann, können wir jedoch auch die parallele Ausführung von Operationen innerhalb eines einzigen Objekts betrachten. Diese Form kann als 'interne' Parallelität bezeichnet werden und scheint in konkreten Implementationen paralleler Objektsysteme recht selten verwendet worden zu sein. Sie wird aber in dem objektbasierten Büroautomationssystem OTM implementiert (Hogg/Weiser 87).

1.4.9. Verteilung von Objekten

Ein letztes Kriterium für den Entwurf eines objektbasierten oder objektorientierten Systems besteht darin, ob die involvierten Objekte alle auf derselben physikalischen Anlage resident sein müssen oder nicht (s. McCullough 87). Verteilte Objektsysteme erlauben es, den physikalischen Standort jedes Objekts auf verschiedene Hardware-Systeme zu verlagern, wobei der message-passing-Mechanismus so implementiert wird, daß er sich bezüglich der physikalischen Standorte von Sender und Empfänger transparent verhält.

Analog zu den beiden Granularitätsebenen der Parallelität können wir auch zwischen einer 'externen' und einer 'internen' Verteilung im Objektsystem sprechen. Der physikalische Standort der lokalen Daten eines Objekts ist aber ein Implementierungsdetail par excellence und darf als solches an der Objektoberfläche nicht sichtbar sein. Jede Art von 'interner' Verteilung innerhalb eines Objekts wird deshalb für andere Objekte per definitionem unsichtbar sein und braucht von einem objektbasierten System nicht explizit unterstützt zu werden. Auf der anderen Seite kann die externe Verteilung von Objekten u.U. eine Unterstützung durch die Systemarchitektur verlangen, um die Verwendung eines einzigen message-passing-Mechanismus' unabhängig vom physikalischen Standort der Objekte innerhalb des Systems zu erlauben. Das System selbst muß die Rolle eines Objektservers übernehmen, indem es globale Messages übersetzt in Messages, die mit den Gegebenheiten der Kommunikation zwischen Hardware-Systemen vereinbar sind.

2. Das Systemdesign von LARS

2.1. Rapid-Prototyping unter UNIX

Um möglichen Fehldeutungen vorzubeugen, sollte an dieser Stelle erwähnt werden, daß die Entwicklung von LARS einen inkrementellen rapid-prototyping-Prozeß unter dem SINIX-(Siemens UNIX-)Betriebssystem darstellt. Es wird nicht versucht, eine theoretisch elegante Spezifikation einer abstrakten, maximalen Funktionalität zu erreichen, die als zweiter Schritt en bloc implementiert werden soll. Stattdessen wird jede inkrementelle Veränderung des Designs als Erweiterung eines bestehenden Prototyps formuliert und sofort als neuer Prototyp implementiert, ehe eine weitere Veränderung des Designs vorgenommen wird. Für diesen Ansatz sprechen mehrere Gründe:

(a) Der interdisziplinäre Charakter der Entwicklungsarbeit erfordert die intensive Kommunikation zumindest mit Informatikern und Erziehungswissenschaftlern, aber auch mit Fachleuten aus verschiedenen Lerngebieten wie z.B. Fremdsprachen oder

Organische Chemie. Diese Kommunikation wird durch die Verfügbarkeit eines ständig aktuellen Prototyps erheblich erleichtert.

(b) Die turn-around-Zeiten für die Implementierung von Prototypen können durch den effektiven Einsatz von UNIX-Werkzeugen zur Software-Entwicklung beträchtlich reduziert werden.

(c) Die Entwicklung von LARS hat einen stark explorativen Charakter; es wäre äußerst schwierig, eine Software-Spezifikation für endgültig zu erklären, bevor verschiedene Zwischenversionen ausreichend getestet worden sind.

2.2. LARS als objektbasiertes System

Folgende Gründe können für den Entwurf von LARS als objektbasiertes System angeführt werden:

(a) Wegen des explorativen Charakters unserer Entwicklungsarbeit können Funktionalitätserweiterungen an einem Prototypen oft sehr einfach durch die bloße Hinzufügung eines Objektes implementiert werden, welches diese Funktionalität besitzt.

(b) Die Objektmetapher scheint recht natürlich zu sein für die Benutzerschnittstelle eines hochtechnologischen Lernsystems, das im Endeffekt mit solchen multimedialen Informationen wie Text, Video, Audio und Grafik umgehen muß.

(c) Das Objektparadigma ist für fensterbasierte Umgebungen gut geeignet, die ja aufgrund der zunehmenden Akzeptanz der Workstation-Technologie immer weitere Verbreitung finden.

(d) Objekte stellen eine natürliche Granularitätsebene für Parallelität dar.

(e) Objekte stellen außerdem eine natürliche Granularitätsebene für die Verteilung von Systemen über verschiedene physikalische Standorte dar.

2.2.1. Objekte

Objekte im LARS-System können wie folgt klassifiziert werden:

(a) **Kernelobjekt**: die minimale Konfiguration des LARS-Systems, sein Kernel;

(b) **Erweiterungsobjekt**: alle Objekte einer bestimmten LARS-Konfiguration außer dem Kernelobjekt; jedes Erweiterungsobjekt ist entweder ein Back-End-Objekt, ein Objektserver, ein Objektbinding (s. unten) oder ein Benutzerobjekt;

(c) **Back-End-Objekt**: 'executables', die jeweils einen Teil der letztendlich an der Benutzeroberfläche einer LARS-Konfiguration sichtbaren Funktionalität realisieren, wie z.B. Texteditoren, Fensterverwaltungssysteme, Grafik-Kernels, Datenbank-Management-Systeme oder Betriebssystem-Shells; die Menge aller Back-End-Objekte einer LARS-Konfiguration bildet gleichzeitig die Menge der endgültigen Vorgänger ('ancestors' im Sinne der Delegierung) des LARS-Kernelobjekts;

(d) **Objektserver**: 'executables', die als Schnittstellen zwischen Back-End-Objekten und dem LARS-Kernelobjekt fungieren; ein Objektserver hat immer ein Back-End-Objekt als einzigen unmittelbaren Vorgänger, aber ein Back-End-Objekt -- wenn es mit dem message-passing-Mechanismus von LARS direkt kompatibel ist -- braucht nicht unbedingt einen Server, um zum Kernel hin zu vermitteln;

(e) **Objektbinding**: eine Menge von Methoden (s. unten) im Verhältnis 1:1 zu den indirekt von einem Objektserver oder direkt von einem Back-End-Objekt angebotenen Operationen; ein Objektbinding hat immer entweder ein Back-End-Objekt oder einen Objektserver als seinen einzigen unmittelbaren Vorgänger;

(f) **Systemobjekte**: die Menge aller Back-End-Objekte, Objektserver und Objektbindings einer LARS-Konfiguration plus das Kernelobjekt selbst;

(g) **Benutzerobjekte**: alle (Erweiterungs)objekte, die nicht Systemobjekte sind;

(h) **der Benutzer**: das einzige Objekt außer dem Kernelobjekt, das nicht explizit konfiguriert werden muß; der Benutzer wird auch als Objekt im hier verwendeten Sinne aufgefaßt, weil die Kommunikation zwischen dem LARS-System und dem Benutzer tatsächlich auch in den schon vorhandenen message-passing-Betrieb einbezogen wird -- keine nicht-orthogonalen Mittel sind für die Kommunikation mit dem Benutzer notwendig.

Alle bisher geschilderten Objekte waren sog. Primärobjekte. Sekundärobjekte sind solche, die von einem oder mehreren Primärobjekten kreiert bzw. verwaltet werden. Die direkte Unterstützung von Sekundärobjekten durch die globale Architektur von LARS ist nicht geplant; die Semantik solcher Objekte wird ausschließlich durch das Verhalten von Primärobjekten definiert.

2.2.2. Objektbasiertes vs. objektorientiertes Design

LARS ist ein klassenloses System; als solches muß es per definitionem als objektbasiertes und nicht als objektorientiertes System bezeichnet werden. Die Motivation für diese Design-Entscheidung ergeben sich aus den Ausführungen unter den folgenden Ausführungen zu Klassen (2.2.4) und Delegierung (2.2.5).

2.2.3. Typen

Back-End-Objekte mit ihren entsprechenden Servern und Bindings können einer LARS-Konfiguration zur Laufzeit dynamisch hinzugefügt oder gelöscht werden. Diese Back-End-Objekte -- die endgültigen Vorgänger des LARS-Kernels -- können jeden als notwendig erachteten Typ realisieren, solange die für diesen Typ gebrauchten Operationen durch das Back-End selbst an seiner Oberfläche zur Verfügung gestellt werden. Deshalb kann in LARS nur 'weak typing', wie weiter oben (1.4.3) definiert, verwendet werden, bei dem der Typ eines jeden Ausdrucks dynamisch zur Laufzeit festgestellt wird. Dies scheint allerdings der allgemeine Trend zu sein bei anderen VHLLs wie z.B. SNOBOL4.

2.2.4. Klassen

LARS wird hauptsächlich aus den folgenden Gründen als klassenloses System entworfen:

(a) die meisten Objekte eines LARS-Systems, wie auch aus der obigen Typologie (2.2.1) ersichtlich sein dürfte, sind einzelne Instanzen, für die es keine weiteren Instanzen zur sinnvollen Klassenbildung gibt;

(b) es liegen keine offenkundigen Extensionen für Klassen in der betreffenden Domäne der meist beständigen Verhaltensobjekte vor;

(c) Delegierung zwischen Objektinstanzen erscheint uns flexibler als Vererbung innerhalb einer Klassenhierarchie, was den Begriff einer Klasse im aktuellen Kontext nochmals redundant macht.

2.2.5. Delegierung und Vererbung

Die gemeinsame Nutzung von Ressourcen ('resource sharing') wird in einer LARS-Konfiguration durch Delegierung innerhalb der oben skizzierten Objektinstanzhierarchie (2.2.1) implementiert. Der LARS-Kernel delegiert letztendlich die Verantwortung für so gut wie alle interessanten Funktionalitätsbereiche an seine Vorgänger, die Back-End-Objekte. Diese Delegierung kann noch über einen Objektserver vermittelt werden. Benutzerobjekte delegieren Verantwortung an Back-Ends oder an andere Benutzerobjekte in ähnlicher Weise.

Der endgültige Nachfolger aller in einer LARS-Konfiguration involvierten Objekte ist der Benutzer. Der Benutzer delegiert die Verantwortung für die Ausführung einer Operation an den LARS-Kernel. Der Kernel delegiert diese Verantwortung weiter an ein Benutzer-objekt oder an ein Back-End-Objekt -- im letzteren Fall meist über ein Binding und einen Server. Benutzerobjekte müssen auch letztendlich an Back-End-Objekte delegieren, tun dies aber häufig über den Umweg von anderen Vorgänger-Benutzerobjekten.

2.2.6. Objektbeständigkeit

Alle Systemobjekte einer LARS-Konfiguration sind beständig; Benutzerobjekte können entweder temporär oder beständig sein. Temporäre Benutzerobjekte können zu jeder Zeit beständig gemacht werden.

2.2.7. Objektidentität

Objektidentität wird in LARS mit Hilfe von Surrogaten implementiert, wird aber nicht für alle Objekte erzwungen. Ein Back-End-Objekt ist offensichtlich nicht in der Lage, ein über andere Back-Ends hinweg global eindeutiges Surrogat zu kreieren, da die Back-Ends nur mit ihren eigenen Servern und/oder Bindings und mit dem Kernel in unmittelbare Kommunikation treten können. Deshalb muß das Kreieren eines Surrogats unabhängig vom Kreieren des durch dieses Surrogat eindeutig zu idenitifizierenden Objekts sein.

Eine Möglichkeit, dies zu erreichen, wäre die Implementierung des Surrogatmechanismus direkt im Kernel. Um jedoch einen größeren Flexibilitätsgrad gewährleisten zu können, wird in LARS der Surrogatmechanismus wiederum als Back-End-Objekt mit seinem assozi-ierten Server und Binding implementiert, was als sog. Ressourcenkatalog (s. unten 2.5.2) bezeichnet wird. Hierdurch wird eine größere Flexibilität auf zweierlei Art und Weise erreicht: (a) die Implementierung des Surrogatmechanismus kann (bei unveränderter Objektoberfläche) ohne Modifizierung des Kernelobjekts verändert werden; und (b) Benutzermethoden können entweder so formuliert werden, daß sie für ein von einem Back-End neu kreiertes Objekt auch ein neues Surrogat vom Ressourcenkatalog anfordern, oder so, daß sie dies unterlassen, je nach der beabsichtigten Beständigkeit des neuen Objekts. Objekte, die allen Nachfolgern des Kernels (als Nachfolger des Ressourcenkata-logs) zur Verfügung stehen sollen, können zu diesem Zweck ein Surrogat erhalten; eher lokal benötigte oder temporäre Objekte brauchen nicht unbedingt ein Surrogat zu erhal-ten und werden direkt über die zum Kreieren des Objekts benutzte temporäre Objektbe-zeichnung identifiziert.

2.2.8. Parallelität

Parallelität wird auf der Granularitätsebene der einzelnen Objekte unter allen Vorgängern des LARS-Kernels durch die Prozeßarchitektur von UNIX unterstützt. Jedes Back-End-Objekt wird als asynchroner Prozeß ausgeführt und durch die üblichen Mittel zur Interprozess-Kommunikation (d.h. durch eine Pipe) mit dem Kernel verbunden (eine Präzedenz für diese Vorgehensweise ist das in Anderson 86 geschilderte 'Flamingo'-System). Es liegt dann in der Verantwortung der Nachfolgerobjekte des Kernels (oder besser: der Implementierungen ihrer Operationen), entweder auf eine Antwort auf eine dem Back-End geschickte Message zu warten oder nicht. Nachdem einige Erfahrungen mit der Nutzung paralleler Objekte in LARS-Prototypen gesammelt worden sind, werden bezüglich der Notwendigkeit zusätzlicher, der Synchronisierung solcher Prozesse dedizierten Kontrollstrukturen die erforderlichen Design-Entscheidungen getroffen werden. Ein Bedarf für solche Kontrollstrukturen wird im augenblicklichen Stadium noch nicht erkannt

Parallelität auf der Granularitätsebene der Operationen oder Methoden (also innerhalb eines einzigen Objekts) ist, wie weiter oben schon ausgeführt, ein Implementierungsdetail des Objekts, das diese Operationen anbietet, und muß somit nicht durch die Architektur von LARS explizit unterstützt werden.

2.2.9. Verteilung von Objekten

Keinerlei Einschränkungen oder Vorannahmen werden in einer LARS-Konfiguration im Hinblick auf den physikalischen Standort eines Back-End-Objekts getroffen. Ihre Server müssen vom Kernel aus per message-passing (d.h. letztendlich über Pipes) verfügbar sein, können aber die ankommenden Messages beliebig übersetzen, um auf Back-Ends zugreifen zu können, die sich nicht am selben Standort befinden wie Kernel und Server.

2.3. Methodenbank

Der LARS-Kernel verwaltet eine einzige, zentrale Speicherinstanz für Bindings und Benutzerobjekte. Da jedes Teilbinding einer Back-End-Operation auch Methode genannt wird, und da ein Benutzerobjekt auch als eine Menge von (i.a. mit einander kooperierenden) Methoden angesehen werden kann, wird diese zentrale Speicherinstanz in LARS als 'Methodenbank' bezeichnet. Ein neues Binding wird erstellt, indem eine Methode für jede Operation des intendierten Vorgängers dieses Bindings in die Methodenbank aufgenommen wird. Dabei muß dieser Vorgänger entweder ein Objektserver oder (falls schon mit der message-passing-Implementierung kompatibel) das Back-End-Objekt selbst sein.

2.3.1. Methodendefinition

Eine Methode in LARS besteht aus zwei Teilen: ein Interface und eine Implementierung.
Diese zweiteilige Struktur ist analog zu der ganzer Objekte; der Unterschied liegt in der
Tatsache, daß eine Methode immer nur eine einzige Operation realisiert, auch wenn diese
Operation u.U. durch eine ganze Hierarchie von Messages an Vorgängerobjekte (d.h.
Aufrufe von Methoden in Vorgängerobjekten) implementiert wird.

Das Interface einer Methode ist ein sog. Kasusrahmen, der aus einem imperativen Verb,
einem optionalen Adverbialpartikel, einer optionalen Nominalphrase (NP) als direktem
Objekt sowie einer beliebigen Anzahl (null bis n) von Präpositionalphrasen (PPs) besteht:

MethInterface --> <Verb> [<Partikel>] [NP] [PPs]

Es seien an dieser Stelle einige Beispiele für solche Kasusrahmen angegeben, wie sie
typischerweise durch die natürlichsprachliche Schnittstelle von LARS wiedergegeben werden:

wake up the user   delete a file   copy a file to a backup medium   display a text
find a word in a text   run a clozentropy exercise on every nth word in a text

Die Implementierung einer Methode kann jede beliebige Sequenz von zulässigen LARS-
Sätzen sein.

2.3.2. Methodenaufruf

Jeder imperative Satz außer den unter (2.4) aufgeführten 'festverdrahteten' Imperativen
wird vom LARS-Interpreter als Kasusrahmen analysiert, der die gleiche Struktur besitzt wie
der Kasusrahmen eines Methodeninterface. Die Methodenbankkomponente von LARS
stellt eine Operation zur Verfügung, die eine Methode in der Methodenbank sucht, die ein
zu dem aus einem bestimmten imperativen Satz abgeleiteten Kasusrahmen 'kompatibles'
Interface besitzt. Diese Kompatibilität der Kasusrahmen wird durch die folgende notwendige und hinreichende Menge von Kriterien definiert: (a) die Verben müssen identisch
sein; (b) die Partikel müssen entweder identisch sein oder beide fehlen; (c) ein direktes
Objekt muß in beiden Kasusrahmen entweder vorhanden sein oder in beiden fehlen; (d)
die Sequenz der vorkommenden Präpositionalphrasen muß übereinstimmen, d.h. die
Anzahl der Präpositionalphrasen muß in beiden Kasusrahmen gleich sein und die jeweils
von links nach rechts korrespondierenden Präpositionen müssen identisch sein.

2.3.3. Methodenbindung und -ausführung

Vor der Ausführung einer Methode (nachdem sie mit einem imperativen Satz aufgerufen und in der Methodenbank erfolgreich lokalisiert worden ist) wird ihre Implementierung an den Kasusrahmen des aufrufenden Satzes gebunden ('method binding'). In anderen Worten, die als formale Parameter in der Implementierung der Methode eingebetteten Argumente werden durch die im aufrufenden imperativen Satz übergebenen aktuellen Parameter ersetzt. Die Ersetzung von Parametern impliziert immer die teilweise oder vollständige Ersetzung einer Nominalphrase. Eine Nominalphrase ist eine beliebige Folge von Inhaltswörtern, die vom Benutzer formuliert wurden, wie z.B. Substantive oder Adjektive.

Die korrespondierenden NPs eines Methodeninterface und eines imperativen Satzes können aufgrund von vier verschiedenen Umformungen voneinander abweichen:

(a) **partielle Substitution**: einige, aber nicht alle nominalen Elemente des Methoden-interface sind ersetzt·worden durch andere nominale Elemente, wobei die Gesamtzahl der nominalen Elemente in der NP gleichgeblieben ist;
Interface-Kasusrahmen : every nth word
Aufruf-Kasusrahmen : every 7th word

(b) **totale Substitution**: jedes nominale Element des Methoden-Interface ist durch ein anderes nominales Element ersetzt worden, wobei die Gesamtzahl der nominalen Elemente in der NP gleichgeblieben ist;
Interface-Kasusrahmen : a database
Aufruf-Kasusrahmen : the phrasal verb lexicon

(c) **Initialextension**: die nominalen Elemente des Methoden-Interface sind in der korrespondierenden NP des imperativen Satzes noch vorhanden, werden aber durch mindestens ein vorangestelltes nominales Element ergänzt;
Interface-Kasusrahmen : a text
Aufruf-Kasusrahmen : the Detective text

(d) **Finalextension**: die nominalen Elemente des Methoden-Interface sind in der korrespondierenden NP des imperativen Satzes noch vorhanden, werden aber durch mindestens ein nachgestelltes nominales Element ergänzt;
Interface-Kasusrahmen : a database
Aufruf-Kasusrahmen : the database 'Annual Budget'

Das Binden der in der Methodenimplementierung eingebetteten formalen Parameter ist für jeden der vier Parametertypen etwas anders. Allen vier gemeinsam ist jedoch die

Reduktion der nominalen Elemente der NP des Interface-Kasusrahmens zu einer Folge von nominalen Elementen, die als 'formaler Parameter' bezeichnet wird, sowie die Reduktion der nominalen Elemente der korrespondierenden NP im imperativen Satz zu einer Folge von nominalen Elementen, die als 'aktueller Parameter' bezeichnet wird. Die verschiedenen Parametertypen werden wie folgt reduziert:

(a) partielle Substitution
aktueller Parameter: nur die nominalen Elemente aus der NP des imperativen Satzes werden beibehalten, die von den korrespondierenden nominalen Elementen der korrespondierenden NPs des Interface-Kasusrahmens abweichen;
formaler Parameter: nur die nominalen Elemente der NP des Interface-Kasusrahmens werden beibehalten, die den im aktuellen Parameter beibehaltenen nominalen Elementen entsprechen;
formal: every nth word --> nth **aktuell**: every 7th word --> 7th

(b) totale Substitution
aktueller Parameter: alle nominalen Elemente aus der NP des imperativen Satzes werden übernommen;
formaler Parameter: alle nominalen Elemente aus der korrespondierenden NP des Interface-Kasusrahmen werden übernommen;
formal: database --> database **aktuell**: phrasal verb lexicon --> phrasal verb lexicon

(c) Initialextension
aktueller Parameter: nur die Folge von nominalen Elementen aus der NP des imperativen Satzes, die die Erweiterung der NP gegenüber dem Interface-Kasusrahmen ausmachen;
formaler Parameter: alle nominalen Elemente aus der korrespondierenden NP des Interface-Kasusrahmens;
formal: text --> text **aktuell**: Detective text --> Detective

(d) Finalextension
aktueller Parameter: nur die Folge der nominalen Elemente aus der NP des imperativen Satzes, die die Erweiterung der NP gegenüber dem Interface-Kasusrahmen ausmachen;
formaler Parameter: alle nominalen Elemente der korrespondierenden NP des Interface-Kasusrahmens;
formal: knights --> knights **aktuell**: knights errant --> errant

Nach der Reduktion aller NPs zu jeweils formalen und aktuellen Parametern wird jeder vorkommende formale Parameter in der Implementierung der Methode durch den entsprechenden aktuellen Parameter ersetzt; im Endeffekt werden also aktuelle Argumente durch die Formulierung des imperativen Satzes an die aufgerufene Methode übergeben.

Nach dem Binden der Methodenimplementierung an den Kasusrahmen des aufrufenden imperativen Satzes wird jeder LARS-Satz der Implementierung rekursiv interpretiert (analysiert, gebunden und ausgeführt) wie jeder andere Satz. Es sollte in diesem Zusammenhang noch betont werden, daß innerhalb einer Methode angesprochene Vorgängermethoden zur <u>Ausführungszeit</u> -- nicht zur <u>Definitionszeit</u> -- in der Methodenbank gesucht werden. Die Implementierung einer Methode kann deshalb jederzeit dynamisch modifiziert werden, ohne Veränderungen in Nachfolgerobjekten vornehmen zu müssen -- die Semantik der Nachfolgerobjekte wird aber hierdurch u.U. verändert.

2.4. Der LARS-Interpreter

Sätze in LARS sind entweder Messages, Methodendefinitionen oder Methodenaufrufe (die aber logisch als Messages an Benutzerobjekte interpretiert werden).

Messages haben die folgende Form:

TELL <Objekt> (TO | THAT) <message>.
ASK <Objekt> (TO | IF) <message>.

Der Unterschied zwischen diesen beiden Message-Schemata liegt in der Parallelität: TELL-Messages warten nicht auf eine Antwort vom Vorgängerobjekt, während das bei ASK-Messages der Fall ist.

Methodendefinierende Sätze in LARS haben die folgende Form:

TO <Verb> [<Particle>] [<NP>] [<PPs>], <SentConj>.

<SentConj> ist die Konjunktion einer oder mehrerer zulässiger Sätze beliebiger Art.

Methodenaufrufende Sätze haben in LARS die folgende Form:

<Verb> [<Partikel>] [<NP>] [<PPs>].

3. Anwendungen im CAL-Bereich (Computer-Assisted Learning)

3.1. Fremdsprachenerwerb

Typische Anwendungen im Bereich des computergestützten Fremdsprachenerwerbs könnten eine Kombination vorsehen bestehend aus einer Lexikondatenbank, einem natürlichsprachlichen Parser, einer Textverwaltungskomponente und der Fensterverwal-

tung als Vorgänger eines Benutzerobjekts, das eine sehr flexible Spezifikation fremd-
sprachenorientierter Lernmaterialien erlaubt. Beispielsweise könnte man eine ganze Reihe
von verschiedenen Lückentextübungen in einem dedizierten Fenster unter der Verantwortung der Textverwaltungskomponente ablaufen lassen, wobei die Analyse der Lernerant-
worten durch ein weiteres Benutzerobjekt bewerkstelligt werden könnte, das als Vorgänger noch eine lexikalische Datenbank (etwa aufgrund eines relationalen Datenbank-
management-Systems) und einen natürlichsprachlichen Parser miteinander verknüpft.

3.2. Konzeptuell/Terminologisches Lernen

Eine weitere typische Objekthierarchie wäre z.B. für die Computerunterstützung einer
Lernaufgabe wie die der Nomenklatur organischer Verbindungen in der Chemie besonders
geeignet. Diese Objekthierarchie könnte im Wesentlichen aus folgenden Objekten bestehen: (a) einem Grafik-Kernel; (b) einem Benutzerobjekt zur grafischen Darstellung der
räumlichen Struktur organischer Moleküle durch Delegierung an den Grafik-Kernel; (c)
einem Parser zur Analyse der Namen organischer Verbindungen bezüglich ihrer struk-
turellen Konstituenten; sowie (d) einer Wissenskomponente zur Herstellung der Verbindung zwischen den Namenskonstituenten und der räumlichen Struktur organischer Bausteine.

3.3. Hypertext-/Hypermediensystem

Es ist auch leicht denkbar, daß eine sehr allgemeine Objektkonfiguration in einem LARS-
System Verwendung finden könnte als sog. Hypermediensystem (das Vorhandensein eines
flexiblen Back-Ends für die Verwaltung von Text vorausgesetzt), das die Idee des Hyper-
texts auf multimediale Systeme erweitert. Hierbei könnten Textstellen mit Bildern, Audio-
materialien oder mit Datensätzen einer Datenbank bzw. Elementen einer Wissensbasis in
Verbindung gebracht werden, wie dies zwischen Textstellen eines oder mehrerer Dokumente eines Hypertextsystems schon üblich ist.

Literaturangaben

Anderson, David B. (1986)
"Experience with Flamingo: A distributed, object-oriented user interface system",
in Meyrowitz 86 (Hrsg.), S. 177-185.

Budde, Reinhard (1984)
"Summary of the working group 'Very High Level Languages for Prototyping'",
in Budde et al. (Hrsg.), S. 393-397.

Budde, Reinhard et al. (Hrsg.) (1984)
Approaches to Prototyping.
Berlin & Heidelberg: Springer-Verlag.

Caplinger, Michael (1987)
"An information system based on distributed objects",
in Meyrowitz 87 (Hrsg.), S. 126-137.

CEC (Commission of the European Communities) (1988)
DELTA Workplan.
Draft of 15th June 1988. Directorate General XIII: DEWPI/II/III.

Chomsky, Noam (1965)
Aspects of the Theory of Syntax.
Cambridge, MA: MIT Press.

Codd, E.F. (1979)
"Extending the database relational model to capture more meaning",
TODS 4(4): 397-434.

Gazdar, Gerald (1983)
"Phrase structure grammars and natural languages",
Proc. IJCAI 8, S. 556-565.

Hogg, John/Weiser, Steven (1987)
"OTM: Applying objects to tasks",
in Meyrowitz 87 (Hrsg.), S. 388-393.

Khoshafian, Setrag N./Copeland, George P. (1986)
"Object identity",
in Meyrowitz 86 (Hrsg.), S. 406-416.

Lieberman, Henry (1986)
"Using prototypical objects to implement shared behavior in object-oriented systems",
in Meyrowitz 86 (Hrsg.), S. 214-223.

Martin, James (1982)
Application Development without Programmers.
Englewood Cliffs, N.J.: Prentice-Hall.

McCullough, Paul L. (1987)
"Transparent forwarding: First steps",
in Meyrowitz 87 (Hrsg.), S. 331-341.

Meyrowitz, Norman (Hrsg.) (1986)
ACM OOPSLA '86
Conference Proceedings (SIGPLAN Notices 21 (11)).

Meyrowitz, Norman (Hrsg.) (1987)
ACM OOPSLA '87
Conference Proceedings (SIGPLAN Notices 22 (12)).

Pierson, J.K./Forcht, Karen A./Moser, Jorge (1988)
"Documentation for user-developed applications with high documentation require-
ments",
SIGDOC Newsletter * 14(1): 3-10.

Schreiner, A.T./Friedman, H.G. (1985)
Compiler bauen mit UNIX. Eine Einführung.
München/Wien: Carl Hanser Verlag.

Wegner, Peter (1987)
"Dimensions of object-based language design",
in Meyrowitz 87 (Hrsg.), S. 168-182.

Konzeption und Entwicklung einer Datenbank zur Aufnahme sprachlicher Datenbestände

W. Backes, P. Buhmann, J. Fechner, C. Jakobi, K.-D. Schmitz

0. Motivation

Seit Mitte 1978 werden an der Fachrichtung 8.6 "Angewandte Sprachwissenschaft sowie Übersetzen und Dolmetschen" verschiedene Forschungsprojekte zur Sprachdatenverarbeitung unter der Leitung von Prof. Dr. W. Wilss durchgeführt. Das im Oktober 1985 begonnene Pilotprojekt "PC's in der elektronischen Sprachforschung" hat sich zum Ziel gesetzt, Komponenten eines (dezentralen) Übersetzerarbeitsplatzes auf mehrplatzfähigen Rechnern mit UNIX-ähnlichen Betriebssystemen zu entwickeln.

In der ersten Phase der Projektarbeit ist das Konkordanzprogramm KWIC (Key Word In Context) auf einem Siemens-MX2 unter dem Betriebssystem SINIX implementiert worden. Dieses Programm stellt auf der Basis des Vergleichs eines Fließtextes mit einem Wörterbuch, das Grundformen enthält, eine Key-Word-in-Context-Konkordanz auf. Hierbei werden die Textwörter durch eine automatische Lemmatisierung mit Präfix- und Endungsanalyse für die Sprachen Deutsch, Englisch und Französisch auf ihre Grundform reduziert, im Wörterbuch gesucht und alle Textstellen des bearbeiteten Textes, die unterschiedlich flektierte Wortformen der gleichen Stammform enthalten, zusammen in einer Konkordanz aufgeführt. Die Benutzung des KWIC-Programms kann entweder durch einen Frage-Antwort- Dialog oder durch eine Kommandosprache erfolgen.

Um dem Übersetzer an seinem Arbeitsplatz den Zugriff auf terminologische Datenbestände zu ermöglichen, ist Ende 1986 die Entwicklung einer Datenbank für sprachliche Daten in das Forschungsprogramm aufgenommen worden.

Umfangreiche terminologische Datenbestände stehen zur Zeit nur auf Großrechenanlagen zur Verfügung; der Zugriff hierauf ist über speziell entwickelte Software-Systeme, die technologisch und bezüglich der Benutzerschnittstelle nicht mehr den heutigen Stand der Software-Technologie entsprechen, möglich. So wird etwa im Sprachendienst der Siemens AG seit 1970 die Terminologie-Datenbank TEAM eingesetzt, die zur Zeit etwa zwei Millionen meist DV-spezifischer Einträge in bis zu acht europäischen Sprachen enthält. Um dem Übersetzer, aber auch dem Terminologen, lokal an seinem Arbeitsplatz einen benutzerfreundlichen, schnellen und direkten Zugang zur Terminologie zu ermöglichen, muß ihm ein adäquates Datenbanksystem auf seinem Arbeitsplatzrechner zur Verfügung stehen. Ein Up- und Down-loading von terminologischen Datenbeständen zu bestimmten Sachgebieten oder Sprachen vom und zum Großrechner muß jedoch entweder über eine Vernetzung oder über Datenträgeraustausch möglich sein.

Während der Konzeptionsphase des Datenbanksystems für den Arbeitsplatz des Übersetzers hat sich sehr schnell folgendes gezeigt:

– Aus Gründen einer schnellen Entwicklungszeit wurde eine möglichst weitgehende Benutzung von auf den eingesetzten Rechnern zur Verfügung stehender Entwicklungswerkzeuge und Tools angestrebt. Das auf den Siemens-MX2 verfügbare Datenbanksystem INFORMIX hat sich jedoch ebenso wie die C-ISAM-Bibliothek (Funktionen der Sprache C zur Einrichtung und Verwaltung indizierter Dateien) als Werkzeug für die geplante Anwendung als ungeeingnet erwiesen, da bei beiden Systemen nur Datensätze mit fester Satzlänge verwaltet werden können. Dies führt aber bei Datenbanken, die mehrere Tausend Einträge mit sprachlichen Daten unterschiedlicher Länge aufnehmen sollen, zu einer nicht akzeptablen Beschränkung der einzelnen Felder und zu einer unnötigen Speicherplatzbelegung.

– Eine zunächst angestrebte, direkte und speziell nur auf den geplanten Einsatz hin entwickelte Eigenimplementierung des Datenbanksystems wurde zugunsten einer ganzheitlichen und universelleren Konzeption aufgegeben, die zwar eine etwas längere Entwicklungszeit verursacht, die es aber sehr einfach und schnell möglich macht, andere (Text-)Datenbanken mit variabler Satzlänge innerhalb des Übersetzerarbeitsplatzes oder für andere Anwendungen zu konfigurieren beziehungsweise die strukturierten Moduln des Systems für andere Softwareentwicklungen zu nutzen.

Das Gesamtkonzept der arbeitsplatzrechner-orientierten Terminologie-Datenbank umfaßt drei ineinander geschachtelte Hauptkomponenten - VC-ISAM, VADABAS und TERMBANK -, die bezüglich der Projektierung von innen nach außen entwickelt werden.

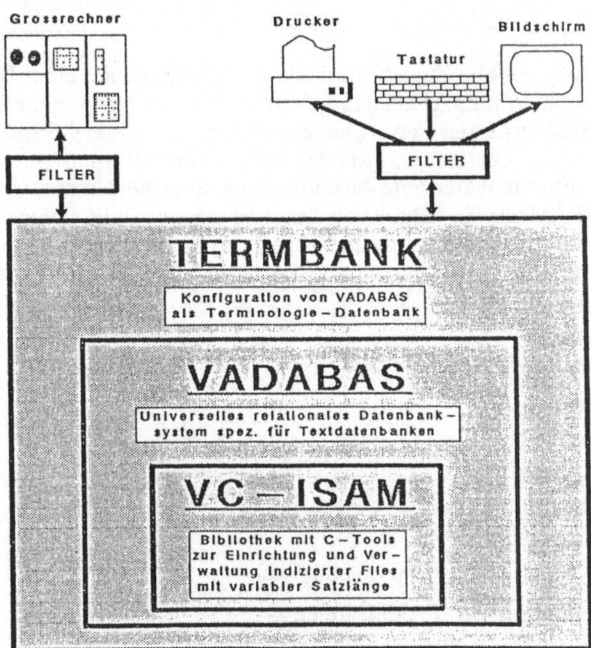

Zur Außenwelt, d.h. zur Peripherie des Arbeitsplatzrechners sowie über Kommunikations-Software zum (BS 2000-)Großrechner, kommuniziert das System über eigenentwickelte Filter, die einerseits die für mehrsprachige Terminologie-Datenbanken auftretenden Zeichensatz- und Sortierfolgen-Problematik unter Berücksichtigung der Hardware-Gegebenheiten lösen und die andererseits die inhaltlich anders strukturierten Datensätze der Großrechner-Datenbank(en) und der eigenen Datenbank für ein Up- und Down-Loading aufeinander abbilden.

1. VC-ISAM - C-Tools für den indexsequentiellen Zugriff auf Datensätze variabler Länge

1.1 Einführung

Zur Verwaltung großer Datenmengen ist es sinnvoll, eine Organisationsform zu wählen, die berücksichtigt, daß nur ein Teil der Daten im Arbeitsspeicher gehalten und bearbeitet werden kann. Diese soll bei der Suche nach einem bestimmten Datensatz die Übertragungen der Blöcke aus einem Sekundärspeicher in den Arbeitsspeicher niedrig halten. Dieser Aufgabenstellung wird die indexsequentielle Dateiorganisation dadurch gerecht, daß sie die Datensätze nach einem Schlüssel sortiert abspeichert und zusätzlich einen Index anlegt, der jeweils einen Block von Datensätzen mit einem Schlüsselwert (i.a. höchster oder niedrigster Schlüssel des Blockes) identifiziert. Der Schlüssel selbst ist wieder nach den Schlüsselwerten geordnet. Da bei umfangreichen Datenmengen auch der Index auf einen Hintergrundspeicher ausgelagert werden muß, verlangt ein Suchprozeß die Übertragung von Indexblöcken in den Arbeitsspeicher. Um die Anzahl der einzulesenden Blöcke niedrig zu halten, empfiehlt es sich, den Index mehrstufig anzulegen, wodurch eine Folge von Indizes entsteht, von denen lediglich der erste die Schlüssel für die Datensätze bestimmt und jeder weitere für den vorangegangenen angelegt ist. Mehrstufige Indizes haben somit Baumstruktur. Zur Verwendung bei Sekundärspeichern sind ausschließlich Mehrwegbäume (= Bäume, deren Knoten i.a. mehr als zwei Söhne haben) besonders gut geeignet. Diesem Sachverhalt wurde bei der Erstellung von VC-ISAM Rechnung getragen.

1.2 Was ist VC-ISAM ?

VC-ISAM ist eine indexsequentielle Zugriffsmethode für SINIX, die aus einer Bibliothek mit Funktionen der Sprache C besteht. Mit ihr können indizierte Dateien errichtet und verwaltet werden. Die Konzeption von VC-ISAM wurde eng an das Siemens-Software-Produkt C-ISAM angelehnt. Wegen der geplanten Anwendung auf Textdaten wurde der Aufbau von Datensätzen aus Attributen variabler Satzlänge ermöglicht, um somit eine gute Ausnutzung des Speicherplatzes zu gewährleisten. Diese Eigenschaft macht VC-ISAM zur Erstellung von Textdatenbanken in PC-Umgebung interessant. Ist die VC-ISAM-Bibliothek einmal an ein Anwenderprogramm gebunden, kann sie alle Aufgaben, die zur Errichtung und Verwaltung der indizierten, vom Benutzer eingerichteten Dateien notwendig sind, übernehmen. Diese Aufgaben sind:

– Anlegen einer VC-ISAM-Datei

– Anfügen von Indizes

– Entfernen von Indizes

– Anfügen von Datensätzen

– Löschen von Datensätzen

– Indiziertes und sequentielles Lesen von Datensätzen

– Entfernen von VC-ISAM-Dateien

– Sperren und Freigeben von VC-ISAM-Datensätzen

– Sperren und Freigeben von VC-ISAM-Dateien

– Führen eines Protokolls

– Zugriffsrechte für VC-ISAM-Dateien festlegen

Datensätze sind in der Regel in mehrere Teile (Attribute) untergliedert. Maximal kann ein VC-ISAM-Datensatz aus ATTRMAX Attributen bestehen. ATTRMAX ist in der VC-ISAM-Include-Datei *visam.h* mit 99 vorbesetzt. Die Attribute müssen beim Aufbau einer Datei vom Benutzer definiert werden (Name, Typ, ...). Als Typen sind Zeichenketten, Integer, Float und Double zugelassen. Prinzipiell ist es möglich, sowohl jedes Attribut als Index zu vereinbaren als auch mehrere Attribute zu einem Index zusammenzufassen. Für jeden Index wird eine eigene Indexdatei angelegt. Somit erfordert das Anlegen von Indizes zusätzlichen Speicherplatz, jedoch bewirkt die indizierte Suche bei großen Datenbeständen eine wesentlich höhere Zugriffsgeschwindigkeit als die sequentielle. Wieviele Attribute zu einem Index zusammengefaßt werden dürfen, ist nicht durch eine feste Obergrenze beschränkt, sondern durch die Speichergröße des Feldes *buf* der Formatdatei (s.u.) begrenzt. Die zulässigen Höchstgrenzen der Länge von Attributnamen und Attributwerteinträgen sind in der VC-ISAM-Includedatei *visam.h* festgelegt.

1.3 Aufbau einer VC-ISAM-Datei

Wird eine VC-ISAM-Datei errichtet, werden mindestens 3 SINIX-Dateien (die Formatdatei, die Datendatei und die Freispeicherdatei) angelegt. Darüber hinaus wird für jeden vereinbarten Index eine eigene Indexdatei installiert. All diese Dateien werden von VC-ISAM verwaltet, so daß für den Anwender eine logische Sicht auf eine einzige Datei, die gelesen oder beschrieben werden kann, besteht.

1.3.1 Die Formatdatei

Die Formatdatei enthält alle Informationen über den Aufbau der VC-ISAM-Dateien. Dabei ist der Dateikopf identisch mit der für die interne Verwaltung beauftragten Variablen HEADFORM. Nachfolgend werden die jedes Attribut kennzeichnenden Merkmale in der Formatdatei abgespeichert. Diese Informationen enthält die globale Variable FORM. Beide Variablen verwalten im Zusammenspiel die jeweils aktuelle VC-ISAM-Datei.

1.3.1.1 Struktur der Variablen HEADFORM:

fd:	File-Deskriptor der aktuellen, d.h. der zuletzt geöffneten Formatdatei. Da die FORM-Variable nur die Struktur einer VC-ISAM-Datei aufnehmen kann, ist es erforderlich, den File-Deskriptor zu notieren, um bei einem Dateizugriff zu wissen, ob der Zugriff über die aktuelle Formvariable erfolgen kann, oder die Formvariable aus der für diese VC-ISAM-Datei angelegten Formatdatei eingelesen werden muß.
dat:	File-Deskriptor auf die Datei mit den VC-ISAM-Sätzen
idxfd:	evtl. File-Deskriptor auf die augenblicklich benutzte Indexdatei
auditdat:	evtl. File-Deskriptor auf die Protokolldatei
name:	Name der VC-ISAM-Datei
owner:	Kennung des Benutzers, der die VC-ISAM-Datei erstellt hat
uid:	Benutzer-Identifikation
gid:	Gruppen-Identifikation
relanz:	Anzahl der Sätze
openmode:	Openmode und Lockmode, der beim Anlegen bzw. Öffnen der VC-ISAM-Datei vereinbart wurde.
protmode:	Protectionmode für Dateierstellung
attranz:	analog zu *attranz* in der FORM-Variablen

1.3.1.2 Struktur der Variablen FORM:

attranz:	Anzahl der in der VC-ISAM-Datei tatsächlich vereinbarten Attribute.
joinkey:	Falls in der VC-ISAM-Datei Schlüssel vorkommen, die sich aus mehreren Attributen zusammensetzen, wird für jeden dieser Schlüssel eine Liste, bestehend aus den Attributnummern (intern numeriert VC-ISAM die Attribute durch) der am jeweiligen Schlüssel beteiligten Attribute, erstellt und diese nacheinander in dem Feld *buf* abgelegt; *joinkey* ist dann ein Zeiger auf die erste Attributliste.

attr:
Feld mit ATTRMAX (= maximale Anzahl von Attributen pro Datensatz) Elementen vom Typ ATTRIBUT. Hier stehen die Informationen über alle Attribute.

buf:
Feld zur Aufnahme der Default-Einträge, der Attributnamen und der Attributlisten für zusammengesetzte Schlüssel. Diese Listen werden hinter die Namen und Default-Einträge in das Feld geschrieben, da in der VC-ISAM-Datei neue Schlüssel vereinbart und bestehende gelöscht werden können.

1.3.1.3 Der Datentyp ATTRIBUT:

country:
Kennung, in welcher Sprache das Attribut geschrieben ist.

typ:
Kennung, ob das Attribut vom Typ integer ('i'), float ('f'), double ('d') oder char ('c') ist. Andere Angaben sind nicht erlaubt, die Voreinstellung ist 'c'.

key:
Kennung, ob das Attribut Schlüssel ('k'), Teil eines Schlüssels ('j'), beides ('K') ist, oder an keinem Schlüssel ('-') beteiligt ist. Die Voreinstellung ist '-'.

len:
Hat ein Attribut variable Länge, so wird *len* auf 0 gesetzt. Bei einer Längenbegrenzung wird diese als short-Wert eingetragen. Voreinstellung ist 0.

name:
name ist ein Zeiger auf den externen Attributnamen. Der Name selbst steht mit den übrigen Attributnamen, Defaulteinträgen und Attributlisten für zusammengesetzte Schlüssel in dem Feld *buf* der FORM-Variablen. Der externe Name muß angegeben werden, da über ihn auf die einzelnen Attribute zugegriffen wird.

eintr:
eintr ist ein Zeiger auf einen Default-Eintrag, mit dem das Attribut standardmäßig vorbesetzt wird. Wird ein Default-Eintrag angegeben, dann wird er, wie *name*, in *buf* abgelegt. Die Angabe ist jedoch im Unterschied zu *name* optional. Mit Hilfe von Default-Einträgen kann man den Eingabeaufwand des Benutzers reduzieren.

1.3.2 Die Daten- und Freispeicherdatei

Die Datensätze einer VC-ISAM-Datei werden in der Datendatei abgelegt. Sie haben wegen der Zulassung variabel langer Attribute unterschiedliche Länge. Um den Speicherbedarf der Datendatei möglichst gering zu halten, werden Informationen über den beim Löschen eines Datensatzes frei werdenden Speicherplatz in der Freispeicherdatei gehalten. Beim Einfügen eines neuen Datensatzes versucht VC-ISAM diesen in einen freigewordenen Speicherbereich der Datendatei zu plazieren. Steht kein genügend großer Speicherraum zur Verfügung, wird der Datensatz an das Ende der Datendatei angefügt. Zum schnellen Zugriff auf freie Speicherplätze in der Datendatei ist die Freispeicherdatei als B*-Baum angelegt.

Exkurs über B*-Bäume

B-Bäume sind höhenbalancierte, blattorientierte Mehrwegbäume. Also hat jeder Pfad von der Wurzel zu einem Blatt gleiche Länge und alle zu verwaltenden Daten oder deren Adressen werden in den Blättern gehalten. Die restlichen Nicht-Blatt-Knoten bilden einen Index für diese Daten. Desweiteren haben B*-Bäume die Eigenschaft, daß jeder Knoten außer der Wurzel und den Blättern mindestens k + 1 und höchstens 2k + 1 Söhne hat. Den Blättern wird eine Mindestanzahl an Einträgen auferlegt und der Wurzelknoten hat wenigstens 2 Söhne oder er ist ein Blatt. Diese Eigenschaften bedingen eine gute Speicherplatzausnutzung der Knoten und gewährleisten somit eine breite Auffächerung der Bäume. Wegen der Zulassung von Indexwerteinträgen variabler Länge wird als Kriterium für den Füllungsgrad eines Knotens nicht die Anzahl der in ihm vorhandenen Indexwerte bzw. die Anzahl seiner Söhne, sondern seine Speicherplatzbelegung herangezogen. Von jedem Knoten außer der Wurzel wird nun verlangt, daß er mindestens zur Hälfte mit Daten gefüllt ist.*

1.3.3 Die Indexdateien

Die logische Ordnung einer VC-ISAM-Datei entsteht erst durch das Einrichten der Indizes in den Indexdateien. Diese Files werden als B*-Bäume organisiert. Jedem Knoten eines solchen Baumes entspricht ein Speicherblock von 512 Byte (Page). Eine Ausnahme bildet die Wurzel. Ihre Page (= erste logische Seite der Indexdatei) enthält zusätzlich zu den Indexwerteinträgen Verwaltungsinformationen. Um das Wurzelsegment zu vergrößern, wird der ersten logischen Seite eine weitere, die Kett-Page, angehängt. Der erste Eintrag im Rootsegment verweist dann auf diese Kett-Seite. Bei B*-Bäumen unterscheidet man zwischen Blatt- und Nicht-Blattknoten. Die Nicht-Blattknoten des Baumes verwalten die Blöcke der Indexdatei, die Blätter enthalten die Adressen der in der Datendatei abgelegten Datensätze. In der Indexverwaltung haben die Einträge folgende Struktur:

<u>Nicht-Blattknoten:</u>

char(1):   Länge des Indexwertes

char(variabel): Indexwert, bis zu dem Indexwerte auf der anschließend referenzierten logischen Seite des B*-Baumes abgespeichert sind

char(2):   logische Seite der nächsten Indextabelle

char(2):   Gesamtlänge der Einträge auf dieser logischen Seite

char(2):   unbenutzt

<u>Blattknoten:</u>

char(1):   Länge des Index-Attributwertes

char(variabel): Index-Attributwert

char(2):   logische Seite in der Datendatei zur Basis PAGSIZ (entspricht 512)

char(2):   Adresse auf der logischen Seite, wo ein VC-ISAM-Datensatz mit diesem Index abgespeichert ist

char(2):   Länge dieses Datensatzes

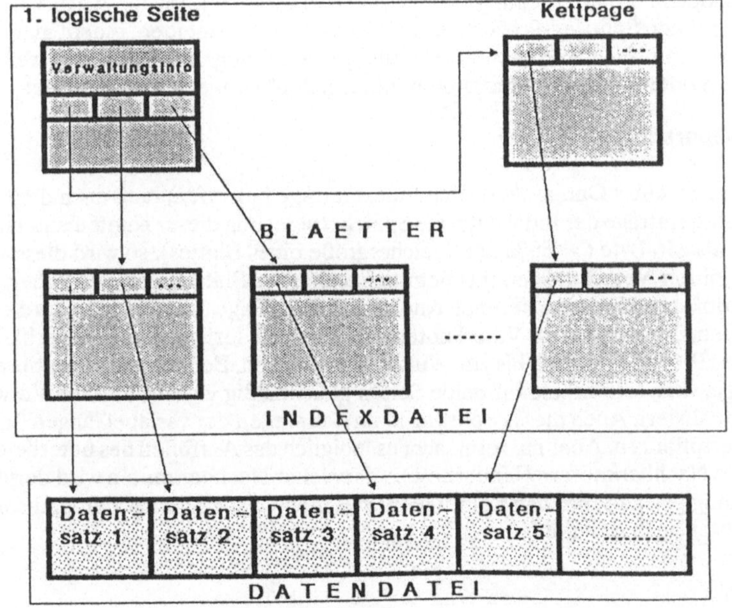

1.4 Operationen über einer als B*-Baum organisierten Datei

1.4.1 Die indexsequentielle Suche

Zum indexsequentiellen Suchen eines Datensatzes, für den ein Schlüsselsuchwert vorgegeben ist, wird auf die Wurzel des Baumes zugegriffen. Von dieser durchläuft man einen Pfad bis zu den Blättern. Es wird aus der Indexdatei jeweils eine Page in den Arbeitsspeicher geladen, wo die Vergleichsoperationen durchgeführt werden. Wurde in einem Nicht-Blattknoten der Höhe h ein Indexwert größer oder gleich dem Schlüsselsuchwert gefunden, so verweist dieser Indexeintrag auf eine Seite der Höhe h-1 des B*-Baumes. Diese Seite wird nun in den Arbeitsspeicher geladen und die Suche entsprechend fortgesetzt. Je geringer die Höhe durch breite Auffächerung des Indexbaumes gehalten wird, desto weniger Seiten müssen eingelesen werden, wodurch sich die Zugriffszeit auf einen Datensatz verkürzt. Als Suchstrategie innerhalb einer Page eignet sich wegen der variabel langen Schlüssel lediglich die sequentielle Suche. Hat man den vorgegebenen Schlüsselwert in einem der Blattknoten gefunden, erhält man die Speicheradresse des gewünschten Datensatzes der Datendatei.

1.4.2 Die Einfüge-Operation

Beim Einfügen eines mit einem als Indexattribut versehenen Datensatzes in die Datendatei wird der dazugehörige Indexeintrag erstellt und in die für ihn entsprechende Page im Indexbaum auf Blattebene abgespeichert. Dadurch wird die Speicherbelegung des Blattknotens erhöht. Werden durch das Einfügen mehr als 512 Byte einer Seite benötigt, würde nach der Grundstrategie von B*-Bäumen der Splitting-Prozeß durchgeführt. Dieser fordert eine freie Seite an und verteilt die Inhalte des überfüllten Knotens gleichmäßig auf alte und neue Seite. Im Vaterknoten werden dann die Verweise (siehe Struktur der Nicht-Blattknoten) auf die beiden neu angeordneten Seiten gesetzt. Wird dadurch der Vaterknoten überfüllt, ist dieses Vorgehen zu iterieren. Im äußersten Fall ist eine neue Wurzel anzulegen und die Baumhöhe vergrößert sich um 1. Diese Grundstrategie bedingt jedoch nach einiger Zeit eine schlechte Belegung der Blattknoten des B*-Baumes, wobei der geringe Füllungsgrad der Blätter nicht nur Speicherplatz kostet, sondern sich auch in der Zugriffszeit auf Datensätze niederschlägt. Zur Verbesserung der Speicherplatzbelegung wurde das Overflow-Konzept in VC-ISAM eingebracht. Man versucht hierbei den Splitting-Prozeß nach Möglichkeit zu vermeiden, indem man Einträge der überfüllten Seite auf den Nachbarknoten mit der niedrigsten Belegung abgibt. Erst wenn keine Einträge in den rechten oder linken Nachbarknoten "überfließen" können, wird gesplittet.

1.4.3 Die Lösch-Operation

Sind beim Eliminieren eines Datensatzes auch Indexeinträge betroffen, muß nach dem Löschen der entsprechenden Blatteinträge der Indexdatei die Speicherbelegung dieser Knoten untersucht werden. Ist diese geringer als 256 Byte (= 50% der Speichergröße eines Blattes), so wird diese verletzte B*-Baumeigenschaft durch Verschmelzen mit dem benachbarten Blattknoten wiederhergestellt. Läßt sich der aus der Konkatenation resultierende Knoten auf einer Page unterbringen, wird eine Seite des Baumes freigegeben, ihr Verweis im Vaterknoten gelöscht und derjenige auf die verbleibende Seite neu gesetzt. Dieser Prozeß kann sich bis zur Wurzel fortpflanzen. Benötigt der resultierende Knoten mehr als eine Page, wird sein Inhalt auf beide Seiten gleichmäßig verteilt und die Verweise auf die Seiten werden aktualisiert. Auch dieses Splitting kann sich wegen der variabel langen Schlüsselwerte im Vaterknoten fortpflanzen. Aber i.a. verursacht es lediglich das Auffüllen des unterbelegten Blattes durch Einträge des Nachbarknotens (Underflow). Als solcher Nachbarknoten wird derjenige mit der geringeren Belegung gewählt, um den Splitting-Prozeß möglichst zu vermeiden und somit den Füllungsgrad der Blätter hoch zu halten.

1.5 Die Sperrarten von VC-ISAM

1.5.1 Dateisperren

<u>Ausschließliche Dateisperre</u>
Die ausschließliche Dateisperre verhindert, daß fremde Prozesse auf die Datei lesend oder schreibend zugreifen können. Mit dem Schließen der VC-ISAM-Datei wird die Sperre aufgehoben.

<u>Manuelle Sperre</u>
Wird für eine VC-ISAM-Datei das manuelle Locking vereinbart, kann jederzeit die Datei vom Anwender gesperrt und wieder entsperrt werden. Zum Sperren werden folgende Modi angeboten:

(i)   Sperren für fremde Lese- und Schreibzugriffe. Falls ein anderer Prozeß die Datei noch gesperrt hält, muß der Sperranwärter auf die Freigabe warten; es besteht also Blockierungsgefahr.

(ii) Sperren für fremde Lese- und Schreibzugriffe. Falls ein anderer Prozeß die Datei noch gesperrt hält, wird als Ergebnis ERROR geliefert, d.h. es besteht keine Blockierungsgefahr.

(iii) Sperren für fremde Schreibzugriffe. Andere Prozesse dürfen die Datei weiterhin lesen, sonst wie bei (i).

(iv) Sperren für fremde Schreibzugriffe. Andere Prozesse dürfen die Datei weiterhin lesen, sonst wie bei (ii).

1.5.2 Datensatzsperren

<u>Automatische Sperre</u>
Jeder Datensatz wird, bevor er gelesen wird, gesperrt. Das Entsperren erfolgt beim nächsten Lese- oder Schreibzugriff, beim Entsperren der gesamten Datei oder beim Schließen der Datei.

<u>Manuelle Sperre</u>
Beim manuellen Locking muß die Sperre für jeden gelesenen Datensatz extra statuiert werden. Die Sätze werden durch das Entsperren des gesamten Datensatzes oder beim Schließen der Datei wieder frei. Einzelne Sätze freizugeben ist nicht möglich.

1.6 Zugriffsmöglichkeiten auf VC-ISAM-Datensätze

VC-ISAM verfügt über folgende Lesemodi:

VISFIRST: 1.Datensatz

VISLAST: letzter Datensatz

VISNEXT: nächster Datensatz

VISPREV: vorhergehender Datensatz

VISCURR: augenblicklicher Datensatz

1.6.1 Indexsequentieller Zugriff

Zum Suchen eines Datensatzes über einen Schlüssel muß die externe Variable KEY besetzt werden. In ihr wird der Name der Datei, ein Suchbereich für den Schlüssel und die Information, ob es sich um einen aus mehreren Attributen zusammengesetzten oder einen einfachen Schlüssel handelt, angegeben. Beim ersten Zugriff muß der Datensatz mit VISFIRST oder VISLAST angefordert werden, dann können, sofern die Variable KEY nicht geändert wird, auch die anderen Lesemodi benutzt werden.

1.6.2 Sequentieller Zugriff

Wird in der Variablen KEY keine indexsequentielle Suche festgelegt, wird auf die Daten sequentiell zugegriffen. Hierfür stehen alle oben aufgeführten Lesemodi bereit.

VC-ISAM ermöglicht desweiteren, über einen Index die Adressen von Datensätzen zu ermitteln und den Satzzeiger (= Zeiger auf einen Datensatz) auf eine gefundene Adresse zu positionieren.

2. VADABAS - ein Datenbanksystem mit variabler Satzlänge

2.1 Einführung

VADABAS ist ein in C geschriebenes Programmpaket, mit dessen Hilfe Datenbanken entworfen und verwaltet werden können. Besondere Merkmale von VADABAS sind zum einen die variable Attributlänge, zum anderen die Verwendung mehrerer Zeichensätze (Sprachen) innerhalb eines Datensatzes. Da durch gerade diese beiden Merkmale VADABAS zur Realisierung textueller Datenbanken prädestiniert ist, steht hiermit ein leistungsfähiges und komfortables Werkzeug vor allem zur Unterstützung von Übersetzern zur Verfügung. Bei der Entwicklung von VADABAS hat insbesondere der Wunsch nach einer Dezentralisierung von Terminologiedatenbankenbeständen (z.B. TEAM und TERMBANK) eine Rolle gespielt.

VADABAS baut auf VC-ISAM auf und stellt mit seiner Datenbankanfragesprache das Bindeglied bei der Kommunikation zwischen Mensch und Maschine dar. Der Benutzer soll mittels dieser sehr einfach gehaltenen Sprache sowohl Struktur als auch Inhalt der Datenbank verändern können.

2.2 Die Grammatik der Datenbank-Anfragesprache von VADABAS

Terminale werden groß geschrieben. Das kleinste Präfix, das zur Erkennung eines Terminalwortes ausreicht, ist unterstrichen. Entsprechend der BNF-Form werden | und * als Metasymbole verwendet.

```
CREATE INDEX          <feld> OF <tabelle>
CREATE DATABASE       <datenbank>
CREATE TABLE          <tabelle>
    [GROUPMODE <gm>] [OTHERMODE <om>]
    {<feld> <kfz> [<zahl>] [KEY] [LEN <laenge>]
    [DEFAULT <konstante>]}
-----------------------------------------------------------
DATABASE <datenbank>
-----------------------------------------------------------
ERASE FROM <tabelle> [WHERE <bedingung>]
-----------------------------------------------------------
GRANT GROUPMODE <gm> OF <tabelle>
GRANT OTHERMODE <om> OF <tabelle>
-----------------------------------------------------------
INFO DATABASES
INFO TABLES
INFO COLUMNS   OF <tabelle>
INFO INDEXES   OF <tabelle>
INFO STATUS    OF <tabelle>
-----------------------------------------------------------
NAME COLUMN   <tabelle> <feld1>      AS   <feld2>
NAME TABLE    <tabelle1>             AS   <tabelle2>
-----------------------------------------------------------
OUTPUT TO <datei> SELECT ...
-----------------------------------------------------------
```

<u>QUIT</u>

<u>R</u>EMOVE <u>D</u>ATABASE   <datenbank>
<u>R</u>EMOVE <u>I</u>NDEX   <feld> <u>OF</u> <tabelle>
<u>R</u>EMOVE <u>T</u>ABLE   <tabelle>

<u>S</u>ELECT   [<u>DISTINCT</u>] <u>FROM</u> <tabelle$_1$> <feld$_{11}$> <feld$_{12}$> ... <feld$_{1n}$>
                    <u>FROM</u> <tabelle$_2$> <feld$_{21}$> <feld$_{22}$> ... <feld$_{2n}$>

                    .   .   .   .   .
                    .   .   .   .   .

                    <u>FROM</u> <tabelle$_m$> <feld$_{m1}$> <feld$_{m2}$> ... <feld$_{mn}$>
          <u>WHERE</u> <bedingung>] [<u>ORDER</u> <feld>]

<u>U</u>PDATE   <tabelle> (<feld$_1$> <wert$_1$>) ... (<feld$_n$> <wert$_n$>)
          [<u>WHERE</u> <bedingung>]

<u>W</u>RITE <tabelle> (<feld$_1$> <wert$_1$>) ... (<feld$_n$> <wert$_n$>)

<bedingung>   ::=   <feld>   <vglop>   <feld> |
                        <feld>   <vglop>   <wert> |
                        <feld>   <u>LIKE</u>   <stringkonstante> |
                        <feld>   <u>UNLIKE</u>   <stringkonstante> |
                        <bedingung>   <u>AND</u>   <bedingung> |
                        <bedingung>   <u>OR</u>   <bedingung> |
                        <u>NOT</u> <bedingung> |
                        (<bedingung>)

<zahl>   ::=   <u>INT</u> | <u>REAL</u>

<feld>   ::=   <bezeichner>

<tabelle>   ::=   <bezeichner>

<datenbank>   ::=   <bezeichner>

<bezeichner>   ::=   <buchstabe> <alnum-zeichen>*

<buchstabe>   ::=   A | B | ... | Z | a | b | ... | z

<alnum-zeichen> ::=   <buchstabe> | <ziffer>

<ziffer>   ::=   0 | <pos-ziffer>

<pos-ziffer>   ::=   1 | 2 | 3 | 4 | 5 | 6 | 7 | 8 | 9

<kfz>   ::=   D | GB | F | E | SU | I | P | NL

<wert>   ::=   <stringkonstante> |
                        <intkonstante> |
                        <realkonstante> |

<stringkonstante> ::=   " <zeichen>* "

<intkonstante>   ::=   [-]   0 |
                        [-]   <pos-ziffer> <ziffer>*

<laenge>   ::=   <pos-ziffer> <ziffer>*

<realkonstante> ::=   <intkonstante> . <ziffer>*

<vglop>   ::=   < | > | <= | >= | <> | !=

<gm>   ::=   0 | 1 | 2
<om>   ::=   0 | 1 | 2

2.3 Zentrale Anweisungen in VADABAS

2.3.1 Die CREATE-Anweisungen

CREATE TABLE legt eine neue Tabelle an und setzt ihre genaue Struktur fest. Die so erzeugte Tabelle, die später mit dem vom Benutzer gewählten Namen *tabelle* angesprochen werden kann, wird der aktuellen Datenbank hinzugefügt.

Mit GROUPMODE und OTHERMODE werden Zugriffsrechte festgelegt, die jedoch auch nach Erstellen der Tabelle mit Hilfe der GRANT- Anweisung modifiziert werden können. Auch die verwendeten Namen für Tabellen und Attribute (Felder) können später wieder geändert werden, und zwar durch NAME TABLE bzw. NAME COLUMN. Desweiteren kann ein Attribut im nachhinein als Schlüsselattribut deklariert werden. Dies geschieht mit Hilfe der CREATE INDEX- Anweisung.

CREATE DATABASE erzeugt eine neue Datenbank. Das DATABASE-Kommando öffnet dann diese Datenbank. Bei CREATE TABLE muß für jedes Attribut die Sprache (kfz) angegeben werden. Alle anderen Angaben sind optional, wobei folgende Voreinstellungen gelten:

— *Typ: char*
— *kein Schlüsselattribut*
— *variable Länge*
— *kein Default-Wert*

2.3.2 Die SELECT-Anweisung

Von zentraler Bedeutung ist die SELECT-Anweisung, die es dem Benutzer ermöglicht, Datenbankanfragen in einer bestimmten Form zu stellen. Um die Wirkungsweise dieser Anweisung zu verdeutlichen, wurde die entsprechende Produktion <u>nicht</u> in Form einer kontextfreien Regel geschrieben. Gleiches gilt auch für einige andere Regeln.

2.3.2.1 Identifizierung der Attribute

Die SELECT-Anweisung besteht im wesentlichen aus zwei Teilen. Der erste Teil (zwischen SELECT und WHERE) enthält die Spezifikation aller auszugebenden Attribute (Projektion), der zweite die Bedingung, die alle ausgewählten Datensätze erfüllen müssen. Die beiden Mengen von Attributen, die man dadurch erhält, sind im allgemeinen unterschiedlich und stehen auch in keiner Teilmengenbeziehung zueinander, sie können sogar disjunkt sein. Dies wirft zunächst einmal die Frage auf, wie zu entscheiden ist, aus welcher Tabelle die Attribute, die in der Bedingung verwendet wurden, stammen.

In VADABAS wurde folgender Weg beschritten: Jedes Attribut innerhalb der Bedingung kann in der Form *tabelle.feld* angegeben werden, wodurch es eindeutig bestimmt ist, da jede Tabelle zu genau einer Datenbank gehört und Feldnamen eines Datensatzes paarweise verschieden sein müssen. Wird ein Feldname ohne Tabellenname angegeben, geht VADABAS folgendermaßen vor: Zunächst wird in der Menge aller Tabellennamen, die im ersten Teil vorkommen, nachgesehen, ob sie das gesuchte Feld enthalten. Falls dies bei mehreren der Fall ist, "gewinnt" die textuell erste, d.h. die Reihenfolge, in der die Tabellen angegeben werden, spielt dann eine Rolle, wenn der gleiche Attributname in unterschiedlichen Tabellen verwendet wurde und in der Bedingung auftritt.

2.3.2.2 Die Auswertung der WHERE-Bedingung

Die Bedingung kann als Formel im Aussagenkalkül betrachtet werden, wobei die atomaren Formeln Vergleiche der Form

feld	vglop	feld
feld	vglop	wert
feld	LIKE	stringkonstante
feld	UNLIKE	stringkonstante

sind.

Die Vergleichsoperatoren sind dabei sowohl auf Zahlen als auch auf Strings definiert. Die Stringkonstanten nach LIKE bzw. UNLIKE sind reguläre Ausdrücke der folgenden Form:
Seien x, y, z Zeichen eines Alphabets A.

Zeichen	Bedeutung
x	das Zeichen 'x'
?	beliebiges Zeichen aus dem Alphabet A
[xyz]	Zeichen ist x oder y oder z
[^xyz]	Zeichen ist weder x noch y noch z
[x-y]	Zeichen innerhalb des Bereichs von x bis y
[^x-y]	Zeichen außerhalb des Bereichs von x bis y
*	beliebig lange (auch leere) Zeichenkette

Restriktionen zu den regulären Ausdrücken:

1. Wir reservieren die Zeichenmenge

$$Z1 = \{ \setminus, ", ?, [,], * \}$$

   als Menge der Sonderzeichen außerhalb der Klammern [ ] und

$$Z2 = \{ \setminus, -, {}^\wedge \}$$

   als Menge der Sonderzeichen innerhalb der Klammern [ ].

   Soll ein Sonderzeichen als Zeichen des Alphabets A dargestellt werden, so ist ein "\" voranzustellen.

2. Innerhalb der Klammern [ ] darf das Zeichen "^" für die Verneinung nur unmittelbar hinter der öffnenden Klammer stehen. Das Zeichen "-" für die Bereichsangaben muß zwischen zwei Zeichen des Alphabetes A stehen. Überdies sind Reihungen wie [x-y-z] nicht erlaubt.

3. Die Klammern [ ] müssen mindestens ein Zeichen des Alphabets A enthalten.

4. Das Sonderzeichen "*" darf nicht unmittelbar von demselben Sonderzeichen gefolgt sein.

Die eigentliche Schwierigkeit besteht nun darin, zu entscheiden, welche VC-ISAM-Funktionen mit welchen Argumenten aufgerufen werden müssen, um alle Datensätze aus der Datenbank zu extrahieren, die die vom Benutzer gestellte Bedingung erfüllen. Der triviale Ansatz, alle Sätze der Datenbank nacheinander zu untersuchen, soll aufgrund offensichtlicher Zeitprobleme nur verfolgt werden, wenn andere Lösungsansätze scheitern. Dies ist jedoch bei den wenigsten Anfragen der Fall. Chancen für effizientere Zugriffsmethoden bestehen dann, wenn Schlüsselattribute in der Bedingung vorkommen.

Um nun entscheiden zu können, welche Schlüsselattribute Präferenz bei der Suche erhalten sollen, hat es sich als nützlich erwiesen, die Bedingung so umzuformen, daß sie einer Formel in disjunktiver Normalform (DNF) entspricht. Für jede Konjunktion wird eine eigene Anfrage durchgeführt, die Ergebnisse der Anfragen werden anschließend vereinigt.

Obwohl die Umformung in DNF zu einem exponentiellen Wachstum der Formel führen kann (siehe Algorithmus 4. Fall), wurde dieser Weg aufgrund der effizienteren Entscheidung für das Hauptsuchkriterium gewählt, zumal in der Praxis nur mit sehr kleinen Formeln zu rechnen ist.

Der Algorithmus für die Überführung der Bedingung in disjunktive Normalform:

```
function DNF (expr) : expr

1.Fall: expr = atom     =>   DNF (expr) = expr

2.Fall: expr = NOT e1
```

$$e2 = KNF\ (e1) = \bigwedge_{i=1}^{n} (\bigvee_{j=1}^{m_i} G_{ij}\ )$$

$$DNF\ (expr) = \bigvee_{i=1}^{n} (\bigwedge_{j=1}^{m_i} \overline{G_{ij}}\ )$$

```
3.Fall: expr = G1 V G2
```

$$DNF\ (expr) = DNF\ (G_1) \lor DNF\ (G_2)$$

```
4.Fall: expr = G1 ∧ G2
```

$$DNF\ (G_1) = \bigvee_{i=1}^{m} H_i$$

$$DNF\ (G_2) = \bigvee_{j=1}^{n} J_j$$

```
/* H1, ... , Hm , J1, ... , Jn sind Konjunktionen von Literalen */
```

$$DNF\ (expr) = \bigvee_{i=1}^{m} (\bigvee_{j=1}^{n} (H_i \land J_j))$$

```
end
```

Der Algorithmus für die dazu benötigte konjunktive Normalform (KNF (expr)) funktioniert analog:

```
function  KNF (expr) : expr

1.Fall: expr = atom      =>   KNF (expr) = expr

2.Fall: expr = NOT e1
```

$$e2 = DNF\ (e1) = \bigvee_{i=1}^{n}\ (\ \bigwedge_{j=1}^{m_i} G_{ij})$$

$$KNF\ (expr) = \bigwedge_{i=1}^{n}\ (\ \bigvee_{j=1}^{m_i} \overline{G_{ij}})$$

```
3.Fall: expr = G₁ ∧ G₂
```

$$KNF\ (expr) = KNF\ (G_1) \wedge KNF\ (G_2)$$

```
4.Fall: expr = G₁ ∨ G₂
```

$$KNF\ (G_1) = \bigwedge_{i=1}^{m} H_i$$

$$KNF\ (G_2) = \bigwedge_{j=1}^{n} J_j$$

/* $H_1, \dots, H_m, J_1, \dots, J_n$ sind Disjunktionen von Literalen */

$$KNF\ (expr) = \bigwedge_{i=1}^{m}\ (\ \bigwedge_{j=1}^{n} (H_i \vee J_j))$$

Das Problem, die Schlüssel zu suchen, die den schnellsten Zugriff auf die in der Bedingung vorkommenden Tabellen versprechen, d.h. diejenigen, die am stärksten selektieren, ist nun insofern einfacher geworden, als wir nur noch solche Formeln betrachten müssen, die Konjunktionen von elementaren Bedingungen sind. Dieser Ansatz erleichtert auch eine effiziente Implementierung von joined keys.

Obiger Algorithmus ist durch zwei rekursive Funktionen realisiert, deren Aufgabe es im wesentlichen ist, auf dem Baum, der die gestellte Bedingung repräsentiert, solange geeignete Transformationen durchzuführen, bis der Baum auf Tiefe 2 geschrumpft ist. Die Wurzel besteht dann aus einem OR-Knoten, dessen Söhne allesamt AND-Knoten sind; deren Söhne wiederum repräsentieren lediglich Elementarbedingungen. Der Aussagenkalkül garantiert dabei, daß die Semantik einer Formel invariant gegenüber diesen Transformationen ist.

Diese Umformungen können auch (zumindest in der Entwicklungsphase) durch Setzen eines TRACE-Modus verfolgt werden. Die einzelnen Transformationen werden dann auf dem Bildschirm sichtbar gemacht oder in eine Datei geschrieben.

Die Bedingung, die sich in disjunktiver Normalform befindet, wird - gegebenenfalls - noch einmal transformiert. Ein Optimierer geht alle Konjunktionen durch und formt die theoretisch möglichen Bedingungen in (für die Auswertung) sinnvolle Abfragen um. So wird z.B. eine (freilich sinnlose) Elementarbedingung, in der ein Attribut mit sich selbst gleichgesetzt wird, aus der Konjunktion eliminiert, falls diese noch andere Elementarbedingungen enthält (sonst liefert diese Konjunktion "true" und die Bedingung ist allgemeingültig).

Es wird ferner geprüft, ob sich einzelne Elementarbedingungen innerhalb einer Konjunktion widersprechen. Wenn dies der Fall ist, entfällt die gesamte Konjunktion. Entfallen in der Bedingung auf diese Weise alle Konjunktionen, so ist die Bedingung unerfüllbar.

Auch werden Attributnamen, deren gesuchter Wert durch eine Elementarbedingung bekannt ist, in allen anderen Elementarbedingungen der entsprechenden Konjunktion durch ihren Wert ersetzt.

In jeder Konjunktion werden die Elementarbedingungen nun so umgeordnet, daß eine möglichst effiziente Auswertung gegeben ist.

Elementarbedingungen mit indexsequentiellen Zugriffsmöglichkeiten auf die Datensätze einer Tabelle werden solchen vorgezogen, mit denen diese Tabelle nur sequentiell durchsuchbar wäre. Auch die Reihenfolge der Tabellen spielt eine Rolle:

Enthält z.B. eine Elementarbedingung einen Schlüssel a einer Tabelle A, der mit einem Attribut b einer Tabelle B verglichen wird in der Form a = b, so wäre es günstig, etwaige Elementarbedingungen über Attributen der Tabelle B bereits ausgewertet zu haben. Dann wäre nämlich ein Datensatz von B bereits verfügbar und der Attributwert von b somit bekannt. Danach kann A mit a = Wert(b) indexsequentiell durchsucht werden.

Mit dieser Umordnung der Elementarbedingungen soll der Anteil der indexsequentiellen Auswertungen möglichst hoch gehalten werden.

Bei der Auswertung werden alle Elementarbedingungen einer Konjunktion in ihrer neuen Reihenfolge ausgewertet.

2.3.2.3 Beispiel einer SELECT-Anweisung über einer Tabelle

Die Tabelle "kunde" enthält die Attribute "name" und "vorname", von denen "name" indexsequentiell suchbar sei.

Tabelle: *kunde*

vorname	name
Martin	Niemoeller
Martin	Kruse
Karl	Barth
Walter	Kuenneth
Dietrich	Bonhoeffer
Hans	Lilje

Die SELECT-Anweisung

```
SELECT FROM kunde name    WHERE vorname    =     "Martin"
                          AND name      ! =     vorname
                          AND name      < =     "Mueller"
                          OR vorname    ! =     vorname
```

wird dann folgendermaßen transformiert:
Attribute der Tabelle *kunde* in Projektion:

Attributname	Typ	Attributnummer
name	c	0

Attribute der Tabelle *kunde* in Projektion und Bedingung:

name	c	0
vorname	c	1

Bedingung in Baumstruktur:

```
OR-Knoten mit 2 Kindern
     AND-Knoten mit 3 Kindern
          VERGLEICH
               LINKE SEITE: kunde.vorname
               VERGLEICH: = =
               RECHTE SEITE: STRING  "Martin"
          VERGLEICH
               LINKE SEITE: kunde.name
               VERGLEICH: ! =
               RECHTE SEITE: FELD  kunde.vorname
          VERGLEICH
               LINKE SEITE: kunde.name
               VERGLEICH: < =,
               RECHTE SEITE: STRING  "Mueller"
     VERGLEICH
          LINKE SEITE: kunde.vorname
          VERGLEICH: ! =
          RECHTE SEITE: FELD  kunde.vorname
```

Bedingung in disjunktiver Normalform:

```
OR-Knoten mit 2 Kindern
     AND-Knoten mit 3 Kindern
          VERGLEICH
               LINKE SEITE: kunde.vorname
               VERGLEICH: = =
               RECHTE SEITE: STRING  "Martin"
          VERGLEICH
               LINKE SEITE: kunde.name
               VERGLEICH: ! =
               RECHTE SEITE: FELD  kunde.vorname
          VERGLEICH
               LINKE SEITE: kunde.name
               VERGLEICH: < =,
               RECHTE SEITE: STRING  "Mueller"
     AND-Knoten mit 1 Kind
          VERGLEICH
               LINKE SEITE: kunde.vorname
               VERGLEICH: ! =
               RECHTE SEITE: FELD  kunde.vorname
```

Optimierung der Bedingung:

```
OR-Knoten mit 1 Kind
     AND-Knoten mit 3 Kindern
          VERGLEICH
               LINKE SEITE: kunde.vorname
               VERGLEICH: = =
               RECHTE SEITE: STRING  "Martin"
          VERGLEICH
               LINKE SEITE: kunde.name
               VERGLEICH: ! =
               RECHTE SEITE: STRING  "Martin"
          VERGLEICH
               LINKE SEITE: kunde.name
               VERGLEICH: < =,
               RECHTE SEITE: STRING  "Mueller"
```

Neue Baumordnung zur indexsequentiellen Auswertung:

```
OR-Knoten mit 1 Kind
      AND-Knoten mit 3 Kindern
            VERGLEICH
                  LINKE SEITE: kunde.name
                  VERGLEICH:  < =
                  RECHTE SEITE: STRING  "Mueller"
            VERGLEICH
                  LINKE SEITE: kunde.name
                  VERGLEICH: ! =
                  RECHTE SEITE: STRING  "Martin"
            VERGLEICH
                  LINKE SEITE: kunde.vorname
                  VERGLEICH:  = =
                  RECHTE SEITE: STRING  "Martin"
```

Ergebnis: Tabelle *kunde*

```
--------------------------------------------------------------
name                |
--------------------------------------------------------------
Kruse               |
```

2.4 Weitere VADABAS-Befehle

Außer in der SELECT-Anweisung ist die Bedingungsauswertung auch bei anderen VADABAS-Befehlen notwendig:

Der "OUTPUT TO datei"-Befehl mit nachfolgendem SELECT-Kommando führt das SELECT-Kommando aus und schreibt das Ergebnis in eine Datei.

UPDATE aktualisiert Attributwerte in Datensätzen einer Tabelle, falls die Bedingung für den entsprechenden Datensatz "true" liefert.

ERASE löscht die Datensätze, für die die Bedingung "true" liefert.

Die übrigen VADABAS-Befehle sind demgegenüber einfach zu realisieren: sie beschränken sich im wesentlichen auf (koordinierte) Funktionsaufrufe aus dem VC-ISAM-Paket.

So liefern die INFO-Befehle Informationen über bestehende Datenbanken (DATABASES), Tabellen innerhalb einer Datenbank (TABLES), Attributnamen und Datentypen einer Tabelle (COLUMNS), Schlüssel (INDEXES) und allgemeine Informationen (STATUS) zu einer Tabelle.

Mit REMOVE wird eine Datenbank (DATABASE), ein Schlüssel (INDEX) oder eine Tabelle (TABLE) gelöscht.

WRITE schreibt Datensätze in eine Tabelle.

2.5 Das Eingabemenü zu VADABAS

Um die Benutzerfreundlichkeit des Systems VADABAS zu erhöhen und Eingabefehler zu minimieren, wurde das Eingabemenü VADAMEN entwickelt. Es arbeitet mit einer Fenstertechnik, die mit Hilfe von FACET (Facility for easy window technique) implementiert wurde.

In jedem Auswahlmenü kann sowohl mit Cursortasten als auch mit den Anfangsbuchstaben der einzelnen Befehle schnell auf das Datenbanksystem zugegriffen werden. Alle sonst eingegebenen Namen und Ausdrücke (= Eintragungen in der Datenbank) werden jeweils nach Drücken der Return-Taste unmittelbar auf ihre Syntax überprüft und entsprechende Fehlermeldungen ausgegeben. Dies ist z.B. wichtig für den Datenbank-Manipulationsbefehl UPDATE, der nach Einlesen von mehreren korrekten Eingaben ($<$ feld$_i>$ $<$ wert$_i>$) bei einer nachfolgenden syntaktisch falschen WHERE-Bedingung Korrekturen zuläßt, ohne daß die gesamte Eingabe wiederholt werden muß.

Was die unterschiedlichen Zeichensätze angeht, so ist bei Stringkonstanten die Eingabe von Zeichen erlaubt, die nicht im internationalen Zeichensatz enthalten sind. Um diese (etwa 25) Buchstaben anderer Sprachen (wie z.B. é, ç, ä, ñ, æ, ë, ...) eingeben zu können, sind die Funktionstasten F1, ..., F22 mit diesen Zeichen belegt (teilweise Doppelbelegung bei Großbuchstaben). Werden diese Zeichen in Tabellen- oder Feldnamen benutzt, erfolgt eine Fehlermeldung: solche Namen dürfen nur aus alphanumerischen Zeichen des internationalen Zeichensatzes bestehen.

3. TERMBANK - ein Terminologie-Datenbanksystem auf SINIX-PC's

TERMBANK als äußeres (bzgl. der Architektur) und letztes (bzgl. der Entwicklung) Modul der Terminologie-Datenbank auf SINIX-PC's ist eine Konfiguration von VADABAS als (vorerst) dreisprachige Datenbank zu Aufnahme und Verwaltung terminologischer Datenbestände. TERMBANK soll in der Strukturierung der Datensätze und der Felder an den Aufbau der im Sprachendienst der Siemens AG benutzten Großrechner-Datenbank TEAM angelehnt sein, um einen Austausch von Datenbeständen zu ermöglichen; die Zugriffsmöglichkeiten und die Benutzerschnittstelle werden jedoch über VADABAS und das dazugehörige Eingabemenü PC-spezifisch realisiert.

4. Aktueller Stand (Sommer 1988)

VC-ISAM ist in vollem Leistungsumfang realisiert, getestet und dokumentiert. Die derzeitigen Arbeiten an VC-ISAM beschränken sich auf die Implementierung kleinerer Optimierungen.

In VADABAS sind wesentliche Befehle wie CREATE TABLE, CREATE DATABASE und WRITE bereits realisiert; der SELECT-Befehl läuft im Moment für den Fall, daß alle in der Bedingung angegebenen Attribute aus einer Tabelle stammen; derzeit wird - für den Fall, daß mehrere Tabellen angesprochen werden - an einer für die Auswertung möglichst optimalen Tabellenreihenfolge (s.o.) gearbeitet. Das Eingabemenü zu VADABAS ist entsprechend dem Entwicklungsstand von VADABAS realisiert.

Die Konzeption von TERMBANK liegt vor; nach Fertigstellung von VADABAS kann TERMBANK innerhalb kurzer Zeit konfiguriert werden.

5. Literatur

Bayer, R. / McCreight, E. (1972): **Organization and Maintenance of Large Ordered Indexes**, in: Acta Informatica, Vol. 1, No. 3, 1972, S. 173-189.
C-ISAM (1986): **Indexsequentielle Zugriffsmethode**, Manual zum Softwareprodukt, Siemens, 1986.
Kim, W. / Reiner, D.S. / Batory, D.S. (Eds.) (1985): **Query Processing in Database Systems**, Springer, Berlin / Heidelberg / New York / Tokyo, 1985.
Lewis, H.L. / Papadimitriou, C.H. (1981): **Elements of the Theory of Computation**, Prentice Hall, Englewood Cliffs, 1981.
Schlageter, G. / Stucky, W. (1983): **Datenbanksysteme: Konzepte und Modelle**, Teubner, Stuttgart, 1983, 2. Auflage.
Wedekind, H. / Härder, T. (1976): **Datenbanksysteme II**, Bibliographisches Institut, Zürich, 1976.

Ein Expertensystem zur konstruktionsbegleitenden Kalkulation

Institut für Wirtschaftsinformatik

A.-W. Scheer, J. Becker, M. Bock

Abstract

Die zunehmende Integration betriebswirtschaftlicher und technischer Datenverarbeitungssysteme und der damit verbundene größer werdende Einfluß der Konstruktion auf die Festlegung der Kosten für ein Produkt macht den Einsatz von Systemen zur Unterstützung eines Konstrukteurs zum kostengünstigeren Konstruieren notwendig.

Mit dem hier verfolgten Ansatz wird ein System angestrebt, welches dem Konstrukteur während des gesamten Konstruktionsprozesses aktive Hilfestellung leisten soll. Dieses muß daher in der Lage sein, Wissen aus der Konstruktion und der Kalkulation darzustellen und zu verarbeiten. Weitere Merkmale des Systems sind seine flexible Einsetzbarkeit für unterschiedliche Betriebe und Produkte und seine Integration in das CIM-Konzept.

1. Das CIM-Konzept

Seit einigen Jahren steht die Integration betriebswirtschaftlicher und technischer Datenverarbeitungssysteme - bekannt unter dem Schlagwort CIM (Computer Integrated Manufacturing) - im Mittelpunkt der Forschung und Entwicklung betrieblicher EDV-Anwendungen. Es wird dabei sowohl eine Daten- als auch eine Funktionsintegration zwischen den Komponenten der Produktionsplanung und -steuerung (PPS) sowie des Computer Aided Design/ Computer Aided Manufacturing (CAD/CAM) angestrebt (siehe Abb. 1) [Scheer, A.-W.: CIM ..., 1988].

Obwohl die Systeme der Unterstützung von Entwurf und Konstruktion (CAD/CAE) nur einen Teil des CIM-Konzeptes ausmachen, kommt ihnen eine große Bedeutung zu. Sie wird dadurch unterstrichen, daß der Konstruktionsprozeß eine tragende Rolle bei der Festlegung der Kosten für ein Produkt spielt. Diese Rolle wird durch die angestrebte Integration noch verstärkt [Scheer, A.-W., 1985].

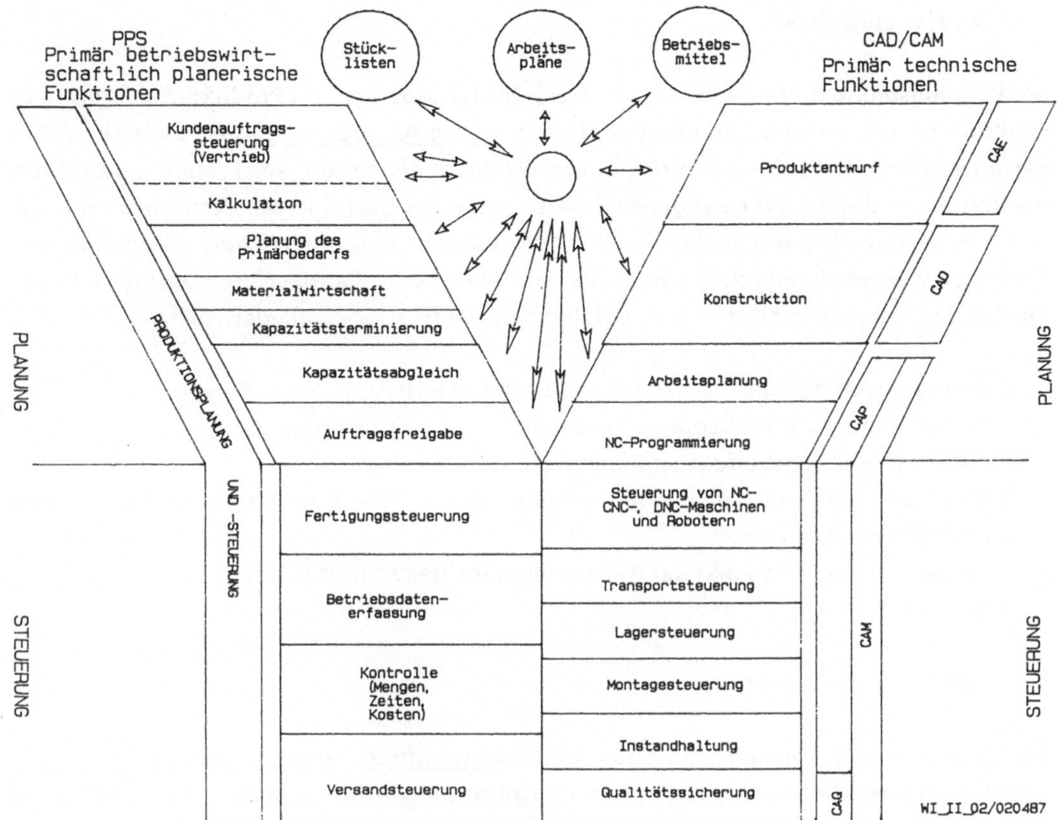

Abb.1: Informationssysteme im Produktionsbereich

2. Der Konstruktionsprozeß und seine kostenrelevanten Entscheidungsalternativen

2.1. Das Phasenkonzept eines Konstruktionsprozesses

Der Entwurfs- und Konstruktionsprozeß kann in die vier Phasen <u>Planung</u>, <u>Konzipierung</u>, <u>Gestaltung</u> und <u>Ausarbeitung</u> eingeteilt werden (in Anlehnung an die VDI-Richtlinie 2222). Ausgehend von einer Produktspezifikation werden in den einzelnen Phasen die darin enthaltenen Informationen so weit verfeinert und erweitert, daß am Ende des Konstruktionsprozesses ein konkreter, den technischen Anforderungen entsprechender Entwurf des Produktes vorliegt.

2.1.1 Die Planungsphase

Die Planungsphase dient dazu, die Kundenanforderungen an ein Produkt in ein globales Funktionsprinzip umzusetzen und eine firmeninterne Anforderungsliste zu erstellen. Dabei unterscheidet man Fest-, Mindest- und Wunschanforderungen. Festanforderungen werden durch direkte Werteangaben (z.B. Druck = 1.6 bar) und Mindestanforderungen durch Schwellwerte oder Intervalle (z.B. pH-Bereich > 6) spezifiziert. Wunschanforderungen werden durch relative Begriffe, wie "klein" oder "einfach" repräsentiert. Die in der Planungsphase benötigten bzw. anfallenden Informationen gliedern sich in:

- Leistungsdaten, z.B. die Motorstärke oder die Förderleistung einer Pumpe,
- Geometriedaten zur Festlegung der räumlichen Ausmaße eines Produktes,
- Funktionen, die das Produkt erfüllen soll,
- Entscheidungen über Eigen- oder Fremdfertigung, falls diese bereits in dieser Phase getroffen werden können,
- Termine, die zum Zeitpunkt der Auftragsvergabe bekannt sind, und
- Kostenziele.

2.1.2. Die Konzipierungsphase

Hauptaufgabe der Konzipierungsphase ist die Aufspaltung einer Gesamtfunktion in Teilfunktionen sowie deren Zuordnung zu Lösungsprinzipien. Außerdem erfolgt die Festlegung einer möglichst optimalen Lösungsprinzipkombination. Folgende Daten spielen in der zweiten Phase eine Rolle:

- die Gesamtfunktion, die aus der Anforderungsliste abgeleitet werden kann,
- die Teilfunktionen und deren Lösungsprinzipien,
- die Funktionsstruktur, welche die Aufeinanderfolge der Teilfunktionen und ihrer Lösungsprinzipien angibt,
- Energiearten, die für die verschiedenen Lösungsprinzipien notwendig sind,
- Werkstoffgruppen,
- Wirkbewegungen und -flächen sowie physikalische Effekte, die Wechselwirkungen von Baugruppen bestimmen und damit den Kraftfluß beschreiben können.

2.1.3. Die Gestaltungssphase

In der dritten Phase werden die Berechnungen zur Dimensionierung des Produktes durchgeführt und seine geometrische Gestalt festgelegt. Hier erfolgt der maßstäbliche Entwurf des Produktes (Konstruktion im engeren Sinn). Zu den Daten der dritten Phase gehören:

- Geometriedaten, wie Volumen, Toleranzen und Abmessungen,
- die Oberflächenqualität,
- Werkstoffe,
- die Bauweise (Differential- oder Integralbauweise) und damit verbunden die möglichen Fertigungsverfahren.

2.1.4. Die Ausarbeitungsphase

In der letzten Phase werden, falls notwendig, die Ergebnisse aus früheren Phasen verbessert und konkretisiert. Sie liefert die Ausgangsdaten für die Arbeitsplanung.

Nicht für alle Konstruktionsarten ist es notwendig, daß jede der vier Phasen durchlaufen wird. Bei einer Variantenkonstruktion - dies bedeutet, daß die Funktionsweise, die Prinziplösungen sowie die Materialien und die Fertigungsverfahren eines Produktes bekannt sind - kann man beispielsweise auf vorhandene Zeichnungen, Stücklisten und Arbeitspläne zurückgreifen, so daß der Konstruktionsprozeß unter Umständen schon vor Beginn der vierten Phase abgeschlossen werden kann. Welche Phasen durchlaufen werden müssen, hängt hauptsächlich von der Erfahrung des Konstrukteurs ab.

Die Beschreibung der Aufgaben der einzelnen Phasen macht deutlich, welche Arbeitsvorgänge im Gesamtprozeß vom Entwurf bis zur Produktion eines Produktes vom Konstruktionsprozeß beeinflußt werden. Die Festlegung von Gestalt und Geometriedaten führt zur Definition von Fertigungsanforderungen und Materialanforderungen. Diese wiederum bestimmen die Fertigungsverfahren, Materialkosten, Betriebsmittelkosten, Lohnkosten, Rohstoffe, Fremd- oder Eigenfertigung usw. [Scheer, A.-W., 1985].

Legt man die konventionelle organisatorische Gliederung zwischen Konstruktion und Arbeitsvorbereitung zugrunde, so ergeben sich für den Konstrukteur <u>relativ große Entscheidungsspielräume</u>, so daß dieser wirkungsvolle Eingriffsmöglichkeiten für eine gezielte Kostenbeeinflussung besitzt. In der Praxis fehlen ihm allerdings oft Kenntnisse über die Kostenentstehung, über Kostenstrukturen des Produktes und über die Kostenbeeinflussung von Faktoren [Hillebrand, A., Ehrlenspiel, K., 1986]. Der Konstrukteur hat zwar den größten Einfluß auf die Produkteigenschaften, er besitzt aber oft nur <u>unzureichende Kenntnisse über deren Kostenrelevanz</u>. Dieses Wissen ist meist den Kostenrechnungsabteilungen vorbehalten.

Die Kalkulation setzt hierbei erst ein, wenn alle vier Phasen des Entwurfs- und Konstruktionsprozesses und die Arbeitsplanung durchgeführt wurden. Wenn bei der Kostenrechnung erkannt wird, daß das gestellte Kostenziel nicht erreicht wurde, muß der Konstruktionsprozeß vollständig oder teilweise wiederholt werden. Diese <u>unnötigen Arbeitsgänge</u>, die in der personellen, räumlichen und zeitlichen Trennung zwischen Konstruktions- und

Kalkulationsabteilungen begründet liegen, sollen durch eine konstruktionsbegleitende Kalkulation vermieden werden.

Die zunehmende Daten- und Funktionsintegration im CIM-Konzept führt zu einem Zusammenwachsen von Konstruktion und Arbeitsvorbereitung. Dadurch werden Freiheitsgrade aus der Konstruktion abgebaut, die bei der konventionellen organisatorischen Trennung von Konstruktion und Arbeitsvorbereitung für die Festlegung von Fertigungsverfahren, Werkzeugen usw. und damit auch deren Kosten bestehen. So wird eine konsequente Durchführung der Integrationsbemühungen dazu führen, daß die Aufgaben der Konstruktion von der reinen Zeichnungserstellung hin zur Berücksichtigung von fertigungstechnischen Möglichkeiten, Betriebsmitteleigenschaften oder Eigenschaften von Werkzeugen, Materialien usw. ausgedehnt werden. Man spricht in diesem Zusammenhang von der fertigungsorientierten Konstruktion [Scheer, A.-W., 1985]. Durch diese neue Art der Arbeitsorganisation wird der Konstrukteur zusätzlich gefordert. Um den gestiegenen Anforderungen gerecht zu werden, benötigt er <u>Hilfsmittel</u>, die ihn bei der Kalkulation während des Konstruktionsprozesses unterstützen. Dabei haben sich in der Praxis mehrere Verfahren herausgebildet.

2.2. Verfahren zur Unterstützung der konstruktionsbegleitenden Kalkulation

Die konstruktionsbegleitende Kalkulation gliedert sich in die Teilaufgaben <u>Bereitstellen von Kosteninformationen</u> und <u>Kostenberechnung</u>. Dabei können Informationen über Kosten in Form von absoluten Kostenwerten oder als Relativkosten und Wissen über die Art und den Einfluß von kostenrelevanten Faktoren verfügbar gemacht werden.

Im Bereich der Kostenberechnung sind heute unterschiedliche Verfahren bekannt, die sich in den zugrundeliegenden Methoden, im benötigten Datenbedarf, in der Genauigkeit der Ergebnisse und in ihrer Eignung für verschiedene Konstruktionsprobleme unterscheiden. Abb.2 zeigt eine mögliche Einteilung der Kalkulationsverfahren [Scheer, A.-W., 1985]:

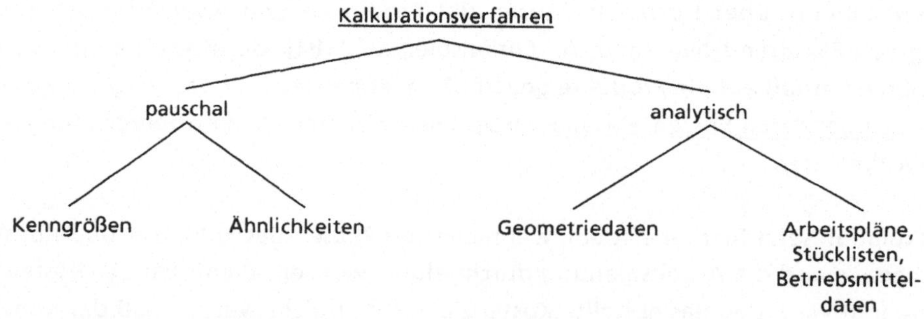

Abb.2: Kalkulationsverfahren

Im Rahmen der _pauschalen Kalkulation_ werden die Kosten eines Teils anhand einfacher, relativ grober Informationen aus Istdatenbeständen übernommen.

Beim Ansatz der _Kalkulation mit Kenngrößen_ werden Schätzungen mit Hilfe von Bezugsgrößen wie Materialkosten pro Maschinengewicht oder Herstellkosten pro Bruttoregistertonne durchgeführt. Voraussetzung für die Anwendung solcher heuristischer Verfahren ist der bekannte Wert der Kenngröße [Kilger, W., 1980].

Besonders im Bereich der Variantenkonstruktion spielt die _Kalkulation aufgrund von Ähnlichkeiten_ eine Rolle. Falls eine Konstruktion nur geringfügig von einer bereits bekannten Konstruktion abweicht, so kann auf eine kostenmäßige Ähnlichkeit geschlossen werden. Um die Suche nach ähnlichen Produkten zu unterstützen, wird häufig ein statistisches Verfahren (z.B. Clusteranalyse) zu Hilfe genommen [Ehrlenspiel, K., 1985, Scheer, A.-W., 1985].

Basis der _analytischen Verfahren_ ist ein systematisches Kalkulationsschema, bei dem aus Einzelinformationen die Gesamtkosten ermittelt werden.

Grundgedanke der _Kalkulation mit Geometriedaten_ ist die Herstellung eines Zusammenhanges zwischen geometrischen Eigenschaften von Teilen und deren Kosten mit statistischen Verfahren (z.B. Regression). Die Regressionsanalyse bereitet Historiedaten so auf, daß Kostenstrukturen bestimmt und Kostenfunktionen aufgestellt werden können. Die während der Konstruktion definierten Geometriedaten werden nun mit den bestehenden Kostenstrukturen in Zusammenhang gebracht [Kreisfeld, P., 1985].

Die _Kalkulation aus Fertigungsgrunddaten_ findet bei geringen konstruktiven Änderungen ihren Einsatz. Basis dieser Kalkulationsform sind die Stücklisten und Arbeitspläne der bereits konstruierten Produkte [Scheer, A.-W., 1985].

Neben den aufgeführten Verfahren gibt es weitere Kalkulationsmethoden, wie Kostenwachstumsgesetze [Pahl, G., Rieg, F., 1982] oder heuristische Regeln der Vorkalkulation [Ehrlenspiel, K., 1985]. Generell gilt für alle beschriebenen Verfahren, daß sie auf ein bestimmtes Einsatzgebiet zugeschnitten und nicht universell einsetzbar sind.

2.3. Einsatz von EDV innerhalb der konstruktionsbegleitenden Kalkulation

Die bisher eingesetzten Methoden zur konstruktionsbegleitenden Kalkulation wurden in der Vergangenheit größtenteils _manuell vom Konstrukteur_ angewendet. Dabei lag es in seinem Ermessen, das Verfahren und dessen geeigneten Einsatzpunkt innerhalb des Konstruktionsprozesses zu bestimmen. Es spielten vor allem solche Verfahren eine Rolle, die nur wenig Informationen benötigten. Diese lieferten jedoch relativ ungenaue Ergebnisse.

Verfahren, die genaue Ergebnisse liefern, brauchen viele Daten und sind daher ohne <u>EDV-Einsatz</u> nicht mehr zu bewältigen.

Im Bereich der Bereitstellung von Kosteninformationen wurden <u>Kosteninformationssysteme</u> entwickelt. Diese Systeme arbeiten mit genauen Eingabedaten und liefern genaue Kostenaussagen (z. B. DM pro kg Material). Im Bereich der Kostenberechnung werden vor allem <u>Statistikprogramme</u> zur Auswertung von Massendaten eingesetzt. Sie bereiten die Daten so auf, daß anhand von kostenrelevanten Faktoren Kalkulationsformeln aufgestellt werden können [Ehrlenspiel, K., 1985]. Diese Systeme sind zum Teil sehr speziell auf einen Problemkreis zugeschnitten, so daß sie nur für bestimmte Produkte und Betriebe einsetzbar sind. Für ein <u>generell einsetzbares, "intelligentes" System zur konstruktionsbegleitenden Kalkulation</u> sind folgende Anforderungen zu erfüllen:

- <u>Bereitstellen von speziellem und generellem Wissen aus der Konstruktion und der Kalkulation</u>:
  Das Konstruktionswissen dient dazu, die Kenntnisse eines erfahrenen Konstrukteurs weiterzuvermitteln. Das Kalkulationswissen stellt dem Konstrukteur Daten, Methoden und Verfahren aus der Kostenrechnung zur Verfügung. Die wesentlichen Ziele liegen in der Ermittlung kostenrelevanter Faktoren und der Auswahl eines für den aktuellen Fall geeigneten Kalkulationsverfahrens.

- <u>Einsetzbarkeit während des gesamten Konstruktionsprozesses</u>: Durch die verschiedenen Konstruktionsphasen hindurch wird auf Daten unterschiedlicher Genauigkeit zugegriffen. Nicht spezifizierte Daten müssen abgeleitet werden können.

- <u>Leistung aktiver Hilfestellung</u>: Ziel ist die Interpretation der Ergebnisse aus der Anwendung von Kalkulationsverfahren und die situationsgerechte Kostenoptimierung.

- <u>flexible Einsetzbarkeit</u>: Das System soll leicht an produktspezifische und betriebliche Situationen anpaßbar sein.

Die Entwicklung eines Systems, welches den beschriebenen Anforderungen genügt, setzt den Einsatz von Methoden und Verfahren voraus, wie sie aus der Entwicklung <u>Wissensbasierter Systeme</u>, speziell der Expertensysteme, bekannt sind. Zu den wesentlichen Methoden zählen [Wahlster, W., 1985]:

- Darstellung und Verarbeitung von heterogen strukturiertem Wissen (Fakten, Regeln, Klassen),
- Verarbeitung von unterspezifizierten Daten,
- Verarbeitung von Heuristiken und Erfahrungswissen,

- Möglichkeit der leichten Modifizierbarkeit für "Nicht-Systementwickler" im Rahmen des Wissenserwerbs.

3. Ein "intelligentes" EDV-System zur konstruktionsbegleitenden Kalkulation innerhalb der CIM-Architektur

Die Entwicklung eines Systems zur konstruktionsbegleitenden Kalkulation ist <u>im Zusammenhang mit der im CIM-Konzept angestrebten Integration</u> zu sehen. Da das Expertensystem auf CAD/CAM- und PPS-Daten wie Stücklisten, Arbeitspläne, Betriebsmitteldaten und Geometriedaten sowie auf Kosteninformationen aus Kosteninformationssystemen zugreifen muß, stellt die <u>Datenintegration</u> eine notwendige Voraussetzung für das Expertensystem dar. Im Idealfall wird diese Datenintegration durch eine gemeinsame Datenbasis erreicht. Diese bildet für das Expertensystem den externen Teil der Wissensbasis.

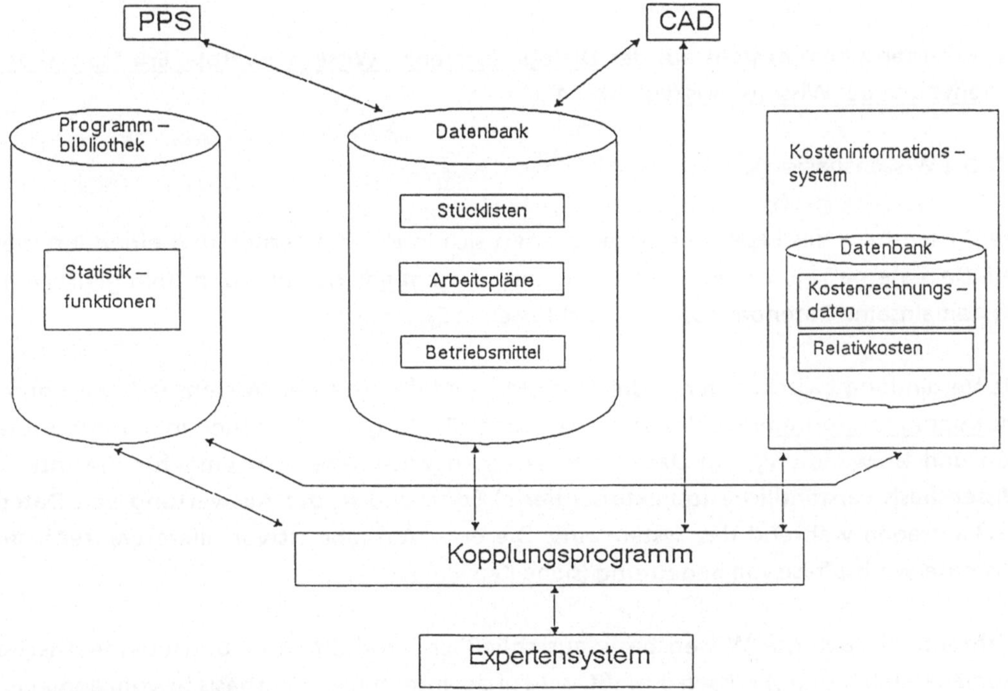

Abb. 3: Gesamtsystemarchitektur

Die gemeinsame Datenbasis hat den Vorteil der redundanzfreien Speicherung und der einfachen Modifikationsmöglichkeiten der Daten sowie der leichteren Synchronisation von

Transaktionen. Als Speichermedium sind relationale und objektorientierte Datenbanksysteme vorstellbar.

Der Prototyp des Expertensystems wurde auf dem relationalen Datenbanksystem Informix realisiert, da ein objektorientiertes Datenbanksystem für die Implementierung des Prototypen nicht zur Verfügung stand. Für die Endversion des Expertensystems ist jedoch an ein objektorientiertes Datenbanksystem gedacht, da dieses gegenüber dem relationalen System eine Reihe von Vorteilen bietet. Die kompakte Darstellung eines Produktes als Objekt mit allen dazu gehörenden Eigenschaften, Teilen usw. ermöglicht einen einfachen und schnellen Zugriff auf alle zu dem Produkt gehörenden Informationen und deren Manipulation. Dies trifft insbesondere für das Expertensystem aber auch für CAD/CAM- und PPS-Systeme und nicht zuletzt für den Anwender zu. Darüber hinaus bildet sie eine geeignete Datengrundlage zur Realisierung der <u>Programmintegration</u> innerhalb von CIM. Wenn die Programmintegration erreicht ist, kann das Expertensystem über eine funktionale Schnittstelle zu den übrigen Systemen automatisch gesteuert werden. Im Prototyp übernimmt der Benutzer diese Steuerfunktion.

Das Expertensystem besteht aus der <u>Dialog-, Inferenz-, Wissenserwerbs-, Erklärungskomponente und der Wissensbasis</u> (vgl. Abb.4).

3.1. Die Wissensbasis

Die Wissensbasis des Expertensystems gliedert sich in einen externen und einen internen Teil. Der <u>externe Teil</u> wird von der <u>relationalen Datenbank</u> gebildet und stellt gleichzeitig die gemeinsame Datenbasis aller angeschlossenen Systeme dar.

Die Verbindung zwischen dem Expertensystem und der externen Wissensbasis wird durch ein <u>Kopplungsprogramm</u> realisiert. Dessen spezielle Aufgaben bestehen in der Interpretation und Umwandlung von Daten der externen Wissensbasis in eine für die interne Wissensbasis verständliche (objektorientierte) Form und in der Auswertung von Datenbankanfragen während des Systemlaufs. Die erste Aufgabe ist vor allem während der Wissenserwerbsphase von Bedeutung (siehe Kap. 3.4.).

Während die externe Wissensbasis ausschließlich produkt- und betriebsspezifisches (domänenabhängiges) Wissen umfaßt, wird in der <u>internen Wissensbasis</u> sowohl domänenabhängiges als auch domänenunabhängiges Wissen gespeichert. Die interne Wissensbasis besteht aus einem <u>Klassifizierungssystem</u>, welches das Faktenwissen beinhaltet und aus einer <u>Regelbasis</u>, die das dynamische, strategische Wissen enthält.

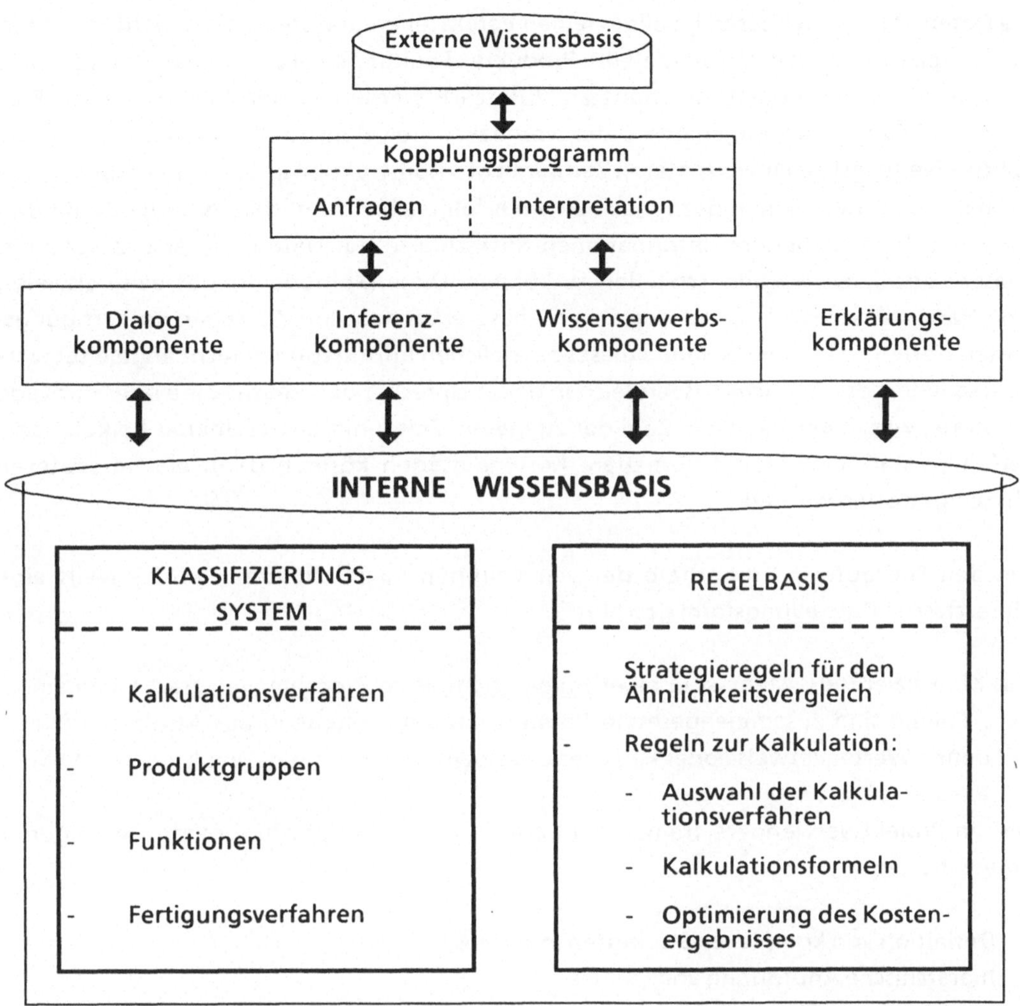

Abb.4: Systemarchitektur des Expertensystems

3.1.1. Das Klassifizierungssystem

Eine der wesentlichen Aufgaben des Expertensystems besteht darin, frühzeitig Rückschlüsse auf die Kosten eines neuen Produktes anhand bekannter Daten von früheren Produktionen zu ziehen. Auf der Basis von Faktenwissen, das die gesamte Produktpalette eines Betriebes repräsentiert, können beispielsweise im Rahmen einer Variantenkonstruktion bereits in der ersten Phase der Konstruktion Kostenaussagen über ähnliche Produkte getroffen werden. Auf der Grundlage des Klassifizierungssystems soll deshalb ein <u>phasengesteuerterÄhnlichkeitsvergleich</u> und daran anschließend die Kalkulation durchgeführt werden.

Die Daten, die in den Phasen im allgemeinen bereitstehen und spezifiziert werden, sind in vier Gruppen bzw. Klassen eingeteilt: Produkte, Funktionen, Fertigungsverfahren und Kalkulationsverfahren (vgl. Abschnitt 2.). Zusätzlich werden zu den beiden Klassen Produkte und Funktionen diejenigen Daten von bekannten Konstruktionen gespeichert, die üblicherweise erst zu einem späteren Zeitpunkt des Konstruktionsprozesses anfallen. Diese zusätzlichen Daten dienen dazu, nach einem erfolgreichen Ähnlichkeitsvergleich mit den allgemein bereitstehenden Informationen Rückschlüsse auf Daten, die erst in späteren Phasen spezifiziert werden, schließen zu können. Diese Methode erlaubt beispielsweise, eine Variantenkonstruktion in der ersten Phase erkennen und Aussagen zu Fertigungskosten treffen zu können. Können dieses zusätzlichen Informationen nicht abgeleitet werden, so liefert der Ähnlichkeitsvergleich in der entsprechenden Phase keine oder nur vage Resultate, was in der Regel die Zahl der zu diesem Zeitpunkt anwendbaren Kalkulationsverfahren stark einschränkt. Genauere Kostenaussagen können dann erst in späteren Phasen getroffen werden.

Um den Suchaufwand innerhalb der vier Gruppen zu minimieren, wird jeweils eine hierarchische Datstellungsform gewählt.

Das Klassifizierungssystem ist in einer <u>frame-orientierten Programmiersprache</u> implementiert. Frames sind zusammengesetzte Datenstrukturen, bestehend aus Attributen (Slots), mit denen Werte, Verweise oder Funktionen assoziiert sein können [Wahlster, W., 1985].

Die im Projekt verwendete frame-orientierte Programmiersprache besitzt die folgende Eigenschaften:

- Definition von komplexen Strukturen in Frames,
- hierarchische Anordnung von Frames,
- Vererbung von Eigenschaften,
- Standardwert-Belegung,
- objektbezogene Prozedurdefiniton und
- Wertrestriktion.

3.1.1.1. Die Produktklassen

In einer Hierarchie werden alle möglichen <u>konstruktiven Alternativen</u> nach dominanten produkt- und kostenbestimmenden Kriterien dargestellt. Dabei spielen Merkmale wie Gesamtfunktionen, Funktionslösungsprinzipien, Fertigungsverfahren, Materialien, physikalisch-technische und Leistungsanforderungen sowie kostenrelevante Faktoren und Kostenstrukturen eine wesentliche Rolle (vgl. Abb.5).

Jede Eigenschaft bildet einen eigenständigen <u>Slot</u> innerhalb der entsprechenden Frames. Mit den Slots ist ein <u>Beschreibungsteil</u> assoziiert, der den Typ des Wertes festlegt und seine Herleitungsmöglichkeiten definiert. Der Beschreibungsteil kann beinhalten:

- Wertebeschreibungen,

- Datenbankanfragen,

- Formeln zur Berechnung eines Wertes,

- Wertrestriktionen, die technische und betriebliche Randbedingungen aufzeigen,

- Default-Annahmen, die prototypische Werte darstellen. Sie finden ihren Einsatz zu einem Zeitpunkt, zu dem noch keine Informationen zu einer bestimmten Eigenschaft bekannt sind. So kann ein Defaultwert bereits in der ersten Phase einer Variantenkonstruktion den Rückschluß auf das Fertigungsverfahren erlauben,

- sogenannte Seiteneffekte, welche die Auswirkungen von Wertbelegungen auf die Werte anderer Eigenschaften definieren. Ihre Implementierung erfolgt über objektbezogene Prozedurdefinitionen.

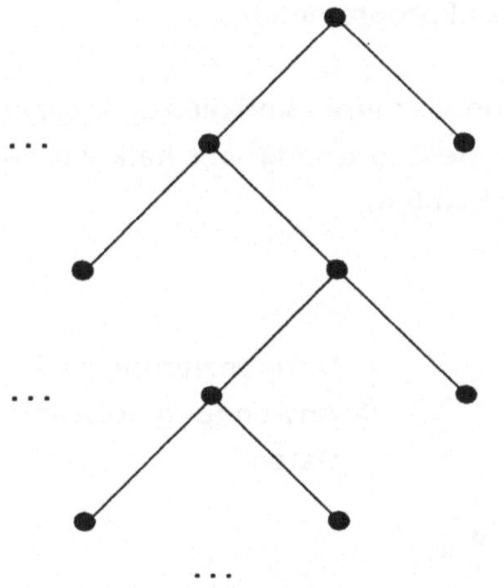

Abb.5: Die Produktklassenhierarchie

3.1.1.2. Die Funktionsklassen

Ähnlich den Produktklassen werden auch die Funktionen einer Produktpalette in einer Hierarchie dargestellt. Relevante Kriterien zur Unterscheidung sind die <u>Gesamtfunktionen und ihre Lösungsprinzipien</u>. Ziel ist es, Funktionsklassen mit verschiedenen Gesamtfunktionen, aber mit ähnlichen Lösungsprinzipkombinationen zusammenzufassen. Die Funktionsklassen erlauben in der zweiten Phase einen Ähnlichkeitsvergleich, der auf Funktionsprinzipien basiert.

3.1.1.3. Die Fertigungsverfahrensklassen

Auch die Fertigungsverfahren werden in der Wissensbasis hierarchisch geordnet. Sie werden nach <u>Einsatzgebieten, Zeiten und Kosten</u> eingestuft.

3.1.1.4. Die Klassifikation von Kalkulationsverfahren

Die Kalkulationsverfahren werden bezüglich folgender Merkmale klassifiziert:

- zur Anwendung notwendige Daten,
- Beschreibung der Verfahrensart (analytisch-mathematisch, heuristisch, statistisch),
- Genauigkeitsgrad des Ergebnisses,
- Kostenarten, die durch das Verfahren errechnet werden können (Herstellkosten, Materialkosten, Fertigungskosten) und
- Software, die zur Berechnung notwendig ist (Statistikprogramme).

Das Hauptkriterium zur Klassifizierung der Kalkulationsverfahren sind die <u>zur Anwendung notwendigen Daten</u>. Dadurch ergibt sich indirekt eine Zuordnung von Kalkulationsverfahren zu den einzelnen Phasen der Konstruktion (vgl. Abb.6).

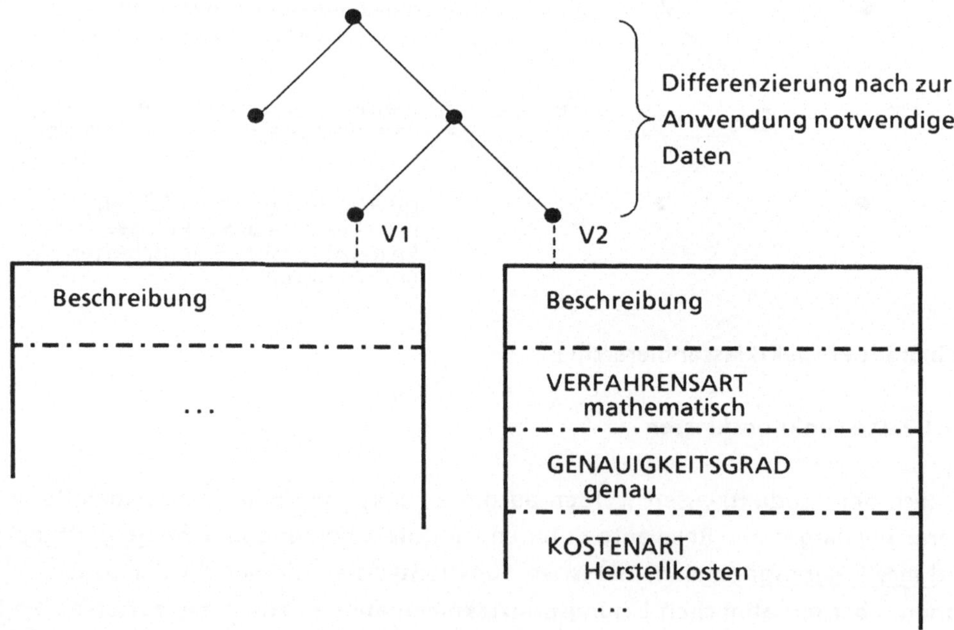

Abb.6: Die Kalkulationsverfahrensklassen

3.1.2. Die Regelbasis

Die beiden Hauptaufgaben des Expertensystems bestehen in der Durchführung eines Ähnlichkeitsvergleichs und in der Kostenermittlung auf der Basis eines ähnlichen Produktes. Die Regelbasis enthält strategisches Wissen, wie diese Aufgaben anhand des Klassifizierungssystems, der Anforderungsliste für das Produkt, der Spezifikationen des Konstrukteurs und der Daten der Datenbank gelöst werden können.

3.1.2.1. Strategische Regeln zum Durchführen des Ähnlichkeitsvergleichs

Um einen flexiblen Ähnlichkeitsvergleich zu garantieren, müssen generelle Strategien vorhanden sein, die betriebs- und produktunabhängig anwendbar sind, und es muß die Möglichkeit geboten werden, spezielle Regeln zu definieren, die optimal an die Situation im jeweiligen Betrieb angepaßt sind.

Die generellste Regel besagt, daß anhand einer Top-Down-Analyse das Produkt mit den ähnlichsten Eigenschaften und der ähnlichsten Kostenstruktur gefunden werden soll. Dies heißt, daß auf jeder Stufe der Hierarchie alle Alternativen untersucht und bewertet werden müssen und dann die "beste" weiterverfolgt wird. Unter der "besten" wird in diesem Zusammenhang diejenige Alternative verstanden, die bezüglich der Ähnlichkeit den größten Wert (den Wert mit der höchsten Evidenz) liefert.

Spezielle Regeln erlauben es, den Suchaufwand nach dem ähnlichsten Produkt wesentlich zu verringern. Sie können sowohl Sackgassen frühzeitig erkennen lassen als auch den besten Weg durch die Hierarchie mit Heuristiken direkt ableitbar machen. Die Suchoptimierungregeln können zu dem Ergebnis kommen, daß im aktuellen Fall Hierarchiestufen übersprungen werden dürfen, oder sie können zur Auswahl des besten Weges eingesetzt werden.

Ein weiterer Regeltyp dient dazu, die in der jeweiligen Phase nicht bereitstehenden Daten (vgl. Abschnitt 3.1.1.) abzuleiten.

Der Pattern Matching Mechanismus zur Auswahl einer geeigneten Regel sowie die Verarbeitung von Evidenzwerten im Zusammenhang mit der Anwendung von Regeln sind statische Prozesse, die bei der Erläuterung der Inferenzkomponente erklärt werden (siehe dazu Kap. 3.2.).

3.1.2.2. Regeln zur Auswahl von Kalkulationsverfahren

Ähnlich wie bei den Produktgruppen gibt es zwei Arten von Regeln:

1. <u>generelle Regeln zur Bestimmung aller aufgrund der bereitstehenden Daten anwendbaren Kalkulationsverfahren</u>: Diese Regeln steuern das Durchlaufen der Hierarchie der
   Kalkulationsverfahren.
2. <u>spezielle Regeln zur Priorisierung von anwendbaren Kalkulationsverfahren</u>: Diese nehmen Bezug auf die Kalkulationsverfahrensklassen. Sie beschreiben in ihrer Prämisse
   einen bestimmten Kontext (z.B. Sicherheit des Ergebnisses, Produktgruppe, ...) und
   priorisieren in ihrer Konklusion ein oder mehrere Verfahrensklassen mit einer gewissen
   Evidenz. Die Evidenz kann in diesem Fall als Priorisierungsstärke interpretiert werden.

Beispiel für eine spezielle Regel:

FALLS die Verfahren < K1 > und < K2 > anwendbar sind,
   UND < K1 > ist typisch für die ähnliche Produktgruppe,
   UND < K2 > ist untypisch für die ähnliche Produktgruppe,
DANN priorisiere < K1 > mit der Evidenz < EV >.

3.1.2.3. Die Kalkulationsverfahrensregeln

Die Kalkulationsverfahrensregeln beinhalten die eigentlichen <u>Formeln zur Kostenberech-
nung</u>. Sie beziehen sich in ihrer Prämisse auf kostenrelevante und dominante technisch-
physikalische Faktoren und berechnen in der Konklusion die Kosten. Ein besonderer Regeltyp dient dazu, kostenrelevante Faktoren, die in der aktuellen Phase im allgemeinen noch
nicht bereitstehen, über Defaultwerte abzuleiten. Um Schlußfolgerungen aus Default-
Werten ziehen zu können, muß der Evidenzwert der Ähnlichkeit zu einem Produkt genügend hoch sein.

Beispiel einer Regel, die sich an Kostenwachstumsgesetze anlehnt:

FALLS die Produktlänge ein kostenrelevanter Faktor ist,
   UND das Produkt ein Rotationsteil ist,
DANN wachsen die Kosten in der dritten Potenz zur Veränderung des Längenverhältnisses.

3.1.2.4. Die Regeln zur Optimierung des Kalkulationsergebnisses

Dieser Regeltyp spielt im Rahmen von <u>Kostensenkungsmaßnahmen</u> eine Rolle. Um nutz-
bringende Vorschläge machen zu können, beziehen sich diese Regeln nur auf Daten, die
entweder in Form von Festanforderungen oder als vom Konstrukteur genau spezifizierte
Werte definiert sind. Die Regeln schließen von bestehenden Produkteigenschaften in der
Prämisse auf verbesserte, kostengünstigere Eigenschaften in der Konklusion. Um entscheiden zu können, ob z.B. ein Fertigungsverfahren oder ein Material geeigneter ist als
das vom Konstrukteur gewählte, müssen die Alternativen untereinander bewertet werden.

Beispiel:

FALLS das Produkt groß ist,
    UND das Material <M1> ist schwer und teuer,
    UND es existiert ein leichteres und billigeres Material <M2>,
    UND <M2> erfüllt die gleichen technischen Voraussetzungen wie <M1>,
DANN schlage einen Leichtbau mit <M2> vor.

3.2. Die Inferenzkomponente

Die Inferenzkomponente verfügt über <u>statische Strategien</u>, die das Wissen der Wissensbasis ausnutzen, um gezielt Schlußfolgerungen zu ziehen. Hier erfüllt sie im wesentlichen die folgenden Aufgaben:

- Ableitung der Regeln zum <u>phasengesteuerten Ähnlichkeitsvergleich</u> auf der Basis des Klassifizierungssystems

- Ableitung der Regeln zur <u>Kostenermittlung</u> (Auswahlregeln, Formeln, Optimierungsregeln)

3.2.1. Auswahl der anwendbaren Regeln

Über einen Vergleichsmechanismus (Pattern Match) wird überprüft, welche Regeln anwendbar sind. Falls sich ein Prämissenglied auf einen Frameslot bezieht, so müssen sowohl die Eigenschaften der Ebene des aktuell untersuchten Frames als auch <u>vererbte Eigenschaften</u> aus übergeordneten Frames beachtet werden. Ein <u>Konfliktauflösungsmechanismus</u> priorisiert unter allen anwendbaren Regeln die speziellsten.

Direkt nach dem Pattern Match von Eigenschaften werden Regeln angewendet, die <u>konstruktive oder betriebliche Randbedingungen</u> beinhalten. Sind diese nicht erfüllt, so kann der eingeschlagene Weg nicht weiter verfolgt werden. Nicht erfüllte Restriktionen bilden somit ein "K.-o.-Kriterium".

Beim Pattern Match von Produkteigenschaften spielt die <u>Vergabe</u> und die <u>Verarbeitung von Unsicherheiten</u> - hervorgerufen durch den Vergleich mit unterspezifizierten oder relativen Aussagen der Anforderungsliste - eine wesentliche Rolle. Der Weg im Hierarchiebaum wird daher mit einem Unsicherheitsfaktor (Evidenzfaktor) bewertet.

Ziel der Suche in der Hierarchie ist das Erreichen eines Blattes, das mit einem ausreichend hohen Evidenzwert bewertet ist. Das heißt, daß der Evidenzwert über einem im Rahmen des Wissenserwerbs festzulegenden Schwellwert liegt. Kann kein Blatt erreicht werden, ist in der Regel nur eine sehr vage Aussage bezüglich der Ähnlichkeit möglich. Das Erreichen eines Blattes und damit verbunden ein genügend hoher Evidenzwert sind Voraussetzung für die Kostenberechnung. Falls der Ähnlichkeitsvergleich scheitert und damit keine Kalkulationsformel automatisch abgeleitet werden kann, steht dem Experten nur das Kosteninformationssystem zur Verfügung.

3.2.2. Berechnung der Kosten mit Hilfe der Regelbasis

Zur automatischen Kostenberechnung ist die erfolgreich abgeschlossene Suche nach einem ähnlichen Produkt notwendig. Dazu müssen die <u>Regelpakete zur Auswahl von Kalkulationsformeln und die Kalkulationsverfahrensregeln</u> ausgewertet werden. Wird dabei festgestellt, daß das gesetzte Kostenziel nicht erreicht wurde, wird automatisch das <u>Optimierungsregelpaket</u> ausgewertet. Ist das Kostenziel erreicht, kann sich der Experte wahlfrei für einen Optimierungslauf entscheiden. Dieser Teil des Expertensystems ist im Prototyp nicht implementiert.

3.3. Die Dialogkomponente

Die Dialogkomponente steuert den Dialog mit dem Konstrukteur. Sie verfolgt folgende Ziele:

- Die <u>Anzahl der Fragen</u> durch das Expertensystem soll möglichst <u>gering</u> sein. Das System sollte nur dann den Dialog beginnen, wenn ein Konflikt auftritt, der nur durch den Experten behoben werden kann. Fragen sollen nur zu solchen Daten gestellt werden, die zu diesem Zeitpunkt der Konstruktion im allgemeinen bekannt sind.

- Der Dialog wird in einer <u>verständlichen Form</u> mit Hilfe von Menüs und wahlfreien Erklärungstexten geführt.

- Benutzereingaben werden direkt auf syntaktische und, falls möglich, auf semantische <u>Korrektheit</u> überprüft.

3.4. Die Wissenserwerbskomponente

Die Wissenserwerbskomponente erlaubt es, <u>die Expertise</u> des Konstrukteurs und des Kostenrechnungsexperten in die Wissensbasis zu <u>transferieren</u> und damit den domänenspezifischen Teil der Wissensbasis aufzubauen bzw. zu erweitern. Die Wissenserwerbskomponente arbeitet interaktiv mit den Experten und kann zusätzlich Daten der Datenbank und, falls möglich, des Kosteninformationssystems verarbeiten. Die Eingaben der Experten werden auf Korrektheit und Konsistenz überprüft. Dieser Vorgang spielt vor allem beim Regelerwerb eine große Rolle. Die Wissenserwerbskomponente erfüllt im Rahmen des Erwerbs von domänenspezifischem Wissen folgende Aufgaben:

- <u>Aufbau der Produkt-, Funktionen- und Fertigungsverfahrenshierarchien</u>:
  Die Hierarchien können entweder ausschließlich interaktiv mit dem Experten oder gemischt interaktiv und automatisch aufgebaut werden, wobei Daten aus der externen Wissensbasis (Datenbank, Kosteninformationssystem) und Erfahrungswissen des Experten verarbeitet werden. Ein wichtiger Aspekt ist die Spezifikation von kostenrelevanten Faktoren, die entweder in Form von Erfahrungswissen zur Verfügung stehen oder mit Hilfe von Statistikprogrammen ermittelt werden können.

- <u>Erwerb von speziellen Regeln</u>:
  Da die allgemeinen Strategieregeln zum domänenunabhängigen Wissen gehören, müssen im Rahmen des Wissenserwerbs nur die speziellen Regeln hinzugefügt werden.

4. Stand und weitere Entwicklungen des Projektes

Der domänenunabhängige Teil des Expertensystems stellt in seiner Konzeption eine Expertensystemshell zur konstruktionsbegleitenden Kalkulation dar. Ziel des Projektes war die Umsetzung des Konzeptes in einen Prototypen, der in einer Minimalkonfiguration vorliegt.

Dieser ist neben der Inferenz- und der Dialogkomponente mit einer Wissensbasis ausgestattet, die domänenunabhängiges Wissen (Kalkulationsverfahren und generelle Strategien z.B. zur Durchführung des Ähnlichkeitsvergleichs) enthält. Durch die Implementierung der Wissenserwerbskomponente soll die Möglichkeit geschaffen werden, systemunterstützt das für ein lauffähiges System notwendige domänenabhängige Wissen zu erwerben. Dadurch wird der flexible Einsatz des Systems gewährleistet.

Langfristig sind im Bereich der Optimierungsregeln Erweiterungen vorgesehen, die mit Hilfe von umfangreichem Konstruktionswissen und mit gezielten konstruktiven Veränderungsvorschlägen eine weitergehendere aktive Hilfestellung zum kostengünstigen Konstruieren liefern sollen, als dies beim Minimalsystem der Fall ist. Darüber hinaus können die Verwendung einer objektorientierten Datenbank und die Realisierung der Programmintegration weitere Verbesserungen in den Einsatzmöglichkeiten und der Leistungsfähigkeit des Systems bringen.

Literaturverzeichnis

Becker, J.: Architektur eines EDV-Systems zur Materialflußsteuerung.
Berlin, Heidelberg, New York, Tokyo: Springer-Verlag, 1987.

Ehrlenspiel, K.: Kostengünstiges Konstruieren.
Berlin, Heidelberg, New York, Tokyo: Springer-Verlag, 1985.

Hillebrand, A., Ehrlenspiel, K.: Suchkalkulation - ein Hilfsmittel zum kostengünstigen Konstruieren.
CAD-CAM Report Nr. 1, 1986.

Hansen, F.: Konstruktionssystematik.
Berlin: Verlag Technik, 1968.

Kilger, W.: Einführung in die Kostenrechnung.
3. Auflage, Wiesbaden: Gabler Verlag, 1987.

Kreisfeld, P.: Kostenbestimmung mit CAD - Systemen für Rotationsteile.
München, Wien: Carl Hanser Verlag, 1985.

Pahl, G., Rieg, F.: Kostenwachstumsgesetze nach Ähnlichkeitsbeziehungen für Baureihen.
Darmstadt, VDI - Bericht Nr. 457, 1982.

Scheer, A.-W.: Konstruktionsbegleitende Kalkulation in CIM-Systemen.
Veröffentlichung des Instituts für Wirtschaftsinformatik, Nr. 50, 1985.

Scheer, A.-W.: CIM - Der computergesteuerte Industriebetrieb. 3. Auflage, Berlin, Heidelberg, New York, Tokyo: Springer-Verlag, 1988.

Scheer, A.-W.: Wirtschaftsinformatik - Informationssysteme im Industriebetrieb. Berlin, Heidelberg, New York, Tokyo: Springer-Verlag, 1988.

VDI - Richtlinie 2222: Konstruktionsmethodik.
Düsseldorf 1977.

Wahlster, W.: Vorlesungsskript: Expertensysteme
Universität des Saarlandes, Fachbereich Informatik SS 1985.

Das Computer-Algebra-System SIMATH in der Zahlentheorie

R. Böffgen, B. Weis, H.G. Zimmer

Fachbereich Mathematik

SIMATH ist ein Computer-Algebra-System mit Schwerpunkt in der algebraischen Zahlentheorie. Das System basiert auf der Sprache C und besteht aus Algorithmenpaketen für Listenverwaltung und -bearbeitung, für die Arithmetik über Z, Q, Z/mZ und endlichen Körpern einschließlich Faktorisierung über Z und endlichen Körpern, für das Rechnen mit Polynomen über diesen Strukturen bis hin zur Faktorisierung, für Matrizen und für die Arithmetik über globalen Körpern. Letzteres dient als Grundlage für ein Paket zur algebraischen Zahlentheorie, das die Charakterisierung globaler Körper (Fundamentaleinheiten, Ganzheitsbasen, Klassenzahl) und elliptischer Kurven zum Ziel hat. Ergänzt wird SIMATH durch den interaktiv arbeitenden Calculator SIMCALC, der die vorhandenen Algorithmen im Dialog zugänglich macht.

1. Überblick

Mit zunehmender Bedeutung des Computers auch in der reinen Mathematik hat sich aus der Fachrichtung Algebra/Zahlentheorie der Zweig der *konstruktiven Zahlentheorie* herausgebildet. Deren Aufgabe ist es, Rechenverfahren zu entwickeln, um die theoretische Forschung durch Modellrechnungen zu unterstützen.

Es erwies sich als sinnvoll, ein Computer-Algebra-System zu erstellen, das dieser Aufgabenstellung in besonderer Weise gerecht wird. SIMATH, d.h. SInix-MATHematik, ist ein Computer-Algebra-System mit Schwerpunkt in der algebraischen Zahlentheorie, das auf dem SINIX-Rechner PC-MX2 entwickelt wird.

SIMATH ist aufgrund
- der auf Listen basierenden internen Datenstrukturen
- der Hierarchie innerhalb des Systems

verwandt mit Systemen wie *Reduce, SAC-2* oder *Maple*.

Von den genannten Systemen unterscheidet sich SIMATH wesentlich durch
- das Hauptanwendungsgebiet *algebraische Zahlentheorie* (siehe 3.und 4. Abschnitt),
- die Konzeption des Systems,
- die Sprache.

SIMATH ist in C geschrieben. Der Anwender arbeitet ebenfalls in C: Die SIMATH-Funktionen werden durch Funktionsaufruf in seine C-Programme integriert. Das sonst erforderliche Erlernen einer neuen Programmiersprache entfällt also.

Einen zweiten Zugang zu SIMATH bietet der interaktiv arbeitende Calculator SIMCALC. SIMCALC ist besonders geeignet für Benutzer mit wenig Programmiererfahrung, aber auch für Zwischenrechnungen, für die das Schreiben eines eigenen Programms zu aufwendig wäre.

SIMATH ist konzipiert als *offenes System* mit Offenlegung der Datenstrukturen und der Quelltexte. Das ermöglicht

- die Anpassung vorhandener, allgemeingehaltener Algorithmen an die speziellen Probleme des Anwenders,
- das Hinzufügen eigener Algorithmen an allen Stellen innerhalb des Systems.

Den *hierarchischen Aufbau* der Algorithmensammlung kann der Programmentwickler nutzen, um das System in einer anderen Richtung weiterzuentwickeln und dabei auf einer für ihn sinnvollen Ebene der Hierarchie aufzusetzen.

2. Logischer Aufbau von SIMATH

Für den Programmentwickler wurde eine bequeme <u>Benutzeroberfläche</u> geschaffen, die die SHELL-Ebene des Betriebssystems SINIX überlagert. Sie reduziert wichtige SINIX-Kommandos auf einen einzigen Tastendruck und übernimmt dabei automatisch die Systemverwaltung und die Organisation der Modulbibliotheken.

Die Basis des Systems bildet die <u>Programmiersprache C</u> zusammen mit einem <u>Listensystem</u>. Zur effektiven Ausnutzung des Listenspeichers wird dieser dynamisch erzeugt und durch einen automatischen *garbage collector* verwaltet. Zur Zeit umfaßt das Listenpaket über 100 Algorithmen z.B. zur Listenverwaltung, zum Suchen und Sortieren, sowie zur Bearbeitung von charakteristischen Mengen in der Kombinatorik.

Zur Basis hinzuzuzählen sind eigens für SIMATH erstellte Ein- und Ausgabefunktionen, welche mit den entsprechenden C-Standardfunktionen übereinstimmen, jedoch diese für zusätzliche Formatierungswünsche und für neu hinzukommende Datentypen verallgemeinern.

Eine Algorithmensammlung zur <u>allgemeinen Arithmetik</u> über **Z**, **Q**, **Z/mZ** und endlichen Körpern baut auf das Listensystem auf. Lange Zahlen werden als "multiple precision numbers" dargestellt zur Basis 2^{30}.

Auf die Schnelligkeit der Algorithmen wurde großer Wert gelegt. Zur Berechnung von $2^{132049}-1$ zum Beispiel, einer sogenannten *Mersenne-Primzahl*, mit einem "normalen" Potenzieralgorithmus, d.h. ohne Linksshifts bei Zweierpotenzen, benötigt SIMATH auf dem MX2 lediglich 6,6 Sekunden. Die erwähnte Zahl hat 39751 Dezimalstellen!

Das Paket für die allgemeine Arithmetik umfaßt ca. 160 Funktionen. Neben den Grundrechenarten sind dies z.B. ggT, Chinesischer Restsatz, Primzahltests und Faktorisierung.

Ferner existiert ein Paket von Routinen für das Rechnen mit <u>Polynomen</u> in beliebig vielen Unbestimmten über den oben genannten mathematischen Strukturen. Zur internen Darstellung stehen sowohl die *dense*- als auch die *sparse*-Version zur Verfügung. Mit den z.Zt. ca. 160 Programmen sind u.a. Auswerten, Einsetzen, Transformationen, Resultantenberechnung und Faktorisierung von Polynomen über allen erwähnten Strukturen möglich. Teilweise werden mehrere Alternativen zu einer Problemstellung angeboten. Für die Resultante stehen z.B. die Verfahren von *Bezout, Collins* und *Sylvester* zur Auswahl.

Ein <u>Matrizenpaket</u> über den erwähnten Strukturen - auch über Polynomringen - ist im Aufbau. Hierzu gehören die Grundrechenarten über Matrizenringen, das Lösen von Gleichungssystemen, Determinante und Normalformen von Matrizen.

Ein System der <u>speziellen Arithmetik</u> über globalen Körpern ist als Grundlage für die konstruktive Forschung in der Algebra und Zahlentheorie unumgänglich. *Globale Körper* sind algebraische Zahlkörper und Funktionenkörper, gewisse Verallgemeinerungen der rationalen Zahlen **Q**, der Primkörper **Fp** oder der endlichen Körper allgemein.

Das Erforschen der Gesetzmäßigkeiten in diesen höheren mathematischen Strukturen ist notwendig, um dadurch rückwirkend zum tieferen Verständnis noch ungelöster Probleme in den zugrundeliegenden Strukturen zu gelangen.

Eine Spezialbibliothek für Anwendungen in der <u>algebraischen Zahlentheorie</u> wird zum Schwerpunkt des SIMATH-Systems ausgebaut. Die hier implementierten Verfahren arbeiten mit der speziellen Arithmetik. Auf die Inhalte dieses Pakets und den mathematischen Hintergrund wird im nächsten Kapitel eingegangen.

Ergänzt wird SIMATH durch den <u>interaktiven Calculator SIMCALC</u>, der die im System vorhandenen Algorithmen im Dialogverfahren anwendbar macht.

SIMCALC ist ausgestattet mit ausführlichen "help features". Das System bearbeitet Ausdrücke in beliebiger Form mit Funktionsaufrufen, Variablen und Klammern, speichert

Zwischenergebnisse, führt auf Wunsch Protokoll, zeigt abschnittsweise den Rechenzeit- und Speicherplatzverbrauch an, fängt Eingabefehler ab, u.s.w. Frühere Eingabezeilen kann man zurückrufen, editormäßig korrigieren und dann neu ausführen.

Der derzeitige Entwicklungsstand wird an der folgenden Skizze deutlich:

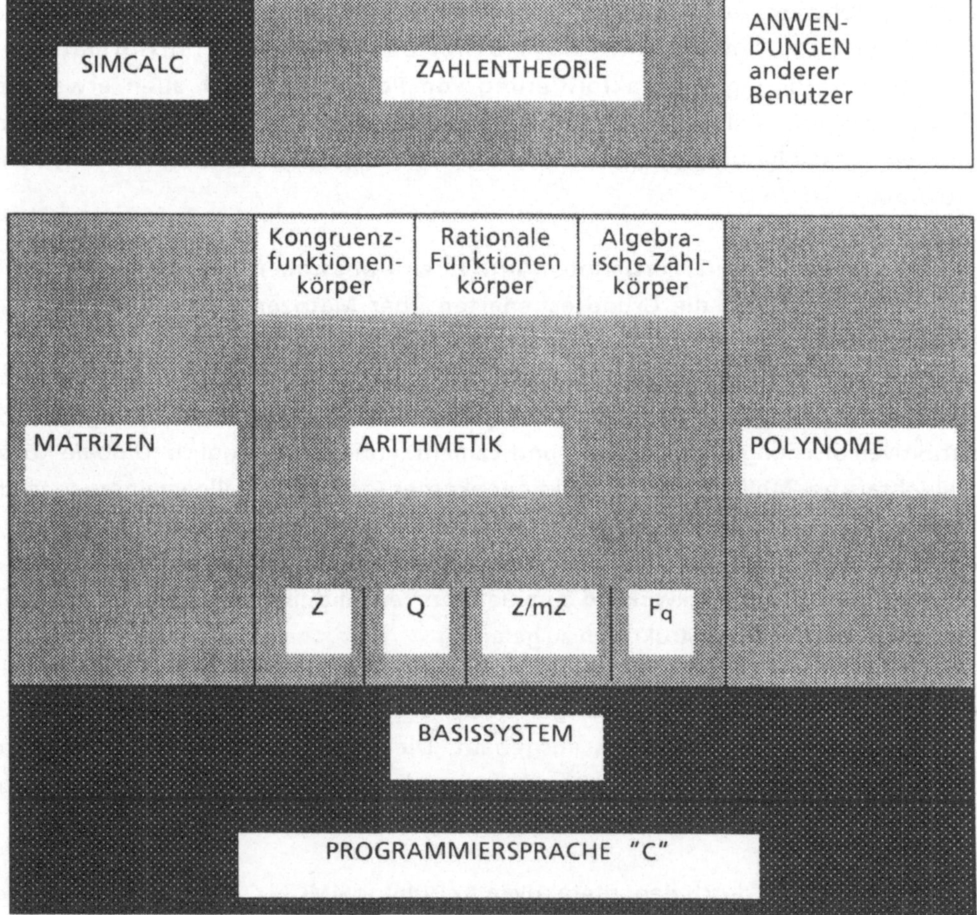

3. **Globale Körper**

Im Ring **Z** der ganzen Elemente des rationalen Zahlkörpers **Q** ist die Arithmetik gut zu beherrschen. In endlichen Körpererweiterungen von **Q**, den sogenannten *algebraischen Zahlkörpern*, gibt es zwar auch einen Ring von ganzen Elementen, aber die Arithmetik hierin ist komplizierter. Es treten neue, für den jeweiligen Körper spezifische Strukturen auf, die beim Rechnen in solchen Körpern berücksichtigt werden müssen. In welcher Weise dies geschieht, soll im folgenden ausgeführt werden.

Ein Beispiel dafür sind die multiplikativen Bausteine der Arithmetik in **Q**, die Primzahlen, die in Zahlkörpern **K** durch die *Primideale* zu ersetzen sind. An die Stelle der Elementzerlegungen in **Q** treten in **K** die Zerlegungen der Ideale in Primideale. Die Gesetzmäßigkeiten werden hier erfaßt durch Betrachtung der *Ideale*, einer Verallgemeinerung des "Element"-Begriffs, und ihre Einteilung in bestimmte *Idealklassen*.

Ein Hauptproblem der algebraischen Zahlentheorie ist die Charakterisierung endlich-algebraischer Zahl- und Funktionenkörper **K** etwa durch Angabe einer *Ganzheitsbasis*, der *Fundamentaleinheiten* und der *Idealklassengruppe* des Rings der ganzen Elemente von **K**, d.h. des algebraischen Abschlusses von **Z** (bzw. eines Polynomrings) in **K**, und im Zusammenhang damit des Zerlegungsverhaltens irreduzibler Elemente aus **Z** (Polynomring) in **K**.

Zur Verdeutlichung der oben erwähnten Begriffe möge eine Gegenüberstellung des rationalen Zahlkörpers **Q** mit dem Ring der ganzen Zahlen **Z** und des quadratischen Zahlkörpers **K** : = **Q**($\sqrt{D}$) (D aus **Z**\{0,1}, durch kein rationales Quadrat ungleich 1 teilbar) dienen.
Für vorgegebenes D besteht **Q**($\sqrt{D}$) aus allen komplexen Zahlen, die sich in der Form $r + s\sqrt{D}$ (r,s $\in$ **Q**) schreiben lassen. Gleichzeitig bildet **K** einen *Vektorraum* der Dimension 2 über **Q**: {1, $\sqrt{D}$} ist eine **Q**-Basis von **K**.

Das Analogon zu **Z** in **Q** bildet in **K** der Ring **R** der über **Z** ganzen Elemente aus **K**: **R** ist die Menge der Nullstellen aller Polynome $X^2 + aX + b$ mit a,b aus **Z**.
R heißt *Ganzheitsring* oder *Maximalordnung* von **K** und umfaßt offensichtlich den Ring **Z**, d.h. **R** kann als *Z-Modul* aufgefaßt werden, womit sich automatisch die Frage nach einer **Z**-Basis von **R**, d.h. einer *Ganzheitsbasis*, stellt. Erst die Kenntnis einer solchen Basis ermöglicht das Rechnen in **R**.

Um die Frage danach zu beantworten, muß man sich zunächst überlegen, wie die Elemente von **R** überhaupt aussehen. Sei also α: = $m + n\sqrt{D}$ (m,n $\in$ **Q**) ein beliebiges Element aus **R**; da α Nullstelle eines quadratischen Polynoms $X^2 + aX + b$ (a,b $\in$ **Z**) ist, müssen für α und ihre Konjugierte α': = $m - n\sqrt{D}$ folgende Gleichungen gelten:

i) $2m \quad\quad = \alpha + \alpha' \quad = -a \in Z$

ii) $m^2 - n^2 D = \alpha\,\alpha' \quad = b \in Z$

Aus i) folgt sofort, daß m höchstens den Nenner 2 besitzen kann, und da D quadratfrei vorausgesetzt war, kann auch in n höchstens der Nenner 2 auftreten.

Stellt man m und n in der Form m = $\frac{1}{2}$m' bzw. n = $\frac{1}{2}$n' dar mit ganzen Zahlen m',n', so muß (m'^{2}-n'^{2}D) durch 4 teilbar sein und für m'^{2}, n'^{2} gelten:

$$m'^2 \equiv 0,1 \bmod 4; \quad\quad\quad n'^2 \equiv 0,1 \bmod 4.$$

Ist D $\equiv$ 2,3 mod 4, folgt somit, daß m' und n' gerade, m und n also ganz sein müssen; ist D $\equiv$ 1 mod 4, folgt, daß m' und n' beide ungerade oder beide gerade sind. Insgesamt erhält man:

Ist D $\equiv$ 1 mod 4, so ist $\{\, 1, \frac{1}{2}(1 + \sqrt{D})\,\}$ Ganzheitsbasis von **R**;

ist D $\equiv$ 2,3 mod 4, so ist $\{\, 1, \sqrt{D}\,\}$ Ganzheitsbasis von **R**.

Ein wichtiges Kriterium eines Rings ist die Gruppe der multiplikativ invertierbaren Elemente, der sogenannten *Einheiten*. In **Z** besteht diese Gruppe nur aus den Elementen 1 und -1. Für den Ganzheitsring **R** eines quadratischen Zahlkörpers **K** stimmt die Einheitengruppe im allgemeinen nicht mit der von **Z** überein. So ist z.B. das Element $(2 + \sqrt{3})$ aus **K** = **Q**$(\sqrt{3})$ eine Einheit im Ganzheitsring **R** = **Z**$[\sqrt{3}]$ von **K**:

$$(2 + \sqrt{3})\,(2 - \sqrt{3}) = 4 - 3 = 1.$$

Ebenso sind alle Potenzen von $(2 + \sqrt{3})$ Einheiten in **R**, d.h. die Einheitengruppe von **R** enthält unendlich viele Elemente. Aus der Theorie der algebraischen Zahlkörper ist bekannt, daß die Einheitengruppe des Ganzheitsringes **Z**$[\sqrt{3}]$ von **Q**$(\sqrt{3})$ isomorph zu **Z**/2**Z** $\oplus$ **Z** ist, wobei **Z**/2**Z** und **Z** zyklische Gruppen sind. Man ist daher an erzeugenden Elementen der Einheitengruppe, den sogenannten *Fundamentaleinheiten*, interessiert. In unserem Beispiel ist $(2 + \sqrt{3})$ eine solche Fundamentaleinheit. (Dies müßte eigentlich erst gezeigt werden.)

Eine Frage hinsichtlich des Ganzheitsringes **R** ist, ob die Eigenschaft einer Zahl a aus **Z**, unzerlegbar zu sein, beim Übergang von **Z** auf **R** erhalten bleibt, und falls sie nicht unzerlegbar ist, wie eine Zerlegung in irreduzible Elemente von **R** aussieht und ob diese eindeutig ist. Betrachten wir auch hier das Beispiel **Q**$(\sqrt{3})$: 13 ist ein irreduzibles Element in **Z**, läßt sich aber in **R** als Produkt zweier Nichteinheiten darstellen:

$$13 = (4 + \sqrt{3})(4 - \sqrt{3})$$

d.h. die *Irreduzibilität* eines Elementes kann verlorengehen.

Auch die *Eindeutigkeit* der Zerlegung in irreduzible Elemente ist in **R** im allgemeinen nicht mehr gegeben. Betrachten wir ein konkretes Beispiel:

Sei **K** = **Q**($\sqrt{-5}$) und **R** = **Z**[$\sqrt{-5}$]. In **R** läßt sich die Zahl 6 offensichtlich auf zwei verschiedene Weisen als Produkt irreduzibler Elemente darstellen:

$$6 = 2\cdot 3 = (1 + \sqrt{-5})(1 - \sqrt{-5}) \ .$$

Ein Maß für die Mehrdeutigkeit einer solchen Darstellung ist die sogenannte *Idealklassenzahl* von **R**, d.h. die Ordnung der *Idealklassengruppe*. Vor der Definition der Idealklassengruppe müssen zunächst die Begriffe *(gebrochenes) Ideal* und *(gebrochenes) Hauptideal* eingeführt werden.

Eine Menge **A** von Elementen aus **K**, die die Bedingungen

    i) mit a,b $\in$ **A** und c,d $\in$ **R** ist auch ac + bd $\in$ **A**
    ii) es existiert ein festes c $\in$ **K**\\{0} so daß c·**A**$\subseteq$**R**

erfüllt, heißt *gebrochenes Ideal* oder kurz *Ideal* von **R**. Offensichtlich können Ideale als Moduln über **R** aufgefaßt werden. Ein Ideal **A** heißt *Hauptideal*, wenn **A** als **R**-Modul eine einelementige Basis besitzt, wenn also **A** von einem einzigen Element erzeugt werden kann.

Die Ideale von **R** bilden eine kommutative Gruppe **I**, die Hauptideale eine Untergruppe **H** von **I**, und die Faktorgruppe **I/H** ist die *Idealklassengruppe* von **R**.

Diese Begriffe übertragen sich - entsprechend komplizierter - auf beliebige algebraische Zahl- bzw. Funktionenkörper. Der Zahlentheoretiker ist daher daran interessiert, über Algorithmen zu verfügen, die ihm die oben aufgeführten Informationen jeweils für den Körper beschaffen, in dem er zu rechnen wünscht.

Solche Algorithmen sind allerdings in der Regel so komplex, daß ihre manuelle Durchführung nicht mehr möglich oder zumindest äußerst mühsam ist, so daß der Computer diese Aufgabe übernehmen muß.

Von SIMATH werden praktisch alle Algorithmen, die zur Charakterisierung quadratischer Zahl- und Kongruenzfunktionenkörper nötig sind, zur Verfügung gestellt.
Algorithmen für den allgemeinen Fall sind in Arbeit. In erster Linie sind dies Routinen zur Berechnung der Ganzheitsbasis und des Zerlegungsgesetzes für beliebige algebraische Zahlkörper und Kongruenzfunktionenkörper.

4. Elliptische Kurven

Im Zentrum der *arithmetischen algebraischen Geometrie*, also der algebraischen Geometrie über globalen Körpern **K**, stehen die *abelschen Varietäten*. Das sind Nullstellenmengen
von Polynomen, die zusätzlich die Struktur einer additiven abelschen Gruppe tragen. Ihre
theoretische und rechnerische Beherrschung setzt die Beherrschung der Arithmetik in **K**
voraus.

Die einfachsten abelschen Varietäten sind diejenigen der Dimension 1, die sogenannten
elliptischen Kurven. Wir erläutern sie am Beispiel des rationalen Zahlkörpers **K** = **Q** als
Grundkörper.

Eine elliptische Kurve **E** über **Q** ist die Lösungsmenge einer durch ein kubisches Polynom
gegebenen nichtsingulären Gleichung

$$Y^2 = X^3 + aX + b \quad (a,b \in \mathbf{Q})$$

in einem **Q** enthaltenden algebraisch abgeschlossenen Körper, also etwa im Körper **C** der
komplexen Zahlen. Die *Nichtsingularität* der kubischen Gleichung bedeutet, daß das Polynom $X^3 + aX + b$ keine mehrfachen Nullstellen haben darf, was durch die Bedingung

$$\Delta = 4a^3 + 27b^2 \neq 0,$$

also das Nichtverschwinden der *Diskriminante* Δ von **E**, sichergestellt wird.

Zur Lösungsmenge der kubischen Gleichung ist noch der aus dem projektiven Abschluß von
E herrührenden Fernpunkt $O = (\infty, \infty)$ mit den formalen Koordinaten ∞ hinzuzurechnen. In
der arithmetischen algebraischen Geometrie interessiert man sich jedoch nicht für die volle
Lösungsmenge, sondern nur für die Menge der Lösungen $P = (x,y)$ der Gleichung von **E** mit
Koordinaten in **Q**, also für die rationale Punktmenge

$$E(\mathbf{Q}) = \{\, P = (x,y) \in \mathbf{Q}^2 \mid y^2 = x^3 + ax + b \,\} \cup \{O\}.$$

Diese Menge ist - wie gesagt - deswegen so interessant, weil sie einerseits die Nullstellen-
menge eines kubischen Polynoms und andererseits eine additive abelsche Gruppe darstellt.
Dadurch werden Methoden aus der Geometrie, nämlich der *Kurventheorie*, und aus der
Algebra, nämlich der *Gruppentheorie*, auf **E** anwendbar, und dabei spielt die Arithmetik
des Grundkörpers **K** bzw. **Q** eine entscheidende Rolle.

Die *Gruppenaddition* in **E(Q)** ist durch das *Sehnen-Tangenten-Verfahren* begründet. Zu
zwei gegebenen Punkten P_1, P_2 in **E(Q)** bildet man die Sekante durch P_1 und P_2 bzw. für
$P_1 = P_2$ die Tangente durch P_1 an **E**. Diese schneidet die Kurve in einem weiteren Punkt, den
man an der X-Achse spiegelt. Der gespiegelte Punkt ist die Summe $P_1 + P_2$ in **E(Q)**.

Nach einem fundamentalen *Theorem von Mordell* ist die Gruppe **E(Q)** endlich-erzeugt, d.h. **E(Q)** ist isomorph zur direkten Summe aus einer endlichen Untergruppe von **E(Q)**, der *Torsionsgruppe* $E(Q)_{tor}$ von **E** über **Q**, und endlich vielen Exemplaren der additiven Gruppe der ganzen Zahlen **Z**:

$$E(Q) \simeq E(Q)_{tor} \oplus Z^r$$

Die nichtnegative Zahl r wird der *Rang* von **E** über **Q** genannt.

Zwei interessante Fragen über **E(Q)** liegen nahe:

1. Welche Struktur hat die Torsionsgruppe $E(Q)_{tor}$ und wie berechnet man sie?
2. Wie groß ist der Rang r und wie berechnet man ihn sowie eine Basis des zugehörigen sogenannten "freien" Anteils von **E(Q)**?

Die erste Frage ist wesentlich leichter zu beantworten als die zweite. Da das Additionsgesetz, das die Gruppenstruktur von **E(Q)** liefert, explizit zur Verfügung steht, bieten sich Computerrechnungen zur Beantwortung der obigen Fragen und zur Lösung ähnlicher Problemstellungen an.

Als ein wesentliches Hilfsmittel in der Theorie der elliptischen Kurven erwähnen wir noch die *kanonische Höhe*, eine Abbildung von **E(Q)** in die reellen Zahlen

$$\hat{h}: E(Q) \to R,$$

die eine quadratische Form auf **E(Q)** darstellt. Ihre Bedeutung wird z.B. daraus ersichtlich, daß sie zur Kennzeichnung der Torsionsgruppe dienen kann:

$$P \in E(Q)_{tor} \Leftrightarrow \hat{h}(P) = 0$$

oder daraus, daß sie auf dem r-dimensionalen reellen Vektorraum $E(Q) \otimes_Z R$, zu dem sich die Gruppe **E(Q)** erweitern läßt, eine euklidische Norm liefert. Mit diesem Hilfsmittel kann die zweite Frage behandelt werden.

Die kanonische Höhe $\hat{h}$ ist im Rahmen des SIMATH-Systems berechenbar. Weitere Routinen dienen z.B. der Punktarithmetik oder der Bestimmung aller Punkte beschränkter Höhe.

Natürlich gelten die obigen Ausführungen analog für elliptische Kurven **E** über beliebigen globalen Körpern **K**. Die entsprechenden Berechnungen lassen sich von **Q** auf **K** übertragen.

Computergestützte Freileitungsplanung unter Berücksichtigung von Sichtbarkeitsberechnungen

Lehrstuhl für Energieversorgung

M. Groß, H.-J. Koglin

1. Einleitung

Die Errichtung neuer Hochspannungsfreileitungen ist für die Energieversorgungsunternehmen in den letzten Jahren zunehmend schwieriger geworden. Wachsendes Umweltbewußtsein unter der Bevölkerung und der immer deutlicher zu hörende Ruf nach Verkabelung verunsichern auch die Genehmigungsbehörden. Dabei werden wirtschaftliche Argumente immer mehr außer Acht gelassen. Aus diesen Gründen ist man bei der Planung und Genehmigung der Trassenführung bestrebt, den optischen Eindruck der Freileitung in der Landschaft möglichst gering zu halten. Aus Mangel an einem objektiven ingenieurmäßigen Verfahren zur quantitativen Erfassung der Sichtbarkeit der Trasse mußten die Entscheidungen bisher anhand subjektiver qualitativer Kriterien erfolgen.

Ziel des Forschungsprojektes ist es, zwischen den Extremen "teueres, aber unsichtbares Kabel" und "billige, aber auffällige Freileitung" einen Kompromiß zu finden, der aufgrund objektiver Kriterien ermittelt wird und deshalb eine computergestützte algorithmische Bearbeitung ermöglicht. Gesucht wird eine (nicht allzu teuere) Freileitung, die unter verschiedenen Alternativen eine möglichst geringe Auffälligkeit im Gelände aufweist. Dabei werden folgende zwei Teilziele verfolgt:

- Die realistische perspektivische Darstellung von Freileitungen im Gelände auf einem Farbgrafikbildschirm mit Hilfe von problemspezifischen Grafikalgorithmen.

- Die quantitative Erfassung der Sichtbarkeit der Freileitung durch einen neuen Bildverarbeitungsalgorithmus.

2. Allgemeine Beschreibung des Softwarepaketes "3DOG"

Bild 1 zeigt den Aufbau des Softwarepaketes 3DOG (3-dimensionale Darstellung von Objekten im Gelände), dessen einzelne Module im folgenden näher erläutert werden.

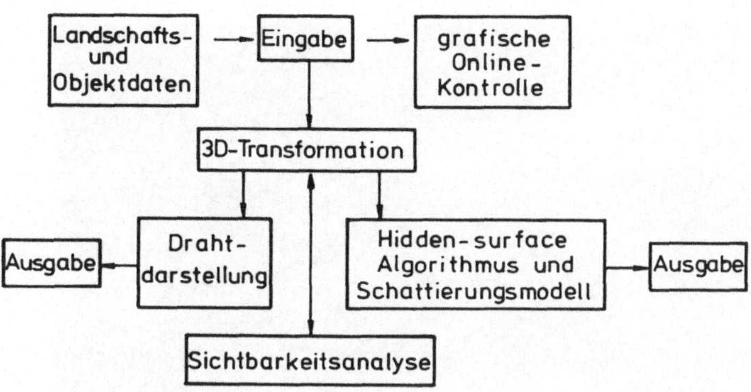

Bild 1: Aufbau des Softwarepaketes **3DOG**

3DOG besteht aus drei wesentlichen Teilen:

1. Das Eingabemodul, welches die digitale Erfassung des Geländes und der übrigen Szenerie ermöglicht.
2. Das 3D-Modul, welches die Szenerie dreidimensional rekonstruiert und transformiert.
3. Das Modul zur Sichtbarkeitsanalyse, welches ausgehend von rekonstruierten Modellen die quantitative Erfassung des optischen Eindrucks der Freileitung übernimmt.

3. Realistische Darstellungen mittels Computergrafik

3.1 Eingabe und Modellierung der Szenerie

Zur dreidimensionalen Rekonstruktion der Szene müssen zunächst alle erforderlichen Daten in den Rechner eingegeben werden. Dies erfolgt über einen Digitizer durch Abtasten von Höhenlinien aus topografischen Karten. Weiterhin müssen Symbole für Bebauung, Masten und Bewuchs gesetzt werden. Diese entnimmt der Anwender wahlweise entsprechenden Bibliotheken oder definiert sie selber frei. Das Ergebnis einer solchen Eingabe ist ein zweidimensionales Abbild des Geländes wie in Bild 2. Der Koordinatenursprung liegt in der linken unteren Kartenecke. Zur Eingabe größerer Bereiche wird die Karte segmentiert.

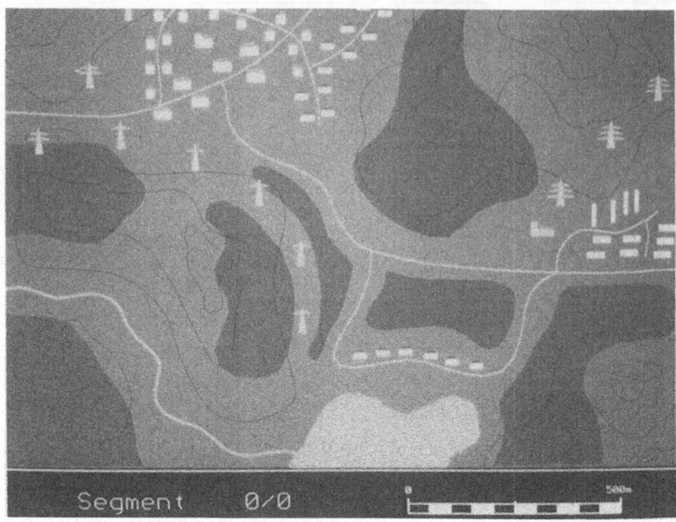

Bild 2: Zweidimensionales Abbild des Geländes

So können für dasselbe Gelände verschiedene Trassenvarianten zur späteren Beurteilung zugrunde gelegt werden.

3.2 Erzeugen von Gelände- und Objektmodellen

Die Umwandlung der eingegebenen Höhenlinieninformation in ein äquidistantes Geländeraster erfolgt mittels gewichteter Interpolation. Dabei werden die Höhenlinien gemäß Ihres Abstandes zum entsprechenden Rasterpunkt gewichtet und so dessen Höhe berechnet.

Die Höhenkoordinate z_0 eines Rasterpunktes ergibt sich dann gemäß Djowsi (1) aus den entlang den Rasterlinien nächstgelegenen Höhenlinien $H_1, ..., H_4$ (vgl. Bild 3) zu

$$z_0 = \frac{H_1/d_1 + H_2/d_2 + H_3/d_3 + H_4/d_4}{1/d_1 + 1/d_2 + 1/d_3 + 1/d_4} \qquad (1)$$

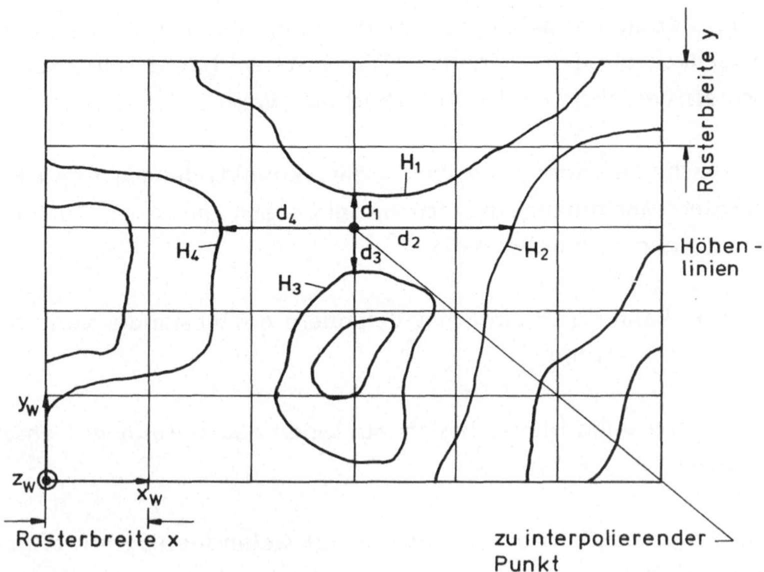

Bild 3: Gewichtete Interpolation der Geländeraster

Das so interpolierte Geländeraster wird nun im 3D-Modul weiterverarbeitet. Jeweils vier Rasterpunkte bilden dann ein Polygon zur Weiterverarbeitung durch die Grafikalgorithmen.

In gleicher Weise wird auch die Information über dreidimensionale Modelle und zusammengehörige Polygone von Masten, Bewuchs, Bebauung usw. aus entsprechenden Bibliotheken entnommen und daraus das Objekt im Programm rekonstruiert. Seine Position in der Landschaft ergibt sich aus den Eingabedaten und einer Höheninterpolation der umgebenden Rasterpunkte. Die das Objekt beschreibende Datei beinhaltet folgende Information:

a) Eckpunkte des Objektes in Objektkoordinaten
b) generierende Polygone über Pointer auf die entsprechenden Eckpunkte
c) R-G-B-Werte für die Farben der Polygone

3.3 Wahl von Beobachterstandpunkt und Blickrichtung

Zur subjektiven Ermittlung der optischen Umweltwirksamkeit der geplanten Trasse hat der Anwender nun die Möglichkeit, durch die Wahl von Beobachterstandpunkt (BP) und Blickrichtung (BR) bezüglich des Kartenursprungs ein realistisches Bild der modellierten Szenerie zu erzeugen. Das Programm simuliert einen fiktiven Beobachter an der eingegebenen Stelle in der Landschaft. Dabei werden folgende Prozeduren im Programm abgearbeitet:

a) Die Augentransformation, welche die Umwandlung sämtlicher Polygoneckpunkte von Welt- in Augenkoordinaten übernimmt. Dieses System hat seinen Ursprung im Auge des Beobachters, wobei die z-Achse in Blickrichtung weist.

b) Die perspektivische Transformation, welche die Eckpunkte danach in eine Bildebene vor den Beobachter transformiert, daß sich ein Sehbereich von ca. 45° Durchmesser ergibt (entsprechend einem 50 mm Objektiv).

c) Ein Zoom-Effekt kann durch einfaches Verändern des Abstandes von Bildebene und Beobachter erreicht werden.

d) Der Hidden-Surface-Algorithmus basiert auf einer z-Sortierung mit anschließenden Überlappungstests.

e) Das Schattierungsmodell wird zur Zeit nur auf Geländepolygone angewandt und berechnet gemäß den Gesetzen der diffusen Reflexion die Helligkeit für jedes Polygon in Abhängigkeit von der Lage der Lichtquelle.

3.4 Beispieldarstellungen

Bild 4 zeigt eine vom Farbgrafikbildschirm fotografierte 3D-Ansicht des in Bild 2 dargestellten Geländes, wobei die SW-Fotografie das tatsächliche Farbbild nur sehr ungenügend wiedergibt. Neben der Landschaftsrekonstruktion aus der Höhenlinieninformation ist die geplante Trasse zu erkennen. Leiterseile werden nicht mit dargestellt.

Bild 4: 3D-Rekonstruktion BP: 60,1100 | BR: 700,800 in Weltkoordinaten

4. Die Sichtbarkeitsanalyse

4.1 Theoretische Grundlagen

<u>Einflußfaktoren.</u> Zunächst ist es notwendig, die physiologischen und physikalischen Einflußfaktoren auf die optische Auffälligkeit eines Objektes zu ermitteln und hinsichtlich ihrer Bedeutung zu klassifizieren. Psychologische Einflußfaktoren, wie zum Beispiel Formempfinden und Ästhetik sind subjektiv und können daher nicht Gegenstand eines objektiven Verfahrens sein.

<u>Das Gesichtsfeld des menschlichen Auges.</u> Bild 5 zeigt die Abhängigkeit der Sehschärfe (Visus) vom Retinaort. Diese Kurve kann als rotationssymmetrisch angenommen werden und wird durch die beiden Polarkoordinaten α und ξ beschrieben.
Es gilt

$$V(\alpha, \xi) \approx a + \frac{b}{\alpha + c} \tag{2}$$

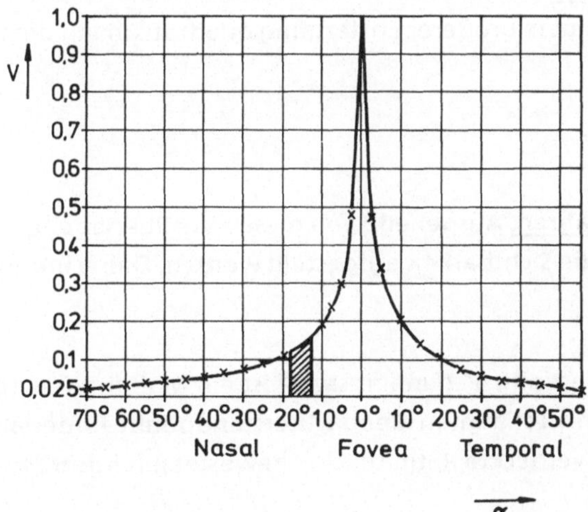

Bild 5: Abhängigkeit der Sehschärfe vom Retinaort gemäß Schober (3)

<u>Kontrast und atmosphärische Extinktion der Farborte.</u> Der Relativkontrast eines Objektes der Leuchtdichte B_O (ϕ) ergibt sich vor Hintergrund der Leuchtdichte B_H unter Berücksichtigung atmosphärischer Kontrastdämpfung Z in Abhängigkeit von der Entfernung r des Beobachters zu:

$$C(r,\phi) = \frac{|B_H - B_O(\phi)|}{(B_H - B_{Hi}) \cdot e^{-Zr} + B_{Hi}} \cdot e^{-Zr} \tag{3}$$

B_{Hi}: Himmelsleuchtdichte

Im Yxy-Farbenraum gemäß Richter (7) kann eine Verschiebung der beiden Farborte x_O und y_O eines Objektes mit zunehmender Entfernung r zu den Farborten des Himmels x_{Hi} und y_{Hi} hin durch folgenden Zusammenhang beschrieben werden:

$$x(r) = x_O \cdot e^{-Zr} + x_{Hi} (1 - e^{-Zr}) \tag{4}$$
$$y(r) = y_O \cdot e^{-Zr} + y_{Hi} (1 - e^{-Zr}) \tag{5}$$

Die Farbdifferenz $\Delta E(r)$ zum Hintergrund ergibt sich dann zu:

$$\Delta E(r) = \sqrt{C(r)^2 + \Delta x(r)^2 + \Delta y(r)^2} \tag{6}$$

wobei Y der Leuchtdichte B gleichzusetzen ist.

<u>Beobachterentfernung.</u> Die verdeckte Netzhautoberfläche wird durch den Raumwinkel N beschrieben und nimmt in größerer Entfernung quadratisch mit dem Beobachterstand ab.

$$N \sim \frac{1}{r^2} \tag{7}$$

<u>Ein Berechnungsverfahren.</u> Ausgehend von diesen Vorüberlegungen kann nun ein Berechnungsverfahren für die Sichtbarkeit aufgestellt werden. Dabei unterscheidet man zwei neu definierte Größen:

Die **Sichtbarkeitsbedeckung** S" (Einheit sr/m²) ist ein Maß für den optischen Eindruck, den ein Objekt an einem bestimmten Beobachterstandpunkt hinterläßt. Sie ist das Integral über die vom Objekt verdeckte Retinafläche, bewertet mit Kontrast und Sehschärfe.

$$S" = \frac{1}{d} \int_N V(\alpha,\xi) \, C(r,\phi) \, dN \tag{8}$$

$d = 1 \text{ m}^2$

Die **Sichtbarkeit** S (Einheit sr) beschreibt den gesamten optischen Eindruck eines Objektes im Gelände. Sie ergibt sich durch Flächenintegration von S" über alle möglichen Beobachterstandpunkte, zweckmäßigerweise in den Polarkoordinaten r und ϕ, deren Ursprung im Zentrum des Objektes liegt.

$$S = \int_0^{2\pi} \int_{r_0}^{r_{gr}} S''(r,\phi)\, r\, dr\, d\phi \tag{9}$$

Dieses Berechnungsverfahren kann auf einfache Objekte wie z.B. eine schwarze Kugel vor weißem Hintergrund angewandt werden. Die Bilder 6 und 7 zeigen die Verläufe von S" und S in Abhängigkeit vom Kugelradius r_K bei einer Dämpfung $Z = 0{,}3$/km.

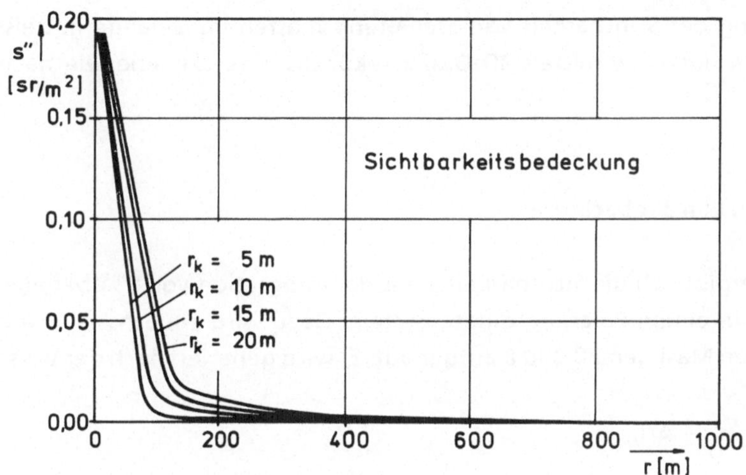

Bild 6: S" bei einer schwarzen Kugel für verschiedene Kugelradien

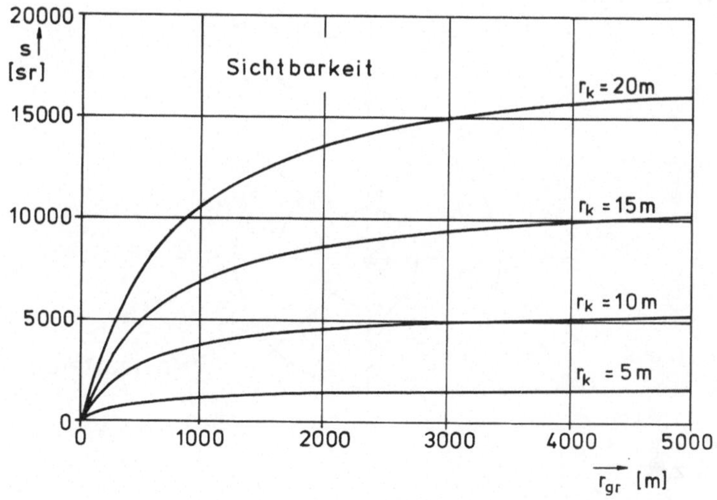

Bild 7: S bei einer schwarzen Kugel für verschiedene Kugelradien

Für die schwarze Kugel vor weißem Hintergrund ergibt sich

$$S'' = \int_0^{2\pi} \int_0^{arcsin(\frac{r_k}{r})} \left[a + \frac{b}{a + c} \right] e^{-Zr} \sin \alpha \, d\alpha \, d\xi \tag{10}$$

S berechnet sich gemäß Gl. (9).

Wie zu erwarten, nimmt S" mit wachsendem r ab, S konvergiert dagegen für $r_{gr} -> \infty$.

Diese Vorüberlegungen sind die Basis für ein rechnergestütztes Verfahren zur quantitativen Erfassung der Sichtbarkeit von Freileitungsmasten im Gelände mittels Bildanalyse. Das Verfahren nutzt die mittels 3D-Grafik rekonstruierte Szenerie wie nachstehend beschrieben.

4.2 Simulation von Beobachtern

Nach Gl. (9) ergibt sich die Sichtbarkeit S aus der Integration von S" über alle Beobachterstandpunkte in einem Polarkoordinatensystem. Dazu wird zunächst ein Netz um den zu analysierenden Mast gemäß Bild 8 aufgebaut. Es wird generiert nach der Vorschrift

$$(r_n + \Delta r_n/2) \cdot \Delta\phi = \Delta r_n \tag{11}$$

Innerhalb eines jeden Flächenelementes ΔA_i wird nun mit Hilfe eines Zufallsgenerators ein Beobachterstandpunkt (i) bestimmt. Da diese nicht korrelieren dürfen, müssen sie zufällig in den Rastern verteilt sein.

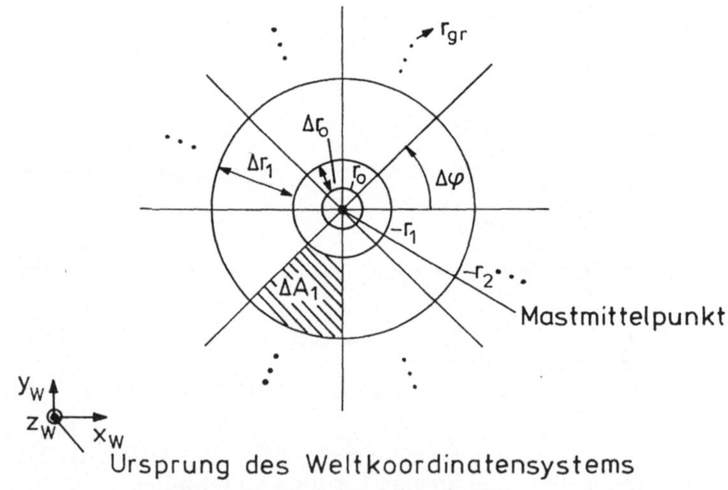

Bild 8: Verwendetes Polarkoordinatensystem

4.3 Bildaufbau

Von jedem dieser Beobachterstandpunkte (i) aus wird der Mast, wie in Bild 9 dargestellt, betrachtet. Die Blickrichtung weist dabei zur Mastmitte hin.

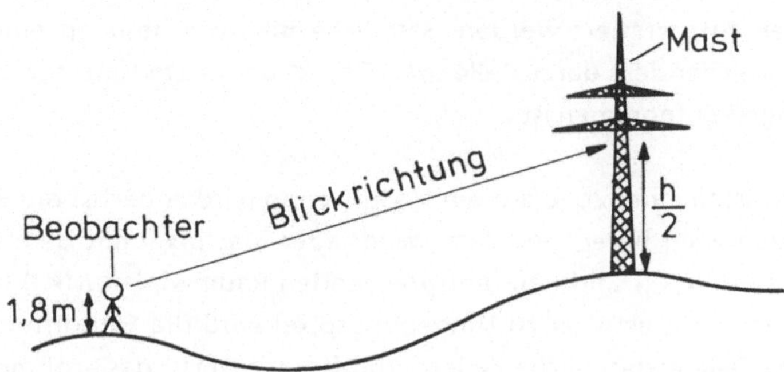

Bild 9: Zur Blickrichtung des Beobachters

Das vom Beobachter gesehene Bild des Mastes und seiner Umgebung befindet sich in einer Ebene senkrecht zur Blickrichtung im Abstand 1 m. Der Aufbau des Bildes ist in Bild 10 zu erkennen. Dazu wird bei gegebener steuerbarer Auflösung durch jeden Bildpixel ein Strahl in die aus Polygonen bestehende Szene gelegt, die Schnittpunkte mit den Polygonflächen markiert und die Pixelfarbe auf die Farbe des dem Beobachter nächsten Schnittpunktes gesetzt. Dabei wird jedoch nur die für die Analyse interessante direkte Umgebung des Mastes betrachtet.

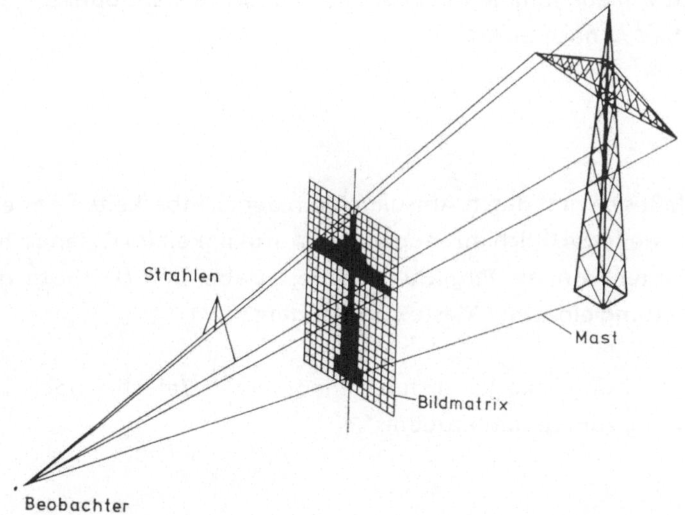

Bild 10: Der Aufbau der Bildmatrix bei geringer Auflösung

4.4 Bildanalyse

Die Analyse des so aufgebauten Bildes und damit die Erfassung des optischen Eindrucks des Mastes im Gelände erfolgt jetzt durch zeilenweises Abtasten der Bildmatrix unter Berücksichtigung der vorher erwähnten Einflußfaktoren. Diese kann dabei als Netzhaut des fiktiven Beobachters interpretiert werden. Sämtliche Bildpixel besitzen einen charakteristischen Farbort, welcher dem darzustellenden Objekt oder dem Hintergrund entspricht und realen Messungen entnommen ist.

Trifft man beim Abtasten einer Zeile auf ein Mastpixel, so wird zunächst die Farbdifferenz ΔE_{k1} zum vorherigen Pixel berechnet. Jetzt wird jeder Mastpixel mit dem ihm eigenen Wert der Visusfunktion $V(k,j)$ und dem entsprechenden Raumwinkel $N(k,j)$ bewertet. Bei erneutem Übergang von Mastpixel zu Umgebungspixel wird die Farbdifferenz ΔE_{k2} berechnet. Die für die Zeile maßgebliche Zeilenfarbdifferenz ΔE_j ist das arithmetische Mittel gemäß Gl. (12).

$$\Delta E_j (r_i, \Phi_i) = \frac{\Delta E_{k1}(r_i, \Phi_i) + \Delta E_{k2}(r_i, \Phi_i)}{2} \tag{12}$$

Die Sichtbarkeitsbedeckung S'' von einem ausgewählten Beobachterstandpunkt ergibt sich dann nach Gl. (13).

$$S''_i = \sum \Delta E_j (r_i, \Phi_i) \sum V(k,j) \cdot N(k,j) \tag{13}$$

Die Sichtbarkeit S ergibt sich aus Summation über alle Beobachterstandpunkte i, bewertet mit der Beobachterfläche ΔAi nach Gl. (14).

$$S = \sum_i S''_i \cdot \Delta A_i \tag{14}$$

Mit diesem Verfahren läßt sich nun durch Aufsummieren der Sichtbarkeiten der einzelnen Maste jede geplante Trasse hinsichtlich ihrer optischen Auffälligkeit im Gelände bewerten und verschiedene Varianten können verglichen werden. Dabei berücksichtigt der Algorithmus auch die Abschattung einzelner Maste durch andere.

Die Sichtbarkeit der Freileitungsseile kann durch theoretische Berechnungen bestimmt werden, trägt jedoch wenig zum Gesamtergebnis bei.

5. Ausblick

Bisher wird der Mast, wie beschrieben, als massives Objekt modelliert, wobei der Kontrast zum Hintergrund entsprechend der tatsächlich vorhandenen Stahlstreben in der Kontur und im Inneren des Mastes adaptiert wird. Dies gilt für größere Beobachterentfernungen, wenn die Einzelstreben aufgrund des Auflösungsvermögens des Auges gemäß Korn (6) nicht mehr erkannt werden und der Mast als quasi einheitliche Graufläche erscheint. Ziel weiterer Untersuchungen ist es daher, einen Beweis für die Richtigkeit dieser Annahme zu liefern.

6. Literatur

1. Djowsi-Nadjafabadi, N.:"Experimentelle Untersuchungen zur Genauigkeit der Interpolation in digitalen Höhenmodellen (DHM) für den Einsatz bei Straßenentwurfsarbeiten"
   Diss. Universität Stuttgart, 1980

2. Schneider, K.:"Physiologie des Menschen"
   Springer-Verlag Berlin, 1966

3. Schober, H.:"Das Sehen"
   Fachbuchverlag Leipzig, 1960

4. Dietze, G:"Einführung in die Optik der Atmosphäre"
   Akademische Verlagsgesellschaft Leipzig, 1957, S. 211 ff

5. Groß, M. und Koglin, H.-J.:"Sichtbarkeit von Freileitungen",
   Kompendium zum I.I.I.-Forum am 4./5.11.87 in Saarbrücken, S. 235 - 240

6. Korn, A.:"Bildverarbeitung durch das visuelle System",
   Fachberichte Messen, Steuern, Regeln; Springer-Verlag, Berlin 1982

7. Richter M.:"Einführung in die Farbmetrik", 2. Auflage,
   de Gruyter Verlag, Berlin 1981

SIMULATION VON BEDIENSYSTEMEN MIT SIMPAK

T. Klein, J. Petersen
Lehrstuhl für Nachrichten- und Vermittlungstechnik

1 Einführung

Bei der zukünftigen Entwicklung von Nachrichtennetzen werden zwei Aspekte immer stärker in den Vordergrund rücken - die Integration von Diensten, die sich in ihren Merkmalen (Ankunftsprozeß der Nachrichten, Übertragungsgeschwindigkeit, ...) sehr stark unterscheiden können, und die Anpassung der Dienstleistungen an Kundenwünsche dadurch, daß sog. intelligente Netze konfiguriert werden. Aussagen über die Verkehrsgüte in so komplexen Netzen oder Hinweise zur Dimensionierung lassen sich analytisch häufig nur schwer gewinnen, so daß eine Untersuchung durch Simulation an Bedeutung gewinnt. Für eine Untersuchung der Leistungsfähigkeit - im Unterschied zur Untersuchung z.B. der Korrektheit von Protokollen - werden Nachrichtennetze oder Teile davon vorwiegend durch Modelle nachgebildet, die aus Bediensystemen bestehen und simulativ mittels der zeitdiskreten, ereignisorientierten Simulation untersucht werden können. Vgl. hierzu /1/ bis /3/ und speziell zum aktuellen Stand /4/ und /5/. Seit längerem sind Simulationssprachen bekannt, die Modellierung, Simulation und Auswerten der Ergebnisse unterstützen. Am Lehrstuhl für Nachrichten- und Vermittlungstechnik werden solche Sprachen bisher wenig verwendet. Die Ursache hierfür ist zunächst, daß entsprechende Compiler hier nur eingeschränkt zur Verfügung stehen (das gilt auch für andere Simulationswerkzeuge). Ein wesentlicher Grund ist aber auch der Wunsch, sowohl beim Modellieren wie bei Simulation und Auswertung mehr Flexibilität zu behalten. Flexibilität heißt z.B., daß man bei einem System mit mehreren Warteschlangen frei ist, eine spezielle Disziplin für die Auswahl einer Warteschlange zu formulieren, oder daß es keine Einschränkungen gibt bei der Vorgabe, welche Zufallsgrößen gemessen werden. Es wurde deshalb kein geschlossenes Simulationssystem geplant, sondern eine Reihe von kombinierbaren Modulen (SIMPAK).

Dem Lehrstuhl für Nachrichten- und Vermittlungstechnik steht Rechenzeit auf unterschiedlichen Rechnern zur Verfügung; die Module wurden deshalb nicht nur in C - für den Siemens PC-MX2 - geschrieben, sondern daneben auch in PASCAL.

2 Bediensysteme und zeitdiskrete, ereignisorientierte Simulation

Bediensysteme treten als Modelle realer Systeme in vielen unterschiedlichen Bereichen auf. Eine Bediensituation läßt sich folgendermaßen charakterisieren: In zufälligen Zeitpunkten fordern Kunden Bedienung von einer Bedieneinheit, die für die Abfertigung des Kunden eine zufällige Zeit benötigt. Beispiele sind der Verkauf einer Fahrkarte, die Reparatur einer Maschine oder die Übermittlung einer Nachricht.

Die Folge der von einer Bedieneinheit zu bedienenden Forderungen wird als Forderungenstrom (Kundenstrom) bezeichnet, die für die Bedienung einer Forderung benötigte im allgemeinen zufällige Zeit als Bediendauer. Ein Bediensystem ist allgemein beschrieben durch Angaben über

- den stochastischen Prozeß des Eintreffens der Forderungen, z.B. ihre Anzahl im Zeitintervall (0,t) (Ankunftsprozeß),
- die Bediendauern (den Bedienprozeß),
- strukturelle Merkmale, z.B. Anzahl der Warteplätze,
- die Organisation des Ablaufs, z.B. die Festlegung der Reihenfolge der Forderungen bei der Bedienung.

Die Leistungsfähigkeit eines Bediensystems ist durch geeignete Kenngrößen zu charakterisieren. Beispiele solcher Kenngrößen sind die mittlere Wartezeit einer Forderung bis zum Bedienungsbeginn, die Warteschlangenlänge, die mit einer Wahrscheinlichkeit von 95 % nicht überschritten wird, oder die Wahrscheinlichkeit dafür, daß eine Forderung nicht bedient werden kann (Verlustwahrscheinlichkeit).

Nur in wenigen Fällen können derartige Kenngrößen analytisch berechnet werden. Mit zunehmender Komplexität des Bediensystems muß man zur Analyse auf die zeitdiskrete, ereignisorientierte Simulation auf einem Digitalrechner zurückgreifen. Dabei wird das System in seinem zeitlichen Verhalten nachgebildet, genauer: sein Zustand, z.B. die Anzahl der gerade wartenden Anforderungen. Es wird nur zu den Zeitpunkten, in denen sich der Zustand ändert, beschrieben: Die Systemuhr wird von einem solchen Zeitpunkt zum darauf folgenden fortgeschaltet; dabei werden die Zustandsänderungen erfaßt und der Systemzustand aktualisiert.

Zustandsänderungen werden durch das Auftreten von Ereignissen hervorgerufen. Beispiele sind die Ankunft einer Forderung, oder daß eine Forderung am Ende ihrer Bedienung das System verläßt. Jedes Ereignis wird durch seinen Zeitpunkt und durch die Aktion, die es im System auslöst, beschrieben. Hierzu gehört im allgemeinen auch das Erzeugen eines Folgeereignisses oder evtl. mehrerer Folgeereignisse. Sie werden mit ihren Zeitpunkten in eine Liste eingetragen. Durch die Verwaltung dieser Ereignisliste muß die zeitlich richtige Folge aller registrierten Ereignisse sichergestellt sein.

Die Abstände zwischen Ereignissen sind im allgemeinen Zufallsvariablen; bei manchen Systemen wird eine von mehreren Warteschlangen oder von mehreren Forderungen zufällig ausgewählt u.ä. Bei der Simulation muß man daher auf Zufallszahlen mit vorgegebener Verteilungsfunktion zurückgreifen können, die es ermöglichen, den Zufall in die Simulation einfließen zu lassen.

Als Resultat einer Simulation erhält man Sequenzen der interessierenden Systemgrößen. Diese Sequenzen beschreiben die Systemzustände des Modells zu bestimmten Zeitpunkten. Aufgrund der Zufälligkeit im Bediensystem handelt es sich um Realisierungen von Zufallsvariablen, so daß sich eine statistische Auswertung anschließt. Berechnet werden zumindest Mittelwert und Varianz, evtl. auch die Dichtefunktion. Als Fehlermaß wird für Mittelwert und Varianz zusätzlich ein Vertrauensintervall berechnet.

Die Vorgehensweise bei der statistischen Auswertung der Simulationssequenzen richtet sich nach der Art der Organisation der durchgeführten Simulationsläufe. Zum einen kann das Systemverhalten in einem begrenzten Zeitintervall $(0,T)$ untersucht werden, wobei der Systemzustand zum Zeitpunkt $t = 0$ genau festgelegt werden muß. Man führt dann N unabhängige Simulationsläufe im angegebenen Zeitintervall durch - wobei jeder neue Lauf von dem gleichen Systemanfangszustand aus gestartet wird und gewinnt so eine Sequenz von N unabhängigen Meßwerte für die gesuchte Systemkenngröße, in die die Anfangsbedingungen des Systemzustandes mit einfließen. Die Sequenz kann nach den klassischen Methoden der Statistik ausgewertet werden.

Interessiert dagegen das Systemverhalten weit ab vom Zeitpunkt $t = 0$, d.h. zu einem Zeitpunkt, zu dem sich der Anfangszustand des Systems nicht mehr auswirkt, dann kann man einen einzigen Simulationslauf, der sich über ein sehr langes Zeitintervall erstrecken wird, durchführen und die Sequenz der Meßwerte für die gesuchte Systemkenngröße daraus gewinnen. Zu beachten ist jetzt aber, daß die einzelnen Meßwerte u.U. nicht mehr unabhängig voneinander sind. Diese Korrelation bedeutet, daß Methoden der Statistik, die Unabhängigkeit voraussetzen, nicht zur Analyse herangezogen werden dürfen. Sie müssen in geeigneter Weise modifiziert werden. Eine der Möglichkeiten ist die Anwendung der Batch-Means-Methode /1/, bei der man die Meßwerte in Gruppen (Batches) bestimmter Größe zusammenfaßt. Die Gruppengröße wird dadurch ermittelt, daß sie ausgehend von 1 solange verdoppelt wird, bis ein Test der jeweils neu berechneten Gruppenmittelwerte (Batch-Means) auf Unabhängigkeit erkennt. Anschließend werden aus ihnen die gesuchten Systemkenngrößen ermittelt.

Zusammenfassend kann festgehalten werden: Die Durchführung der zeitdiskreten, ereignisorientierten Simulation von Bediensystemen auf einem Digitalrechner stützt sich auf

- eine leistungsfähige Ereignislistenverwaltung,
- die Erzeugung von Zufallszahlen mit vorgebbarer Verteilungsfunktion,
- ein Verfahren zur statistischen Auswertung der Simulationsausgangssequenzen, das der Organisation der Simulationsläufe angepaßt ist.

Hinzu kommt bei Systemen mit Wartemöglichkeit eine Warteschlangenverwaltung, die das Eintragen von nicht sofort bedienbaren Forderungen in die vorgesehene Warteschlange und das Austragen entsprechend der vorgesehenen Warteschlangendisziplin, z.B. in der Reihenfolge des Eintreffens (FIFO), übernimmt. Die hier genannten Funktionen sind weitgehend unabhängig von den übrigen Merkmalen eines Bediensystems. Sie sind daher zur Umsetzung in eigenständige Programmodule geeignet.

3 Die Programmodule von SIMPAK

3.1 Allgemeines

Die Entwicklung von Programmen zur zeitdiskreten ereignisorientierten Simulation wird erleichtert, wenn spezielle Simulationssprachen zur Verfügung stehen. Eine andere Möglichkeit besteht darin, in einer Programm-Bibliothek Module mit Funktionen zur Verfügung zu stellen, die Grundbestandteile jeder solchen Simulation sind. Dieser Weg wurde hier beschritten. Zur Verfügung stehen die Programmodule

- Zufallszahlengeneratoren,
- Ereignislistenverwaltung,
- Warteschlangenverwaltung,
- Speicherverwaltung,
- Statistik,
- Batch-Means.

Dem Anwender dieser Programmodule bleibt die Aufgabe, Struktur und Ablauforganisation seines Bediensystems in Form eines Programms zu beschreiben und festzulegen, wie die Simulation selbst durchgeführt werden soll (z.B.: ein Lauf oder mehrere unabhängige Läufe).

3.2 Das Programmodul <u>Zufallszahlengenerator</u>

Die Erzeugung von Zufallszahlen mit beliebiger Verteilung auf einem Digitalrechner geht üblicherweise von im Intervall [0,1) gleichverteilten Pseudo-Zufallszahlen aus - Pseudo-Zufallszahlen deshalb, weil sie in einem determinierten Prozeß entstehen. Bei geeigneter Wahl des Bildungsalgorithmus sowie der dabei auftretenden Parameter unterscheiden sich die Pseudo-Zufallszahlen nur wenig von echten Zufallszahlen. Ein i. a. gut geeigneter Algorithmus ist die multiplikative Kongruenzmethode:

$$R_{i+1} = (c*R_i)\mod(m), \quad i = 0,1,2,3, \tag{1}$$

Der Wert R_0 wird Startwert genannt. Bei den Konstanten handelt es sich um ganze Zahlen, die in Anlehnung an /2/ zu

$$c = 16807 \text{ und } m = 2147483647 = 2^{31} - 1 \tag{2}$$

gewählt wurden. Die nach Gl.(1) gebildeten Pseudo-Zufallszahlen sind ganze Zahlen im Intervall [0,m). In [0,1) gleichverteilte Pseudo-Zufallszahlen entstehen durch Division der ermittelten Zufallszahl R_{i+1} durch m; sie werden im folgenden mit r_i bzw. r_{i+1} bezeichnet.

Die Güte einer berechneten Zufallszahlenfolge ist an der Erfüllung der Kriterien Gleichverteilung in [0,1) und Unabhängigkeit aufeinanderfolgender Zufallszahlen zu messen, wozu auf Abschnitt 4 verwiesen wird.

Pseudo-Zufallszahlen mit anderen Verteilungen werden durch inverse Transformation aus den r_i gewonnen. Pseudo-Zufallszahlen x_i mit negativ-exponentieller Verteilung (Verteilungs-Parameter $\lambda > 0$) erhält man aus

$$x_i = (-1/\lambda)*\ln(r_i), \quad r_i > 0; \tag{3}$$

Pseudo-Zufallszahlen x_i, die im Intervall [a,b) kontinuierlich gleichverteilt sind, aus

$$x_i = a + (b-a)*r_i, \qquad 0 \leqq a < b, \qquad a,b \in \mathbb{N}; \tag{4}$$

Pseudo-Zufallszahlen x_i, die im Intervall [a,b) diskret gleichverteilt sind, aus

$$x_i = a + \lceil (b-a)*r_i \rceil, \qquad 0 \leqq a < b, \qquad a,b \in \mathbb{N}, \tag{5}$$

($\lceil x \rceil$ bedeutet dabei die kleinste ganze Zahl, die größer gleich x ist, z.B. $\lceil 7.82 \rceil = 8$) und Pseudo-Zufallszahlen x_i, die im Intervall [a,∞) diskret geometrisch verteilt sind mit dem Verteilungs-Parameter p, aus

$$x_i = a + \lceil (\ln(1-r_i)/\ln(1-p)) - 1 \rceil .\qquad\qquad (6)$$

Das Programmodul **Zufallszahlengenerator** enthält fünf Funktionen zur Generierung von Pseudo-Zufallszahlen nach Gl.(1)-(6), im einzelnen sind das **RANDOM()**, **NEGEXP(λ)**, **KONTGLEICH(a,b)**, **DISKGLEICH(a,b)** und **DISKGEO(a,p)**. Die Parameter in den Argumentenlisten sind identisch mit den in den Gln.(3)-(6). Die Funktionen liefern beim Aufruf eine Pseudo-Zufallszahl mit entsprechender Verteilung zurück. NEGEXP, KONTGLEICH, DISKGLEICH und DISKGEO rufen intern den Pseudo-Zufallszahlengenerator RANDOM auf und führen die Transformation durch. RANDOM selbst organisiert den Bildungsalgorithmus Gl.(1), beginnend bei dem **Startwert 12345.0**.

3.3 Das Programmodul Ereignislistenverwaltung

Bei der Simulation eines Bediensystems muß die Reihenfolge, in der die Ereignisse im realen System auftreten, nachgebildet werden. Ereignisse werden deshalb, nach ihrem (zukünftigen) Zeitpunkt geordnet, in eine Liste eingetragen und nach ihrem Auftreten aus dieser Liste gelöscht. Die Verwaltung dieser Ereignisliste, die Zugriffe zu ihr und die dazugehörenden Datenstrukturen nehmen erfahrungsgemäß sehr viel Rechenzeit und Speicherplatz in Anspruch, so daß der Effizienz der Ereignislistenverwaltung besondere Bedeutung zukommt.

Ein Ereignis ist außer durch seinen Zeitpunkt durch weitere Merkmale gekennzeichnet. Sie sind anwendungsabhängig, so daß in SIMPAK eine Datenstruktur vom Typ **USER** vorgesehen ist, in deren Festlegung der Anwender weitgehend frei ist. Zwingend vorgeschrieben ist nur das Element **termin** (vom Datentyp **double**); dies Element stellt das Ordnungskriterium der Ereignisliste dar und wird bei Zugriffen auf diese Liste benötigt. Vorzusehen ist also

```
typedef struct          {
                        double termin;
                                    /* anwendungsspezifische Daten */
                        } USER;
```

Um ein weiteres zu erwartendes Ereignis an der richtigen Stelle in die Ereignisliste eintragen zu können, müssen jeweils Vorgänger und Nachfolger bekannt sein, d.h. die Ereignisliste ist doppelt verkettet. Um nun einerseits das Eintragen in diese Liste möglichst schnell durchführen zu können und andererseits den Anwender bei der Beschreibung der Ereignisse nicht einzuschränken, werden in der Ereignisliste nicht die Ereignisdatenstrukturen vom Typ USER verwaltet, sondern nur die Adressen der entsprechenden Speicherbereiche.

Hinzukommen der Zeitpunkt und die Verweise auf Vorgänger und Nachfolger. In der Liste werden also Datenstrukturen vom Typ KNOTEN verwaltet:

```
typedef struct zeittyp      {
                            double termin;
                            char *datenzgr;
                            struct zeittyp *kleiner;
                            struct zeittyp *groesser;
                            } KNOTEN;
```

Eine Ereignisliste kann als lineare Liste oder als binärer Baum aufgebaut werden. Eine Baumstruktur ist vorteilhaft bei einer großen Anzahl von Einträgen, so daß in SIMPAK diese Struktur realisiert ist.

Der Anwender kann mit der Funktion **TERM__IN(zeiger)** ein neues Ereignis in die Ereignisliste eintragen, mit **TERM__OUT(zeiger)** das Ereignis mit dem kleinsten, d.h. nächsten Zeitpunkt identifizieren und aus der Liste austragen. Gibt es in der Ereignisliste mehrere Einträge mit dem gleichen Zeitpunkt, so werden sie, wenn dieser Zeitpunkt erreicht ist, in der Reihenfolge ausgetragen, in der sie eingetragen wurden. **zeiger** beinhaltet die Adresse (Datentyp: ***USER**) der Datenstruktur des Ereignisses.

Der beim Eintragen benötigte Speicherbereich von der Größe der Datenstruktur **KNOTEN** wird einer eigens mitverwalteten Freiliste entnommen oder, wenn diese leer ist, vom Betriebssystem angefordert. Beim Austragen des Ereignisses aus der Liste wird dieser Speicherbereich immer der Freiliste übergeben. Auch dadurch wird der Zugriff zur Ereignisliste beschleunigt. Am Schluß der Simulation muß der in dieser Freiliste verwaltete Arbeitsspeicher durch **LOESCH__EL ()** wieder dem Betriebssystem übergeben werden.

3.4 Das Programmodul <u>Warteschlangenverwaltung</u>

Anzahl und Merkmale der zu einem Bediensystem gehörenden Warteschlangen sind anwendungsabhängig. Es wird deshalb vorausgesetzt, daß der Anwender ein Feld definiert, dessen Länge der Anzahl der Warteschlangen entspricht, und in dem für jede Warteschlange die maximale Länge (>1) angegeben ist. Angenommen ist ferner, daß jede Warteschlange in der zeitlichen Reihenfolge des Eintragens abgearbeitet wird (FIFO).

Jede Warteschlange ist eine einfach verkettete Liste von Datenstrukturen des Typs **WSE**:

```
typedef struct wesp        {
                           struct wsep *next;
                           char *datenzgr;
                           } WSE;
```

Der Zeiger **next** weist auf den nächsten Eintrag in der Warteschlange; die auf die Bedienung wartende Anforderung ist wie bei der Ereignislistenverwaltung nur durch eine Adresse gekennzeichnet, die auf eine Datenstruktur vom Typ USER weist (auf das Ereignis, bei dessen Eintreten der Eintrag in die Warteschlange gemacht wurde).

Zur Verwaltung der Warteschlangen wird für jede von ihnen beim Initialisieren eine Datenstruktur vom Typ **WSBASIS** angelegt:

```
typedef struct             {
                           WSE *in;
                           WSE *out;
                           int maxlen;
                           int aktlen;
                           } WSBASIS;
```

Darin sind zum einen Verweise auf das jeweils erste (Zeiger **out**) und letzte (Zeiger **in**) eingetragene Warteschlangenelement enthalten; daneben werden noch zwei Variablen mitgeführt, eine macht Aussagen über die aktuelle Anzahl (Variable **aktlen**) der besetzten Warteplätze, die andere über die maximal mögliche Anzahl (Variable **maxlen**) der zugelassenen Warteplätze.

Sämtliche Warteschlangen werden durch den einmaligen Aufruf einer Initialisierungsroutine vorbelegt. Für das Eintragen von Warteschlangenelementen bzw. das Austragen von Ereignissen stehen FIFO-Routinen zur Verfügung

3.5 Das Programmodul Speicherverwaltung

Die Funktionen des Programmoduls **Speicherverwaltung** übernehmen die Organisation des Speicherplatzes für die Datenstruktur vom Typ **USER**, d.h. also für die Speicherbereiche, in denen die Informationen zur Kennzeichnung der Ereignisse abgelegt sind (Abschnitt 3.3). Tritt ein neues Ereignis im System auf, muß Speicherplatz für die Datenstruktur vom Typ **USER** angefordert werden. Dieser Speicherplatz wird entweder direkt vom Betriebssystem angefordert, oder er wird einer zugeordneten Freiliste entnommen, an die immer dann bereits reservierter Speicherplatz übergeben wird, wenn ein Ereignis aus dem System verschwindet. Durch dieses Konzept der mitgeführten Freiliste, das auch in den Programm-modulen **Ereignislistenverwaltung** und **Warteschlangenverwaltung** realisiert ist, können erhebliche Zeitgewinne beim Reservieren von Speicherplatz erzielt werden.

Die Funktion **GET_MEM(zeiger)** besorgt Speicherplatz für eine Datenstruktur vom Typ **USER** und legt seine Adresse in **zeiger** (Typ *USER) ab.

FREE_MEM(zeiger) übergibt den unter der Adresse **zeiger** anzusprechenden Speicherplatz für die Datenstruktur vom Typ **USER** einer Freiliste, auf die auch GET_MEM Zugriff hat.

Bevor mit den Speicherverwaltungsfunktionen GET_MEM und FREE_MEM gearbeitet werden kann, muß die Speicherverwaltung initialisiert werden. Diese Aufgabe übernimmt die Funktion **INIT_MEM()**, die die Freiliste mit entsprechenden Werten vorbesetzt.

3.6 Das Programmodul <u>Statistik</u>

Das Programmodul **Statistik** unterstützt die Erfassung und statistische Auswertung der Meßwerte für die interessierenden Systemkenngrößen. Es wurde so angelegt, daß es immer dann zur Anwendung kommen kann, wenn die Simulationsorganisation die Durch-führung mehrerer unabhängiger Simulationsläufe vorsieht, d.h. wenn die einzelnen Meß-werte unabhängig voneinander gewonnen werden. Dabei unterliegt der Anzahl der interessierenden Systemkenngrößen keinen Einschränkungen (wenn man einmal von der begrenzten Speicherkapazität jedes Rechners absieht). Bei der Initialisierung können für jede gewünschte Kenngröße sogenannte Meßwertaufnehmer festgelegt werden, die anschließend die gewonnenen Meßwerte aufnehmen. Aus den Meßwerten wird für jede Kenngröße ermittelt:

a) Anzahl der aufgenommenen Meßwerte,
b) kleinster und größter aufgenommener Meßwert,
c) empirischer Mittelwert und empirische Varianz,
d) Vertrauensintervalle für Mittelwert und Varianz (95% Konfidenz),
e) Verlauf der Verteilungs- und der Dichtefunktion für eine vorgebene Anzahl von Stützstellen (Intervallen) in einem vorgegebenen Bereich.

Die Initialisierung, im Programm durch **STATISTIK_INIT()** aufgerufen, geschieht im Bild-schirm-Dialog. Gefragt wird nach der Anzahl der benötigten Meßwertaufnehmer, deren Namen, der Unter- und Obergrenze des Bereichs für Verteilung und Dichte, der Anzahl der Stützstellen im eingegebenen Bereich und ob Werte außerhalb des Bereiches miterfaßt werden sollen. Für jeden Meßwertaufnehmer wird Speicherplatz im geforderten Umfang bereitgestellt.

Während der Simulation wird duch **MESSEN(meßwert, aufnehmernummer) meßwert** (eine Variable vom Typ **double**) in den durch **aufnehmernummer** (eine Variable vom Typ **int**) gekennzeichneten Meßwertaufnehmer eingetragen. Dabei wird schon ein Teil der statistischen Auswertung vorgenommen; durch diese Vorauswertung wird nicht unnötig viel Speicherplatz für jeden Meßwertaufnehmer benötigt.

3.7 Das Programmodul <u>Batch-Means</u>

Das Programmodul **Batch-Means** enthält nur die Funktion **BATCH__MEANS (konfidenz, meßwertanzahl,meßwertezeiger)** und unterstützt die Auswertung der Simulationsmeßwerte nach der in Abschnitt 2 skizzierten Batch-Means-Methode (vgl. auch /4/) für den Fall, daß aufeinanderfolgende Meßwerte nicht unabhängig voneinander sind, z.B. wenn sie in einem einzigen Simulationslauf gewonnen wurden.

Dabei wird vorausgesetzt, daß die Meßwerte bereits vorliegen: Mit der Variablen **meßwertanzahl** (vom Typ **int**) wird der Funktion die Anzahl der auszuwertenden Meßwerte bekanntgegeben, die als **double**-Werte in einem Feld mit der Adresse **meßwertezeiger** abgelegt sind. **BATCH__MEANS** faßt die Meßwerte in Gruppen bestimmter Größe zusammen und ermittelt unter Berücksichtigung eventuell vorhandener Korrelationen in den Meßwerten aus diesen den empirischen Mittelwert und die empirische Varianz sowie zugehörige Vertrauensintervalle mit einem durch die **int**-Variable **konfidenz** beim Funktionsaufruf festgelegten Konfidenzniveau. Die Gruppengröße wird ausgehend von 1 solange verdoppelt, bis ein Test der jeweils neu berechneten Gruppenmittelwerte auf Unabhängigkeit erkennt. Aufgrund dieser Verdopplung kann sich die Anzahl der herangezogenen Meßwerte verringern, da sich in jeder Gruppe nur eine diskrete Anzahl von Meßwerten zusammenfassen läßt. Die Mindestanzahl der Gruppen ist auf 30 festgelegt, um bei Angabe der Vertrauensintervalle zu sinnvollen Werten zu gelangen. Sind zu starke Korrelationen enthalten, wird keine Auswertung vorgenommen und eine Fehlermeldung ausgegeben.

Die Ausgabe der Fehlermeldung sowie der Ergebnisse bei erfolgreicher Anwendung der Methode in Form von Angaben über Schätzwerte für Mittelwert und Varianz, zugehörige Vertrauensintervalle mit Konfidenzniveau, Anzahl der ausgelassenen und zur Auswertung herangezogenen Meßwerte, Anzahl der gebildeten Gruppen und Anzahl der Meßwerte pro Gruppe erfolgt auf eine Datei **ergebnis**.

4 <u>Leistungsfähigkeit</u>

Zur Beurteilung der Leistungsfähigkeit der erstellten Funktionen bzw. der verwendeten Algorithmen wurden einige Untersuchungen auf dem SIEMENS PC-MX2 angestellt, deren Ergebnisse an dieser Stelle wiedergegeben werden.

Die Leistungsfähigkeit der Zufallszahlengeneratoren ist in erster Linie durch die Güte der von RANDOM generierten Zufallszahlen bestimmt, da sie Ausgangspunkt zur Erzeugung aller anderen Zufallszahlen darstellen. Diese Güte wird durch 2 Kriterien ausgedrückt: Wichtig ist, daß die Zufallszahlen erstens gleichverteilt in [0,1) und zweitens, daß aufeinanderfolgende Zufallszahlen unabhängig voneinander sind. Beide Eigenschaften lassen sich durch Anwendung entsprechender Tests /3/ überprüfen. Im einzelnen wurden der KOLMOGOROV-SMIRNOV-Test auf Gleichverteilung, der RUN UP AND DOWN-Test, Test der RUN-LÄNGEN bei RUN UP AND DOWN, der RUN ABOVE AND BELOW THE MEAN-Test und der Test der RUN-LÄNGEN bei RUN ABOVE AND BELOW THE MEAN angewendet. Die RUN-Tests untersuchen dabei eine vorliegende Zufallszahlenfolge auf Unabhängigkeit.

Testergebnisse bei Untersuchung von 1000 mittels RANDOM erzeugten Zufallszahlen für unterschiedliche Startwerte des Generators sind in Tabelle 1 zu finden. Es gelten folgende Notationen:

Test 1:   KOLMOGROV-SMIRNOV-Test,
Test 2:   RUN UP AND DOWN-Test,
Test 3:   RUN-LÄNGEN-Test bei RUN UP AND DOWN,
Test 4:   RUN ABOVE AND BELOW THE MEAN-Test,
Test 5:   RUN-LÄNGEN-Test bei RUN ABOVE AND BELOW THE MEAN,
p :   Test war positiv,
n :   Testergebnis negativ.

Startwert	Test 1	Test 2	Test 3	Test 4	Test 5
123457	p	p	p	p	p
748932582	p	p	p	p	p
1985072130	p	p	p	p	p
16231331038	p	p	p	p	n

Tabelle 1: Testergebnisse auf Gleichverteilung und Unabhängigkeit.

Man erkennt aus Tabelle 1, daß für unterschiedliche Startwerte die Zufallszahlenfolgen die Tests bis auf wenige Ausnahmen positiv durchlaufen. Da die übrigen Zufallszahlengeneratoren auf RANDOM zurückgreifen, ist Tabelle 1 zugleich ein Hinweis auf ihre Qualität.

Abb. 1 zeigt die empirische Dichtefunktion der von RANDOM erzeugten Zufallszahlen. Es wurden 100 000 Werte zur Ermittlung der Kurve herangezogen.

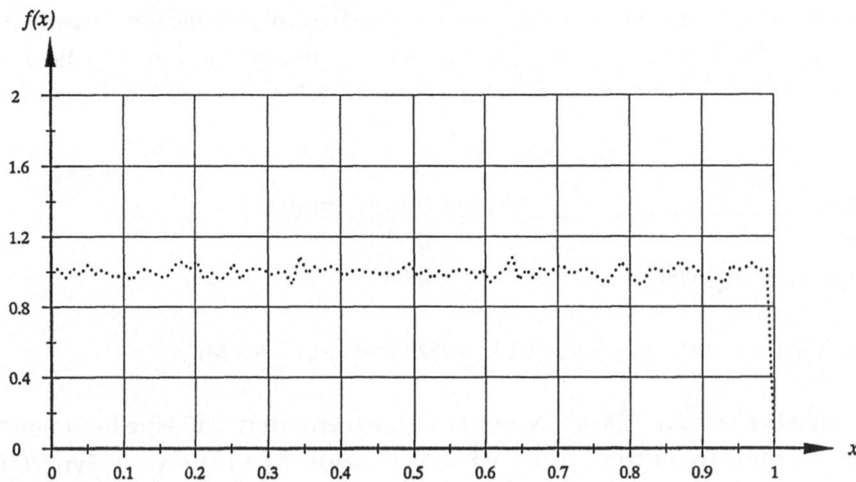

Abb. 1: Empirische Dichte der Zufallszahlen von RANDOM().

Untersucht wurde auch die Rechenzeit, die zur Erzeugung der Zufallszahlen benötigt wird: In kleinen C-Programmen wurden jeweils 1 000 000 Zufallszahlen generiert und die dazu verbrauchte CPU-Zeit mit dem Betriebssystemkommando time erfaßt . Tabelle 2 zeigt die Ergebnisse:

Zufallsgenerator	CPU-Zeit/Zahl (msec)
RANDOM	0.244
NEGEXP(1.0)	0.635
KONTGLEICH(1.0,4.0)	0.337
DISKGLEICH(1.0,4.0)	0.339
DISKGEO(1.0,0.4)	1.134

Tabelle 2: Rechenzeitverbrauch der Zufallszahlengeneratoren bei 1 000 000 Aufrufen.

Weitere zeitkritische Anwendungen bei Durchführung der Simulation stellen die Funktionen zur Speicher-, Ereignislisten- und Warteschlangenverwaltung dar. Sie wurden deshalb auch hinsichtlich Rechenzeitbedarf untersucht. Die Vorgehensweise ähnelte der oben beschriebenen. Die Ergebnisse sind in den nachfolgenden Tabellen dargestellt. Die in den Testprogrammen verwendete Struktur vom Typ USER bestand aus den Variablen:

```
double termin;
char art;
int nummer;
```

GET_MEM wurde zunächst so getestet, daß 100 000 Speicherplätze vom Betriebssystem angefordert wurden . In einer zweiten Version wurden ebenfalls 100 000 Speicherplätze angefordert, jedoch nur der erste vom Betriebssystem, die restlichen jeweils nach der Freigabe durch FREE_MEM aus der Freiliste der Speicherverwaltung. Tabelle 3 zeigt die Ergebnisse in beiden Fällen und dokumentiert die Vorteile des Konzepts der mitgeführten Freiliste.

Funktion	CPU Zeit/Aufruf (msec)
GET_MEM	0.123
GET_MEM + FREE_MEM	0.041

Tabelle 3: Rechenzeitverbrauch von GET_MEM (mit FREE_MEM).

Der Rechenzeitbedarf von TERM_IN wurde dadurch ermittelt, daß eine bestimmte Anzahl von Speicherplätzen mittels GET_MEM für obige Struktur vom Typ USER vom Betriebssystem angefordert, an jedes Strukturelement die Zuweisungen

```
termin = 1.0;
art = 'a';
nummer = 1;
```

vorgenommen und anschließend der Eintrag in die Ereignisliste durch den Funktionsaufruf TERM_IN durchgeführt wurde. Zum Test der Rechenzeit von TERM_OUT wurden alle Ereignisse nacheinander ausgelesen. Da alle Strukturelemente gleich waren, mußte sowohl beim Eintrag in als auch später beim Austrag aus der Ereignisliste jedes Element der Liste abgefragt werden. Somit repräsentieren die Ergebnisse in Tabelle 4 den worst case. Die Zeiten zur Bereitstellung des Speicherplatzes als auch zur Durchführung der Zuweisungen wurden nicht mitberücksichtigt.

Anzahl	CPU-Zeit (sec)	mittlere CPU-Zeit (msec)
100 Einträge	0.2	2
1000 Einträge	17.9	17.9
2000 Einträge	71.9	35.9
3000 Einträge	160.0	53.3
2000 Austräge	0.1	0.05
3000 Austräge	2	0.67

Tabelle 4: Rechenzeitverbrauch von TERM_IN und TERM_OUT.

Ersetzt man in den Programmen die Funktionen TERM_IN und TERM_OUT durch FIFO_IN und FIFO_OUT, so können auch für die Funktionen der Warteschlangenverwaltung die Nettozeiten bestimmt werden. Die Ergebnisse sind in Tabelle 5 gezeigt.

Anzahl	CPU-Zeit (sec)	mittlere CPU-Zeit (msec)
1000 Einträge	0.2	0.2
2000 Einträge	0.5	0.25
3000 Einträge	0.7	0.233
1000 Austräge	0.1	0.1
2000 Austräge	0.2	0.1
3000 Austräge	0.3	0.1

Tabelle 5: Rechenzeitverbrauch von FIFO__IN und FIFO__OUT.

5 Multiplexer als Beispiel eines Bediensystems

Als einfaches Beispiel aus dem Bereich der Nachrichtentechnik soll ein Multiplexer betrachtet werden. Seine Aufgabe ist, alle auf den Eingangsleitungen ankommenden Nachrichten auf der Ausgangsleitung weiter zusenden; die Übertragungsgeschwindigkeit der Ausgangsleitung sei wesentlich höher als die der Eingangsleitungen. Die Nachrichten sind in Teilnachrichten einer einheitlichen Länge unterteilt, die hier als Pakete bezeichnet werden.

Da zu einem Zeitpunkt immer nur ein Paket weitergesendet werden kann, müssen eintreffende Pakete warten können. Hierfür gibt es je Eingangsleitung eine Reihe von Warteplätzen. Nach dem Ende einer Bedienung werden die übrigen Warteschlangen der Reihe nach (zyklisch) abgefragt und ggf. bedient, d.h. es wird ein Paket aus der Warteschlange gesendet. Diese zyklische Bedienung wird fortgesetzt, so lange das System nicht ganz leer ist, und wieder aufgenommen, sobald wieder ein Paket bei dem leeren System eintrifft.

Die Arbeitsweise des Multiplexers kann mit zwei Arten von Ereignissen nachgebildet werden, die mit ihren Zeitpunkten zu notieren sind, nämlich das Ende einer Bedienung und das Eintreffen einer Anforderung.

Beim Eintreten des Ereignisses **Ankunft einer Anforderung** müssen folgende Aktionen stattfinden, ehe zum nächsten Ereignis fortgeschritten werden kann:

- Bestimmung einer neuen Ankunft und Eintrag in die Ereignisliste,
- Abfrage, ob die Bedieneinheit frei ist; wenn ja wird der Bedienungsendezeitpunkt bestimmt, in die Ereignisliste eingetragen, und die Bedieneinheit als besetzt markiert; wenn nein, dann erfolgt ein Eintrag in die Warteschlange.

Beim Auftreten des Ereignisses **Ende einer Bedienung** laufen folgende Aktionen im System ab:

- Abfrage, ob Pakete warten; wenn ja, dann wird die Warteschlange mit dem nächsten zu übertragenden Paket ermittelt, das erste Paket aus der Warteschlange entnommen, der Bedienungsendezeitpunkt des Paketes bestimmt und in die Ereignisliste eingetragen; wenn nein, wird die Bedieneinheit als frei markiert.

Man schreitet nun solange von Ereignis zu Ereignis fort bis ein Endekriterium erfüllt ist. Dieser Ablauf ist noch um die Schritte zu ergänzen, die zur Ermittlung der Meßwerte für interessierende Systemkenngrößen - hier z.B. der Wartedauern - notwendig sind.

Als Ergebnis mehrerer unabhängiger Simulationsläufe zeigt Abb. 2 die mittlere Wartedauer t_w der Pakete bis Bedienungsbeginn bezogen auf die Übertragungsdauer t_b eines Paketes in Abhängigkeit von der Auslastung der Ausgangsleitung. Es wurde eine vergleichende Untersuchung an einem Multiplexer angestellt, der zur Übertragung eines Paketes 0.125 ms benötigt. Auf 16 Eingangsleitungen werden die Pakete in dem festen zeitlichen Abstand von 4 ms herangeführt. Durch Hinzunehmen weiterer Eingangsleitungen wird die Auslastung der Ausgangsleitung bis maximal 1 erhöht. Die neu hinzugenommenen Leitungen liefern im ersten Fall die Pakete in dem festen zeitlichen Abstand von ebenfalls 4 ms (Kurve 1) und im zweiten Fall in dem festen zeitlichen Abstand von 16 ms (Kurve 2).

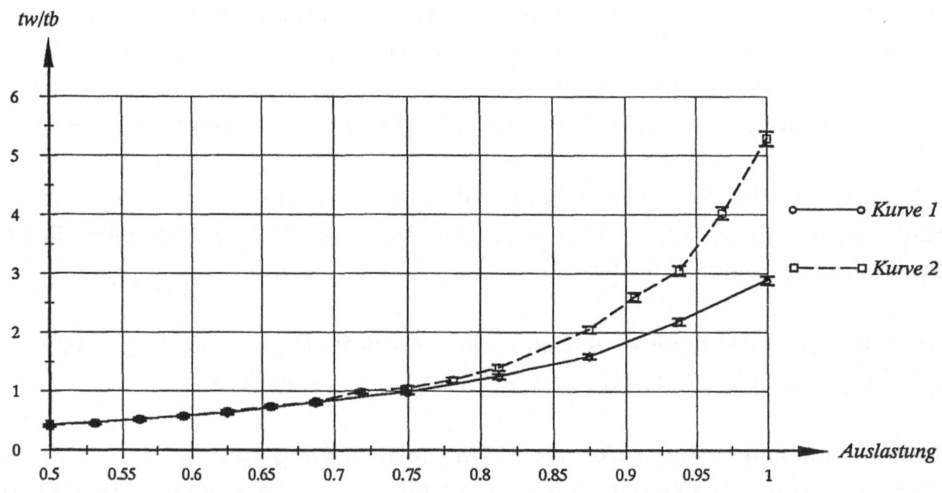

Abb. 2: Mittlere Wartedauer t_w bis Bedienungsbeginn, bezogen auf die Paketübertragungsdauer t_b, in Abhängigkeit der Auslastung der Ausgangsleitung (Angaben mit Vertrauensintervallen bei 95% Konfidenz).

6 Erweiterung von SIMPAK

Mit den Modulen von SIMPAK kann die Simulation einer großen Klasse von Bediensystemen unterstützt werden. Im Rahmen der bisher durchgeführten Arbeiten konnten aber
nicht alle Anregungen aufgegriffen werden, so daß zukünftige Erweiterungen von
SIMPAK wünschenswert sind. Beispiele sind andere Abarbeitungsdisziplinen der Warteschlangen (neben FIFO) und eine Auswertung, die Abhängigkeiten zwischen aufeinander-
folgenden Abständen erkennt und beschreibt, etwa mit Hilfe des Index of Dispersion for
Intervals wie in /6/.

Literatur

/1/   Fishman, G.S.:
       Principles of Discrete Event Simulation
       John Wiley & Sons, New York, Brisbane, Chichester, Toronto 1978

/2/   Bratley, P.; Fox, B.L.; Schrage, L.E.:
       A Guide to Simulation
       Springer-Verlag, New York, Berlin, Heidelberg, Tokyo, 1983

/3/   Banks, J.; Carson, J.S.:
       Discrete - event system simulation
       Prentice Hall, New Jersey, 1984

/4/   Kurose, J.F.; Mouftah, H.T.:
       Computer-Aided Modeling, Analysis, and Design of Communication Networks
       IEEE Journal on Selected Areas in Comm. 6(1988) 130 - 145

/5/   Frost, V.S.; La Rue, W.W. Jr.; Shanmugan, K.S.:
       Efficient Techniques for the Simulation of Computer Communication Networks
       IEEE Journal on Selected Areas in Comm. 6(1988) 146 - 157

/6/   Sriram, K.; Whitt, W.:
       Characterizing Superposition Arrival Processes in Packet Multiplexers for Voice and
       Data
       IEEE Journal on Selected Areas in Comm. 4 (1986) 833 - 845